Gestaltungsprobleme des Grafiker

The Graphic Artist and his Design Problems

Les problèmes d'un artiste graphique

J. Müller-Brockmann

Gestaltungsprobleme des Grafikers
The Graphic Artist and his Design Problems
Les problèmes d'un artiste graphique

Gestalterische und erzieherische Probleme in der Werbegrafik – die Ausbildung des Grafikers

Creative Problems of the Graphic Designer Design and Training in Commercial Art

Typographie, dessin, photo, labels, couleurs, etc.

Verlag Niggli AG
Sulgen | Zürich

First published in 1961 by Verlag Arthur Niggli AG

ISBN 3-7212-0466-2
Printed in Switzerland

Layout and jacket by J. Müller-Brockmann
English Translation by
D. Q. Stephensen and Charles Whitehouse
Version française:
Paul Gratwohl, Lausanne et Aude Guerin, Brussels
Production and Printing by Heer Druck AG, Sulgen
Binding by Buchbinderei Burkhardt AG, Mönchaltdorf

Inhaltsverzeichnis	Table of contents	Table des matières	

Vorbemerkung zur revidierten Neuauflage

Die Publikation «Gestaltungsprobleme des Grafikers» erschien erstmals 1961 im Niggli Verlag, ist seither in zahlreichen Editionen aufgelegt worden und bis heute erhältlich. Exemplarisch behandelt das Buch «den Entwicklungsgang des Illustrators zum grafischen Gestalter», wie es Josef Müller-Brockmann im Vorwort beschreibt. Paradigmatisch hatte Müller-Brockmann damit seine eigene berufliche Laufbahn zum Thema des Buches gemacht. Zunächst geprägt von einer kunstgewerblich-illustrativen Ausbildung setzt Müller-Brockmann seine zeichnerische Begabung als selbständiger Grafiker bereits ab 1935 ein und beginnt seine Laufbahn als Illustrator, Schaufensterdekorateur, Inserategestalter und Lithograph. Zwar zeigen diese frühen Arbeiten ausnahmslos seine klassische, figurativ betonte Gestaltungsweise, zugleich beschäftigte er sich zunehmend mit der konstruktiven Gestaltung, die sich unter dem Emblem «Schweizer Grafik» von der Gruppe um Max Bill bereits vor dem Zweiten Weltkrieg konstituiert hatte. Aber erst nach dem Krieg verdichtet sich die Arbeit Müller-Brockmanns in Richtung einer «konkreten» und objektierbaren Auffassung. Die Auftraggeber werden nun auch nach inhaltlichen Richtlinien ausgewählt, die figurativen Bildinhalte weichen immer mehr einer typografisch-sachlichen Sprache: «Das Zurücktreten der Gestalterpersönlichkeit hinter die Idee, das Thema, das Unternehmen oder das Produkt ist das gemeinsame Bestreben der besten Kräfte auf dem Gebiet der Architektur, der Industrieformgebung, des Möbelentwurfs, der Fotografie und der Grafik», formuliert Müller-Brockmann richtungsweisend.
Die Probleme der zeitgemässen Formfindung sollte das Buch für den Grafiker lösen, und es wurde zu einem Standardwerk, das noch immer weit über die Grenzen der Schweiz hinaus als historischer Leitfaden wirkt. 1983 wurde das Buch in einer gekürzten, broschierten Version zugleich in den USA und Kanada herausgegeben, die somit weltweite Verbreitung fand. Das vorliegende Buch ist nun die ungekürzte Rekonstruktion des Originals von 1961, im Hardcover mit Umschlag. Aufgenommen wurden die Ergänzungen, die Josef Müller-Brockmann für die broschierte Version von 1983 selbst vorgenommen hatte. So liegt nun wieder der umfassende Müller-Brockmann vor, und gedankt sei Shizuko Yoshikawa, die wesentlich mit dazu beigetragen hat, dass dieses Standardwerk ihres 1996 verstorbenen Mannes in der ursprünglichen Form wieder erhältlich ist.

Preface to the revised edition

"The Graphic Designer and his Design Problems" was first published by Niggli in 1961, has been reprinted many times, and is still in print today. It provides an exemplary treatment of the "development of an illustrator into a graphic designer", as Josef Müller-Brockmann puts it in the preface. Indeed, Müller-Brockmann used his own career as a paradigm for the book. Initially influenced by his training as an illustrator, Müller-Brockmann was already making use of his illustrative talent, as an independent graphic designer, by 1935, beginning his career as illustrator, window decorator, advertisement designer and lithographer. Without exception, these early works exemplify his classic, figurative style, but at the same time he was increasingly preoccupied with constructivist design, as already defined before the Second World War under the title "Schweizer Grafik" by the group around Max Bill. But it was not until after the war that Müller-Brockmann's work crystallized into a "concrete", objectivist approach. Commissions were now selected also in terms of their content, and figurative elements increasingly gave way to an objective, typographical language: "The withdrawal of the personality of the designer behind the idea, the theme, the enterprise or the product is what the best minds in architecture, industrial design, furniture design, photography and graphic art are all striving to achieve", in Müller-Brockmann's foresighted words.
The book aimed to solve the graphic designer's problem of finding the appropriately contemporary form. It became a standard work, that still serves as a historic practical guide well beyond the boundaries of Switzerland. An abridged paperback edition was published in the USA and Canada in 1963, thus achieving global circulation. This edition is an unabbreviated reconstruction of the original edition of 1961, as a hardback with jacket. It includes the additions made by Josef Müller-Brockmann himself for the paperback edition of 1983. The complete and unabridged Müller-Brockmann is thus once again available, thanks to Shizuko Yoshikawa's decisive contribution to the reissue of this standard work by her late husband in its original form.

Remarque préliminaire au sujet de la nouvelle édition révisée

«Les problèmes d'un artiste graphique» a été publié pour la première fois en 1961 chez Niggli Verlag, a connu depuis de nombreuses éditions et est encore disponible à l'heure actuelle. Ce livre raconte de façon exemplaire «le processus d'évolution de l'illustrateur en artiste graphiste», comme le décrit Josef Müller-Brockmann dans sa préface. Müller-Brockmann avait ainsi fait de sa carrière professionnelle le thème du livre, de façon paradigmatique. Tout d'abord marqué par sa formation en arts appliqués et en illustration, Müller-Brockmann utilise ses dons de dessinateur en travaillant comme graphiste indépendant à partir de 1935 et commence sa carrière d'illustrateur, de décorateur de vitrines, de designer d'annonces et de lithographe. Ces œuvres de jeunesse portent toutes sans exception la marque de son design classique et figuratif; parallèlement, il se penche de plus en plus sur le design constructiviste, déjà créé avant la deuxième guerre mondiale par le groupe constitué autour de Max Bill sous l'emblème «Graphisme suisse». Mais c'est seulement après la guerre que Müller-Brockmann oriente son travail en direction d'une conception «concrète» et objectivable. Les commanditaires sont désormais choisis en fonction du contenu proposé, et ses images figuratives s'éloignent toujours davantage du langage typographique réaliste: «Le retrait de la personnalité du designer derrière l'idée, le thème, l'entreprise ou le produit est l'objectif commun des meilleures forces à l'œuvre dans le domaine de l'architecture, du design industriel, de la création de meubles, de la photographie et du graphisme», formule Müller-Brockmann en ouvrant la voie. Le livre devait résoudre les problèmes de design contemporain pour les graphistes, et il est devenu un classique historique diffusé bien au-delà des frontières suisses. En 1983, le livre a été publié dans une version abrégée et brochée, diffusée dans le monde entier en paraissant à la fois aux Etats-Unis et au Canada. Le présent livre est la version intégrale de l'original de 1961, relié, avec couverture rigide. Les ajouts de Josef Müller-Brockmann pour la version brochée de 1983 y ont été repris. Le livre de Müller-Brockmann est donc à nouveau complet, et remercions-en Shizuko Yoshikawa, qui a contribué de façon essentielle à ce que ce classique de son mari mort en 1996 soit à nouveau disponible sous sa forme originelle.

Mai 2003

J. Christoph Bürkle
Verlag Niggli AG

Diese Publikation ist nach drei Aspekten gegliedert:
a)
Die illustrative, subjektivistische Ausdrucksmöglichkeit in der Grafik.
b)
Die objektive, konstruktivistische Arbeitsweise.
c)
Die systematische Ausbildung des Grafikers.

Jeder dieser drei Gesichtspunkte lässt sich gesondert betrachten, für die Entwicklung der Arbeitsweise des Verfassers sind sie jedoch nicht voneinander zu trennen.
Der erste Abschnitt des Buches zeigt den Entwicklungsgang des Illustrators zum grafischen Gestalter, der zweite die Bedeutung und die Anwendung der Gestaltungselemente in der Grafik: die Typografie, die Fotografie, die Zeichnung, das Signet und die Farbe, ferner die Probleme der Ausstellungsgestaltung und die einheitliche Planung in der Werbung, und der dritte Teil berichtet über die Ausbildungsprinzipien für Grafiker an der Kunstgewerbeschule Zürich, wo der Schreibende von 1957 bis 1960 Fachlehrer für Grafik war.

Foreword

This book deals with three different aspects of graphic art:
a)
The illustrative and subjectivist mode of expression.
b)
The objective, constructivist method.
c)
The systematic training of the graphic artist.

Each of these three different aspects can be taken separately, but for an understanding of the way in which the author's working method has developed, they must be considered together.
The first section of the book deals with the development of the illustrator into a graphic designer; the second with the importance and application of the elements of design in graphic art: typography, photography, illustration, logos and colour, and also with the problems of exhibition design and planning a publicity campaign as a coherent whole: and the third deals with the principles applied in training graphic artists at the School of Applied Arts in Zurich, where the author was lecturer in graphic art from 1957–1960.

Préface

Le présent ouvrage comporte trois parties:
a)
La forme illustrative, subjective de l'expression graphique.
b)
La méthode de travail qu'on pourrait appeler objective et constructiviste.
c)
La formation systématique de l'artiste graphique.

Si chacune de ces parties peut être traitée séparément, elles ne sauraient cependant être isolées l'une de l'autre compte tenu de l'activité déployée par l'auteur lui-même.
La première partie montre l'évolution selon laquelle l'illustrateur devient peu à peu graphiste au sens moderne du terme; la seconde définit l'importance et les possibilités d'application de l'art graphique; typographie, photographie, dessin, emblème et couleur, de même que les problèmes posés par la présentation des expositions et la planification dans la publicité; enfin, la troisième et dernière partie traite des principes pédagogiques qui président à la formation des artistes graphistes à l'Ecole des Arts et Métiers de Zurich, où l'auteur a enseigné, en qualité de professeur d'art graphique, de 1957 à 1960.

Der Werbung kommt heute in der Wirtschaft eine überragende Bedeutung zu. Kaum ein Unternehmen kann sich ohne ihre Hilfe im Existenzkampf behaupten oder gar entwickeln. Die Technik hat mit Film, Television, beweglichen Lichtreklamen, rollenden Ausstellungen usw. neue Werbemittel geschaffen.
Die ständige Erweiterung der Reklamemöglichkeiten hat auch den grafischen Beruf beeinflusst. Heute wird beim Grafiker ohne weiteres vorausgesetzt, dass er die verschiedenst gearteten Aufgaben zu lösen und dem jeweiligen Problem die ihm gemässe formale Darstellung zu geben vermag.
Die Tatsache, dass fast alle Berufszweige in irgendeiner Weise das Organ der Werbung benötigen und die gestalterische Lösung ihrer verschiedensten Probleme meistens dem Grafiker anvertrauen, lässt ermessen, wie gross die Beweglichkeit, die intellektuelle und gestalterische Fähigkeit des Grafikers sein müssen, um diesen Aufgaben gewachsen zu sein. Nicht nur Elastizität ist für den Grafiker erforderlich, um sich in immer neu gestellte Aufgaben hineinzudenken, sondern auch die Begabung zum Gestalter einer Vielzahl von Darstellungsformen für alle heute bekannten Werbeträger – von der Visitenkarte bis zum Reklamefilm.
In den meisten Fällen wird die Reproduktion eines grafischen Entwurfes verlangt. Um ein erstklassiges Endresultat garantieren zu können, muss der Grafiker imstande sein, die Clichéherstellung, die Anfertigung der Negativfilme und der Rotationszylinder sowie den Druck zu überwachen. Eine solche Kontrolle setzt voraus, dass er den technischen Prozess dieser Arbeitsvorgänge, die entsprechenden Möglichkeiten und Grenzen, genau kennt.
Für das Studium der Materie und deren Erfassen, später auch für die Überwachung der reproduktionstechnischen oder handwerklichen Ausführungen wird heute bei vielen Arbeiten mehr Zeit benötigt, als für das eigentliche gestalterische Planen zur Verfügung steht. Dies beweist, dass der heutige Grafiker den technischen Problemen genau so gewachsen sein muss wie den künstlerischen.
Die Vielfältigkeit der Aufgaben, die oft grosse kulturelle oder wirtschaftliche Bedeutung der Probleme, die dem Grafikerberuf gestellt werden, machen ihn zu einem der universalsten künstlerischen Berufe. Geistiges Erfassen, Intuition, Form- und Farbempfinden, konstruktives architektonisches Gestaltungsvermögen und sicheres Kompositionstalent sind für ein produktives Schaffen absolute Voraussetzung.

The graphic artist and his task

In trade and industry today advertising is of exceptional importance. There is scarcely an enterprise that can compete successfully, or develop without its aid. To old and tried media, technology has added such innovations as films, television, moving illuminated advertisements, mobile exhibitions, etc.
This constant expansion in the scope of advertising has also had its repercussions on the graphic artist. He is expected to solve a great diversity of problems and in each case to find appropriate formal means of embodying his solution.
Virtually every line of business needs publicity in one way or another, and usually looks to the graphic artist to solve its problems by creating a suitable design. This is a measure of the great versatility and the intellectual and design ability the artist must possess in order to cope successfully with such commissions. The graphic artist must have mental flexibility if his mind is to penetrate the never-ending sequence of problems he has to contend with; but, over and above this, he must have the ability to produce a multitude of different designs appropriate to all the advertising media of today – from the visiting card to the publicity film.
In most instances the graphic design has to be reproduced. In order to ensure a first-class result, the graphic artist must be able to superintend the production of blocks, the making of negative films and the plate cylinder, as well

as to supervise the printing. To do this, he must be thoroughly familiar with the technical processes involved and know their capabilities and limitations. Nowadays, studying the material so as to have a proper appreciation of the difficulties and supervising the reproduction or handwork may well call for more time than the actual designing itself. This shows that the modern graphic artist must be equally proficient in dealing with both technical and artistic problems.
The multiplicity of the problems arising in the course of the graphic artist's work – many of great cultural or economic significance – make it one of the most universal of the artistic professions. Mental grasp, intuition, an eye for form and colour, the ability to design constructively and architecturally and an assured sense of composition – these are the indispensable requirements for creative work.

La tache de l'artiste graphique

Dans l'économie d'aujourd'hui, la publicité occupe und place prépondérante. Aucune entreprise ne peut, sans elle, soutenir la concurrence ni même se développer. D'autre part, la technique a créé, avec le film, la télévision, les réclames lumineuses mouvantes et les expositions itinérantes, des moyens publicitaires nouveaux.
La constante évolution des possibilités de la réclame à influencé également la profession d'artiste graphiste. De nos jours, il va de soi que l'artiste graphiste doit être à même de résourde les problémes les plus divers et trouver la solution adéquate à chacune des tâches qui lui sont proposées.
Le fait que presque toutes les branches de l'économie ont besoin, d'une façon ou d'une autre, de la publicité et confient à l'artiste graphique le soin de répondre aux différentes questions qui leur sont propres, donne une idée de la mobilité d'esprit et des ressources que doit posséder l'artiste graphique pour être à la hauteur de sa tâche. Il ne doit pas seulement faire preuve de souplesse pour résoudre les problémes toujours nouveaux qu'on lui pose, mais faire appel, de surcroît, à son don d'invention qui lui permettra de multiplier ses créations dans les domaines si divers de la publicité – de la carte de visite au film de propagande.
Dans la plupart des cas, il s'agit de reproduire une maquette graphique. Afin de garantir un résultat impeccable, le graphiste doit pouvoir contrôler la mise au point du cliché, la réalisation des films négatifs et des cylindres, de même que l'impression proprement dite. Or un tel contrôle suppose qu'il connaît de façon approfondie ces diverses techniques, leurs possibilités et leurs limites. L'étude et la parfaite connaissance de la matière à traiter aussi bien que la reproduction technique ou artisanale exigent actuellement, dans bien des travaux, beaucoup plus de temps dont on dispose pour résoudre les seules exigences de la création. Il en résulte que l'artiste graphique d'aujourd'hui doit maîtriser aussi bien les questions techniques que celles de l'art.
La variété très étendue des tâches qui se présentent et l'importance économique, souvent considérable, des problèmes posés à l'artiste graphique font de sa profession un des métiers d'art quasi universel. Perspicacité intellectuelle, intuition, sens des formes et des couleurs, faculté de construire architectoniquement une œuvre et un goût très sûr pour la composition, telles sont les conditions indispensables à l'épanouissement d'un travail vraiment créateur.

Von der illustrativen zur sachlichen Grafik

Das illustrative, zeichnerische Moment ist auch heute noch, im Zeitalter der Fotografie und Typografie, wichtiger Bestandteil vieler grafischer Lösungen. Und für manchen Grafiker ist die Anwendung der freien künstlerischen Formulierung in der Werbung Hauptbestandteil seiner grafischen Interpretation. Die Lust am Fabulieren, der Reiz des überraschenden Einfalls und die Freude an der spontanen Mitteilung durch die Illustration bestimmen bei diesen Grafikern die künstlerische Linie.
Die Entwicklung des Verfassers hat ebenfalls bei der Illustration begonnen, bevor sie nach manchen Erfahrungen und Überlegungen zur sachlichen Grafik überging. Bestimmend für die Abkehr von der Illustration war die Erkenntnis, dass die illustrative Lösung den jeweiligen Aufgaben nicht ganz zu entsprechen vermochte. Sie liess vor allem den gesuchten notwendigen dokumentarischen Charakter vermissen und verlieh der Zeichnung eine individualistische Note, die dem neuzeitlichen Werbestil nicht angemessen war. Deshalb war der Entschluss, das illustrative Mittel nicht mehr einzusetzen, eine unumstössliche Notwendigkeit. Um eine dem Thema entsprechende Form zu finden, wurde, aufgrund der erwähnten Erkenntnis, danach getrachtet, die grafische Form dem Thema unterzuordnen. Mit dem Verzicht auf die freie, subjektive Darstellungsweise wurde Fläche gewonnen für eine spannungsgeladenere Organisation themagerechter Formen.
Je straffer die Komposition der Bildelemente auf der zur Verfügung stehenden Fläche durchgeführt ist, desto wirksamer kann der thematische Gedanke formuliert werden. Je anonymer und sachlicher die Bildelemente sind, desto geeigneter erweisen sie sich als Träger der thematischen Idee; ihrer grafischen Realisierung haben sämtliche Gestaltungselemente zu dienen. Dieser Tendenz entspricht die geometrische Gestaltungsweise. Text, Fotografie, Sachbezeichnung, Wortmarke, Signet und Farbe sind ihre Hilfsmittel. Sie ordnen sich dem Elementsystem willig unter und erfüllen innerhalb der raumbild- und wirkungsschaffenden Fläche ihre informative Funktion. Oft wird die irrige Ansicht vertreten, dass sich bei dieser Arbeitsweise Individualität und Persönlichkeit des Gestalters zu wenig manifestieren können. Dabei wird übersehen, dass bei der neuzeitlichen Gestaltungsweise durch die Art, wie der Grafiker das Thema geistig bewältigt, gliedert und anschaulich zur Darstellung bringt, ebenso viel von seiner Persönlichkeit zum Ausdruck kommt wie in der illustrativen Grafik, nur in einer sublimeren Form. Das Zurücktreten der Gestalterpersönlichkeit hinter die Idee, das Thema, das Unternehmen oder das Produkt ist das gemeinsame Bestreben der besten Kräfte auf dem Gebiet der Architektur, der Industrieformgebung, des Möbelentwurfs, der Fotografie und der Grafik. Diese Entwicklung zu fördern, darin erblicken wir unsere wichtigste Aufgabe. Nicht selten wird sie erfüllt durch Zusammenarbeit, wobei über die ideelle und formale Urheberschaft ein unmittelbarer Aufschluss nicht notwendig ist, da in der gemeinsamen Lösung oft eine stärkere Kraft liegt als in der prononcierten Einzelleistung.

From illustrative to objective graphic art

The illustrative, pictorial motive is still important in many graphic designs, even in the age of photography and typography. And many a graphic artist seeking a form in which to interpret an advertising idea finds that free artistic formulation most frequently provides the answer. For these artists the pleasure they take in inventing a story, the excitement of a sudden idea and the delight they experience in communicating spontaneously through the illustration determine the form of their artistic creations.

The author, too, began with illustration and, after a great deal of experience and thought, changed over to objective graphic art. He abandoned illustration because he realized that the illustrative solution never quite served the purpose of the work in hand. In particular, it did nothing to promote the sought-after documentary character, but rather lent the illustration an individualistic note that was at variance with the modern advertising style. The decision to abandon illustration was thus unavoidable. In the light of this realization, he began to subordinate his form to the theme and sought an appropriate solution in this way. By discarding the old free subjective manner of representation, he acquired freedom for a more highly charged organization of forms that were appropriate to the subject.

The tauter the composition of elements in the space available, the more effectively can the thematic idea be formulated. The more anonymous and objective these elements are, the more suitable they prove as a vehicle for the thematic idea; the realization of this idea in graphic forms is the end to which all the elements of design must be directed. This trend reflects the geometrical apporach to design. Copy, photographs, drawings of objects, brand names, logos and colours are its components. They are arranged in subservience to the system of elements and fulfil their informative function within the area available for creating the spatial image and producing the desired effect. It is often objected, without justification, that the individuality and personality of the designer are insufficiently displayed under such conditions. This overlooks the fact that in modern design the personality of the artist is manifested just as much in the way he has mentally mastered his theme and organized it to make a graphic design as it is in illustrative graphic art, only in a more refined form. The withdrawal of the personality of the designer behind the idea, the theme, the enterprise or the product is what the best minds in architecture, industrial design, furniture design, photography and graphic art are all striving to achieve. We conceive it to be our most important task to promote this development. Frequently it is achieved through collaboration, and no direct information as to the authorship of the ideas and design is necessary, for there is often greater power in a solution reached by common effort than in a pronouncedly individual achievement.

Du graphisme illustratif au graphisme objectif

Le facteur illustratif, le dessin, est encore aujourd'hui, à l'âge de la photographie et de la typographie, un élément important de nombreuses solutions graphiques. Et pour beaucoup de graphistes, le recours au langage de l'art pur et indépendant à des fins publicitaires demeure l'essential. Le plaisir de conter (pour parler comme Goethe), le goût de la trouvaille-surprise et la joie de la communication spontanée autorisés par l'illustration déterminent chez les practicien du graphisme la ligne artistique qu'ils se plaisent à suivre.

L'évolution du créateur a commencé par l'illustration avant même que les expériences et les réflexions ne l'aient conduit au graphisme objectif. La raison essentielle du renoncement à l'illustration réside dans le fait qu'aucune illustration ne résout totalement les problèmes que présente chacune des tâches. La conception illustrative à elle seule ne rend pas l'indispensable caractère documentaire de la publicité et confère au dessin une note personnelle qui ne s'harmonise pas avec le style publicitaire moderne. Aussi le renoncement au mode illustratif apparut-il bien vite comme une inévitable nécessité. Afin de trouver une expression formelle propre au sujet traité, il se révéla qu'en fonction de la vérité on devait s'efforcer de subordonner la forme au thème.

Ce renoncement à l'expression libre et subjective eux du même coup pour effet de ménager un plus grand espace à l'organisation de formes consubstantielles au thème donné.

Plus la composition des éléments visuels est stricte et rigoureuse, sur la surface dont on dispose, plus l'idée du thème peut se manifester avec efficacité. Plus les éléments visuels sont anonymes et objectifs, mieux ils affirment leur authenticité et ont dès lors pour fonction de servir uniquement la réalisation graphique. Cette tendance est conforme à la méthode géométrique. Texte, photo, désignation des objets, sigles, emblèmes et couleurs en sont les instruments accessoires qui se subordonnent d'eux-mêmes au système des éléments, remplissent, dans la surface, elle-même créatrice d'espace, d'image et d'efficacité, leur mission informative. On entend souvent dire, mais c'est là une opinion erronée, que cette méthode empêche l'individualité et la personalité du créateur de s'exprimer. C'est là méconnaître cette vérité que la méthode moderne qui veut traiter avec les formes permet à l'artiste de pénétrer l'essence du thérme à traiter, de l'organiser, ce qui l'amènera à l'épanouissement de sa personnalité tout autant qu'avec un graphisme illustratif. Au fait, la personnalité ne doitelle pas s'effacer derriére l'idée, le thèrme, l'entreprise ou le produit? C'est le point de vue défendu par les meilleurs créateurs, qu'ils s'agisse d'architecture, de dessin industriel, de meubles, de photographie ou d'art graphique. C'est aussi notre profonde conviction. Aussi considérons-nous comme notre tâche la plus importante de favoriser cette évolution. Il n'est pas rare, du reste, que celle-ci s'accomplisse par un travail collectif et qu'il soit par conséquent superflu de citer les auteurs de telle ou telle découverte par leur nom, car il y a souvent plus de force incluse dans une solution réalisée en commun que dans des créations délibérément individuelles.

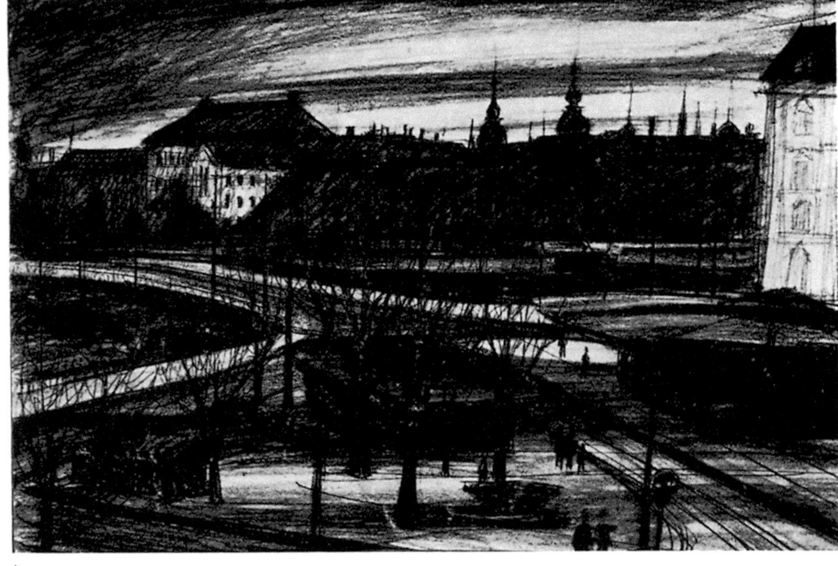

1

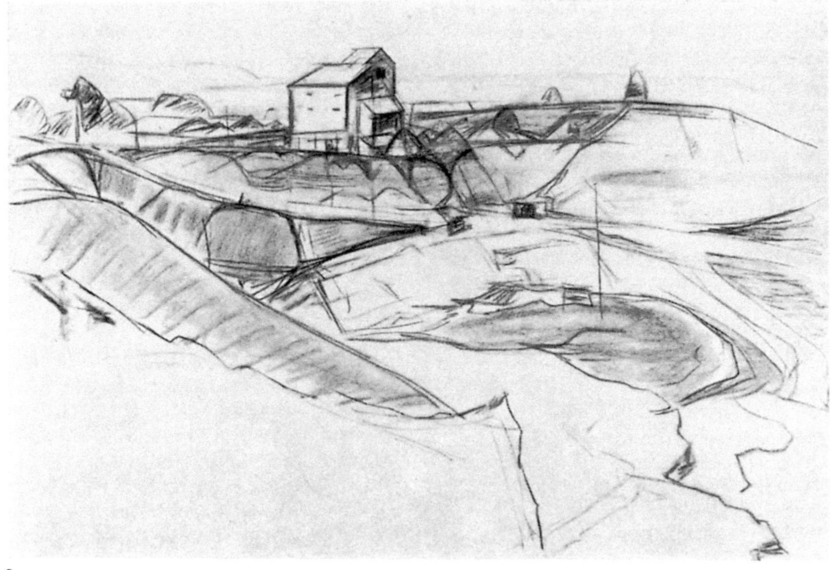

3

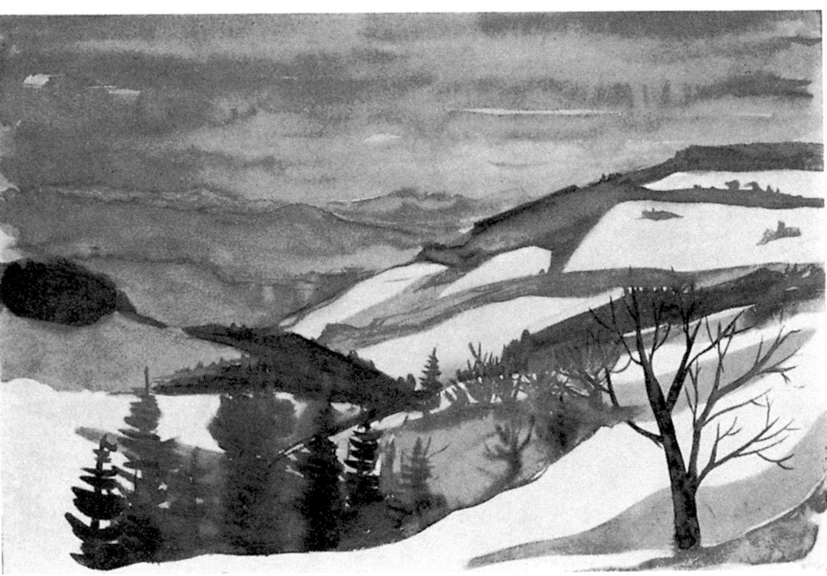

2

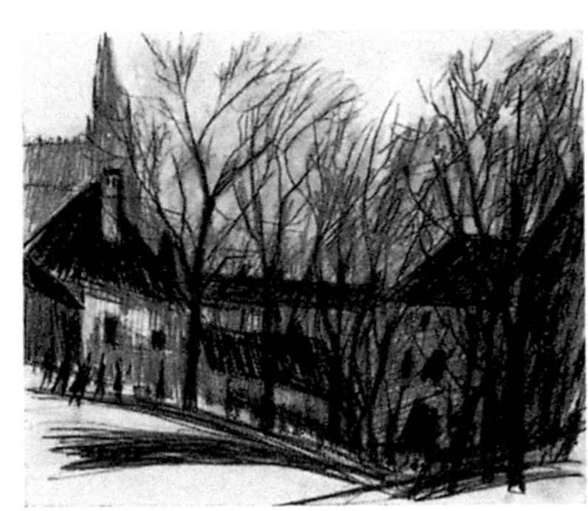

4

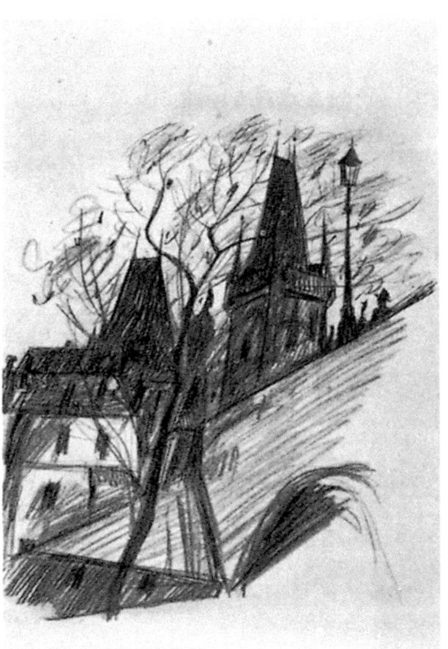

5

1
«Bellevueplatz Zürich», Zeichnung, drawing, dessin
2
«Zürcher Oberland», Aquarell, water-colour, aquarelle

3
«Kiesgrube», Zeichnung, drawing, dessin
4, 5
«Prag», Zeichnungen, drawings, dessins

Von der illustrativen
zur sachlichen Grafik

From illustrative
to objective graphic art

Du graphisme illustratif
au graphisme objectif

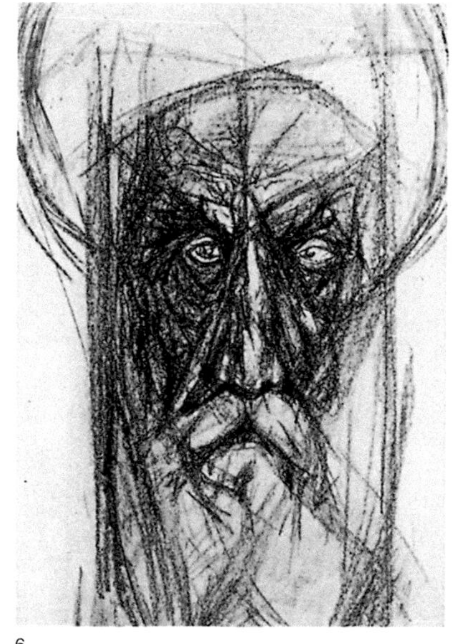

6

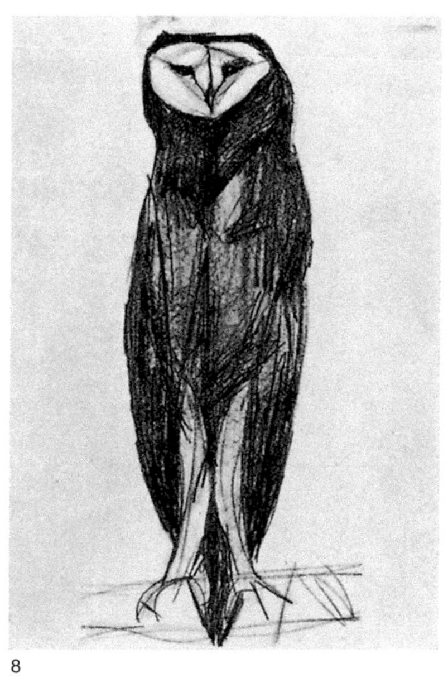

8

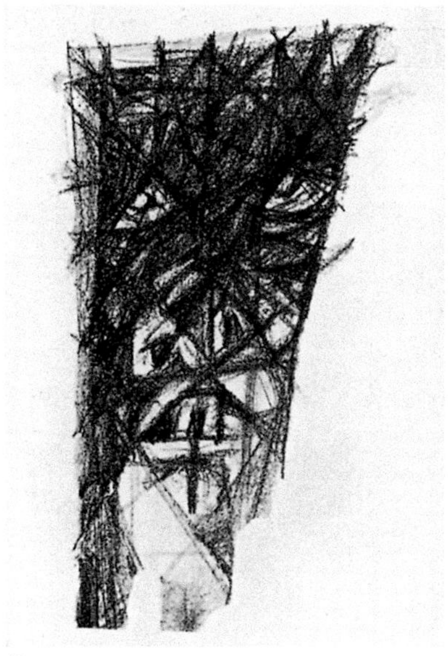

10

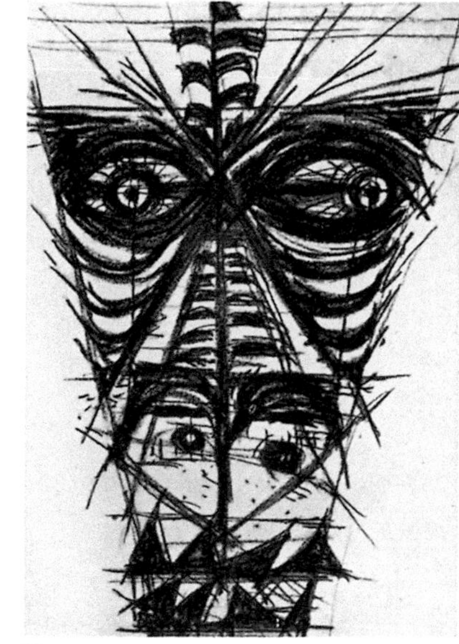

12

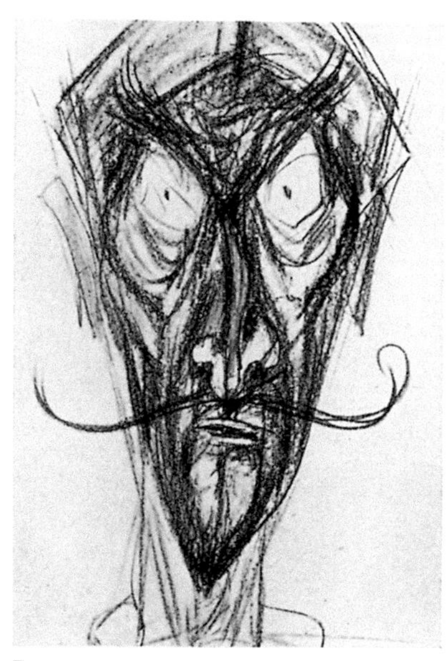

7

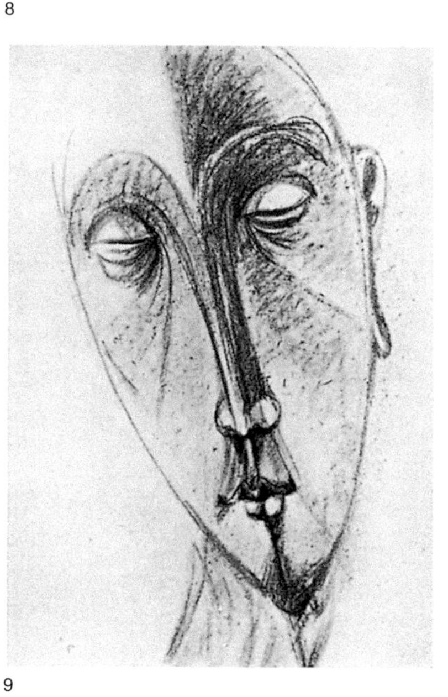

9

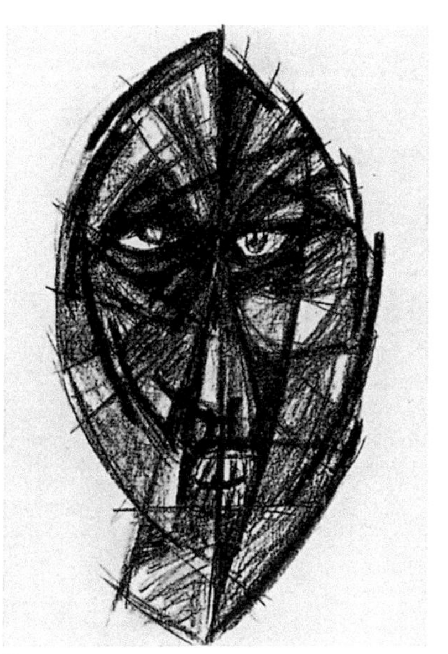

11

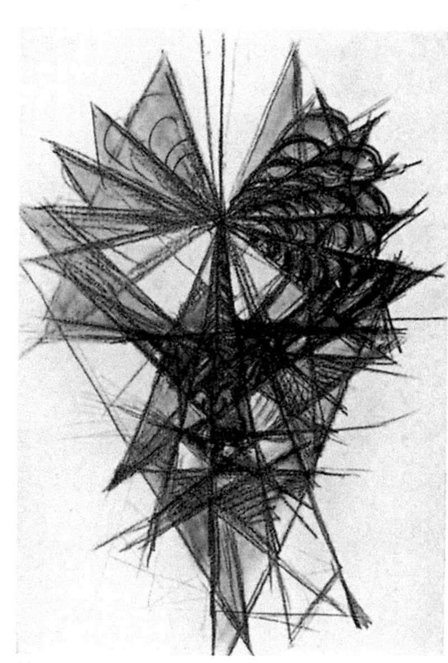

13

6, 9, 10–13
«Kopfstudien», Zeichnungen, drawings, dessins
7
«Don Quixote», Zeichnung, drawing, dessin

8
«Eule», Zeichnung, drawing, dessin

Von der illustrativen zur sachlichen Grafik

From illustrative to objective graphic art

Du graphisme illustratif au graphisme objectif

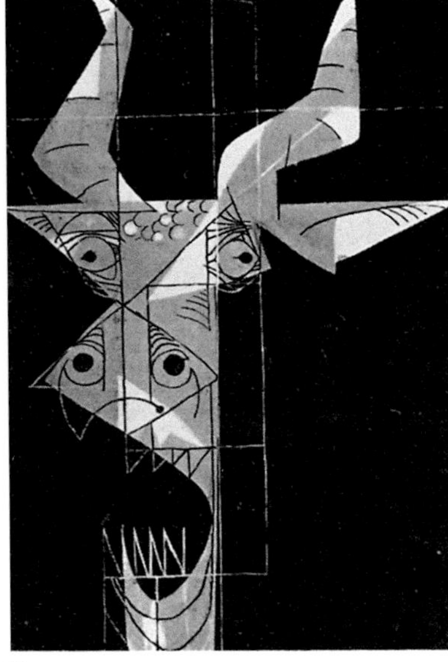

14

15

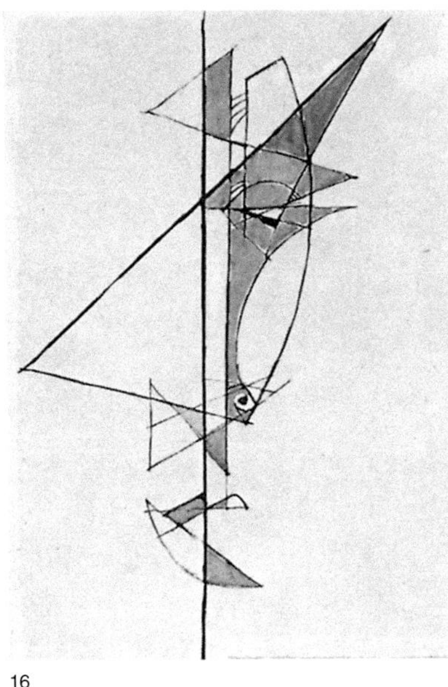

16

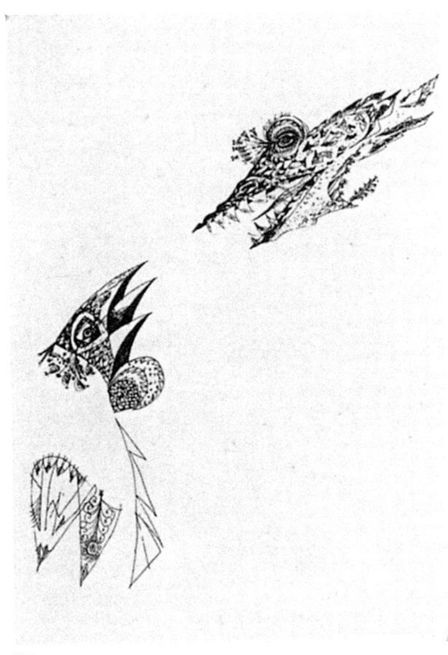

17

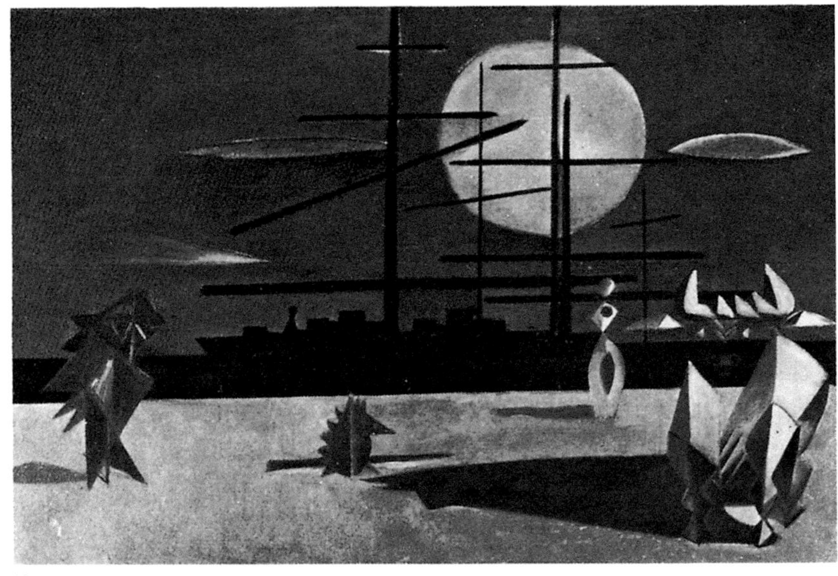

18

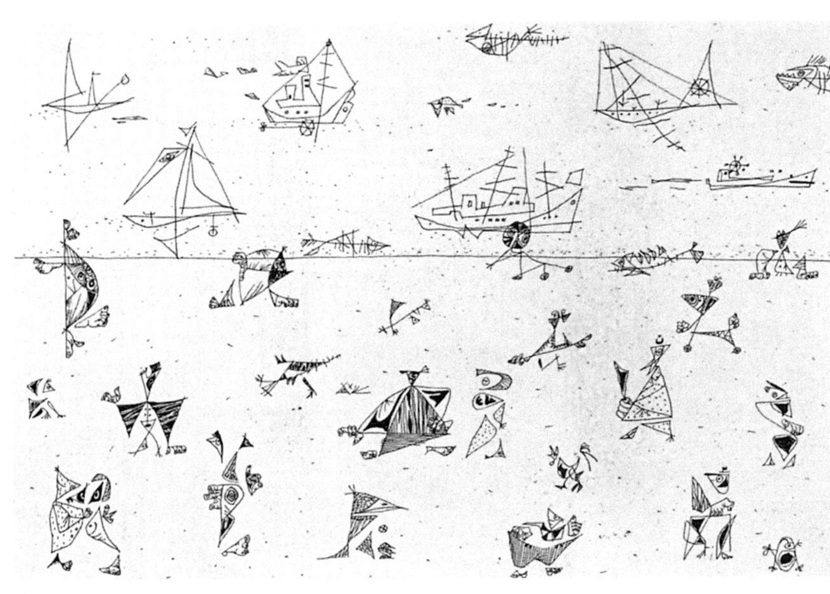

19

14
«Kuhkopf», Zeichnung, drawing, dessin
15
«Kuhkopf», Zeichnung, drawing, dessin

16
«Kopfstudie», Zeichnung, drawing, dessin
17
«Zwei Tiere», Tuschzeichnung, China-ink drawing, lavis

18
«Studie», Oel, oil, à l'huile
19
«Strandleben», Tuschzeichnung, China-ink drawing, lavis

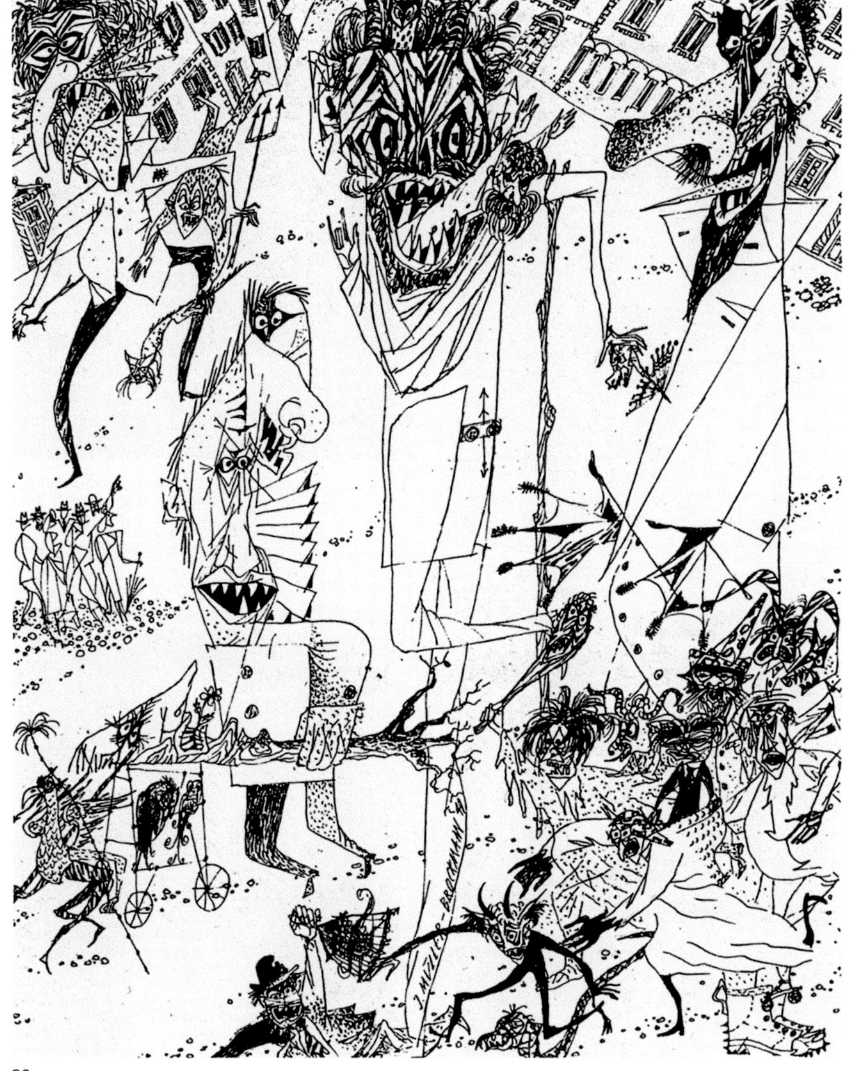

20

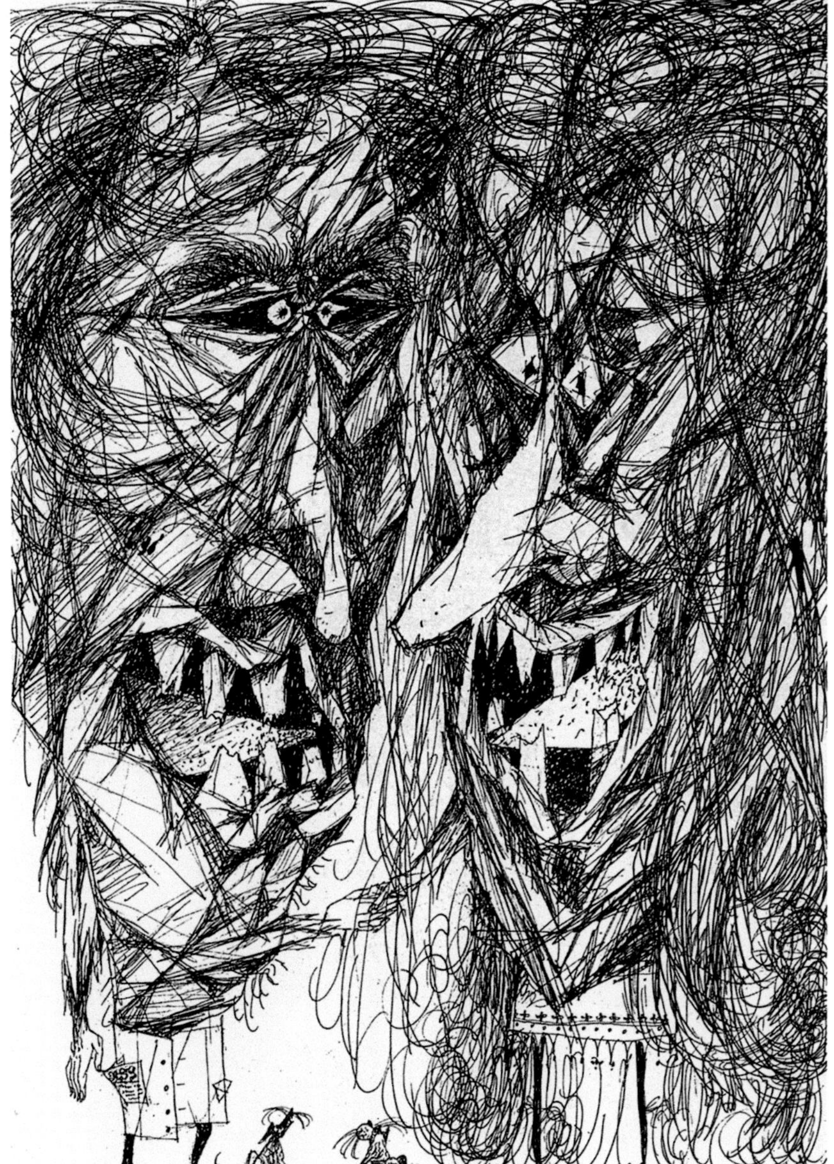

21

20
«Fastnachtsspuk», Tuschzeichnung, China-ink drawing, lavis

21
«Zwei Masken», Tuschzeichnung, China-ink drawing, lavis

Von der illustrativen zur sachlichen Grafik

From illustrative to objective graphic art

Du graphisme illustratif au graphisme objectif

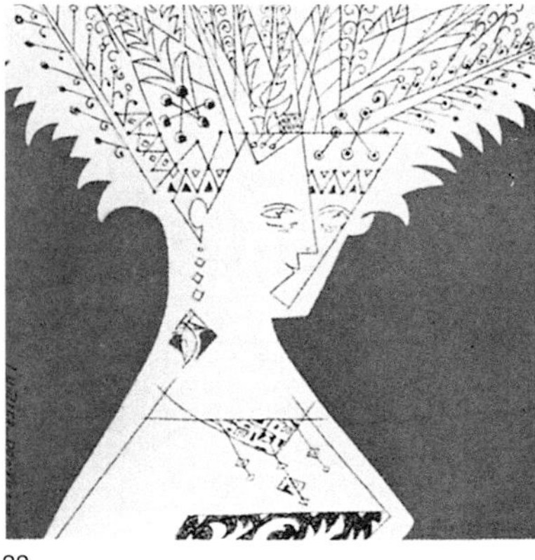
22

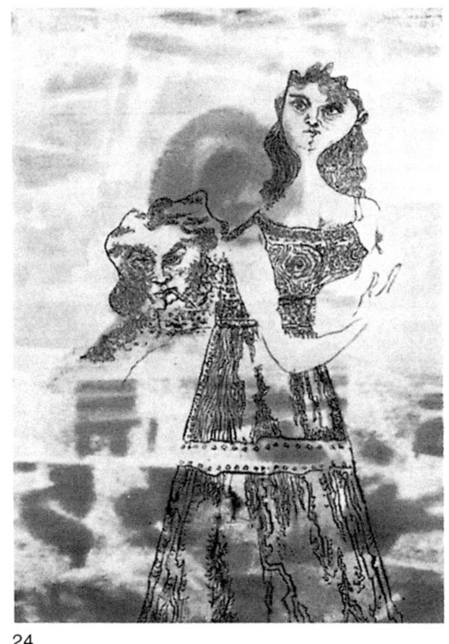
24

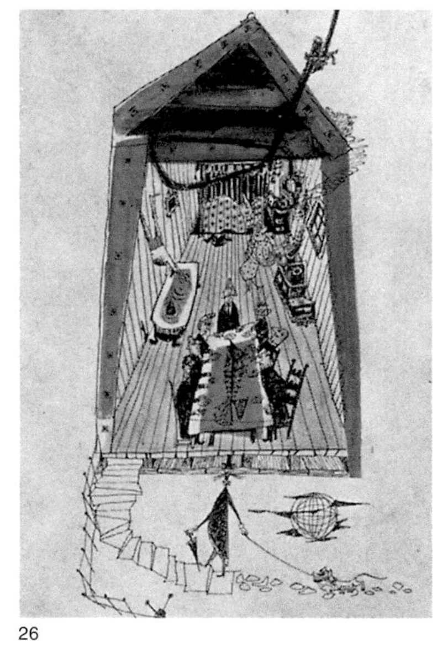
26

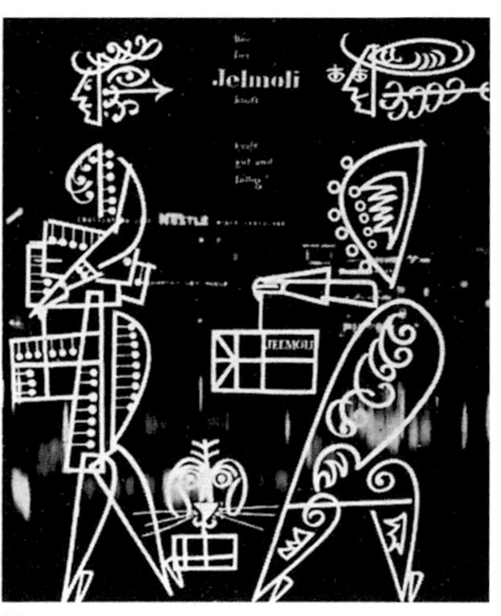

28

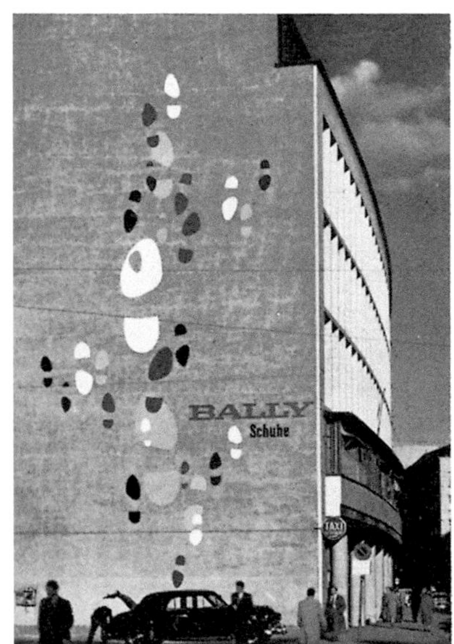

23

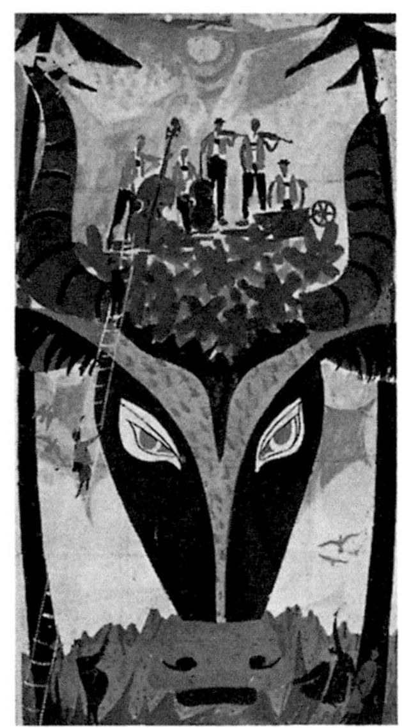
25

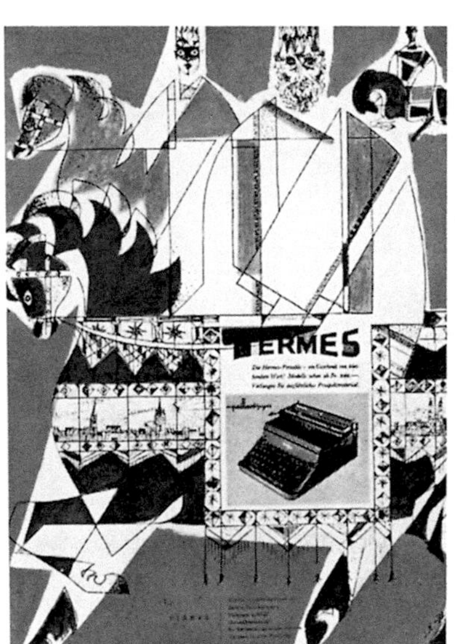

27

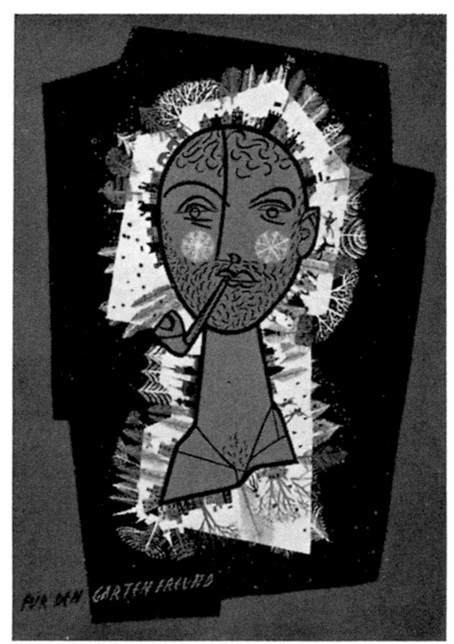
29

22
Einladungskarte, invitation-card, carte d'invitation
Schauspielhaus, Zürich
23
Fassaden-Werbung, outdoor-advertising for shoes, façade-propagande pour souliers
Bally, Schönenwerd

24
Illustration, illustration, illustration
25
Fremdenverkehrswerbung, propaganda for tourism, propagande pour le tourisme
Schweizerische Zentrale für Verkehrsförderung

26
Illustration für eine Bau-Ausstellung, illustration for an exhibition of architecture, illustration pour une exposition d'urbanisme
Hochbauamt der Stadt Zürich
27
Weihnachtsinserat, advertisement relating to Christmas, annonce de Noël
Hermes-Schreibmaschinen AG, Zürich

28
Inserat, advertisement, annonce
Warenhaus Jelmoli, Zürich
29
Illustration für ein Weihnachtsfenster, illustration for a Christmas-window, illustration de Noël pour une vitrine
Samen-Mauser, Zürich

Von der illustrativen
zur sachlichen Grafik

From illustrative
to objective graphic art

Du graphisme illustratif
au graphisme objectif

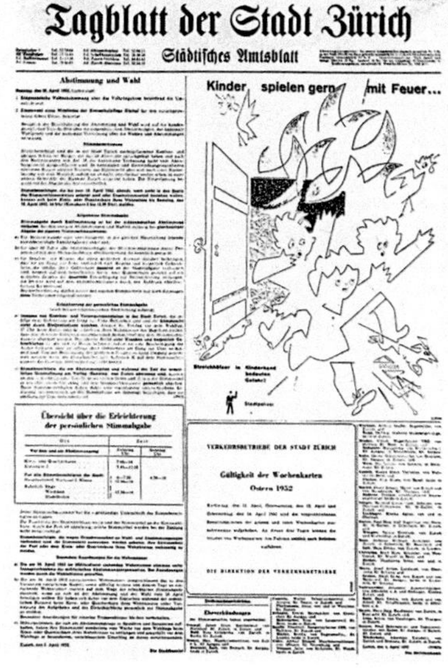
Tagblatt der Stadt Zürich
Städtisches Amtsblatt
Kinder spielen gern mit Feuer...
Übersicht über die Erleichterung der persönlichen Stimmabgabe
Verkehrsbetriebe der Stadt Zürich
Gültigkeit der Wochenkarten Ostern 1952

30

Schußwaffen einschließen!
Kinder finden alles.
Aus Spiel entsteht leicht Unglück und Leid.
Stadtpolizei

31

Hausfrauen seid vorsichtig!
Versorgen Sie Ihr Portemonnaie!
Diebsfinger sind flink und lautlos.
Stadtpolizei

32

Einbruch!
Offene Oberlichtfenster laden zum Besuche ein!
Ist das die einzige «schwache» Stelle?
Stadtpolizei

33

34

35

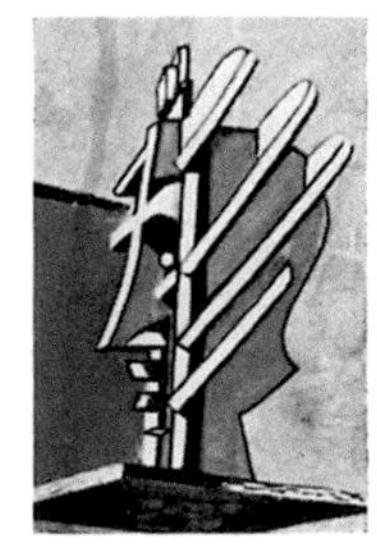

37

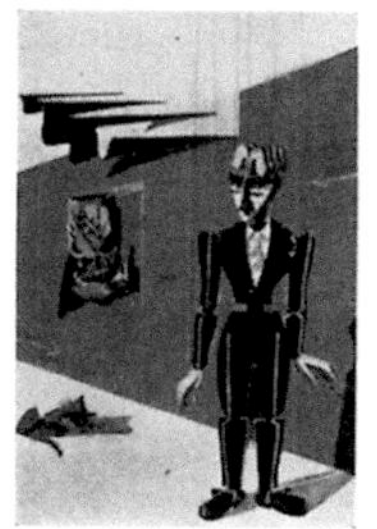

36

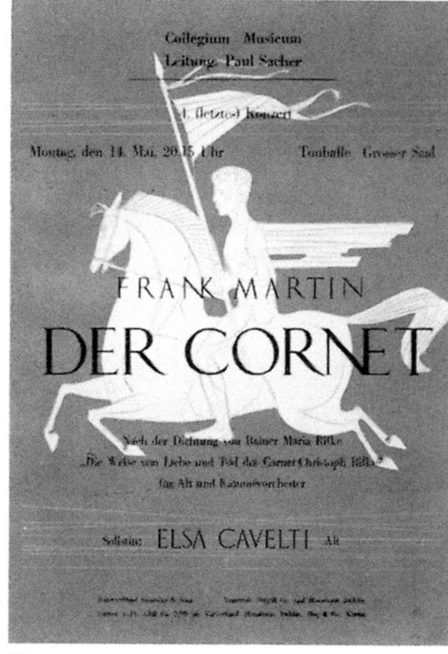

38

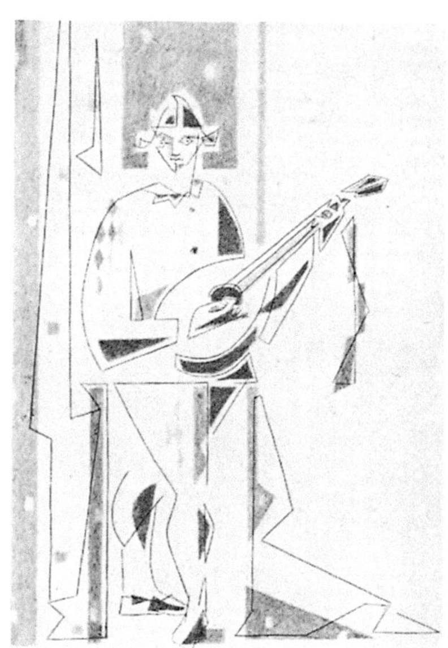

39

30–33
Inserate, advertisements, annonces
Stadtpolizei Zürich

34
Programm, programme, programme
Zürcher Marionetten
35–37
Marionettenentwürfe, marionette designs, projets de marionettes
Zürcher Marionetten

38
Plakat, poster, affiche
Collegium Musicum, Zürich
39
Lithographie, lithograph, lithographie
Stadttheater Zürich

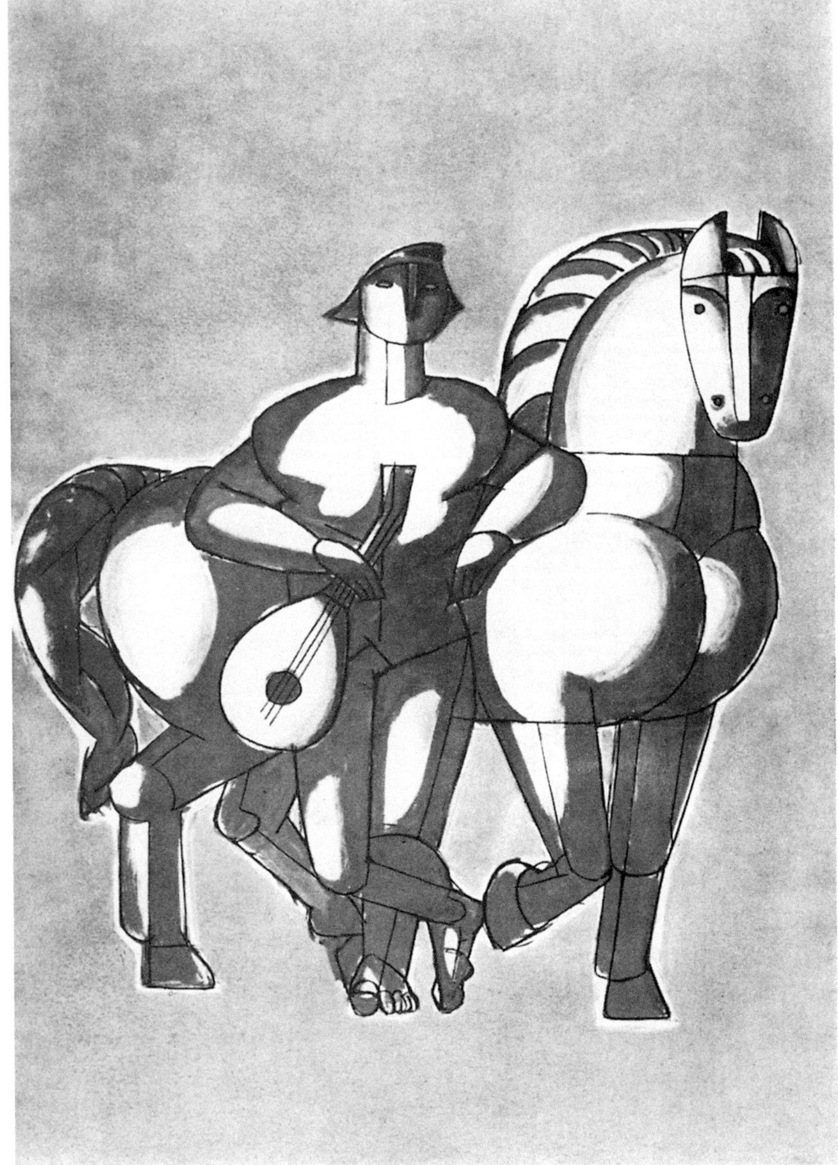

40

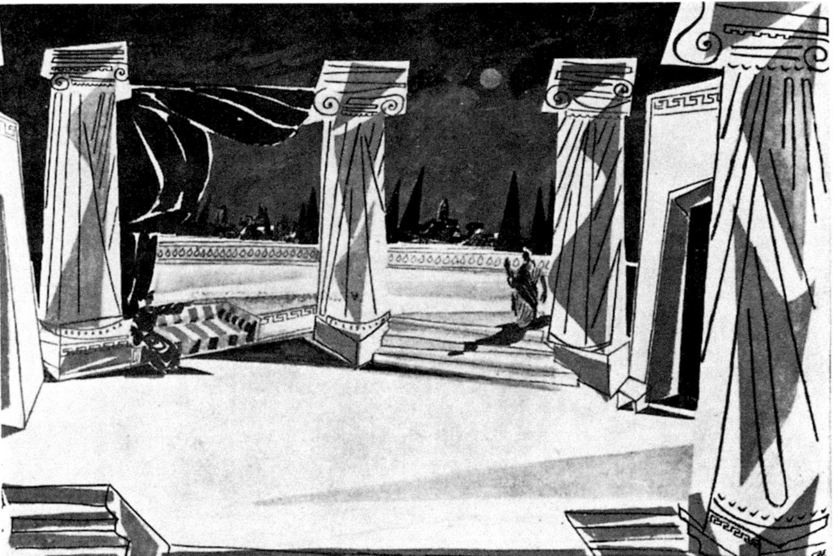

41

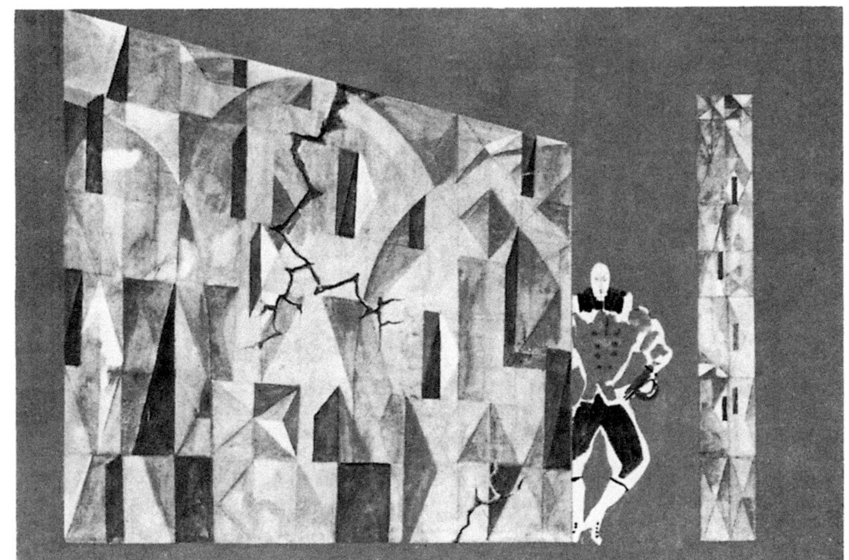

42

40
Zeichnung, drawing, dessin

41, 42
Bühnenbild, stage-decoration, décors
Riddersalen, Kopenhagen

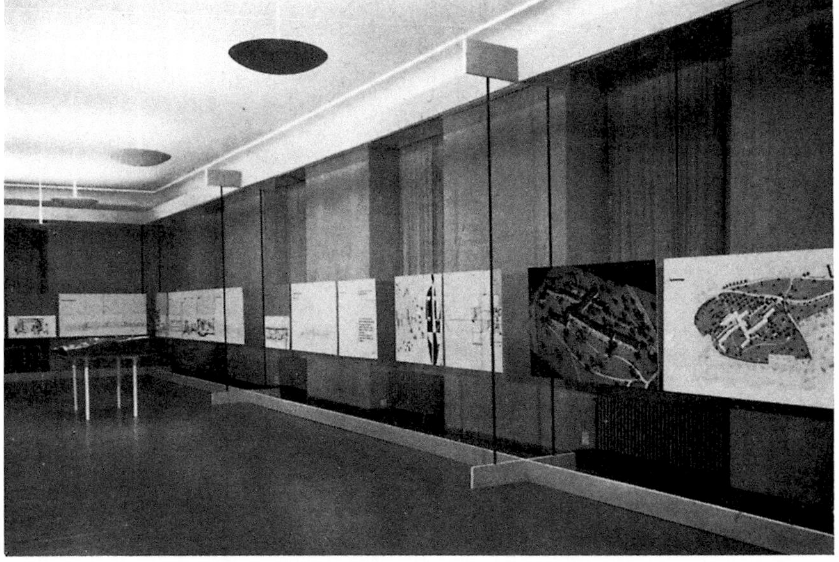

43

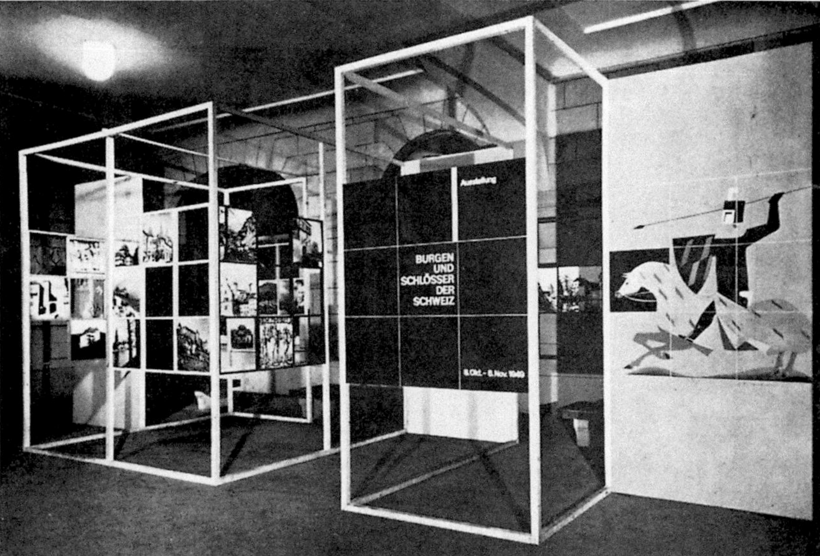

45

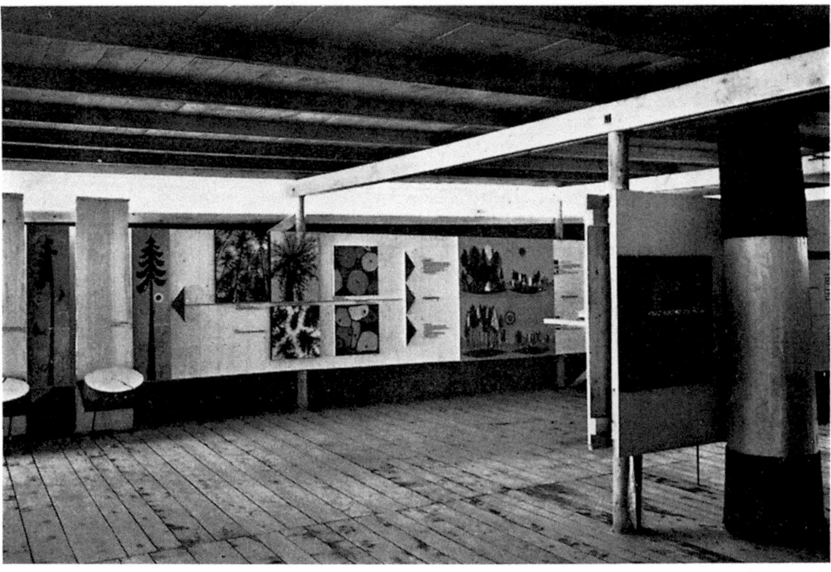

44

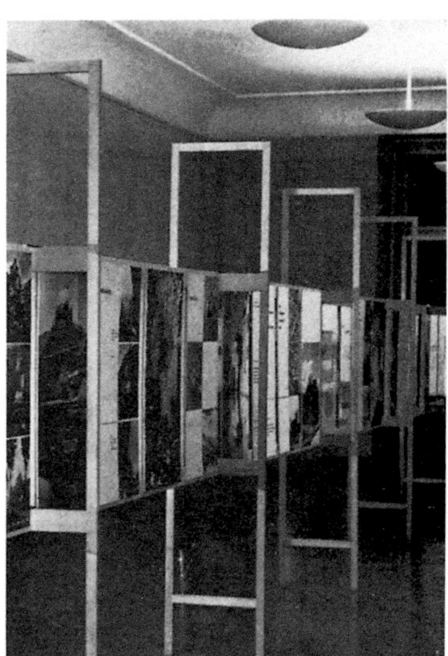

46

43
Ausstellung, exhibition, exposition
Hochbaubamt der Stadt Zürich
44
Ausstellung, exhibition, exposition
Züka Zürich

45, 46
Ausstellung, exhibition, exposition
Schweizerische Burgenvereinigung

Die Buchdruckerkunst vermag heute mit Vierfarbendruckmaschinen Werke der Kunst und der Grafik in einem Druckgang kurzfristig und in höchster Qualität hervorzubringen, und die Typografie ist mit der Mono- und Linotype-Technik sehr leistungsfähig geworden.
Neben dem Handsatz verwendet die Typografie seit längerer Zeit für gewisse Aufgaben den bedeutend schneller arbeitenden Maschinensatz. Die technische Entwicklung hat eine geistige Neuorientierung der schöpferischen Gestalter notwendig gemacht. Auf der Suche nach einer neuen Formensprache erhielten sie durch die technischen Hilfsmittel Impulse, die zu neuen Konzeptionen führten.
Die «neue» Typografie hat die Aufgabe, als Trägerin der Information rein funktionell zu wirken. Mit gut lesbaren Schriften soll der Gedanke zum Ausdruck gebracht und durch hochwertige Reproduktionsmaschinen in kurzer Zeit vervielfältigt werden.
Der Gestalter ist gezwungen, die technischen Möglichkeiten der neuzeitlichen Typografie zu kennen und zu akzeptieren, um – statt ornamentale Versuche anzustellen – eine formale Konzeption planen zu können. Die wirtschaftliche, zeitsparende und zweckmässige Setzweise entspricht unserer Zeit der technischen Perfektion und Klarheit und hat zu folgenden Postulaten geführt:
a)
An die Stelle der willkürlichen, zufälligen und individuellen Zusammenstellung der typografischen Elemente tritt die sachliche, objektive, den typografischen Gesetzmässigkeiten entsprechende Gestaltung.
b)
Erstes Gebot ist die ungeschmückte, rein der Mitteilung dienende typografische Form.

So angewandt, wird die Typografie funktionell, sachlich und informativ. Funktionell durch die Beachtung ihrer technischen Voraussetzungen, sachlich durch die logische Fügung der Buchstaben zu Worten, der Worte zu Sätzen, durch die Aufreihung der Sätze nach ihrem Inhalt und schliesslich durch die formale Gliederung des Inhalts nach seinem inneren Zusammenhang. Informativ ist diese Typografie dank der optisch übersichtlichen und leicht ablesbaren Anordnung aller Satzgruppen und der daraus resultierenden schnellen Erfassbarkeit der Mitteilung.
Neben prinzipiellen und praktischen Überlegungen gilt für die Typografie in der Grafik die Beachtung einiger Faustregeln, die kurzgefasst folgende sind:
a)
Nicht verschiedene Schriftfamilien zusammen kombinieren.
b)
Nicht verschiedene Formen der gleichen Familie, z.B. der Grotesk, im gleichen Schriftbild verwenden.
c)
Wenig verschiedene, dafür aber deutlich unterschiedliche Schriftgrössen verwenden.
d)
Geschlossene Wirkung der Schriftanordnung erstreben.
e)
Auszeichnung im Text nicht durch Sperren, sondern durch Absetzen des Wortes in halbfetter oder fetter Schrift, oder durch Freistellen des betreffenden Wortes, veranlassen.
f)
Schrift-Bild-Beziehung herstellen, d.h., die Schrift zur verwendeten Fotografie oder Zeichnung ist so anzuordnen, dass sie eine sachlich-zwingende, optisch und ästhetisch überzeugende Verbindung zum Bildelement darstellt.
g)
Der Durchschuss zwischen den Zeilen ist so zu wählen, dass er zwischen den Unterlängen der einen und den Oberlängen der folgenden Zeilen wohl einen Abstand, nicht aber den Eindruck von Einzelzeilen schafft. Die Geschlossenheit des Schriftbildes muss gewahrt bleiben, dadurch wird die Typografie gut lesbar und erhält ihre ästhetische Wirksamkeit.
h)
Die Wortabstände sollen regelmässig sein, ungleiche weisse Zwischenräume verursachen ein unruhiges Schriftbild.
i)
Da Zahlen grössenmässig dem Versalbuchstaben entsprechen, kann es unter Umständen notwendig sein, um das Schriftbild nicht zu stören, die Zahlen einen Grad kleiner setzen zu lassen als die übrige Schrift. Hauptsächlich dann, wenn viele Zahlen untergebracht werden müssen.

Typography in advertising

Using modern four-colour printing machines, the printer of today can make high-quality reproductions of paintings and works of graphic art in a single printing process while the monotype and linotype systems have greatly increased the possibilities of typography.
In addition to hand composition, typography has for some time been using the much faster mechanical composition for certain jobs. Such technical advances required a new attitude of mind from creative designers. Searching for a new formal language, they found that these mechanical aids stimulated their minds and led them to new concepts.
As the medium through which information is communicated, the "new" typography must be purely functional. The idea must be expressed in easily legible type and reproduced at high speed on high-quality printing machines.
The designer must know and accept the technical possibilities of modern typography and, instead of striving for ornamental effects, he must be able to see his plan as a formal concept. This economic, time-saving and practical method of composition is consonant with our age of technical perfection and clarity and has led to the following assertions:
a)
The arbitrary, fortuitous and individual composition of typographical elements is to be replaced by an objective design in accordance with typographical principles.
b)
The paramount requirement is an unadorned typographical form that simply transmits the message.

Used in this way, typography becomes functional, objective and informative. Functional in respecting the technical preconditions, objective in the logical composition of letters to form words and of words to form sentences, in the arrangement of sentences according to their contents and, finally, in the formal organization of the contents according to its inner coherence. Typography of this kind is informative because all its text blocks are clearly laid out for good legibility and the message can thus be readily understood.
Apart from considerations of principle and practice, the rules-of-thumb briefly stated below are of importance for typography in graphic art.
a)
Never combine different type families.
b)
Never use different forms of the same family, e.g. the sans serif, in the same composition.
c)
Use few different sizes of type, but make sure those used are clearly distinguishable.
d)
Strive for tight setting.
e)
Use semi-bold or bold, not letterspacing, to emphasize a word, or isolate it.
f)
Create a relationship between image and copy, i.e. the type matter should be arranged in relation to the photograph or illustration employed so that there is a link that compels attention and is visually and aesthetically satisfying. Type and image become a harmonious composition.
g)
The leading should be chosen so that there is a space between the descenders of one line and the ascenders of the next line, without creating the impression of isolated lines. The compactness of the composition must be preserved so that the typography is easily read and remains aesthetically effective.
h)
The wordspacing should be uniform;

uneven wordspacing results in unquiet text.
i)
As figures are equivalent in size to capitals, it may be necessary, so as not to disrupt the appearance of the composition, to set the figures a size smaller than the text, particularly if there is a large number of figures.

Typographie et publicité

Avec ses machines d'impression en quatre couleurs obtenues en un seul tirage, l'imprimerie est aujourd'hui à même de reproduire en très peu de temps, pour des résultats de la plus haute qualité, des œuvres de peinture et d'art graphique, et, grâce à la technique de la monotypie et de la linotypie, la typographie est devenue extrêmement efficace.
A côte de la composition à la main, on a depuis un certain temps recours, pour certains ouvrages, à la composition mécanique, beaucoup plus rapide. L'évolution technique a rendu nécessaire, chez les créateurs de réalisations formelles, une orientation nouvelle des esprits. Dans leur recherche d'un nouveau langage visuel, les moyens techniques dont ils peuvent désormais disposer les ont incités à découvrir quantité de conceptions neuves.
La «nouvelle» typographie, exclusivement messagère de l'information, est, en son essence, uniquement fonctionnelle. Les caractères, bien lisibles, ne doivent faire autre chose qu'exprimer la pensée, tandis que les techniques perfectionnées de la reproduction interviennent pour en assurer le tirage multiple dans le plus court délai possible.
L'artiste graphique est tenu de conaître à fond les possibilités techniques de la nouvelle typographie et de les accepter afin – au lieu de se livrer à des essais ornementaux – d'être en mesure d'élaborer méthodiquement une conception formelle. La méthode économique, rapide et rationelle de la composition mécanique répond aux exigences de notre époque de perfection et de clarté techniques, et a conduit aux postulats suivants:
a)
La disposition arbitraire et individuelle des éléments typographiques fait place à une mise en forme objective, répondant aux lois mêmes de la typographie.
b)
Le principe qui domine tous les autres est celui d'une typographie sans fioritures ornementales, mais dont la forme sert uniquement la communication du message.

Ainsi conçue, la typographie devient fonctionnelle, objective et informative. Fonctionnelle de par le respect de ses conditions techniques, objective en vertu de la subordination des lettres au mot, du mot à la phrase, de la disposition des phrases en fonction de leur contenu, et enfin grâce à une organisation formelle d'ensemble répondant aux rapports internes de la chose à dire, du contenu. Et en même temps cette typographie est également informative grâce à sa facile lisibilité et la disposition des groupes de phrases, d'où résulte une compréhensibilité aussi aisée que rapide de la chose dite.
Outre ces considerations de principe et d'ordre pratique, on peut, en ce qui concerne l'usage de la typographie dans l'art graphique, formuler briévement les quelques semi-règles suivantes:
a)
Ne pas combiner ensemble diverses catégories de caractères.
b)
Ne pas utiliser des formes différentes du mêmes type de caractères, par exemple du grotesque, dans le même texte imprimé.
c)
Avoir recours à des grandeurs de caractères peu différentes, mais cependant facilement identifiables.
d)
Rechercher une disposition aussi homogène que possible de la «surface imprimée».
e)
Mise en valeur de certains mots non point en italique, mais au moyen de caractères gras ou demi-gras, ou encore en les isolant (x).
f)
Créer une relation entre l'écriture et l'image, autrement dit faire en sorte que l'imprimé réponde, dans son essence, à la nature de la photo ou du dessin et constitue une liaison optiquement et objectivement nécessaire avec l'élément imagé. Texte imprimé et image deviennent ainsi une composition harmonieuse.
g)
Choisir des interlignes tels que les jambages descendants des caractères de l'une ne se confondent pas avec les jambages montants de la suivante, sans cependant que l'on ait jamais l'impression d'une ligne isolée. L'unité compacte de l'ensemble de la composition doit être préservée, si l'on veut que la typographie soit à la fois lisible et esthétiquement existante.
h)
Les intervalles entre les mots doivent être réguliers, l'inégalité des blancs nuisant à l'homogénéité de l'ensemble.
i)
Les chiffres égalant en grandeur les capitales, il peut être parfois nécessaire de les faire composer dans un corps d'un degré plus petit que le reste, pour ne pas nuire à l'unité de l'ensemble, – spécialement lorsque les chiffres sont nombreux.

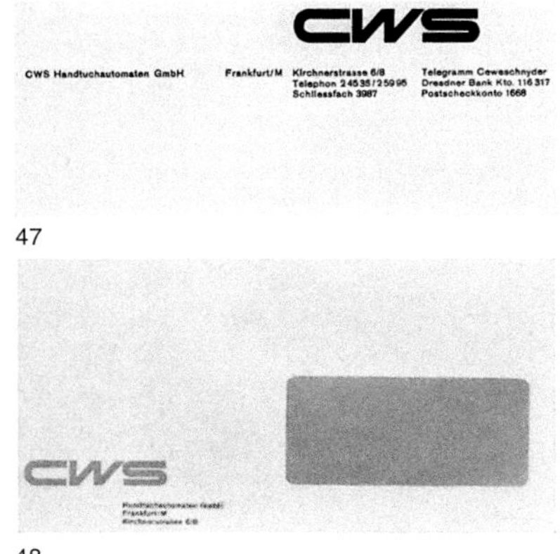

47

48

50

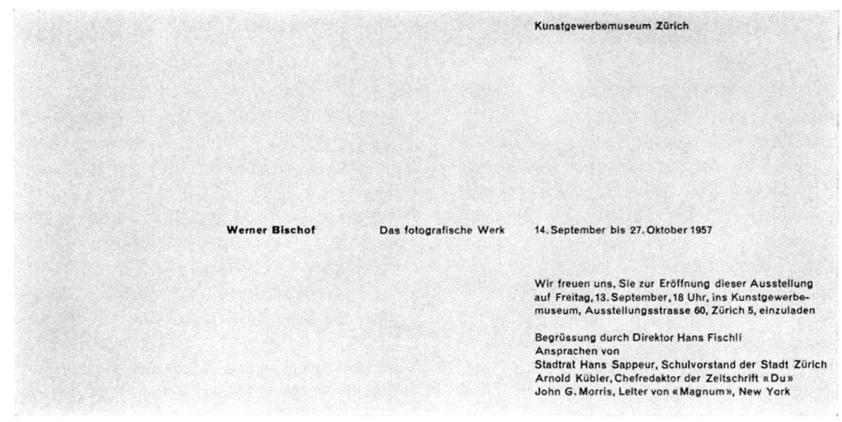
Kunstgewerbemuseum Zürich

Werner Bischof

Das fotografische Werk

14. September bis 27. Oktober 1957

Wir freuen uns, Sie zur Eröffnung dieser Ausstellung auf Freitag, 13. September, 18 Uhr, ins Kunstgewerbe-museum, Ausstellungsstrasse 60, Zürich 5, einzuladen

Begrüssung durch Direktor Hans Fischli
Ansprachen von
Stadtrat Hans Sappeur, Schulvorstand der Stadt Zürich
Arnold Kübler, Chefredaktor der Zeitschrift «Du»
John G. Morris, Leiter von «Magnum», New York

52

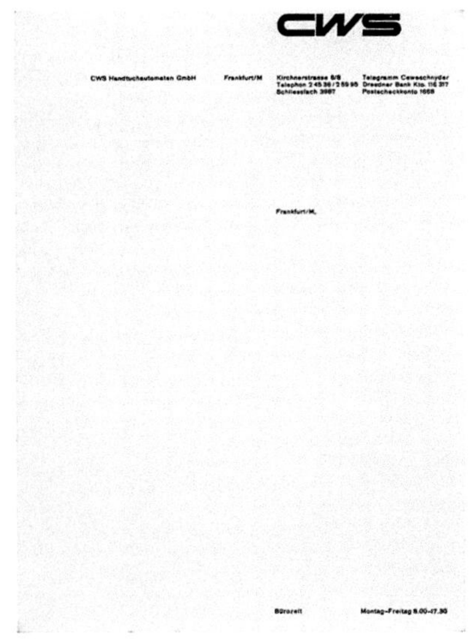

49

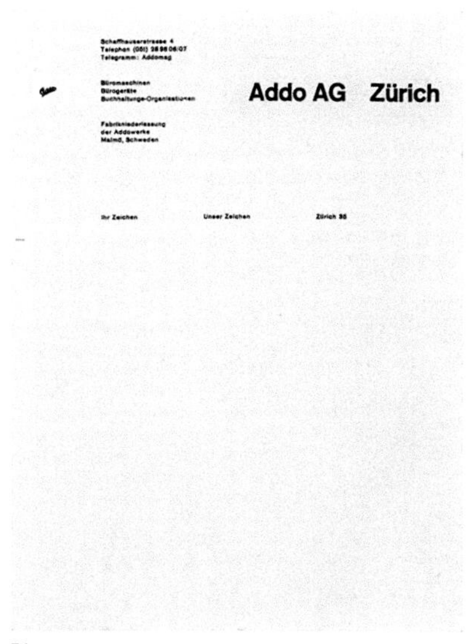

51

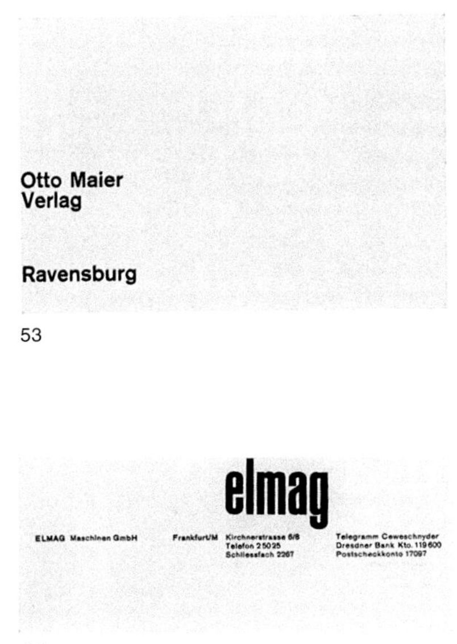

53

54

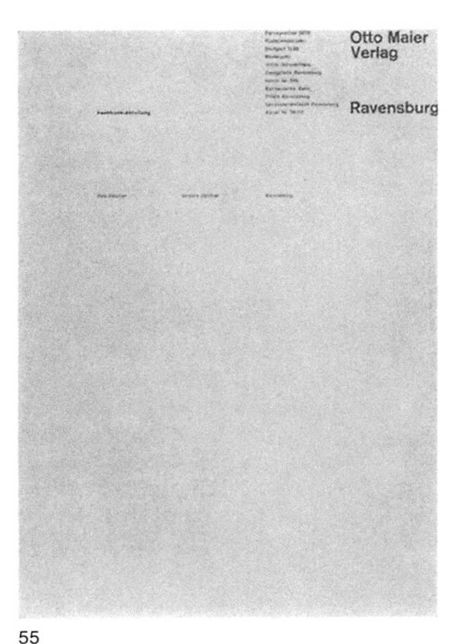

55

47, 49, 50, 51, 54, 55
Geschäftsformulare, letterheads, entêtes
48, 53
Briefumschläge, envelopes, enveloppes

52
Einladungskarte, invitation-card, carte d'invitation
Kunstgewerbemuseum Zürich

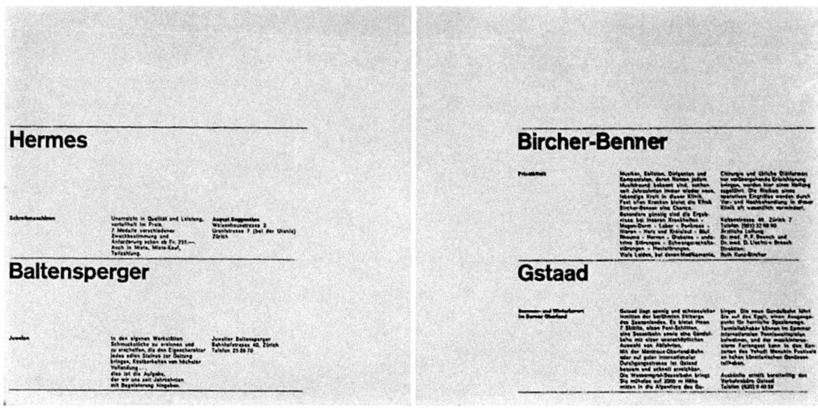

56 58

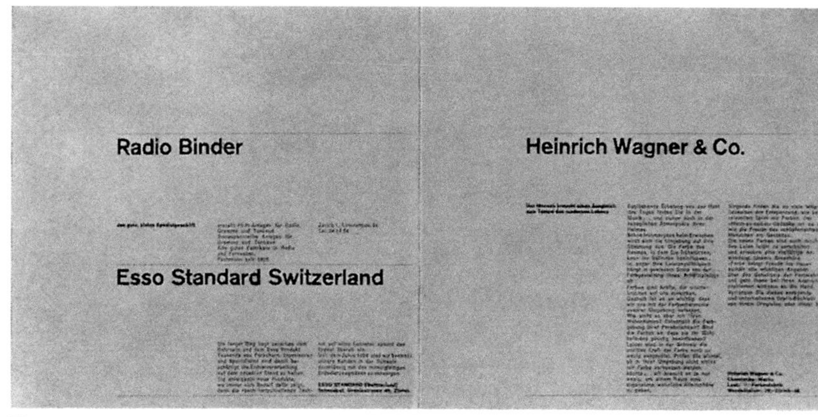

59

malende Dichter —

Der Vorstand des Kunstvereins St. Gallen freut sich, Sie zur Eröffnung der Ausstellung

dichtende Maler

auf Samstag, den 3. August 1957, 15.30 Uhr, in das Kunstmuseum St. Gallen einladen zu dürfen.
Es sprechen
Prof. Dr. Naegeli, Präsident des Kunstvereins St. Gallen,
Prof. Dr. Georg Thürer, Präsident des Arbeitsausschusses für den 3. Internat. Deutschsprachigen Schriftstellerkongress, St. Gallen,
Dr. Hans Curjel, Zürich.

Treffpunkt nach der Vernissage ab 17.15 Uhr im Hotel Hecht, 2. Stock.

Dauer der Ausstellung bis 20. Okt.
Die Ausstellung ist geöffnet werktags 9-12.30, 14-17.30, sonntags 10-12.30, 14-17, Mittwoch auch 20-22.
Montagvormittag geschlossen, ebenso 15. September.

Die Ausstellung zeigt mit über 700 Werken der bildenden Kunst, Manuskripten und Drucken rund 170 Dichter-Maler und Maler-Dichter von der Renaissance bis zur Gegenwart.

von
Goethe
E.T.A. Hoffmann
Andersen
Mörike
Stifter
Keller
Hugo
George Sand
Mérimée
Baudelaire
Strindberg
Busch
bis
Morgenstern
Ringelnatz
Lasker-Schüler
Hesse
Dürrenmatt
Valéry
Apollinaire
Eluard
Lorca

von
Dürer
Niklaus Manuel
Stimmer
Füssli
Blake
C.D. Friedrich
Runge
Toepffer
bis
Barlach
Kubin
Kokoschka
Klee
Schwitters
Arp
Corbusier
Max Ernst
Chagall
Picasso

57

nachmittagskonzert
des
zürcher kammerorchesters
leitung
edmond de stoutz

auffahrtstag, 15. mai 1958
16.00 uhr
kirche zumikon

programm

john stanley 1713–1786
concerto no. 5
for string orchestra
largo
allegro
adagio
allegro
allegro moderato

j. s. bach 1685–1750
contrapunctus v
aus der »kunst der fuge«

tomaso albinoni 1671–1750
sonata a cinque in g-moll
op. 2 no. 6
adagio
allegro
grave
allegro

antonio vivaldi 1675–1741
sinfonia per archi
»al santo sepolcro«
adagio molto
allegro ma poco

henry purcell 1658–1695
suite für streichorchester
(»the married beau«)
ouverture
(andante maestoso-allegro)
hornpipe
slow air
trumpet air
jig
hornpipe
march
hornpipe on a ground

60

56, 58, 59
Inserate, advertisements, annonces
57
Einladungskarte, invitation-card, carte d'invitation
Kunstverein St. Gallen

60
Einladungskarte, invitation-card, carte d'invitation
Kammerorchester de Stoutz, Zürich

1957 weltmusikfest zürich

31. weltmusikfest zürich
der internationalen gesellschaft
für neue musik ignm
veranstaltet von pro musica zürich
in verbindung mit
tonhallegesellschaft und
radiogenossenschaft zürich

konzert elektronischer musik
freitag 31. mai 18 uhr u. 20.15 uhr
im radio studio zürich
werke von luciano berio
bruno maderna, henri pousseur
karlheinz stockhausen
preis fr. 7.-

sinfoniekonzert des tonhalle-
orchesters zürich
samstag 1. juni 20.15 uhr
grosser tonhallesaal
leitung: erich schmid
juan josé castro, argentinien:
corales criollos
serge prokofieff: le pas d'acier
yoritsune matsudaira, japan:
figures sonores pour orchestre
karl amadeus hartmann,
deutschland: sechste sinfonie
preise fr. 3.30-8.80

kammermusikkonzert
der pro musica zürich
sonntag 2. juni 10.45 uhr
im konservatorium zürich
werke von
anton von webern, oesterreich
aldo clementi, italien
matyas seiber, england
billy jim layton, usa
bo nilsson, schweden
bela bartok, ungarn
preise fr. 3.30-8.80

konzert des radio-orchesters
zürich
montag 3. juni 20.15 uhr
im radio studio zürich
leitung: ernest bour
vittorio fellegara, italien:
concerto breve
wladimir vogel, schweiz:
gotthard-kantate
r. haubenstock-ramati, israel:
recitativo e aria
maurice jarre, frankreich:
passacaille für kammerorch.
hans werner henze, deutschland:
fünf neapolitanische lieder
paul hindemith, deutschland:
kammermusik nr. 1
preis fr. 7.-

sinfoniekonzert des tonhalle-
orchesters zürich
dienstag 4. juni 20.15 uhr
grosser tonhallesaal
leitung: niklaus aeschbacher
robert oboussier, schweiz:
psalmen für sopran, tenor,
gemischten chor und orchester
leitung: johannes fuchs
solisten: margherita perras,
herbert handt
chor: kammerchor zürich
leon kirchner, usa: klavierkonzert
k. h. füssl, oesterreich: epitaph
gustavo becerra schmidt, chile:
erste sinfonie
igor strawinsky: feu d'artifice
preise fr. 3.30-8.80

schweizer konzert des radio-
orchesters zürich
unter dem patronat des schweiz.
tonkünstlervereins
mittwoch 5. juni 20.15 uhr
im kleinen tonhallesaal
leitung: erich schmid
frank martin:
études pour orchestre à cordes
constantin regamey:
étude pour voix de femme et orch.
willy burkhard: violinkonzert op. 69
jacques wildberger:
tre mutazioni per orch. da camera
franz tischhauser:
amores für tenor, trompete, schlag-
und saiteninstrumente
preise fr. 3.30-8.80

moses und aron
oper von arnold schönberg
szenische uraufführung im stadttheater
leitung: hans rosbaud
donnerstag 6. juni 20 uhr

eröffnungsabend sonntag, 2. juni
im stadttheater

61

arbeitsgemeinschaft
kultureller organisationen düsseldorf
museumsverein der stadt düsseldorf
kunstverein für die
rheinlande und westfalen düsseldorf

paul klee

lichtbildervortrag
dr. georg schmidt - basel

freitag, den 17. oktober 1958, 20 uhr
kunstverein, alleestraße

62

arbeitsgemeinschaft
kultureller organisationen
düsseldorf

pierre boulez
paris

sonate 3 für klavier
„le marteau sans maître"
für kammerorchester
leitung: pierre boulez

64

voraufführung
des 3. abonnementskonzertes

leitung erich schmid
solist arthur rubinstein

werke von
beethoven reger brahms

tonhalle-gesellschaft zürich
montag, 12. november 1956, 20.15 uhr
tonhalle grosser saal

beethoven ouvertüre zu «coriolan», op. 62
reger serenade in g-dur, op. 95
brahms zweites klavierkonzert in b-dur, op. 83

vorverkauf tonhalle, hug, jecklin, kuoni
karten fr. 3.50 - 10.50

63

ungarisches streichquartett

donnerstag, den 7. februar, 20.15 uhr
tonhalle kleiner saal
6. kammermusikabend der tonhallegesellschaft

w. a. mozart streichquartett in c-dur, kv. 465
c. debussy streichquartett in g-moll, op. 10
f. schubert streichquartett in a-moll, op. 29

vorverkauf tonhallekasse, hug, jecklin, kuoni
fr. 3.30–fr. 7.70

65

61
Plakat, poster, affiche
Weltmusikfest Zürich

62, 64, 67
Plakate, posters, affiches
Arbeitsgemeinschaft kultureller Organisationen, Düsseldorf

63, 65
Plakate, posters, affiches
Tonhalle-Gesellschaft, Zürich

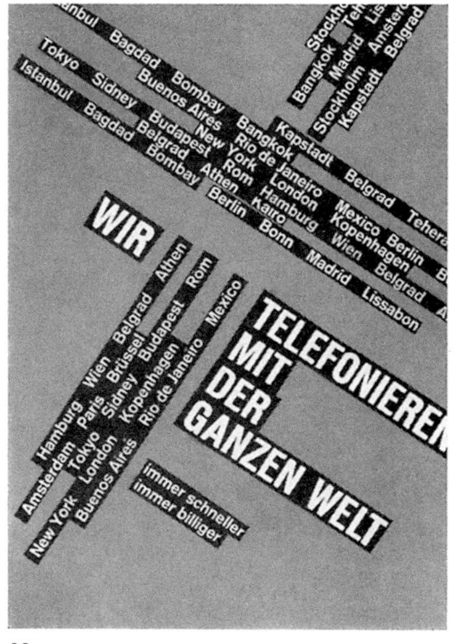

66

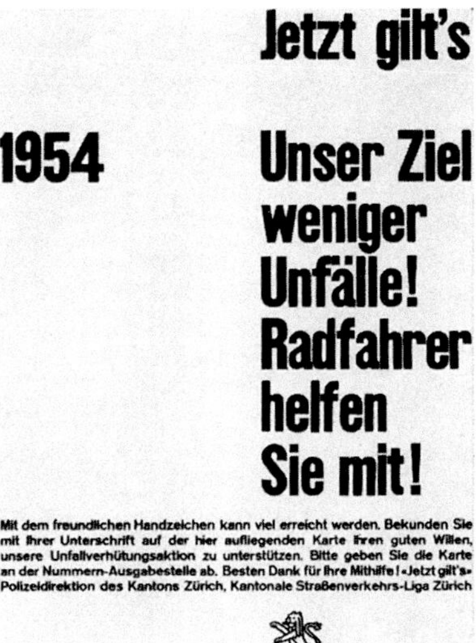

68

arbeitsgemeinschaft
kultureller organisationen
düsseldorf

tibor varga, violine
japp moelker, klarinette
alexander meyer von
bremen, klavier

kammermusik
unserer tage

werke von
schönberg, bartók
berg, krenek, seiber

67

Festival

Eglise de Saanen
Gstaad
4 au 12 août 1959

Yehudi

Menuhin

ainsi que des
Solistes et Chefs

avec la participation
d'un ensemble vocal
d'un octuor à cordes
d'un trio de musique
Indone
de l'Orchestre de
Chambre de Zürich

Yehudi Menuhin
Hephzibah Menuhin
Ernst Wallfisch
Lory Wallfisch
Maurice Gendron
Nadia Boulanger
Edmond de Stoutz
Alberto Sepy
André Jaunet

Gstaad

69

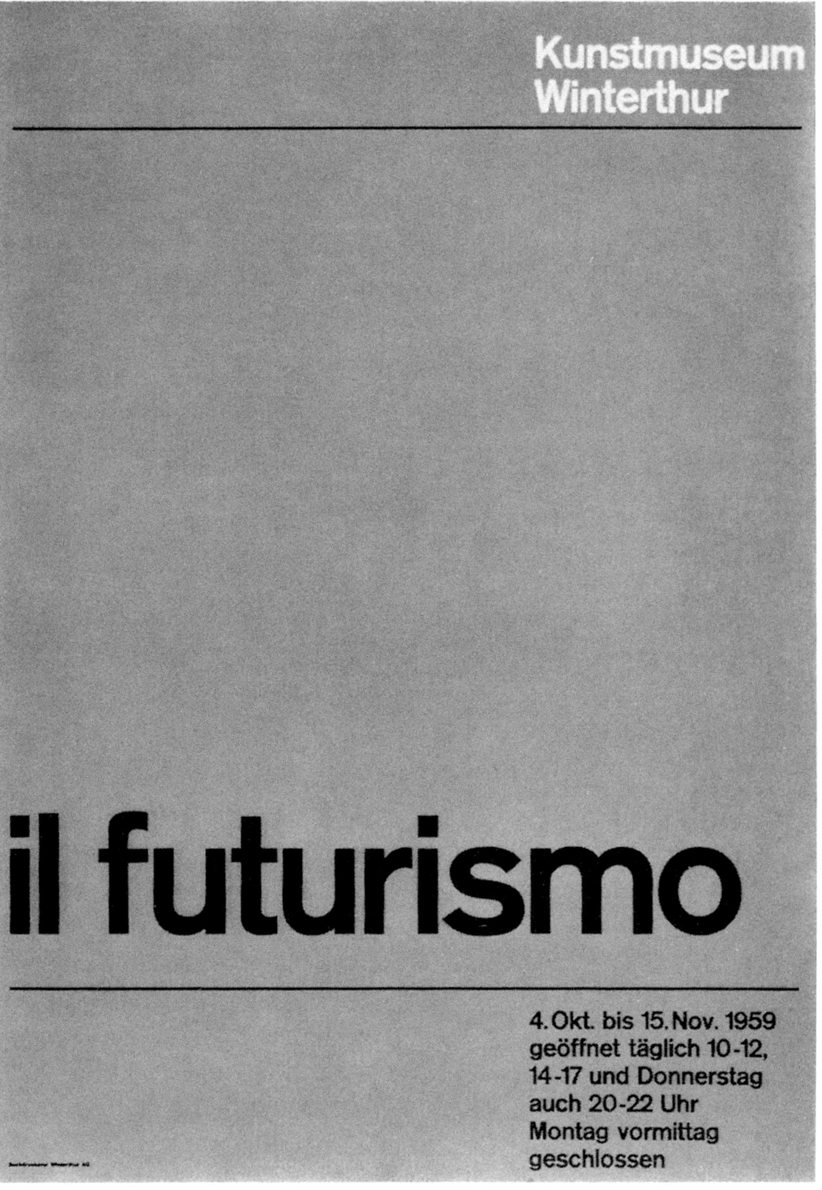

70

23

66
Plakatentwurf, design for a poster, projet d'affiche
Pro Telephon, Zürich

68
Plakat, poster, affiche
Polizeidirektion des Kantons Zürich
69
Plakat, poster, affiche
Kammerorchester de Stoutz, Zürich

70
Plakat, poster, affiche
Kunstmuseum Winterthur

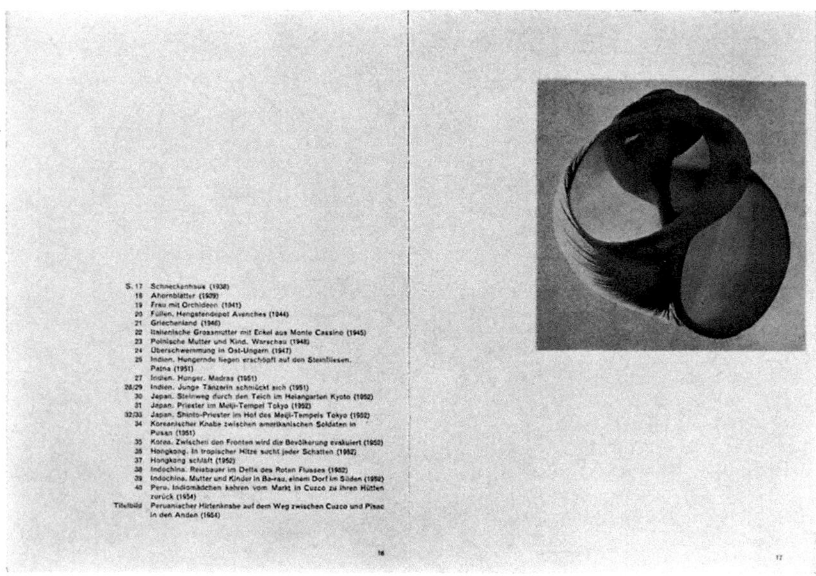

S. 17 Schneckenhaus (1938)
18 Ahornblätter (1939)
19 Frau mit Orchideen (1941)
20 Füllen, Hengstendepot Avenches (1944)
21 Griechenland (1946)
22 Italienische Grossmutter mit Enkel aus Monte Cassino (1945)
23 Polnische Mutter und Kind, Warschau (1948)
24 Überschwemmung in Ost-Ungarn (1947)
25 Indien. Hungernde liegen erschöpft auf den Steinfliesen. Patna (1951)
27 Indien. Hunger. Madras (1951)
28/29 Indien. Junge Tänzerin schmückt sich (1951)
30 Japan. Steinweg durch den Teich im Heiangarten Kyoto (1952)
31 Japan. Priester im Meiji-Tempel Tokyo (1952)
32/33 Japan. Shinto-Priester im Hof des Meiji-Tempels Tokyo (1952)
34 Koreanischer Knabe zwischen amerikanischen Soldaten in Pusan (1951)
35 Korea. Zwischen den Fronten wird die Bevölkerung evakuiert (1950)
36 Hongkong. In tropischer Hitze sucht jeder Schatten (1952)
37 Hongkong schläft (1952)
38 Indochina. Reisbauer im Delta des Roten Flusses (1952)
39 Indochina. Mutter und Kinder in Ba-rau, einem Dorf im Süden (1952)
40 Peru. Indiomädchen kehren vom Markt in Cuzco zu ihren Hütten zurück (1954)
Titelbild Peruanischer Hirtenknabe auf dem Weg zwischen Cuzco und Pisac in den Anden (1954)

16

71

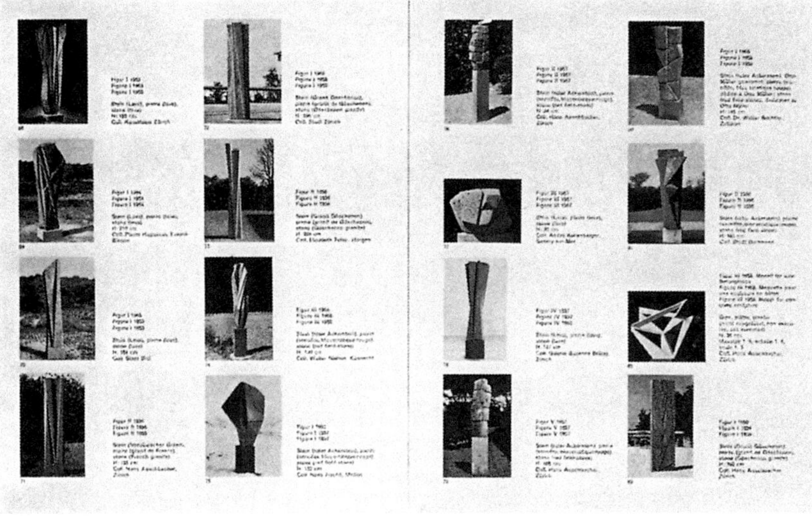

74

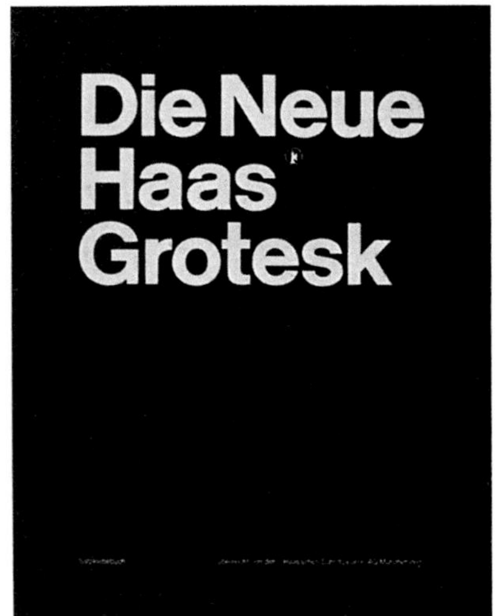

72

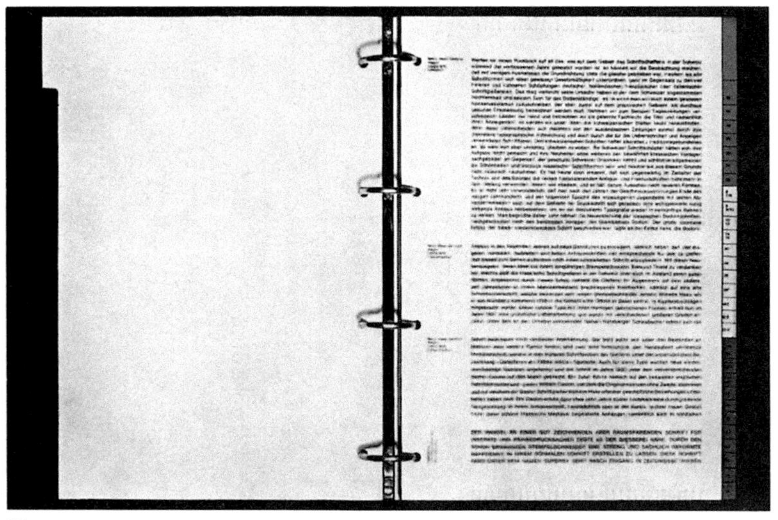

73

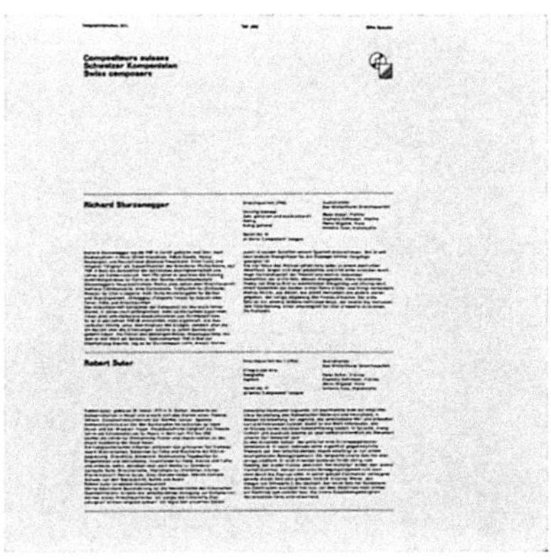

75

71
Katalog, catalogue, catalogue
Kunstgewerbemuseum, Zürich
72
Umschlag, cover, couverture
Haas'sche Schriftgiesserei AG, Münchenstein

73
Umbruch, make-up, mise en pages
Haas'sche Schriftgiesserei AG, Münchenstein

74
Buch, book, livre
Edition du Griffon, Neuchâtel

75
Schallplattenhülle – Rückseite, record-case – reverse, pochette de disques – revers
Schweizer Komponisten

7. Spenglerarbeiten

76

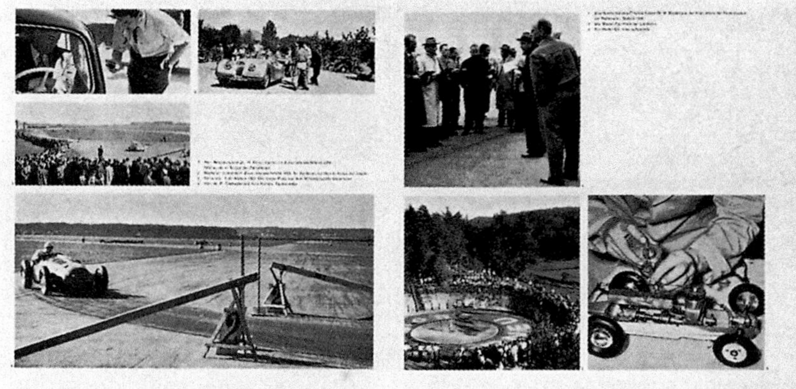

78

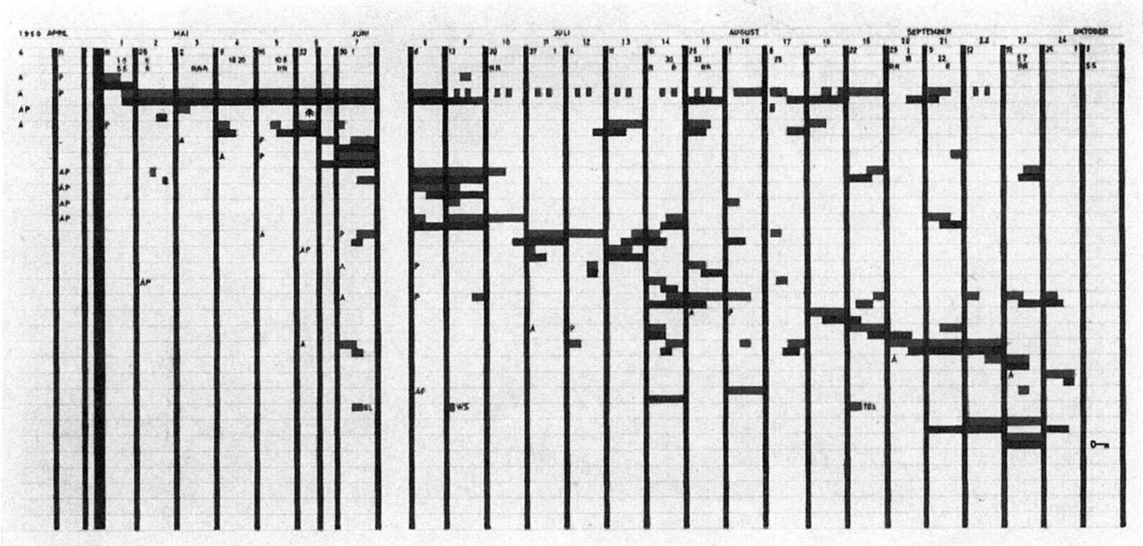

77

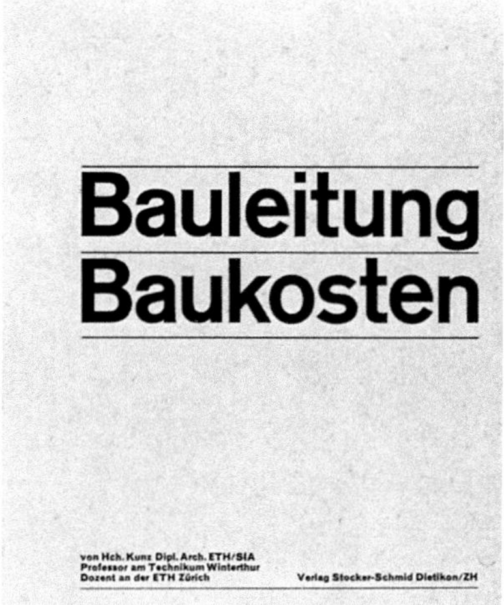

79

76, 77, 79
Innenseiten und Umschlag eines Fachbuches, pages and cover of a technical book, pages et couverture d'un livre professional
Verlag Stocker-Schmid, Dietikon/ZH

78
Katalog, catalogue, catalogue
Automobil-Club der Schweiz, Sektion Zürich

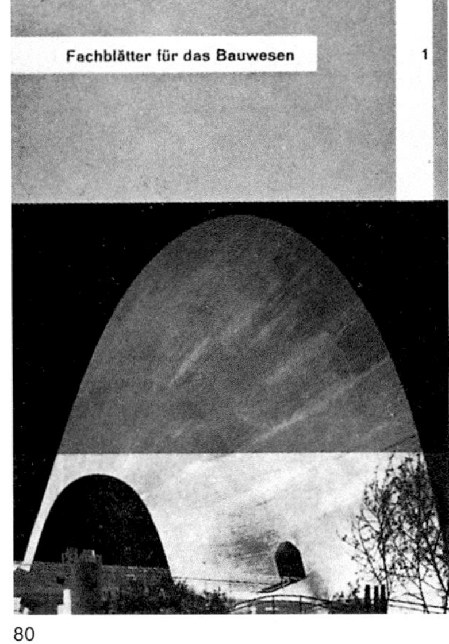

80

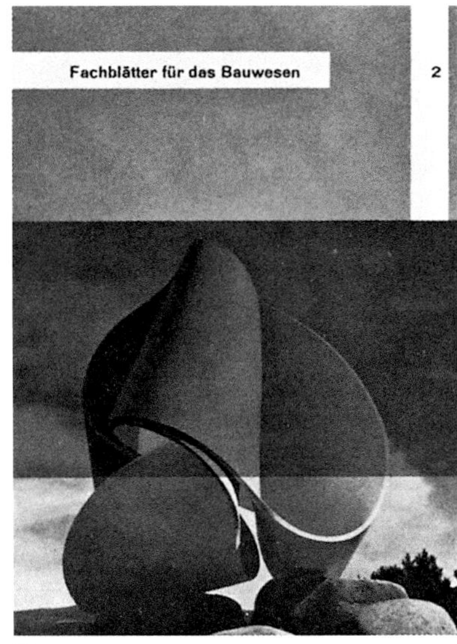

82

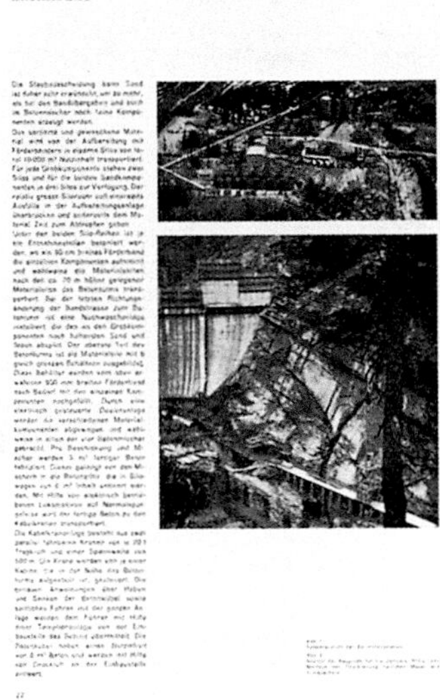

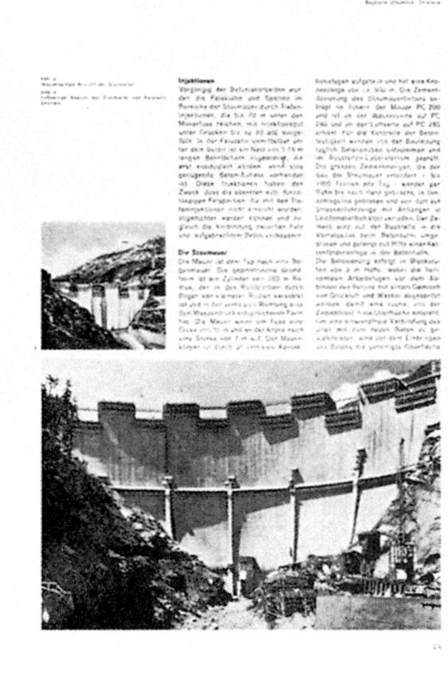

84

Element

1

81

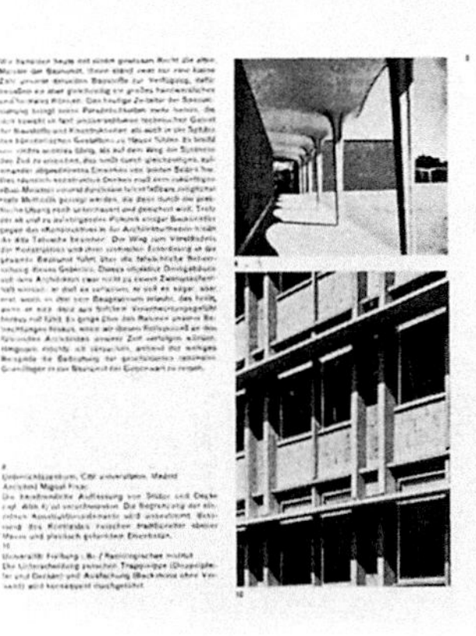

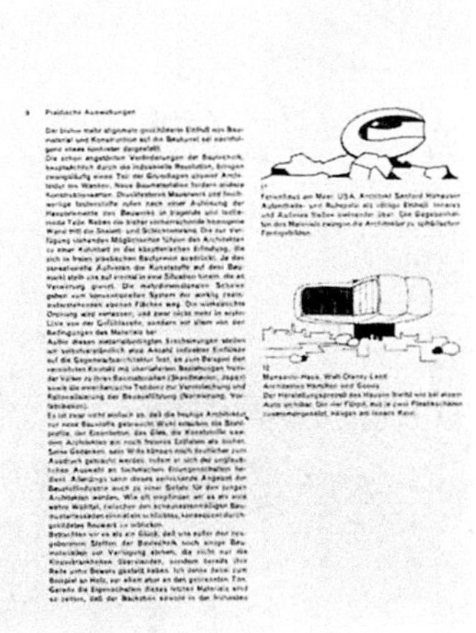

83

schreiner
17 zeitung

Schweizer
Mustermesse 1960

85

80, 82
Umschläge, covers, couvertures
Verlag Stocker-Schmid, Dietikon/ZH
81, 83
Umbruch, make-up, mise en pages
Schweizerisches Zieglersekretariat

84
Umbruch, make-up, mise en pages
Verlag Stocker-Schmid, Dietikon/ZH

85
Umschlag, cover, couverture
Schweizerische Schreiner-Zeitung

Die Groteskschrift als Ausdruck unserer Zeit

Wie die Architektur, die Malerei und die Plastik, ist auch die Schrift, die Schriftform, ein Ausdruck der geistigen und kulturellen Situation der Zeit, in der sie entstanden ist. Die Revolution auf allen künstlerischen Gebieten, die eine Abkehr von den akademischen Lehrsätzen und von den Überlieferungen des 19. Jahrhunderts bewirkte, hat auch der Schriftkunst neue Impulse verliehen.
Gegen Ende des 19. Jahrhunderts entwickelte die Berthold-Schriftgiesserei Berlin/Wien eine neue Groteskschrift, die eigentlich erst heute wirklich angewandt und gewürdigt wird. Die Formen der Berthold-Grotesk sind betont sachlich, Auf- und Abstriche der Buchstaben sind optisch gleich stark, die Innenräume der Lettern sind offen und klar, die Letternabstände sind harmonisch, so dass die Schrift auch in kleinen Graden gut lesbar ist.
Die Schrift soll ja in erster Linie die Vermittlerin von Gedanken sein und erst in zweiter Linie als künstlerische Form empfunden werden. Nur eine anspruchslose Schrift erfüllt ihre Funktion als deutliches Verständigungsmittel. Die Forderung nach Erfüllung einer Funktion entspricht dem Geiste des 20. Jahrhunderts und hat auch Geltung in der Architektur, Malerei, Plastik, Musik, in der Gestaltung künstlerischer Mittel überhaupt. Diese Feststellung soll nicht die Schönheit der Antiquaschriften in Abrede stellen. Doch ihr Ausdruck der individuellen Formüberlegung – die Füsschen, die anschwellenden und abklingenden Verdickungen der Auf- und Abstriche – entspricht dem Geiste einer anderen Zeit.
Fast jede typografische Aufgabe kann mit der Grotesk ebenso gut gelöst werden wie mit einer Antiqua. Es gibt eindrückliche Beispiele, die zeigen, wie gut sich die Groteskschrift bewährt hat, und zwar nicht nur in der Industrie- und Wirtschaftswerbung, sondern auch bei der Gestaltung von Katalogen, Prospekten, Anzeigen, Plakaten usw. für kulturelle Produkte und Veranstaltungen.

Sans Serif as the expression of our age

Like architecture, painting and sculpture, letter forms are also an expression of the spiritual and cultural atmosphere of the age in which it was produced. The revolution in every field of art, reacting against the academic theories and traditions of the 19th century, has also given a new impetus to the art of typography.
Towards the end of the 19th century, the Berthold typefounding in Berlin and Vienna developed a new sans serif, Berthold Sans Serif, which has not been really applied and appreciated until today. The forms of Berthold Sans Serif are emphatically objective, the vertical strokes of the letters are of equal optical thickness, the counters of the letters are open and clear, and the spaces between the letters are hamonious, so that the print is easy to read even in small sizes.
Lettering should be regarded primarily as a vehicle for ideas, only secondarily as a form of art. Only unpretentious lettering can perform its function as a medium for clear expression. The requirement for functionalism is in keeping with the spirit of the 20th century and is valid in architecture, painting, sculpture, music; indeed in the design of all artistic media.
This should not be construed as a denial of the beauty of roman type. Yet its expression of an individual concern with form – the serifs, the varying thickness of the vertical strokes – reflect the spirit of a different age.
Almost any typographical job can be done just as well with sans serif as with roman. There are some impressive examples of how successful sans serif has been, not only in industrial and commercial advertising but also in the design of catalogues, prospectuses, advertisements, posters, etc. for cultural productions and events.

Les caractères «bâtons», expression de notre temps

Le mot allemand «groteskschrift» n'a pas d'équivalent en français. On dit parfois caractères antiques, ou encore «linéales» dans le classement de Lure. Ces caractères sont d'égale épaisseur, et dépourvus d'empattements. Tout comme l'architecture, la peinture et la sculpture, la lettre exprime l'esprit du temps qui l'a vu naître. La révolution de toutes les activités artistiques, l'abandon des règles académiques et des traditions du XIXe siècle, a donné des impulsions nouvelles au dessin de la lettre. Vers la fin du siècle dernier, la fonderie Berthold, Berlin-Vienne, créa la «Bethold-Grotesk», caractère qui n'est pleinement apprécié qu'aujourd'hui. Ses formes sont d'une rationalité appuyée. Ses traits montants ou descendants sont optiquement de même épaisseur. Les blancs à l'interieur des lettres sont bien visibles. L'espacement des lettres entre elles est équilibre, rendant ainsi ce caractère très lisible même dans les petits corps.
Le caractère ne doit-il pas en premier lieu transmettre la pensée avant d'être ressenti comme une forme artistique? Seul un caractère sans prétentions peut remplir cette fonction de transmission. Cette exigence fonctionnelle correspond à l'esprit du XXe siècle, et s'impose de même dans tous les domaines artistiques. Cette constatation ne met pas en question la beauté intrinsèque des caractères romains. Mais l'expression de ceux-ci – leurs empattements gracieux, leurs pleins et leurs déliés – expriment l'esprit d'un temps révolu.
Presque tous les problèmes typographiques peuvent être résolus aussi bien avec les caractères «bâtons» qu'avec les caractères romains. Des solutions exemplaires montrent les possibilités de cette famille de caractères non seulement dans la publicité industrielle et commerciale, mais aussi dans la création d'annonces, affiches etc., qui rentrent en général dans le cadre de manifestations culturelles.

Die Fotografie in der Werbung

Die Fotografie hat in den letzten Jahren als Werbeelement überragende Bedeutung erlangt. Sie ist das objektive Abbild der gegenständlichen Wirklichkeit und wirkt dadurch authentisch. Ihre Sprache wird mühelos verstanden, und darin mag der Grund für die ungewöhnliche Popularität unserer grossen Fotografen zu suchen sein. Kaum eine Kunstausstellung des vergangenen Jahrzehnts wurde so gut besucht wie die Fotografie-Ausstellung «Family of Man».
Die vielen Ausdrucksmöglichkeiten der Fotografie, sei es nun in realistischer, surrealistischer montierter oder anderer Form, werden vom Publikum vorurteilslos und mit Interesse zur Kenntnis genommen. Selbst die experimentelle Fotografie mit ihren Effekten der Verzerrung, der Reflexe und Unschärfen, mit ihren Strukturbildern, Doppelbelichtungen usw. wird als originelle Leistung oder als technische Errungenschaft akzeptiert. Viele Parallelerscheinungen in der Malerei und Plastik werden von der Öffentlichkeit nicht ernst genommen. Alle Ausdrucksmöglichkeiten der Fotografie jedoch können heute von der Werbung ohne weiteres als Mittel der Meinungsbeeinflussung verwendet werden.
Wenn die Kamera eine Situation «abbildet», informiert sie uns objektiv über das Ereignis, im Gesamten wie in den Details. Hochwertige Objektive und feinkörniges Negativmaterial sichern die Wiedergabe allerkleinster Details. Das ausgeprägte Interesse der heutigen Generation an objektiver Information über die Dinge ihrer Umwelt hat die Werbung dazu gebracht, in der textlichen und bildlichen Darstellungsform die Sachlichkeit zu betonen, der umschreibenden oder schmückenden Form die beschreibende und erklärende Form vorzuziehen und an die Stelle der gefühlsbetonten, von subjektiven Vorstellungen getragene Illustration, die sachliche Fotografie zu setzen.
Die Sachlichkeit schliesst nicht aus, dass die Fotografie alle menschlichen Gefühlsregungen wiedergeben kann. Der Fotograf kann seine Gestaltungskraft, seine geistige Beziehung zur Welt und zu den Dingen, mit denen er lebt, in der Fotografie zum Ausdruck bringen. Wir kennen Fotografen des sachlichen Realismus, der lyrischen Empfindsamkeit, der expressiven Verdichtung, des Surrealismus, der skurrilen Verspieltheit, der festgefügten Bildarchitektur, der heiteren, unbeschwerten Situationskomik und der experimentierenden Entdeckerfreude.
Die Kamera erfasst wohl nur einen bestimmten Ausschnitt der Umwelt, doch der Fotograf hat die Möglichkeit, die Eigenschaften des Objektivs und des Negativmaterials seiner fotografischen Absicht unterzuordnen. Durch die Art der Objektiveinstellung, scharf-unscharf, die Wahl des schwarz-weissen oder farbigen Negativmaterials, die Verschiebung des Blickwinkels, die Veränderung der Perspektive und des Zeitpunktes, durch die Bestimmung des Ausschnittes und der Belichtungszeit, durch kontrastreiche oder diffuse Beleuchtung, die Art und Weise der Vergrösserung usw., gewinnt der Fotograf entscheidenden Einfluss auf den Ablauf des fotografischen Vorganges und damit auf das Endresultat.
Es spricht für die Wirksamkeit der Fotografie, dass trotz des ungeheuren Angebots fotografischer Bilder in Zeitschriften, Büchern und Ausstellungen das Interesse des Publikums nicht erlahmt ist. Die Auswertung der Fotografie durch die Werbung hat erst begonnen, die Möglichkeiten sind noch unabsehbar.

Photography in advertising

In recent years photography has assumed extraordinary importance in advertising. It provides an objective picture of material reality and thus conveys an impression of authenticity. It requires no effort to understand its message and this no doubt explains the exceptional popularity of our great photographers. Scarcely any art exhibition over the last decade was so well patronized as the photographic exhibition "Family of Man". The many forms of photographic expression – realistic, surrealistic, montage and others – are accepted by the public with interest and without prejudice. Even experimental photography, with its blurred and distorted effects, its reflections, its textures and double exposures etc., is accepted as original creation or technical achievement. Many analogous works of painting and sculpture are not taken seriously by the public. But, where photography is concerned, all its different modes of expression can be exploited in advertising, in order to influence opinion.
When the camera records a situation, it furnishes objective information on an event, whether it shows a total picture or only a detail. High-quality lenses and fine-grained film ensure that everything is reproduced down to the minutest detail. The great interest shown by the present generation in objective information on its environment has caused advertisers to stress the practical approach in both their text and images, and to prefer a descriptive and explanatory style to a laudatory and decorative one. Similarly, they use objective photographs rather than illustrations based on a subjective and emotional attitude.
Objectivity does not rule out the reproduction of the whole gamut of human emotion by the camera. The photographer can apply in his own creative power and the interaction between his mind and his world and its objects. We know photographers whose work is marked by objective realism, lyrical sensibility, expressive compression, surrealism, flippancy and farce, solid architectural structure, light-hearted comedy and the experimenter's joy in discovery. True, the camera covers only one particular section of the visible world, but the photographer can subordinate the characteristics of the lens and the film to his photographic intentions. Sharp or blurred focussing, choice of black-and-white or coloured film, displacement of the angle of view, change of the perspective and time of the shot, selection of view and exposure, contrasty or soft lighting and the manner of enlargement – all these enable the photographer to exercise decisive control over the photographic process and thus over the final result.
The fact that the public has not wearied of photography despite the extraordinary number of photographs in periodicals, books and exhibitions, speaks volumes for its effectiveness. Advertising has only just begun to make use of photography; its future possibilities are unlimited.

Au cours de ces dernières années, la photographie a acquis, dans la publicité, une importance primordiale. Elle fournit l'image objective du réel; d'où son authenticité. Le langage qu'elle parle est compris sans effort, et c'est peut-être là que réside la raison de la popularité de nos grands photographes. Il n'y a guère d'expositions de ces dix dernières années qui ait compté autant de visiteurs que celle des photographies rassemblées sous le titre de «The Family of Man». Les nombreux modes d'expression de la photographie, réaliste, surréaliste, montages, etc., sont accueillis par presque tout le mode avec intérêt et sans préjugés. Il n'est pas jusqu'à la photographie expérimentale, avec ses distorsions, déformations, ses jeux de reflets, ses flous, ses prises de vues de structures, etc., qui ne soit acceptées, soit comme tour de force original soit comme conquête de la technique. De nombreuses manifestations parallèles en peinture et en sculpture ne sont pas prises au sérieux par le public. Mais toutes les possibilités de la photographie n'en peuvent pas moins être utilisées aujourd'hui sans hésitation par la publicité comme autant de moyens efficaces d'influencer l'opinion.
Quand la camerà «copie» une situation, elle nous informe sur l'événement, tant dans son ensemble que par le menu. Des objectifs perfectionnés et le grain d'une finesse extrême des matériaux utilisés pour les négativs assurent la reproduction exacte des plus petits détails. L'intérêts si vif porté par la génération actuelle à l'information sur le monde qui l'entoure a amené la publicité à insister, tant dans les textes que dans l'image, sur tout ce qui est objectif, à préférer à la paraphrase et à l'ornement la forme qui rend compte et explique et à substituer au mode affectif et subjectif de l'illustration celui, purement positif, de la photographie.
Son objectivité n'exclut pas le moins du monde que la photographie soit en mesure de rendre tous les sentiments humains. Le photographe peut, dans ses prises de vues, exprimer et son talent et les rapports de son esprit avec le monde en général comme avec les choses au milieu desquelles il vit. Nous connaissons des photographes de toutes observances: réalisme, lyrisme, expressionnisme, surréalisme, jeu gratuit, constructivisme architectural, et ceux qui s'en tiennent au facile comique de situation ou bien au contraire cherchent avant tout la joie expérimentale de la découverte.
Certes, la caméra ne retient qu'un certain fragment du monde extérieur, mais le photographe a la possibilité de subordonner les propriétés de l'objectif et du matériel utilisé pour les négativs à son intention de chasseur d'images. Sa façon de régler l'objectif pour une prise de vue ou précise ou floue, sa sélection du matériel de négatif – noir et blanc ou couleur –, les modifications qu'il apporte à l'angle de prise de vue, à la perspective, son choix du fragment de réalité à reproduire et du temps d'exposition, son recours à un éclairage riche en contrastes ou diffus, la nature, enfin, du grossissement, etc., ce sont là autant de facteurs par lesquels celui qui photographie influence l'acte même de la fixation de l'image et donc le résultat final.
L'une des preuves les plus convaincantes de l'efficacité de la photographie réside dans le fait qu'en dépit de la véritable inflation de reproductions photographiques dans les revues, les livres et les expositions, l'intérêt du public ne s'est point lassé. L'utilisation de la photographie par la publicité n'a fait que commencer; les possibilités, à cet égard, sont proprement infinies.

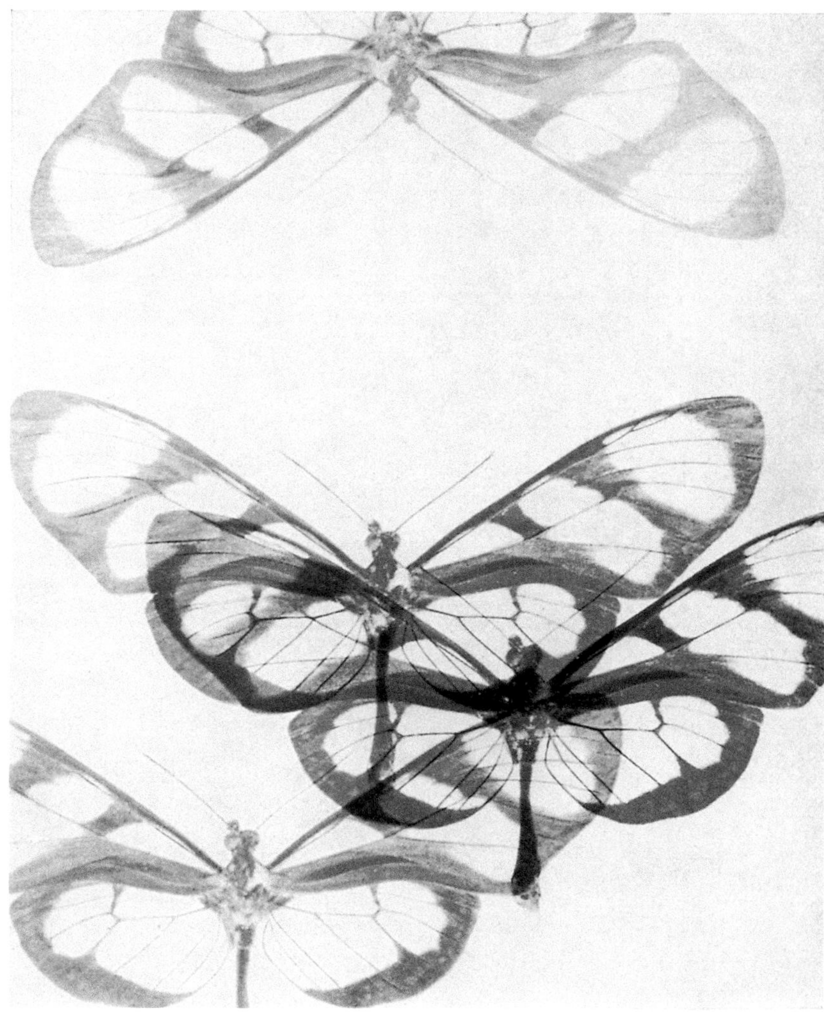

86

86
Umschlagentwurf, design for a cover, projet de couverture

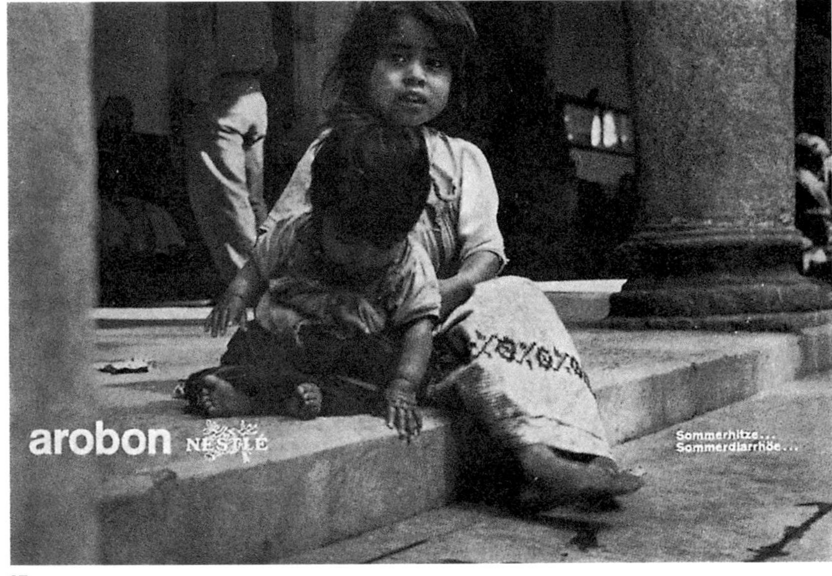

87

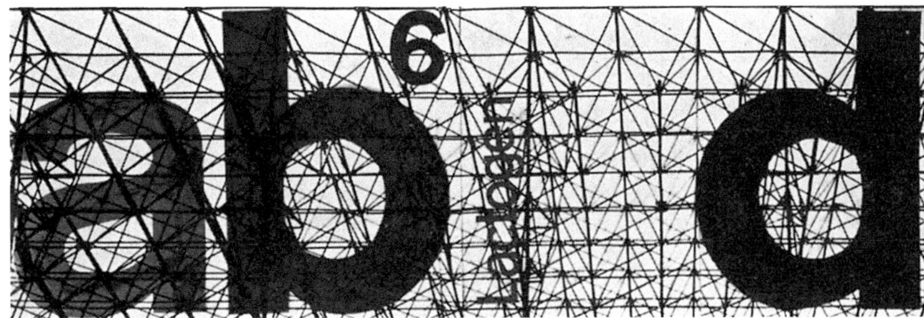

91

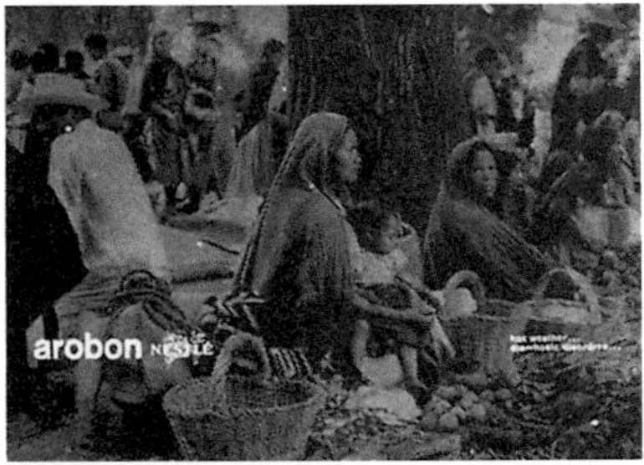

88

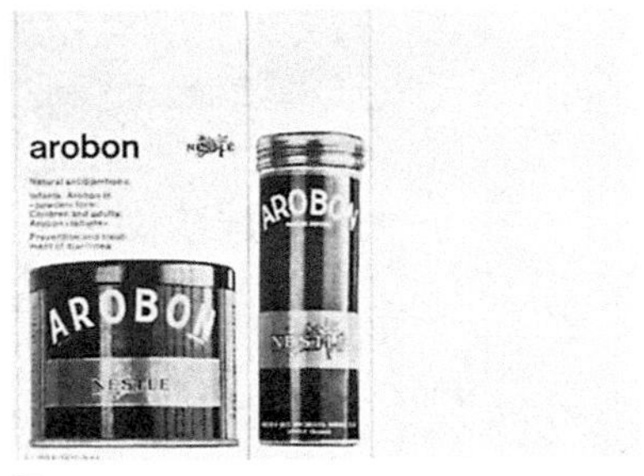

90

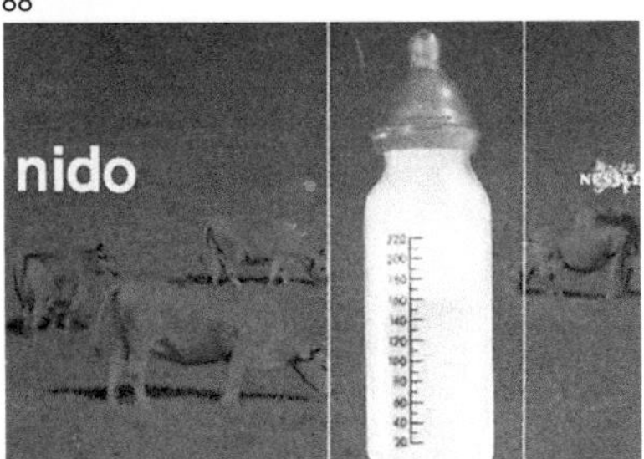

89

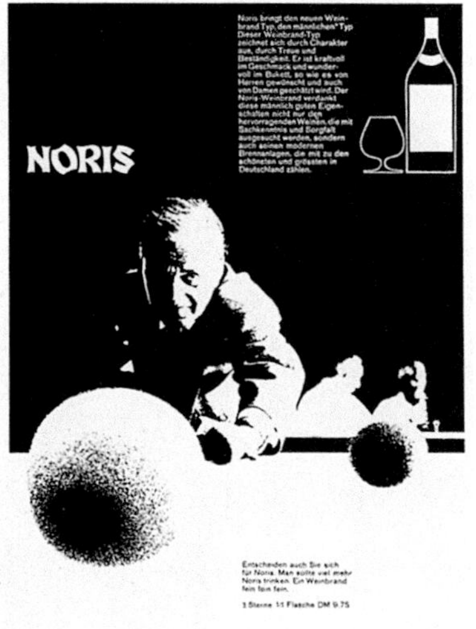

92

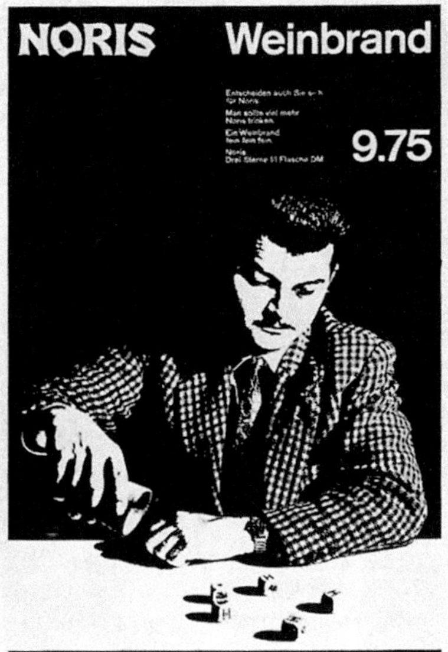

93

87–90
Prospekte, leaflets, prospectus
Nestlé, Vevey

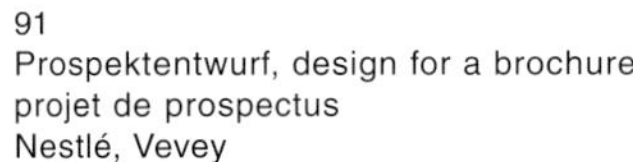
91
Prospektentwurf, design for a brochure,
projet de prospectus
Nestlé, Vevey

92, 93
Inserate, advertisements, annonces
Noris, Nürnberg (Schnupp, Werbeberater, Wiesbaden)

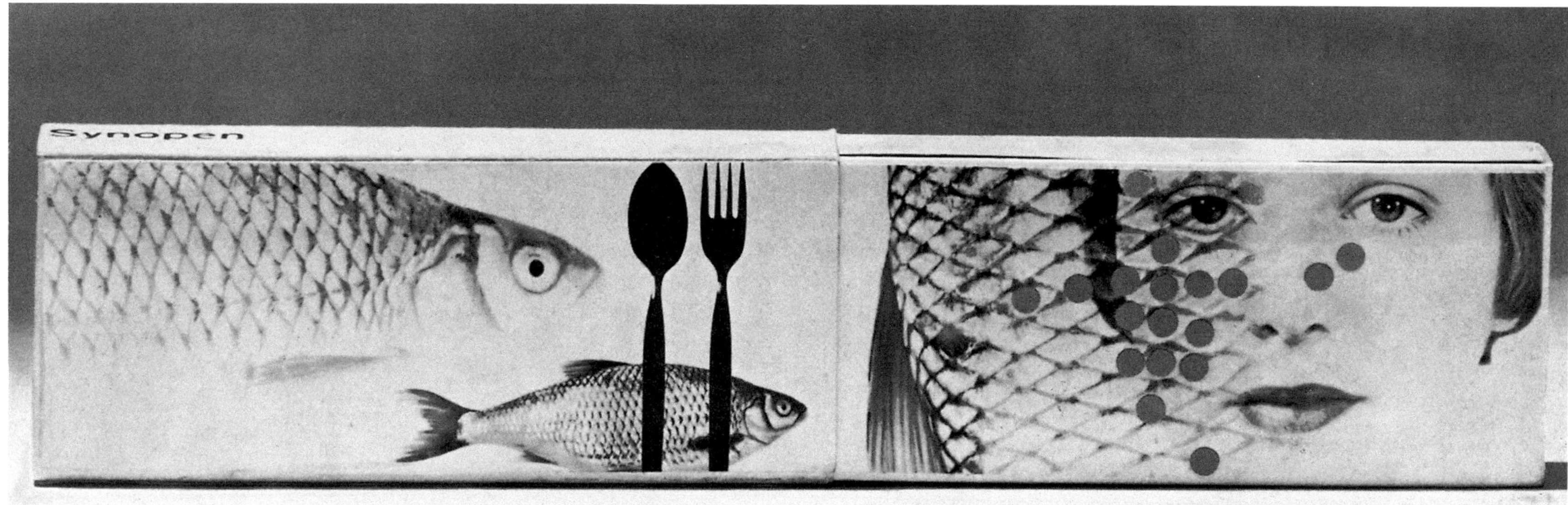

94

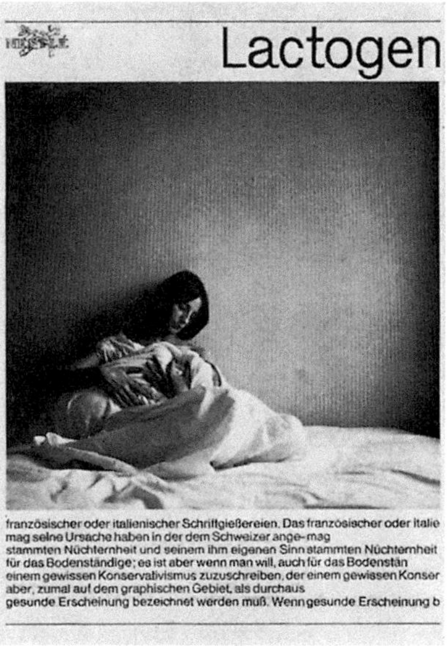

95

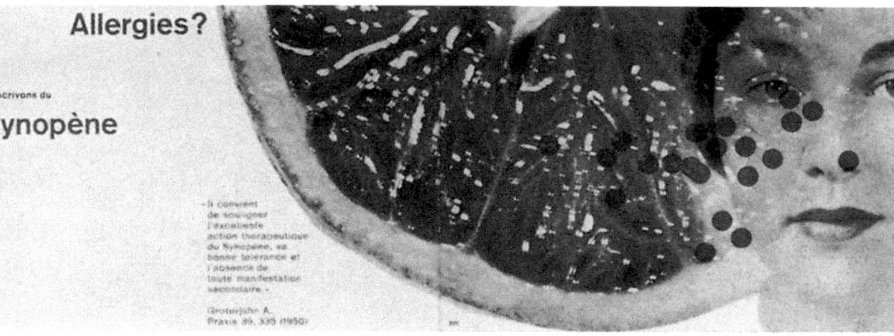

96

94, 96
Packungen, packings, emballages
Geigy, Basel
95
Inseratentwurf, design for an advertisement, projet d'annonce
Nestlé, Vevey

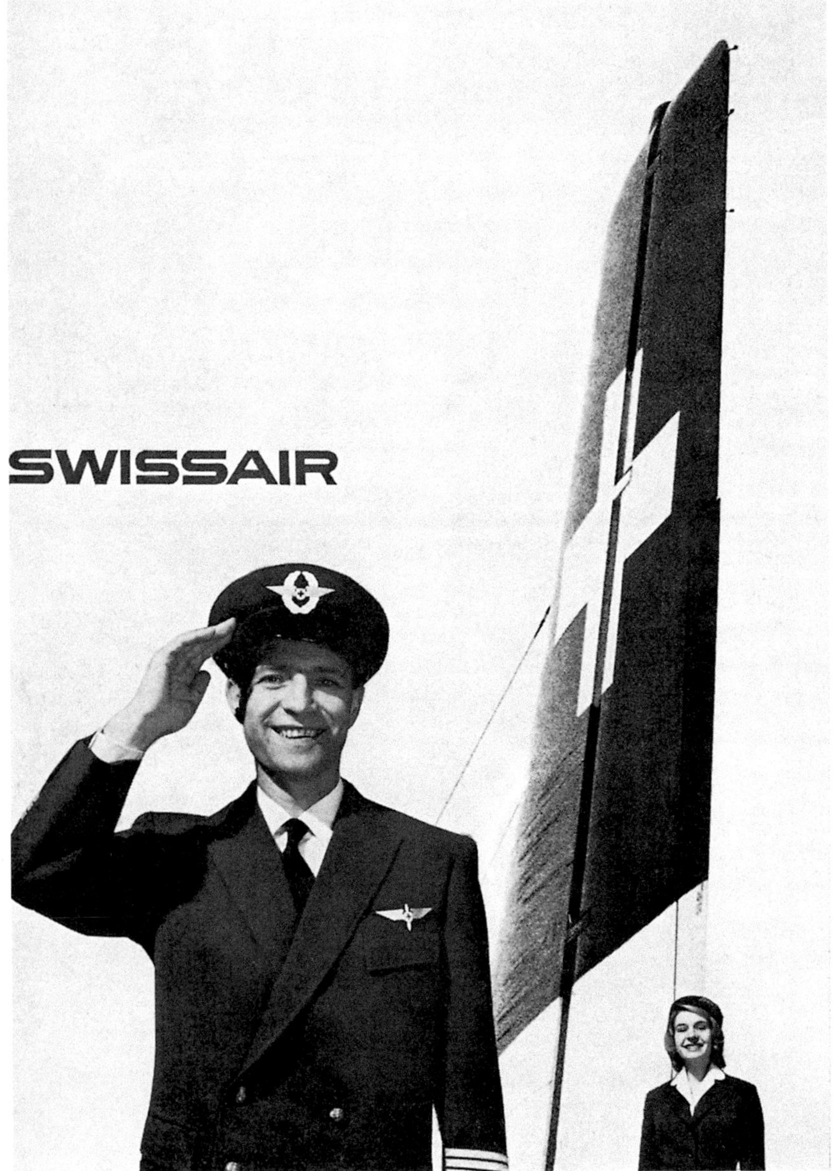

97

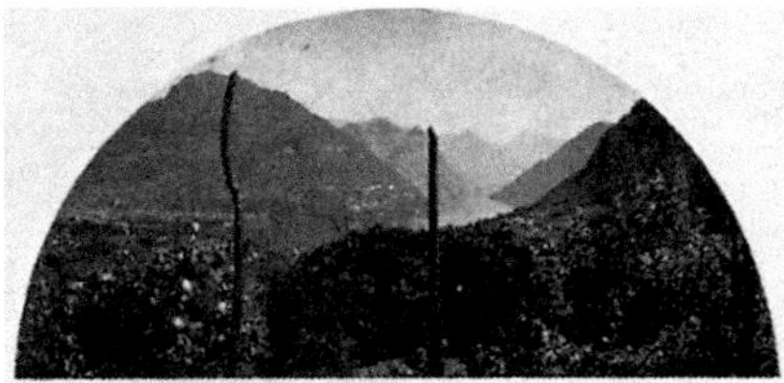

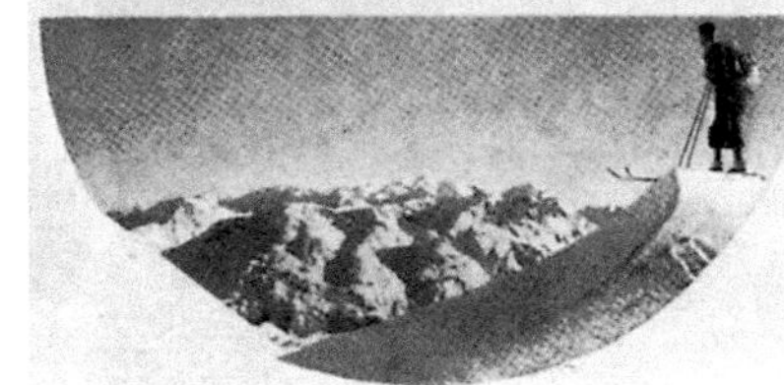

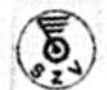

98

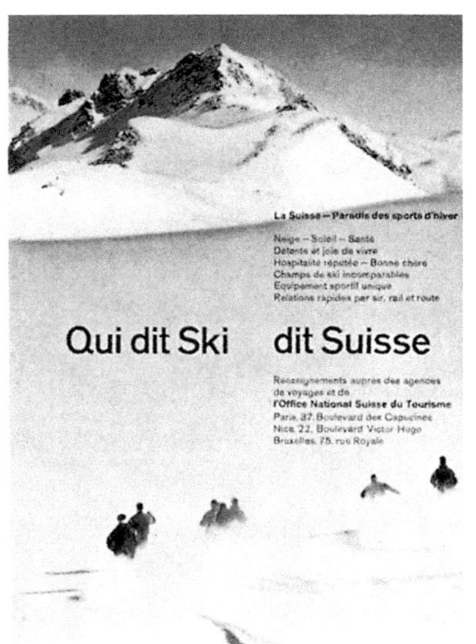

99

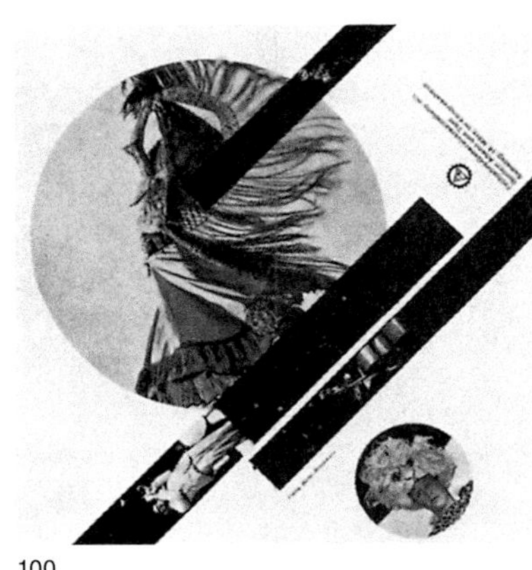

100

97
Plakatentwurf, design for a poster, projet d'affiche
Swissair, Schweiz. Luftverkehr AG

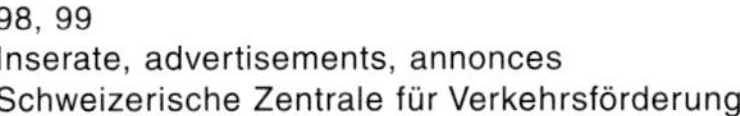

98, 99
Inserate, advertisements, annonces
Schweizerische Zentrale für Verkehrsförderung

100
Einladungskarte, invitation-card, carte d'invitation
Automobil-Club der Schweiz, Sektion Zürich

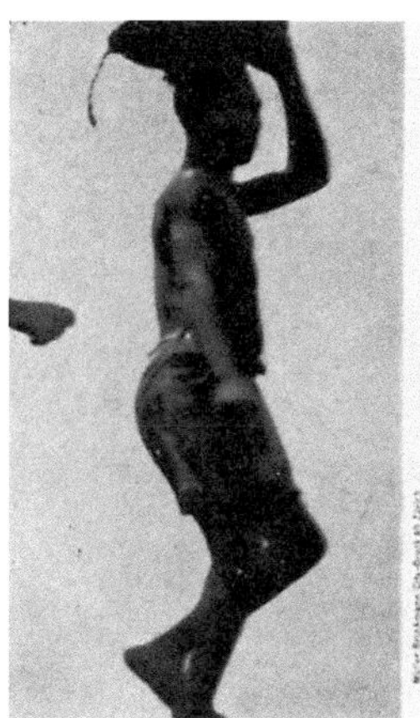

Einladung

zur Frühjahrs-Generalversammlung mit buntem Abend und Tanz
Samstag, 16. März 1957
18.00 Uhr
im Kongreßhaus in Zürich

Programm
18.00 Uhr: Generalversammlung im kleinen Tonhallesaal, Eingang K, Claridenstraße
Traktanden
1. Protokoll der Generalversammlung vom 15. November 1956
2. Jahresbericht 1956
3. Jahresrechnung und Revisionsbericht 1956, Décharge-Erteilung
4. Jahresrechnung und Revisionsbericht 1956 der Fürsorgestiftung der Sektion Zürich des ACS, Décharge-Erteilung
5. Wahlen
a) des Vorstandes und des Präsidenten
b) der Kontrollstellen
c) der Vertreter in den Zentralvorstand; der Delegierten und deren Ersatzmänner für die Delegiertenversammlung des ACS
d) des Stiftungsrates und der Kontrollstellen
6. «Streiflichter einer Afrika-Durchquerung», Referat mit Farbdias von Herrn Dr. Kurt Tschudi. Der Referent verfügt über eine große Reiseerfahrung. Er zeigt prachtvolle, interessante Farbdias v. seiner letzten Afrika-Durchquerung im Jeep, mit dem er von Mombasa bis Dakar 23 000 km zurücklegte.
7. Diverses und Umfrage

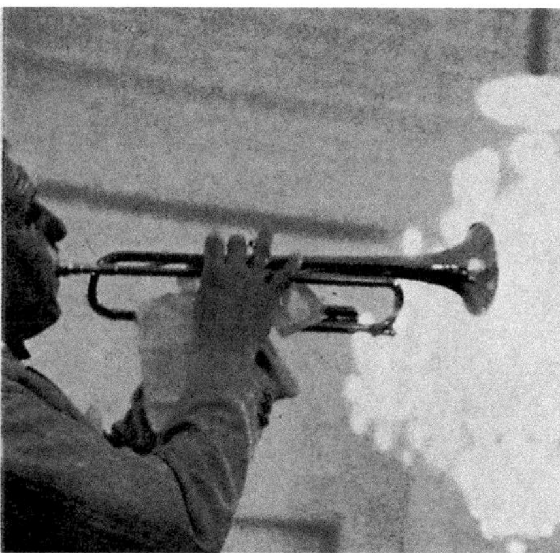

19.45 Uhr: Nachtessen im großen Saal des Kongreßhauses. Anschließend Tanz und bunter Abend.

Zu dem an die Frühjahrs-Generalversammlung anschließend. bunten Unterhaltungsabend spielt das bekannte Orchester Hugo Straßer, München. Dieses ausgezeichnete Orchester wird zusammen mit andern bewährten Kräften für Abwechslung und gute Stimmung sorgen.
Anschließend an das Bankett erfolgt die Abgabe der besonderen ACS-Abzeichen an unsere Mitglieder, die dem Club seit 20 Jahren angehören, sowie die Preisverteilung an die bestklassierten Mitglieder der Sektion Zürich an der nationalen Automobil-Meisterschaft 1956.

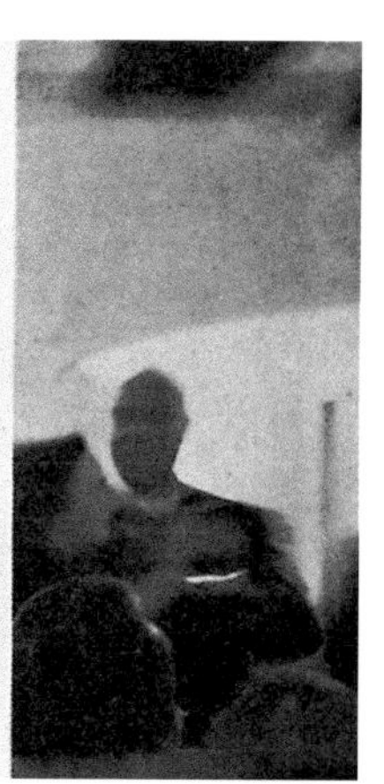

101

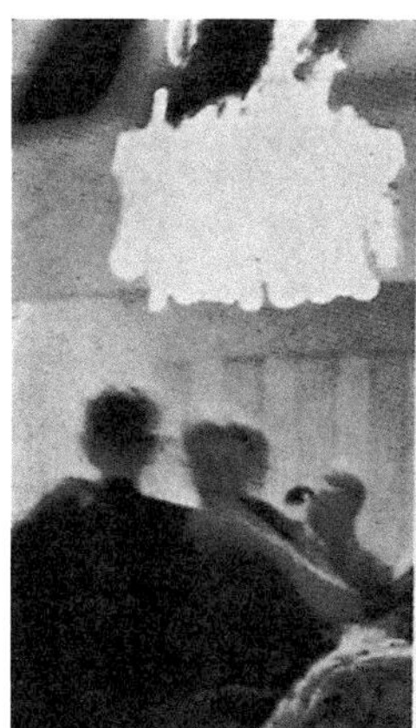

Tenue für Herren: Dunkler Anzug. Für Damen: Keine Vorschriften

Ab Dienstag, den 5. März, können auf dem Sekretariat, Waisenhausstraße 2, Zürich 1, die numerierten Bankett-Karten für das Nachtessen zum Preis von Fr. 12.—, inkl. Trinkgeld (Getränke extra), die auch für die Tischreservierung maßgebend sind, bezogen werden. Bei Voreinzahlung des Betrages von Fr. 12.— pro Bankettkarte auf unser Postcheckkonto VIII 3944 werden die Karten durch die Post zugestellt.
Wenn Sie wünschen, mit Ihren Bekannten am gleichen Tisch placiert zu werden, ist es notwendig, die Bankettkarten für alle Teilnehmer gesamthaft zu bestellen. Bitte besorgen Sie Ihre Bankettkarten rechtzeitig; Sie sichern sich dadurch einen guten Platz. Der Tischplan liegt auf dem Sekretariat auf.
Wir sind überzeugt, Ihnen mit unserem Unterhaltungsabend einige abwechslungsreiche, vergnügte Stunden zu bieten, und erwarten einen zahlreichen Besuch unserer Mitglieder mit ihren Angehörigen und Freunden.

Der Vorstand der Sektion Zürich des ACS
Der Präsident Dr. H. Weisbrod

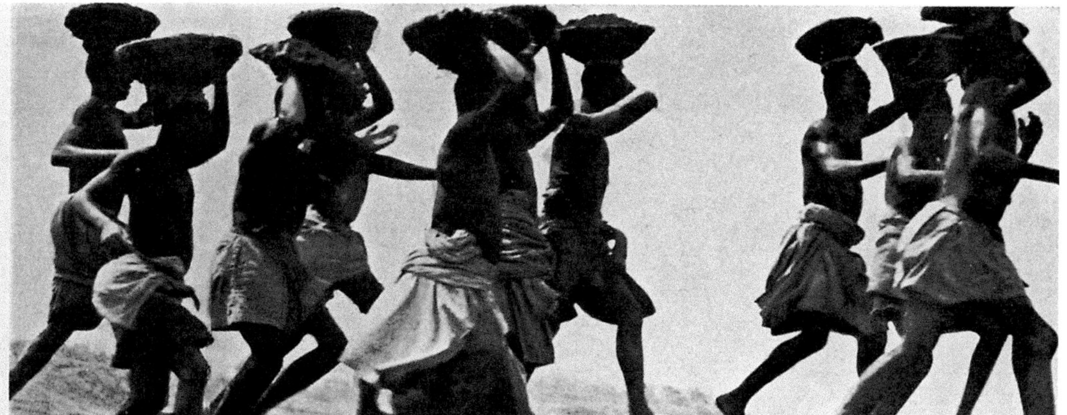

102

101, 102
Einladungskarte, invitation-card, carte d'invitation
Automobil-Club der Schweiz, Sektion Zürich

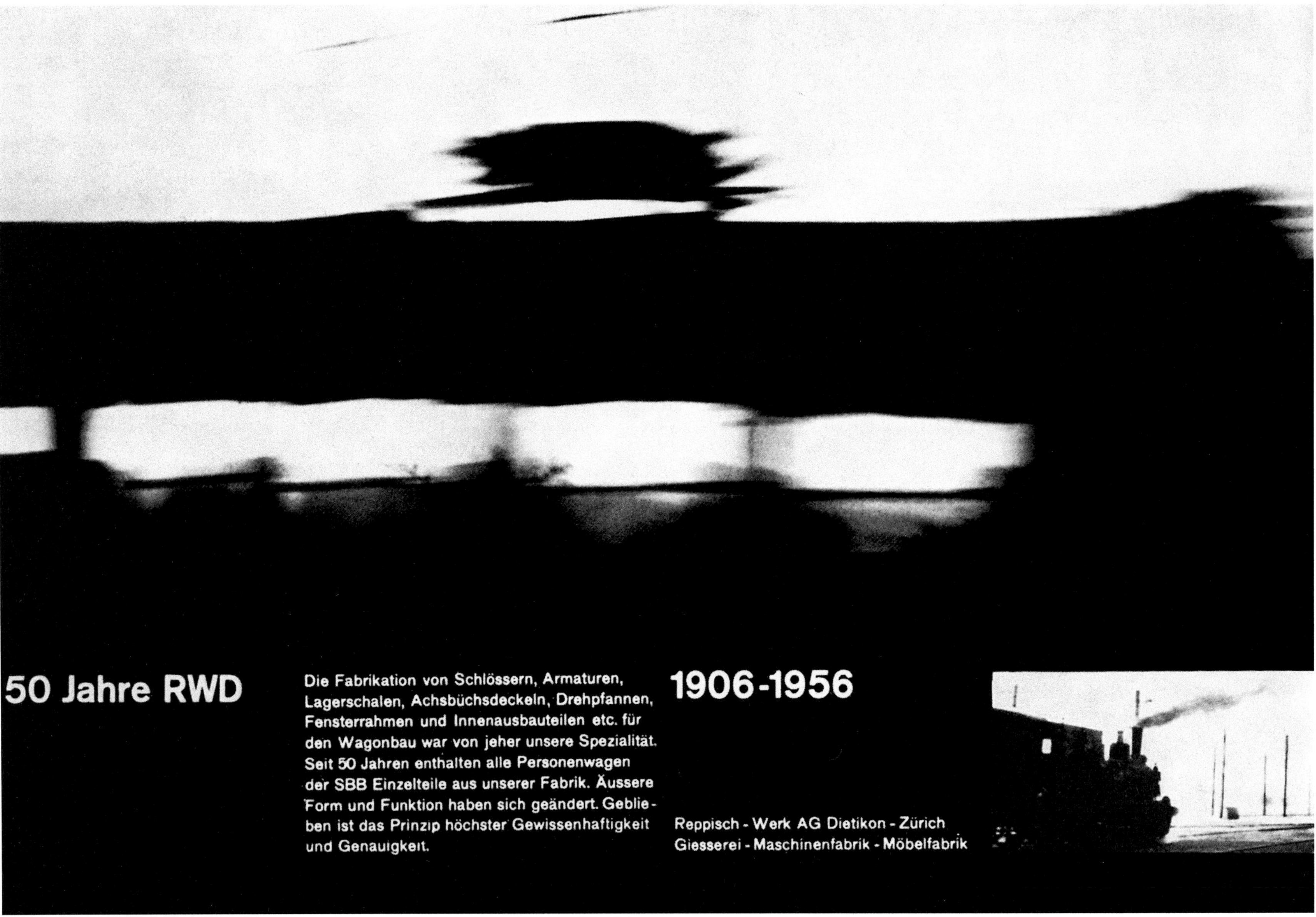

103

103
Inserat, advertisement, annonce
Reppisch-Werk AG, Dietikon/ZH

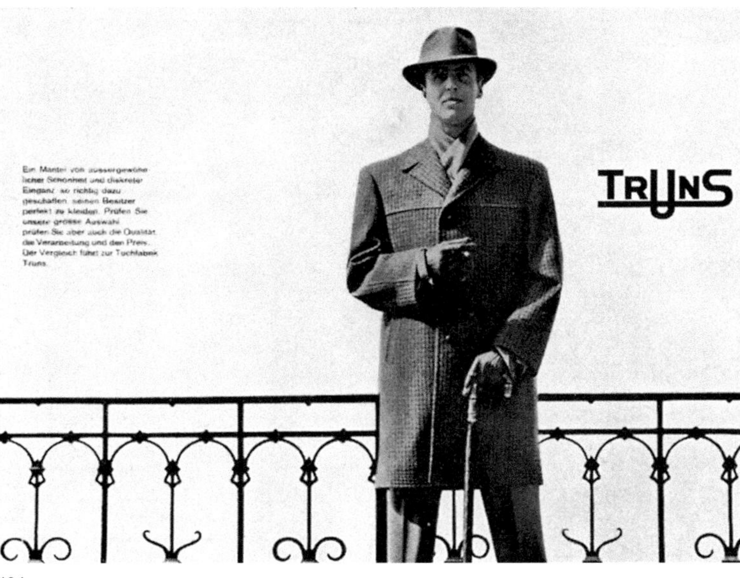

104

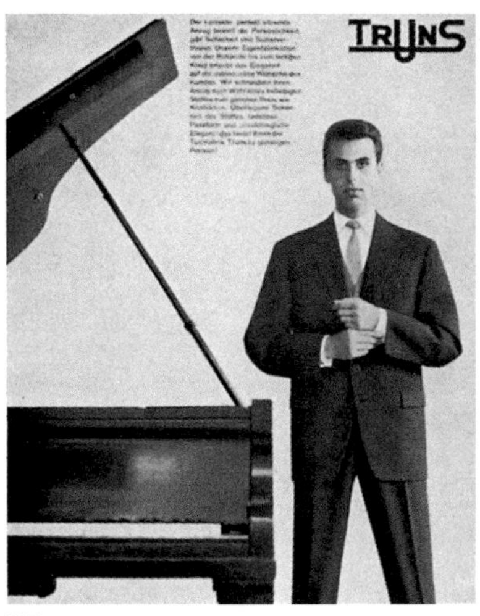

105

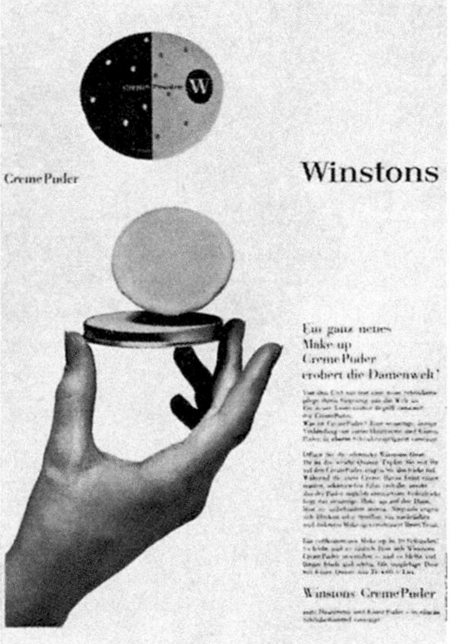

106

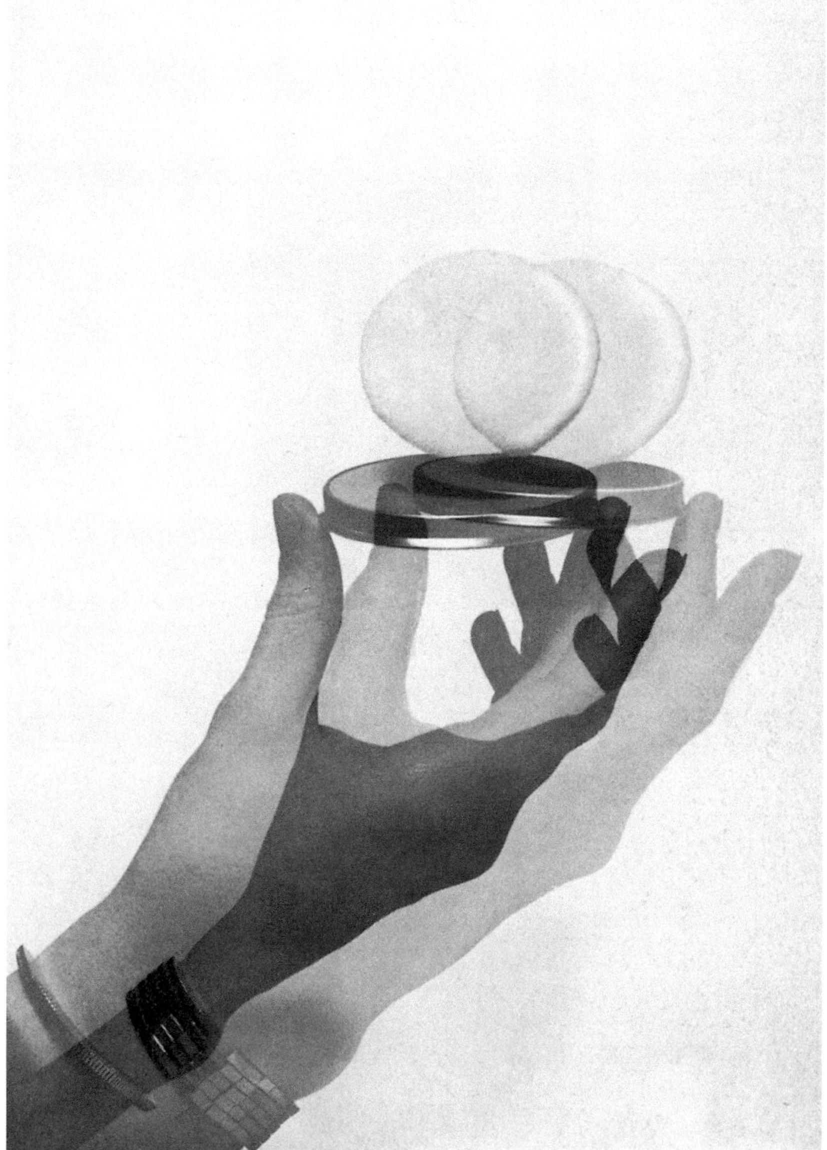

107

104, 105
Inserate, advertisements, annonces
Truns AG, Zürich (Heinrich Lorch, Reklameberater BSR, Zürich)

106
Inserat, advertisement, annonce
Paul Müller, Sumiswald (Victor N. Cohen, Reklameberater BSR, Zürich)

107
Fotoexperiment, photographic experiment, expériment photographique

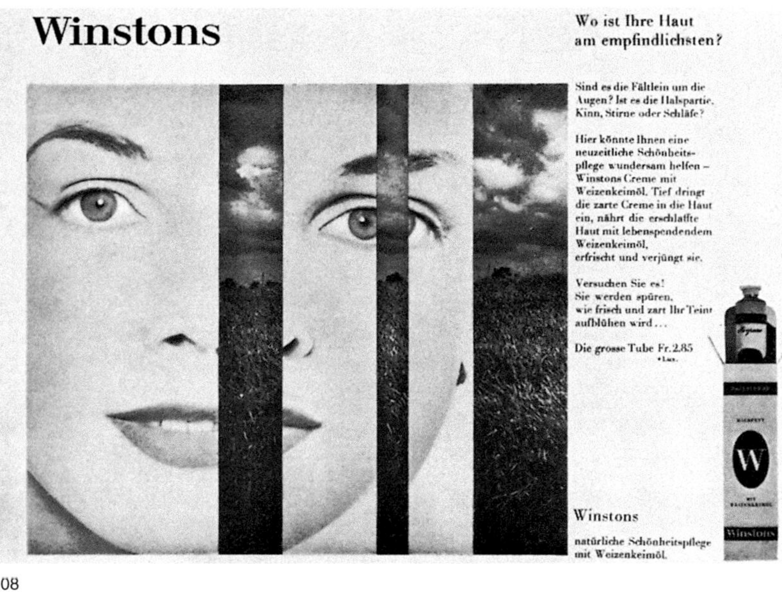

108

Modelia

110

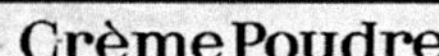

Un maquillage parfait en 10 secondes!

Un seul poudrier ravissant, logé dans votre sac à main, contient tout votre maquillage la CrèmePoudre Winstons.

Elle réunit en un produit de beauté deux cosmétiques indispensables: crème douce et poudre mate constituent la CrèmePoudre Winstons.

Avec la fine houppette contenue dans chaque poudrier étendez un peu de CrèmePoudre Winstons. Voici votre make up discret terminé en 10 secondes: le fond de teint protecteur porte la poudre veloutée. La CrèmePoudre est impalpable sur votre peau, la laisse respirer de tous ses pores.

10 secondes pour un maquillage aussi naturel et aussi discret! Fr. 4.60 + Luxe pour le joli poudrier avec fine houppette. Dès le premier essai, vous ne voudrez plus vous passer de ces nouveaux soins de beauté.

Winstons

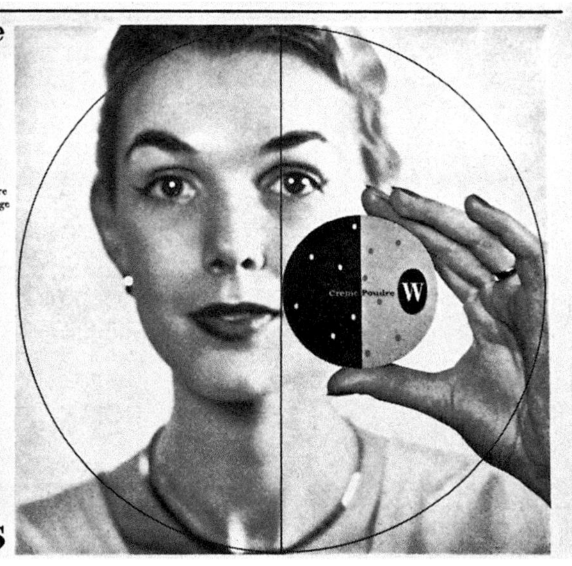

109

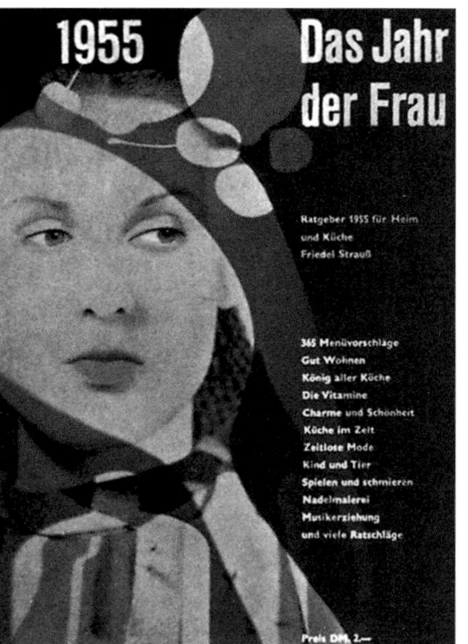

111

108, 109
Inserate, advertisements, annonces
Paul Müller, Sumiswald (Victor N. Cohen, Reklameberater, BSR, Zürich)

110
Inserateentwurf, design for an advertisement, projet d'annonce
Modelia, Zürich (Heinrich Lorch, Reklameberater BSR, Zürich)

111, 118
Umschläge, covers, couvertures
Otto Walter Verlag, Olten

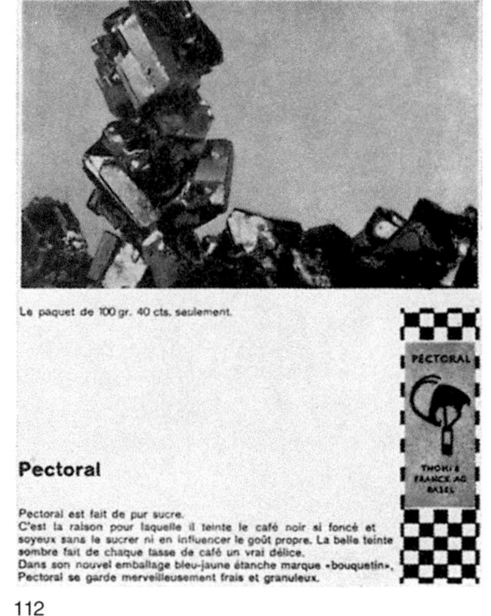

112

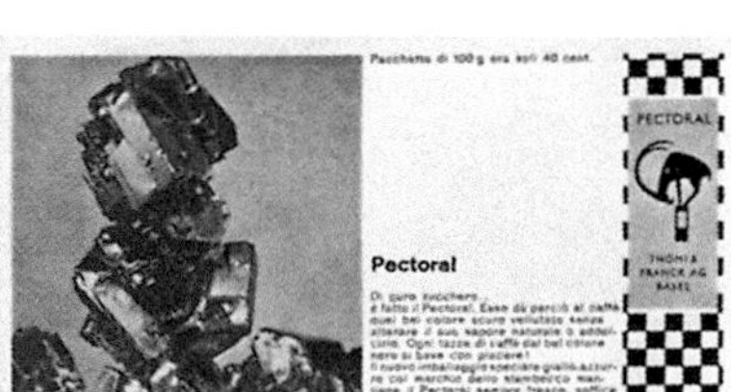

113

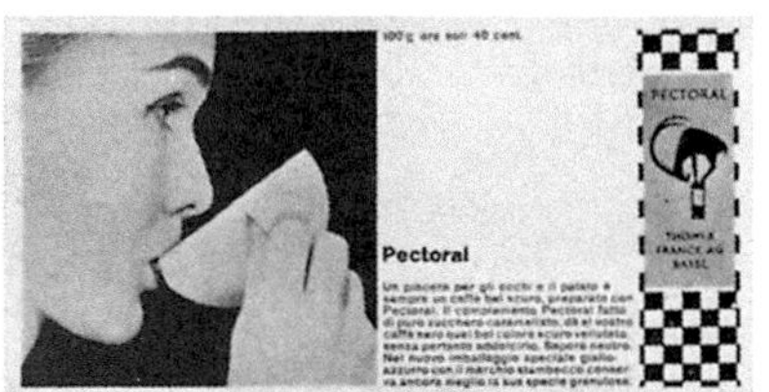

114

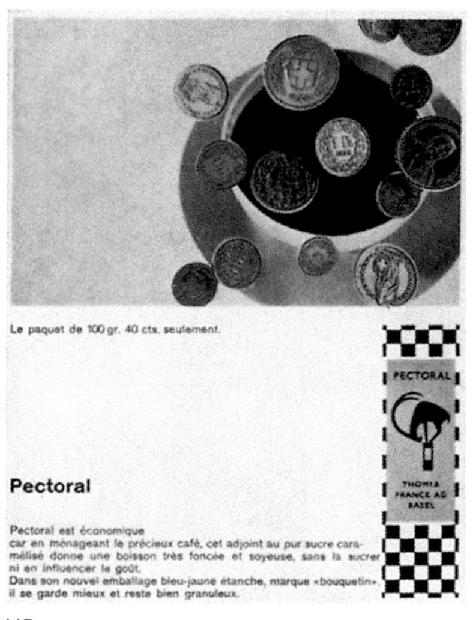

115

116

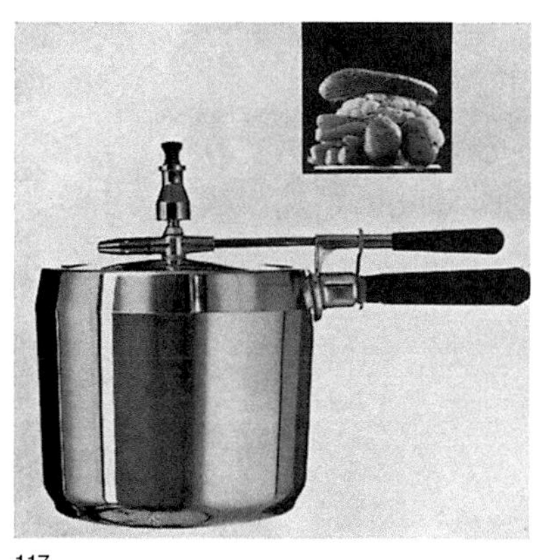

117

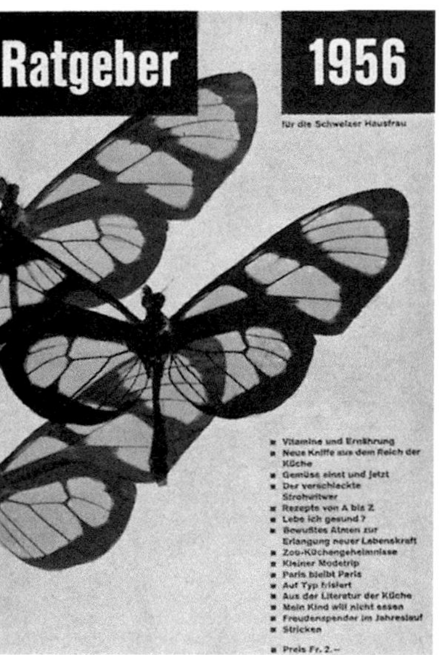

118

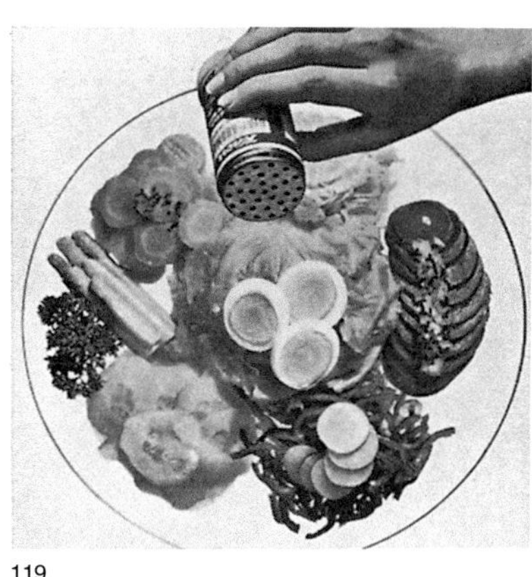

119

120

112–116
Inserate, advertisements, annonces
Doetsch, Grether Co., Basel

117, 119, 120
Buchseiten, pages of a book, pages d'un livre
Otto Walter Verlag, Olten

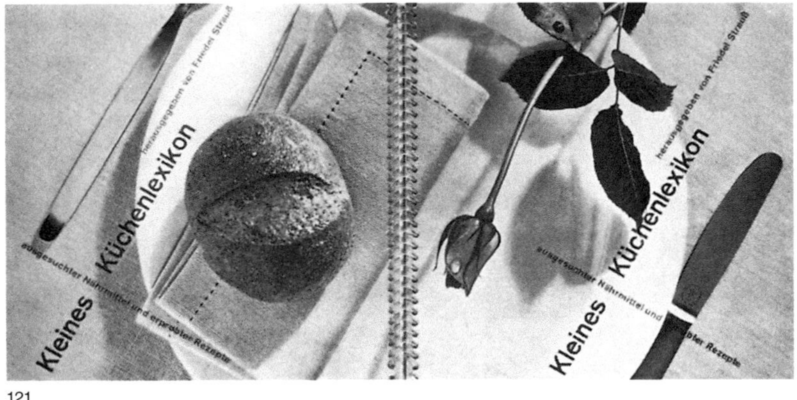

121

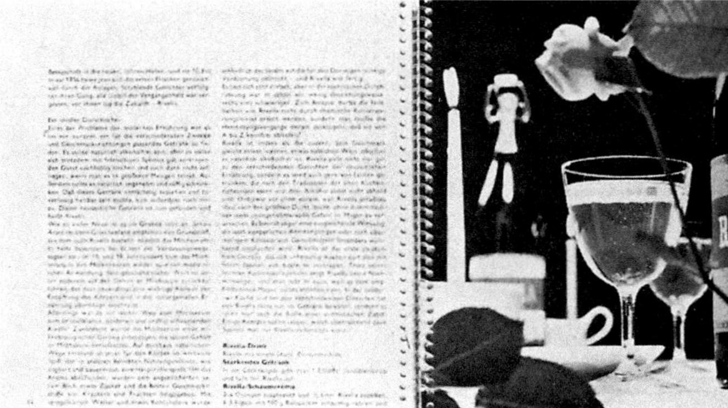

124

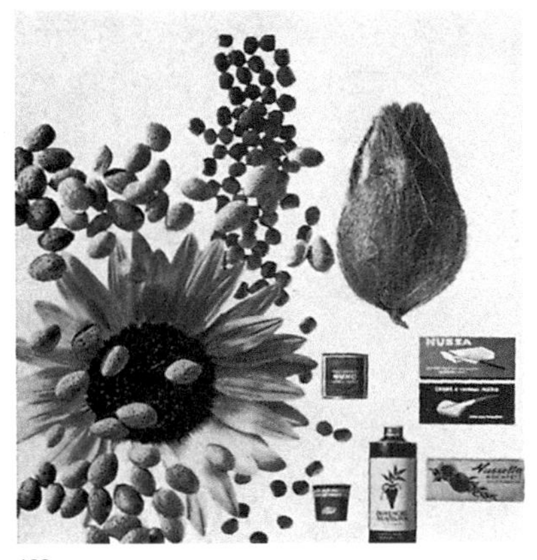

122

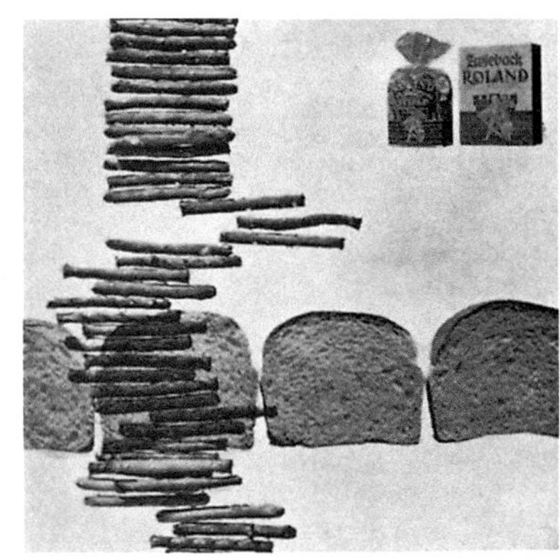

123

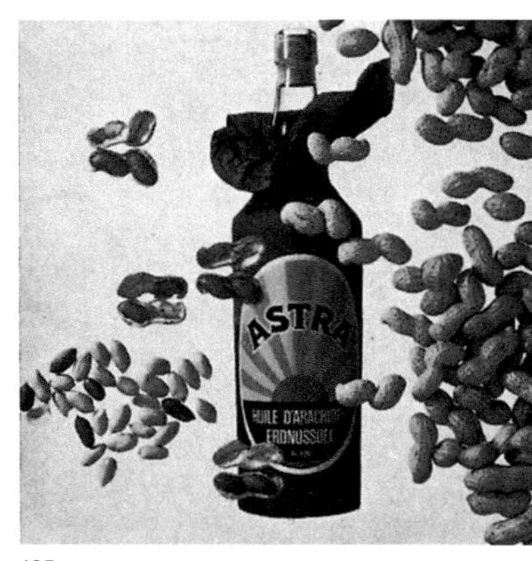

125

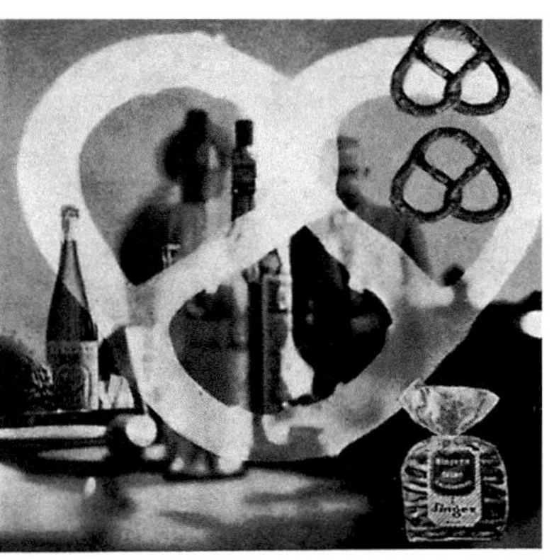

126

121
Umschlag, cover, couverture
Otto Walter Verlag, Olten

122–129
Buchseiten, pages of a book, pages d'un livre
Otto Walter Verlag, Olten

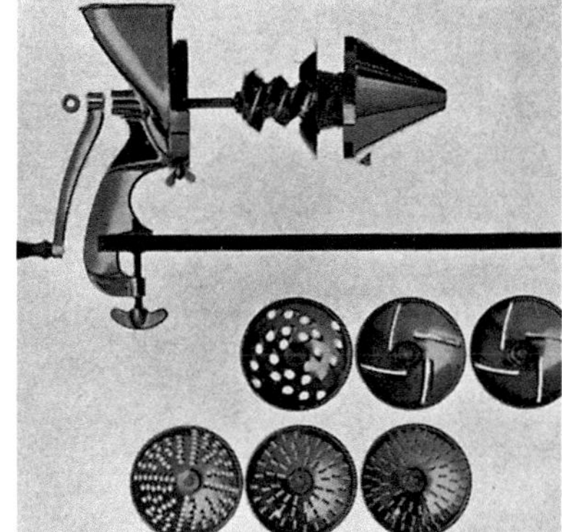

127

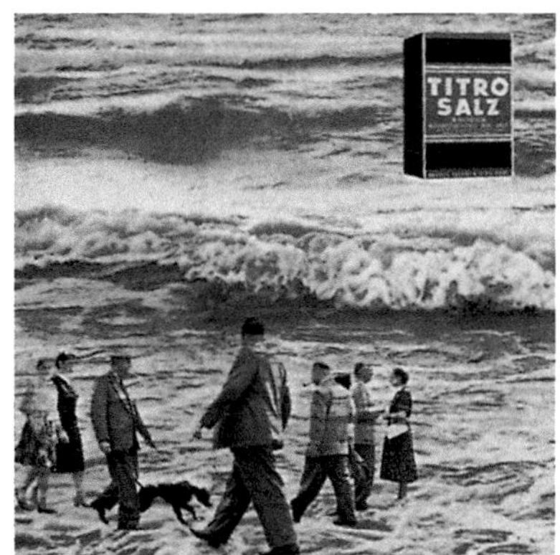

128

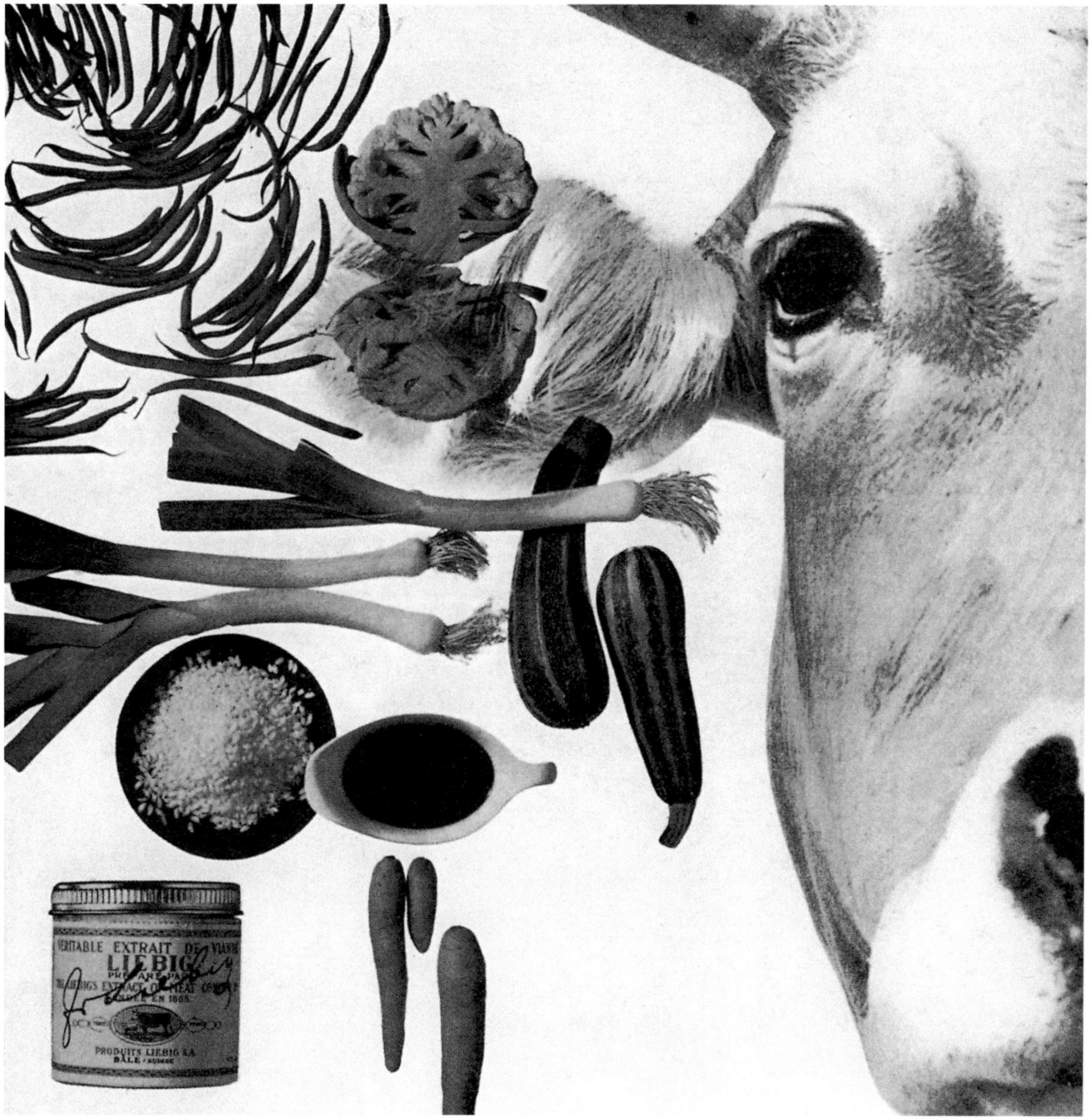

129

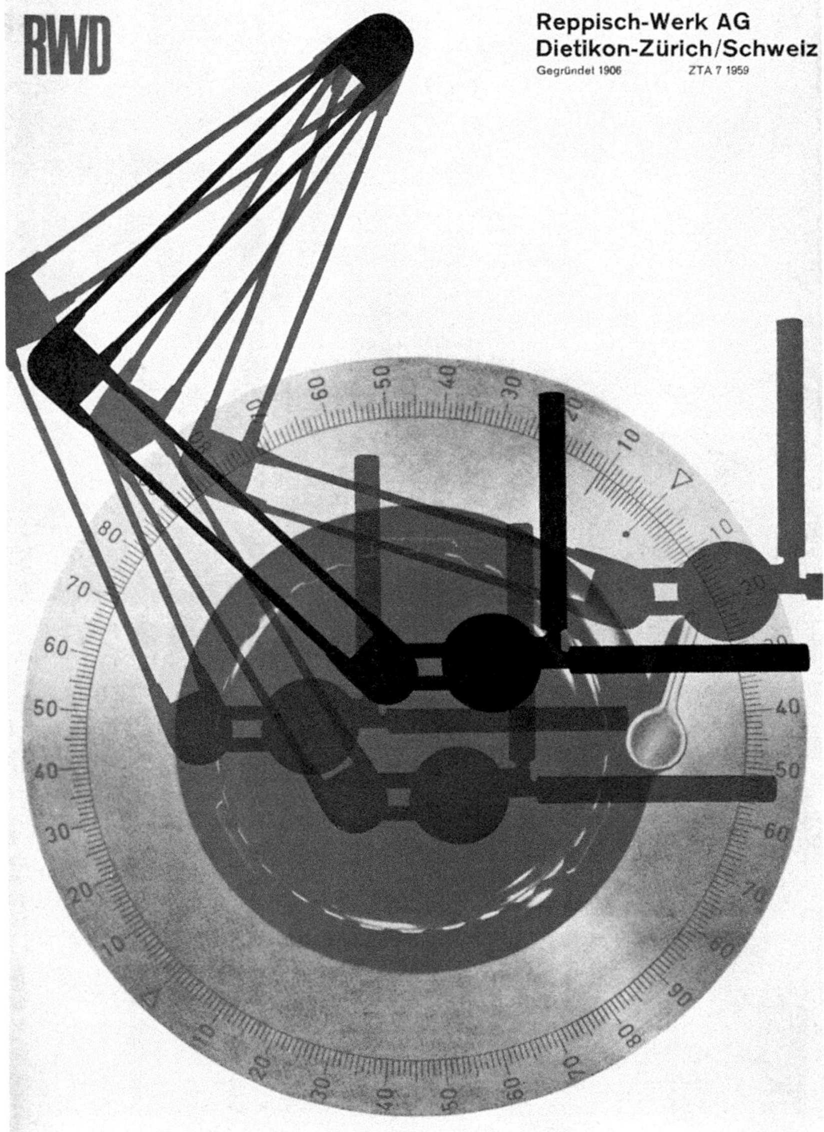

130

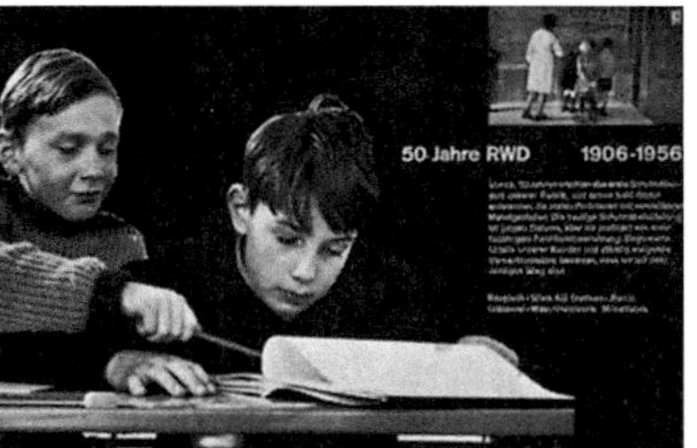

131

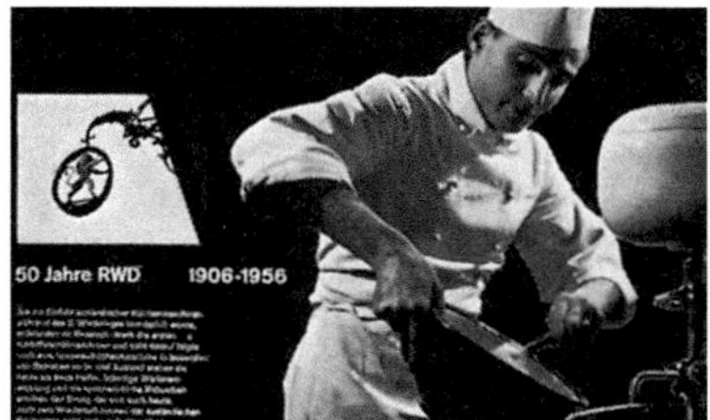

132

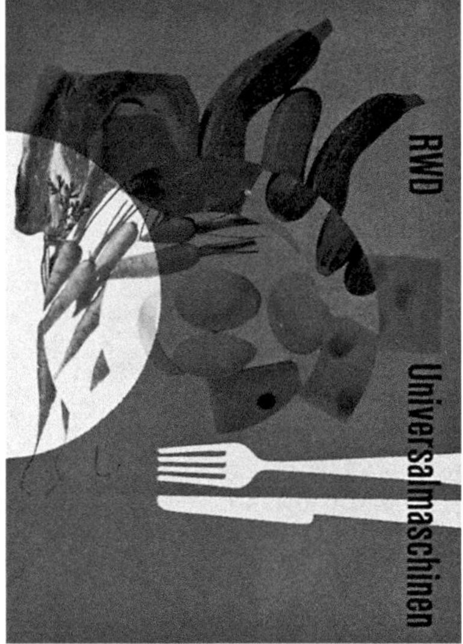

134

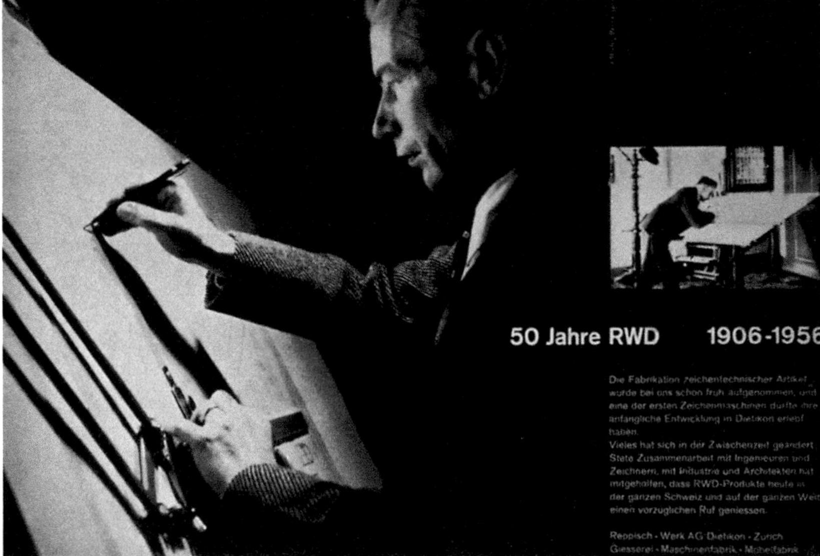

133

130, 134
Prospekte, leaflets, prospectus
Reppisch-Werk AG, Dietikon/ZH

131–133
Inserate, advertisements, annonces
Reppisch-Werk AG, Dietikon/ZH

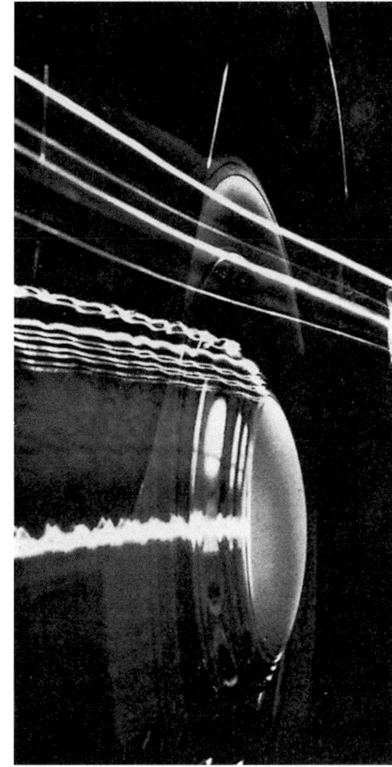

135

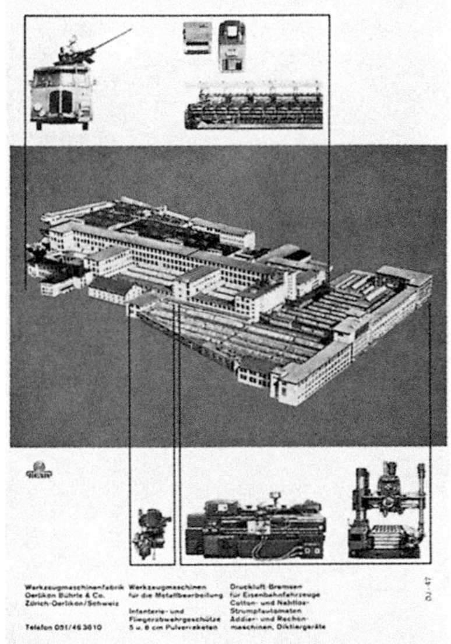

136

137

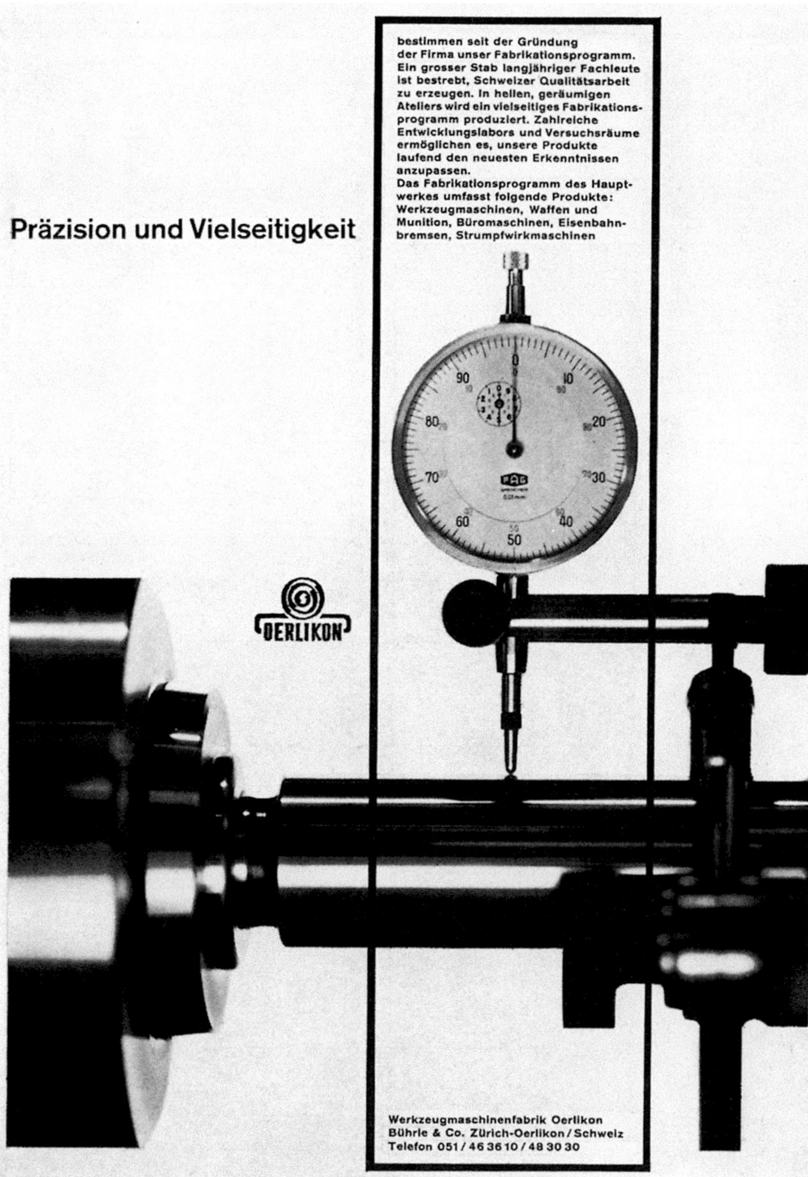

138

135
Fotoexperiment, photographic experiment, expériment photographique

136–138
Inserate, advertisements, annonces
Bührle + Co., Oerlikon

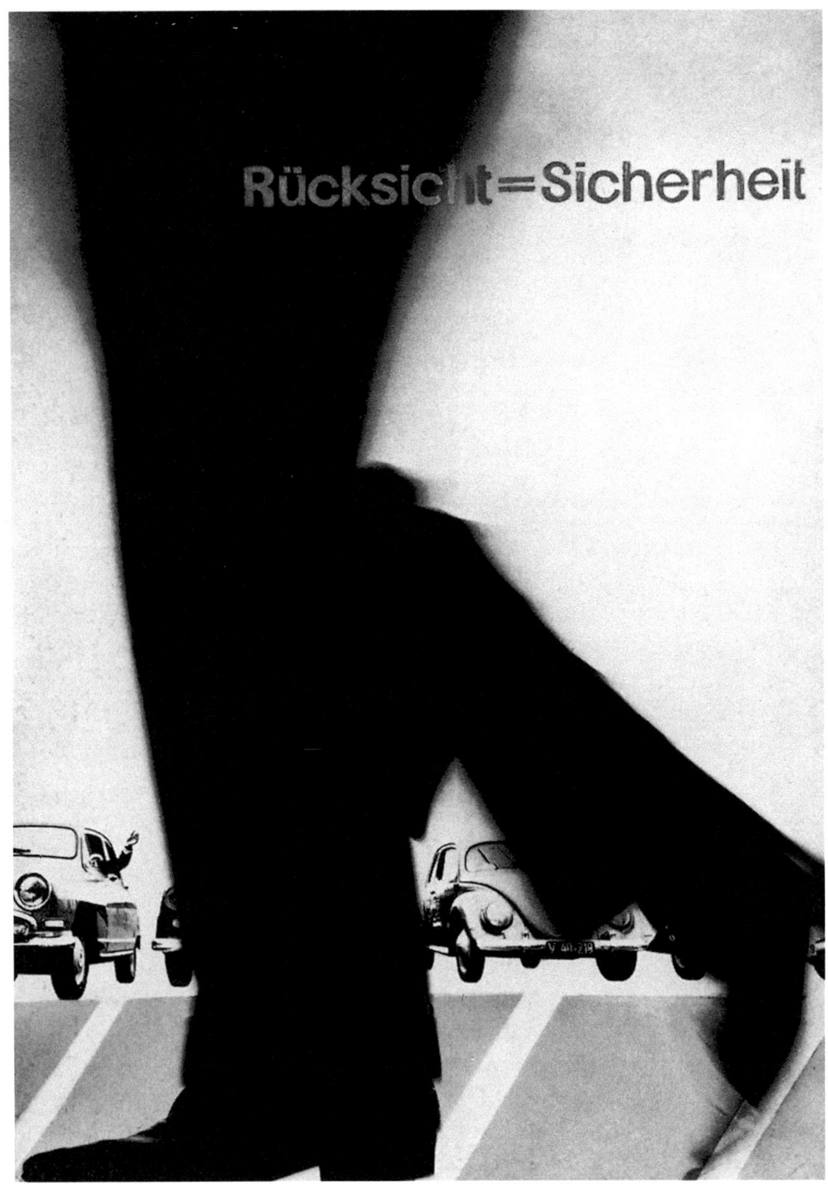

139

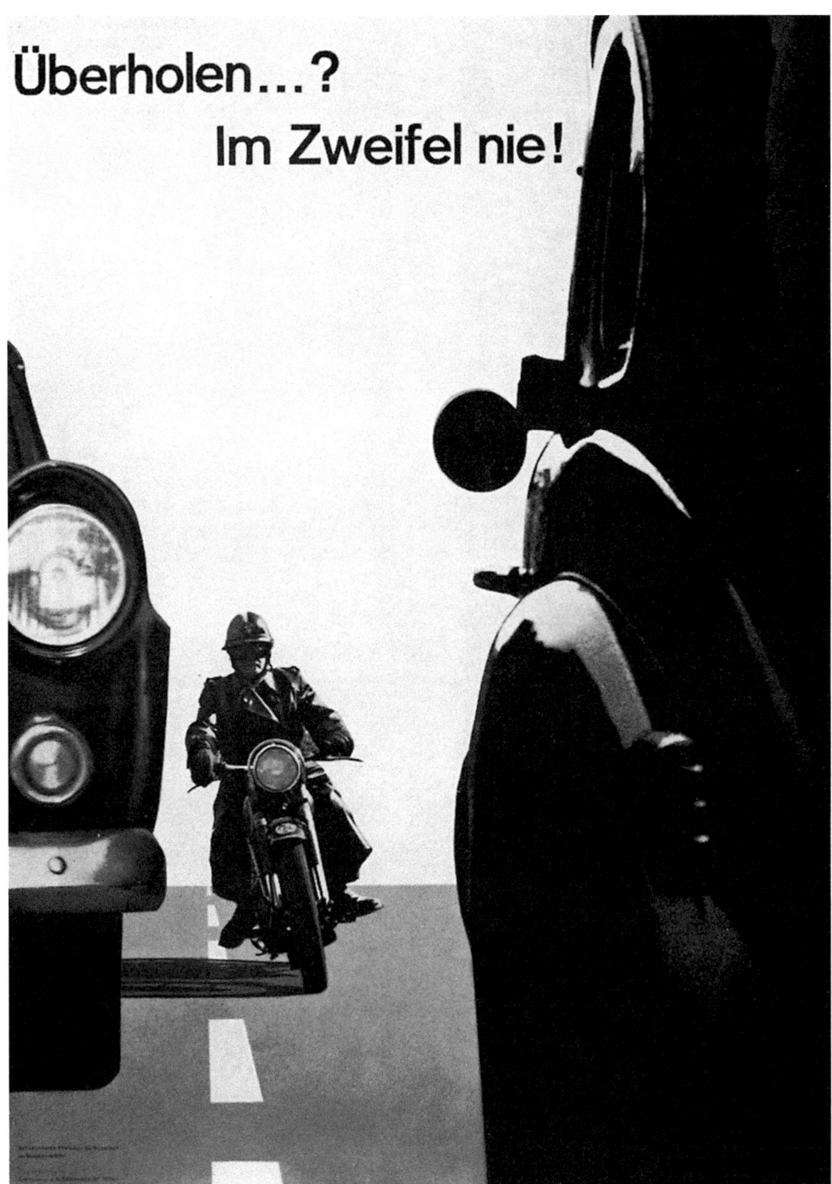

140

139
Plakatentwurf, design for a poster, projet d'affiche
Automobil-Club der Schweiz

140–142
Plakate, posters, affiches
Automobil-Club der Schweiz

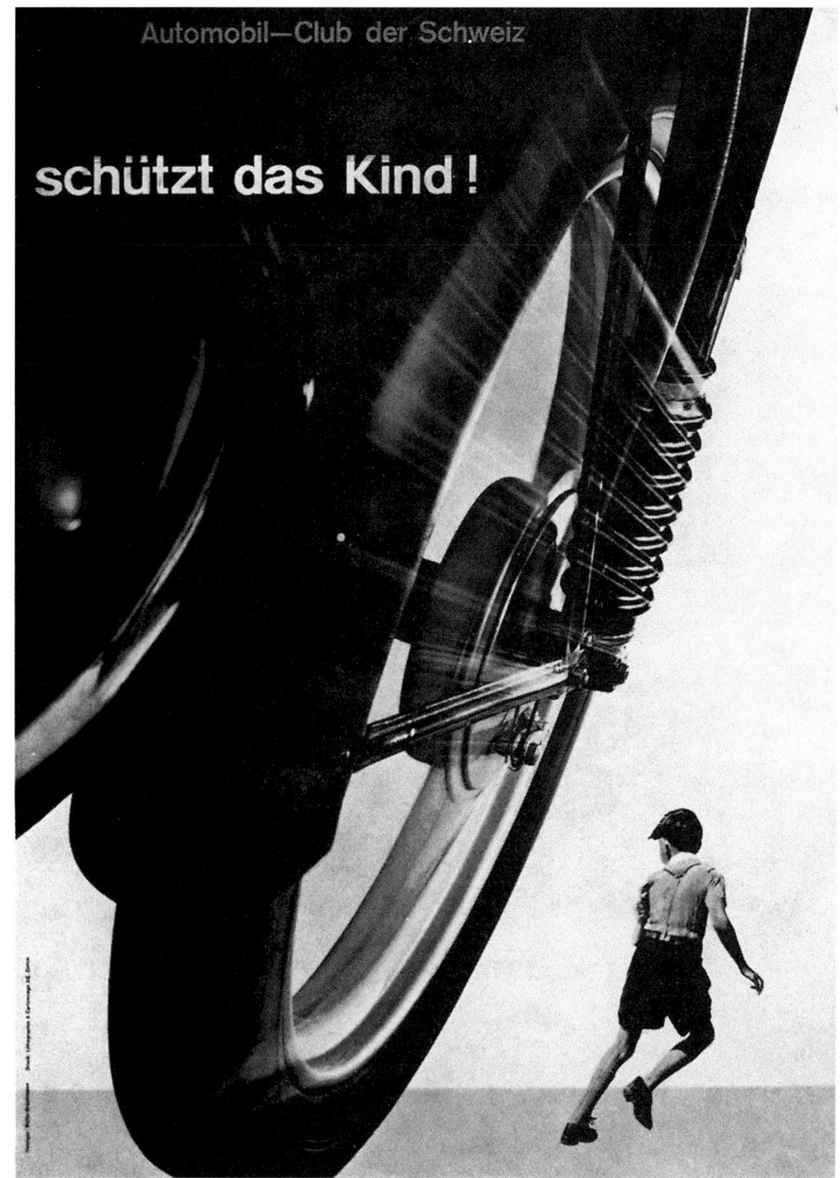
Automobil—Club der Schweiz
schützt das Kind !
141

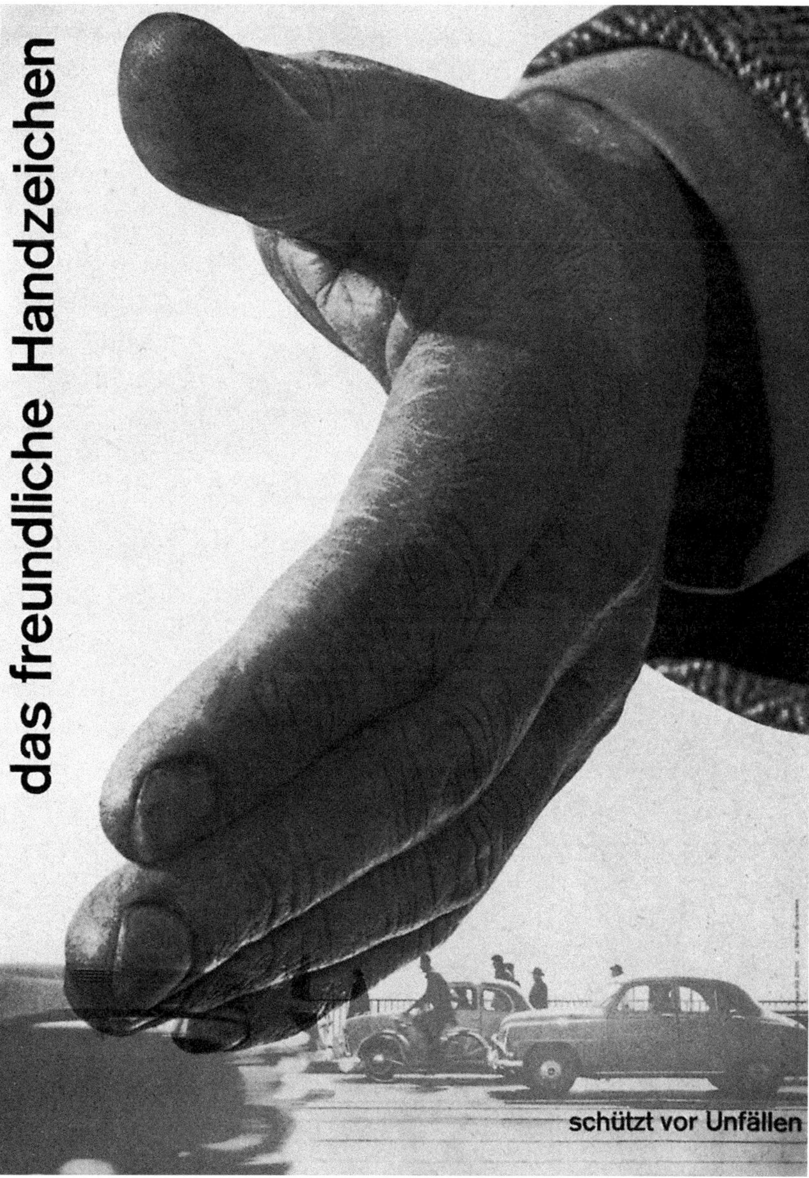
das freundliche Handzeichen
schützt vor Unfällen
142

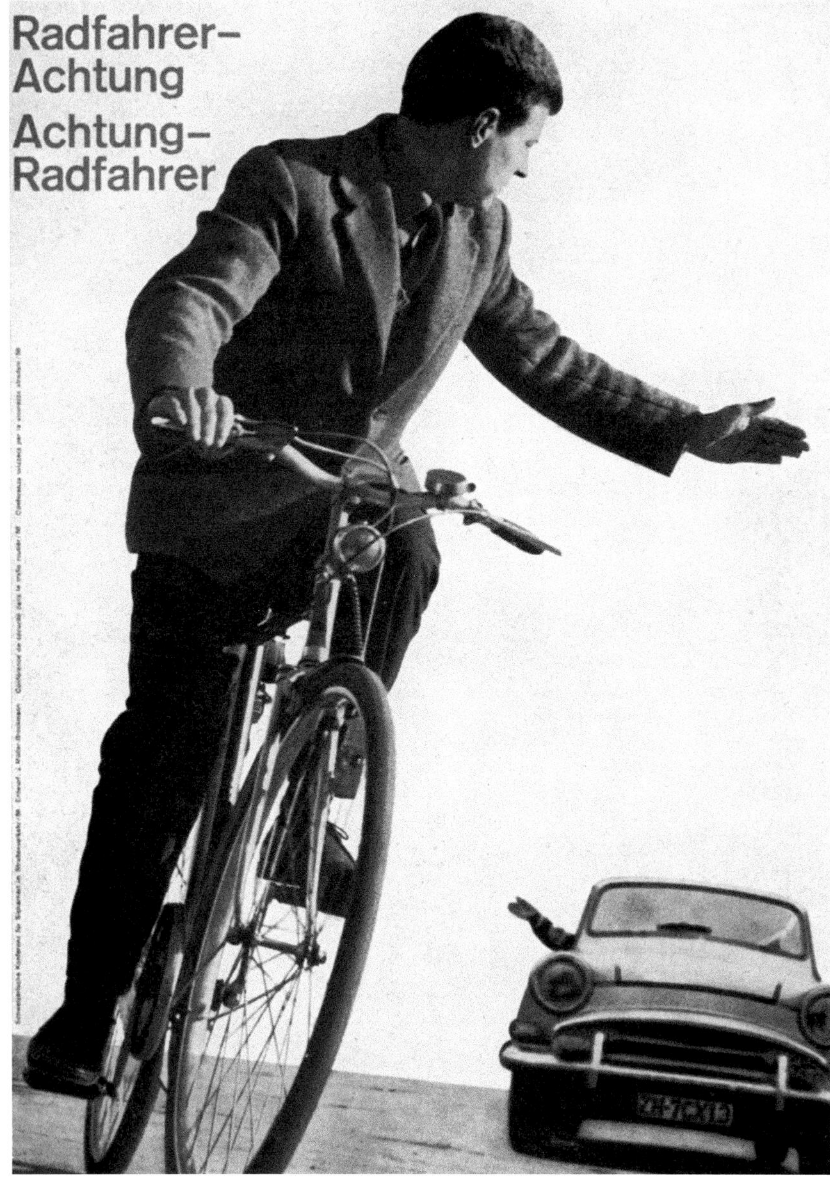

143

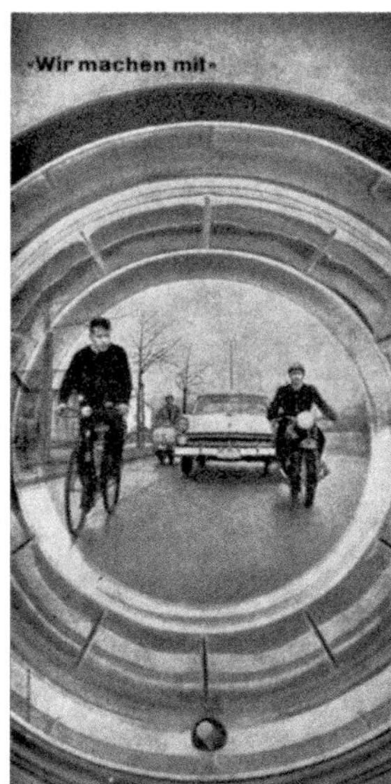

«Wir machen mit»

Zürcher Strassencode

Liebe Fussgänger, Radfahrer, Motorradfahrer und Automobilisten!
Der Zürcher Strassencode und das freundliche Handzeichen haben sich bewährt. Vieles, was wir uns vor zwei Jahren an der Landsgemeinde in Dübendorf vorgenommen und letztes Jahr durch unsere Unterschrift bekräftigt haben, ist erreicht worden.
Erfreulicherweise hat 1954 die Zahl der Verletzten nur unwesentlich und diejenige der tödlich Verunfallten nicht zugenommen. Das ist ein grosser Erfolg, wenn wir berücksichtigen, dass sich der Bestand an Fahrzeugen bedeutend erhöht hat.
Wir aber wollen nicht stehen bleiben und nehmen uns vor: 1955 noch weniger Unfälle!
Viele Irrtümer und Unfälle lassen sich vermeiden, wenn wir uns als Fahrzeuglenker und als Fussgänger mit dem freundlichen Handzeichen gegenseitig verständigen. Das freundliche Handzeichen wollen wir auf unsern Strassen als ungeschriebenes Gesetz dauernd anwenden.
Wir alle machen mit und zeigen unseren guten Willen:
Wir Radfahrer und Motorradfahrer befestigen das wetterfeste Band an der Lenkstange
Wir Autofahrer kleben das Transparent innen an die Windschutzscheibe
Wir Landwirte befestigen das wetterfeste Band gut sichtbar vorn an unserm Traktor
Zwei weitere Handzeichen, die mithelfen, Unfälle zu verhüten:
Sie können mich überholen! Bitte langsam!
Wir danken Ihnen und grüssen Sie freundlich
«Wir machen mit»
Polizeidirektion des Kantons Zürich
Kantonale Strassenverkehrs-Liga Zürich
mit allen am Verkehr interessierten Organisationen

Wir Strassenbenützer im Kanton Zürich treffen untereinander folgende Abmachungen zur Hebung der Verkehrssicherheit auf unseren Strassen:
1. Vorfahren auf der Ueberlandstrasse
Wer vorfahren will, stellt den linken Richtungszeiger und gibt rechtzeitig ein Signal:
bei Tag ein Hornsignal, bei Nacht ein Lichtsignal.
Wer überholt wird, quittiert das Signal durch deutliches Hinausfahren an den rechten Strassenrand. Es ist Ehrensache, niemals vorzufahren, wenn das Ueberholen keinen Vorteil bringt und die Strasse nicht frei und übersichtlich ist.
2. «Einäugige»
Wir machen den «Einäugigen» auf den Defekt an der Beleuchtung aufmerksam durch Auf- und Abblenden der Scheinwerfer.
3. Verhütung einer Kolonne
Wir folgen nie dicht aufgeschlossen hinter einem langsamen Fahrzeug oder Spazierfahrer. Wir fahren korrekt vor oder halten einen so grossen Abstand, daß schnellere Fahrzeuge auch uns unbehindert überholen können.
4. Sicherheitslinie
Wir überfahren nie die Sicherheitslinie. Im Bereich der Sicherheitslinie parkieren wir nicht und halten nur im Notfall an.
5. Fussgängerstreifen
Wir Motorfahrzeuglenker und Radfahrer bremsen vor dem Fussgängerstreifen rechtzeitig ab, um die Fussgänger nicht zu erschrecken. Wir halten an, wenn sich Leute auf dem Fussgängerstreifen befinden.
Bei Ansammlung von Fussgängern am Strassenrand fordern wir sie mit einem Handzeichen auf, die Strasse zu überqueren.
6. Fussgänger
Wir Fussgänger überqueren die Strasse so rasch als möglich. Wir benützen immer den Fussgängerstreifen, wenn ein solcher vorhanden ist. Kindern, alten Leuten und Gebrechlichen bieten wir unsere Hilfe an.
Auf der Ueberlandstrasse gehen wir auf der linken Strassenseite.
7. Radfahrer
Wir Radfahrer fahren möglichst in Einerkolonne. Nur bei geringem Verkehr fahren wir ausnahmsweise zu zweit, niemals aber zu dritt nebeneinander. Beim Abbiegen nach links geben wir unser Handzeichen frühzeitig und überzeugen uns durch Rückwärtsschauen, ob die Strasse frei ist.
8. Das freundliche Handzeichen
Die Handzeichensprache unter den Strassenbenützern verhütet Unfälle. Wir wollen als Fussgänger, Radfahrer, Motorradfahrer und Automobilisten diese freundliche und menschliche Kontaktnahme zur Selbstverständlichkeit machen. Mit Handzeichen deuten wir an, dass wir auf unser Vortrittsrecht verzichten, uns überholen lassen, anhalten oder parkieren möchten.

144

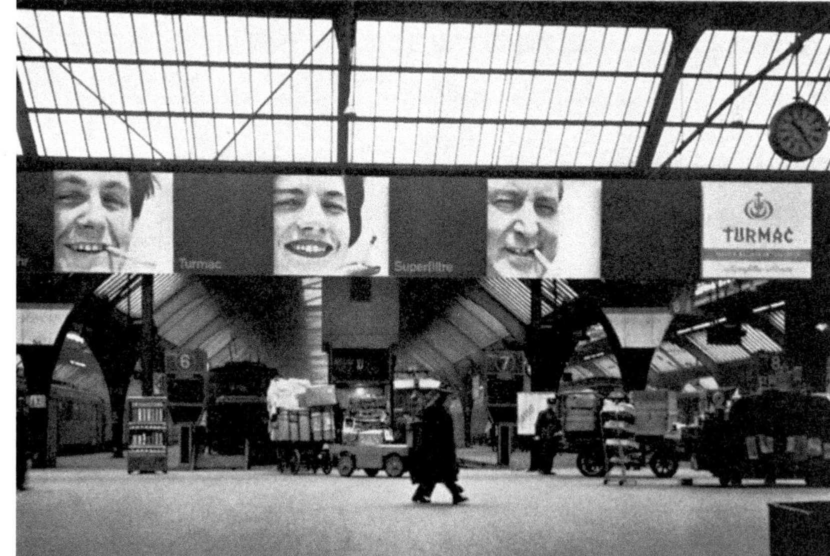

145

143
Plakat, poster, affiche
Automobil-Club der Schweiz

144
Prospekt, leaflet, prospectus
Polizeidirektion des Kantons Zürich

145–148
Bahnhofreklame, station-advertisement, propagande à la gare
Turmac Turkish Macedonian Tobacco Co., Zürich

de plus en plus
Turmac
Superfiltre
TURMAC
Tobler
MAGGI

146

Turmac
Superfiltre

147

tutti fumano
Turmac
Superfiltre

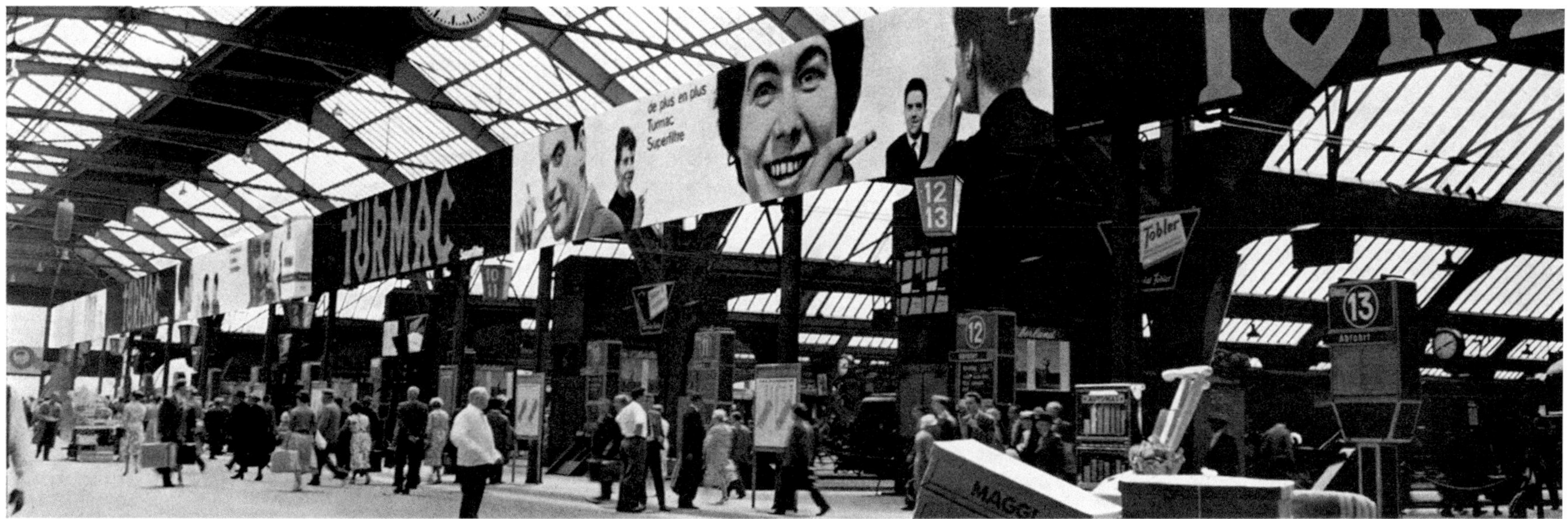

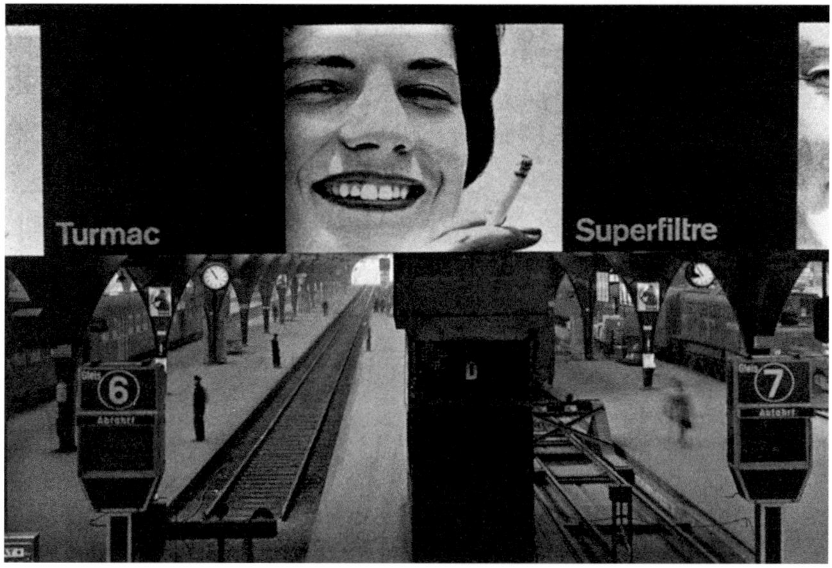

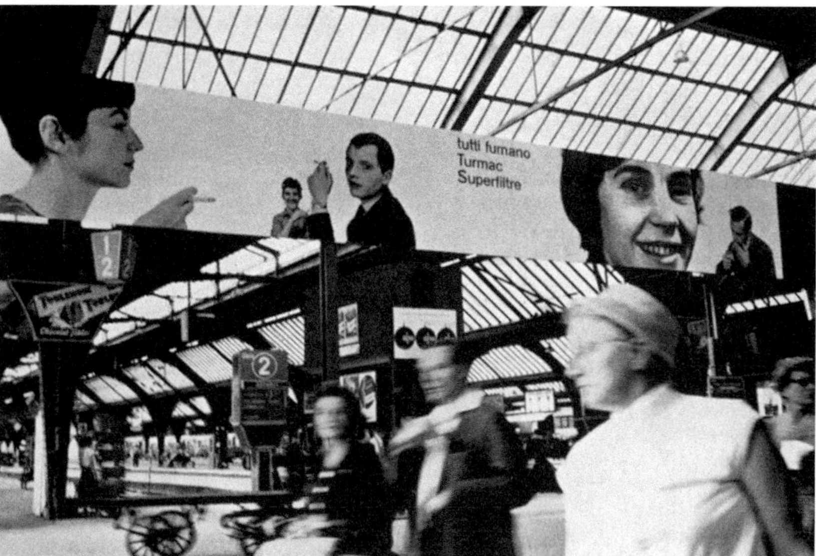

148

Die Zeichnung in der Werbung hat umfassende, zugleich aber auch begrenzte Möglichkeiten. Wir können ihre Aufgabe am besten umreissen, wenn wir sie derjenigen der Fotografie gegenüberstellen.
Bei einem Vergleich wird sich erweisen, dass die Zeichnung eine subjektive, an den Moment des Zustandekommens gebundene Äusserung des Künstlers ist. Er schildert einen Gegenstand oder ein Thema so, wie er es zu einem bestimmten Zeitpunkt erlebt, während die Fotografie das zeigt, was die Kamera bei der Aufnahme sachlich festzuhalten vermochte. Der Fotograf lenkt lediglich das Kameraauge dorthin, wo der Gegenstand seiner Bildabsicht liegt. Die Zeichnung vermittelt uns Empfindungen des Künstlers, während die Fotografie nur reales Geschehen wiedergibt.
Durch das objektive Festhalten der Dinge erhält die Fotografie eine überzeugendere Realitätswirkung. Wir glauben ihrer Darstellung, während wir hinter der gezeichneten Schilderung der Dinge unter Umständen eher den Künstler als die Dinge selbst zu finden vermögen.
Wo ist in der Werbung, die uns objektiv und sachlich über ihr Anliegen informieren will, Raum für die weniger objektive, zeichnerische Darstellungsweise? Dort, wo die Fotografie aus nachfolgend geschilderten Gründen die Aufgabe nicht lösen kann:
a)
Bei Dingen, die das Auge der Kamera aus technischen Gründen nicht erreichen kann, z.B. die Darstellung des Funktionierens eine Atomreaktors, eines Motors oder des Blutkreislaufes usw.
b)
Aus vervielfältigungstechnischen Gründen, wenn z.B. für den Druck ein Papier von so geringer Qualität verwendet wird, dass die Reproduktion einer Fotografie nicht mehr möglich ist.
c)
Aus werbetechnischen Gründen, wenn bestimmte Eigenschaften eines Produktes oder einer Idee hervorgehoben oder verdeckt werden sollen.
d)
Wenn ein symbolhafter Inhalt sichtbar zu machen oder eine irreale Situation zu schildern ist.

In diesem Rahmen wird die Zeichnung ihre Bedeutung in der Werbung beibehalten.

The illustration in advertisting

The possible uses of illustration in advertising are manifold and yet at the same time limited. We can define its function most clearly by comparing it with that of photography.
Comparison shows that an illustration is a subjective expression by the artist and is restricted to the moment of its creation. It depicts an object or a theme as he experienced it at a specific moment, whereas photography shows what the camera recorded objectively when the shot was taken. The photographer simply points the lens of his camera at whatever it is he wants to photograph. The illustration conveys the feelings of the artist, whereas the camera reproduces only actual events.
Because it can record things objectively, photography gains in its ability to impart an impression of reality. We believe what we see in the photograph, whereas in an illustration we are sometimes prone to find the artist rather than the things themselves. If it is the purpose of advertising to provide us with objective information about matters of concern, what place can be found for the less objective illustration? It can be used where photography is precluded for the following reasons:
a)
With subjects which are not accessible to the camera, e.g. to show how an atomic reactor, an engine or blood circulation function.
b)
For technical reasons, if, for example, paper of such poor quality is being used for printing that a photograph cannot possibly be reproduced.
c)
For advertising reasons, when particular features of a product or idea must be emphasized or concealed.
d)
If a symbolic content is to be made apparent or an imaginary situation portrayed.

In these circumstances illustration will retain an important role in advertising.

Dessin et publicité

Dans l'art publicitaire, le dessing a de vastes possibilités, mais qui ne sont point sans limites. Le mieux, pour en définir la fonction, sera de comparer cette dernière à celle de la photographie.
Cette comparaison nous rélève tout d'abord que le dessin est une expression subjective et momentanée de l'artiste. Celui-ci représente un objet ou un thème, tels qu'il les éprouve en un instant donné, tandis que la photographie montre ce que la caméra a pu en fixer objectivement. Le photographe se contente de diriger la caméra vers l'objet dont il s'agit de retenir l'image. Autrement dit, le dessin nous donne l'impression de l'artiste tandis que la photographie restitute uniquement la réalité.
De par son appréhension objective des choses, la photographie acquiert un effet de convaincante fidélité au réel. Nous ajoutons foi à ses images, alors que dans le dessin il peut nous arriver d'avoir affaire à l'artiste bien plutôt qu'aux choses elles-mêmes.
Quel est donc, dans l'art publicitaire, soucieux avant tout de nous informer objectivement de son message, la place du mode d'expression plus subjectif du dessin? Cette place, le dessin la trouve là où, pour les raisons suivantes, la photographie ne peut pas apporter de solution au problème posé:
a)
Quand il s'agit de choses que l'œil de la caméra, pour des motifs techniques, ne saurait appréhender, par exemple le fonctionnement d'un réacteur atomique, d'un moteur, ou la circulation du sang, etc.
b)
Ou bien pour des raisons ressortissant de la technique de la reproduction, par exemple lorsqu'on est obligé d'avoir recours à un papier de si mauvaise qualité que l'on ne saurait songer à s'en servir pour reproduire une photo.
c)
Ou bien encore pour des raisons d'ordre purement publicitaire, lorsque telle ou telle propriété d'un produit doit être soulingée ou au contraire passée sous silence.
d)
Quand on veut visualiser un contenu symbolique ou évoquer une situation imaginaire.

Dans ce cadre, le dessin conservera son importance dans l'art publicitaire.

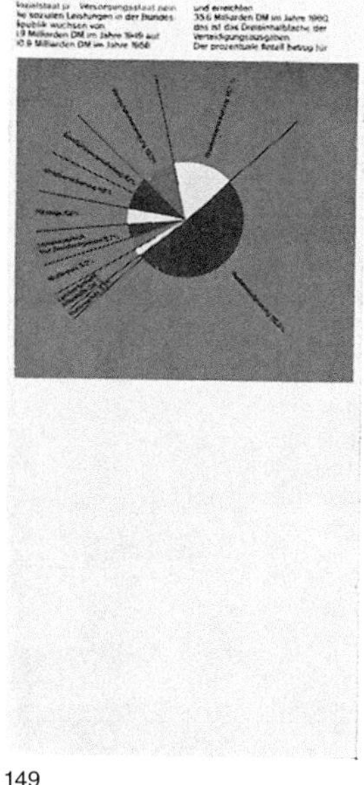

149

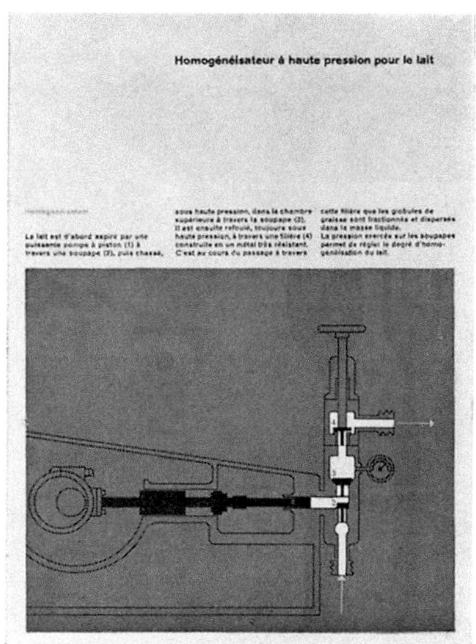

151

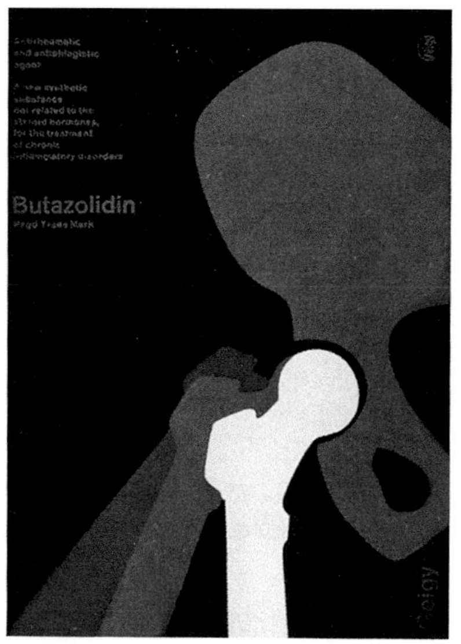

153

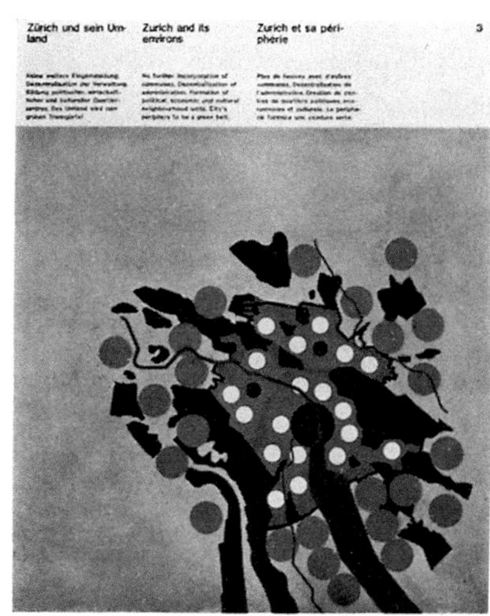

155

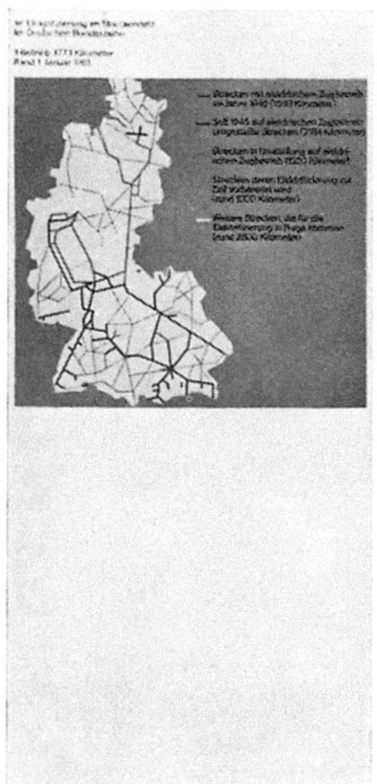

150

Sprache auf neue Art

152

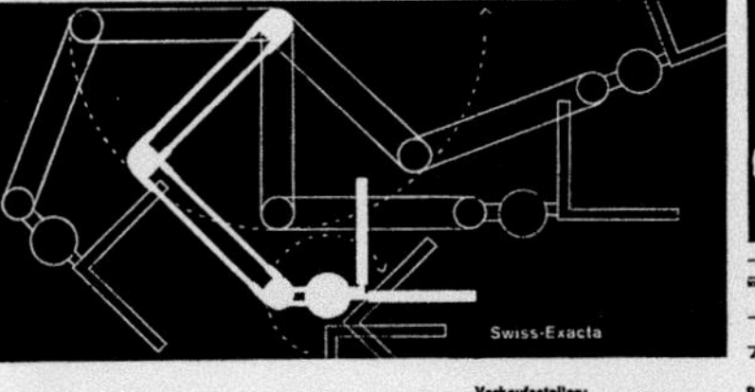

154

149, 150
Tafeln für eine Ausstellung, boards for an exhibition, tableaux pour une exposition

151
Prospekt, leaflet, prospectus
Nestlé, Vevey
152
Prospekt, leaflet, prospectus
A. Ritter, Sprachlehrmittel, Zürich

153
Prospektseite, page of a leaflet, page d'un dépliant
154
Inserat, advertisement, annonce
Reppisch-Werk AG, Dietikon/ZH

155
Architekturausstellung, exhibition of architecture, exposition d'architecture
Hochbauamt der Stadt Zürich

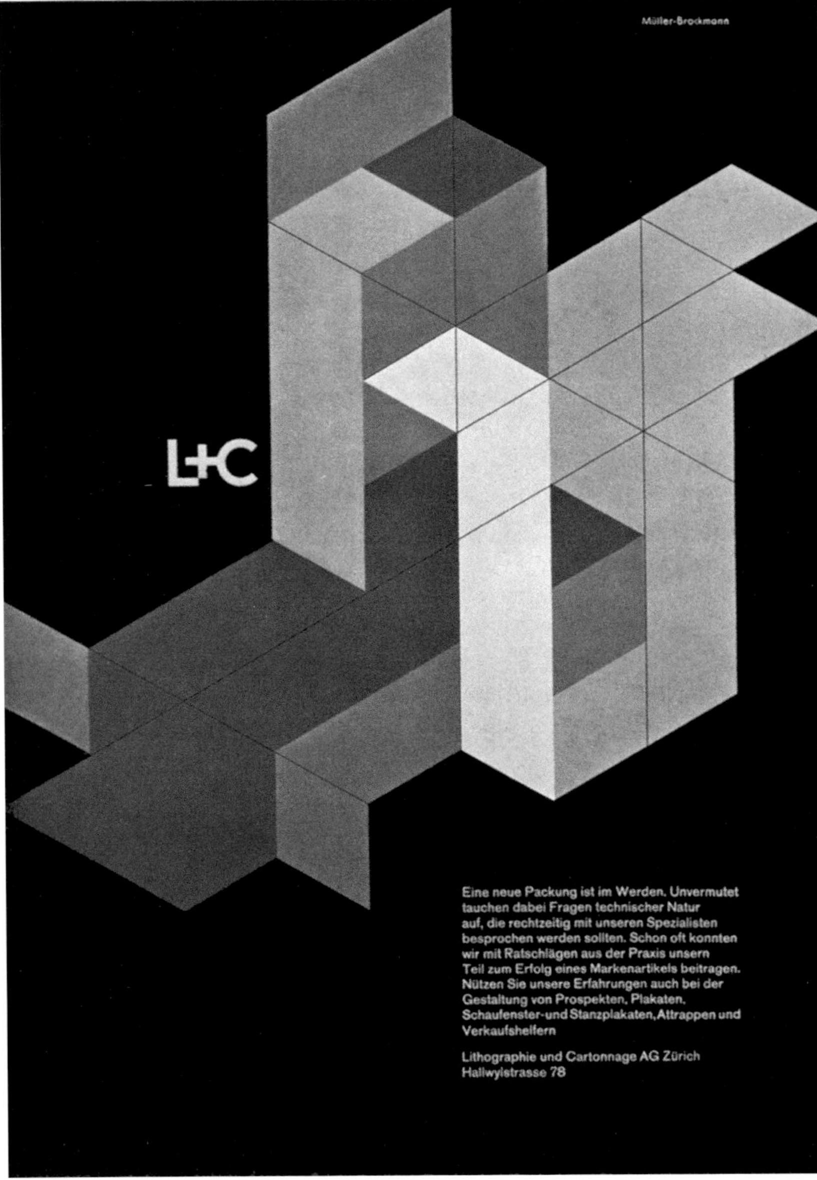

156

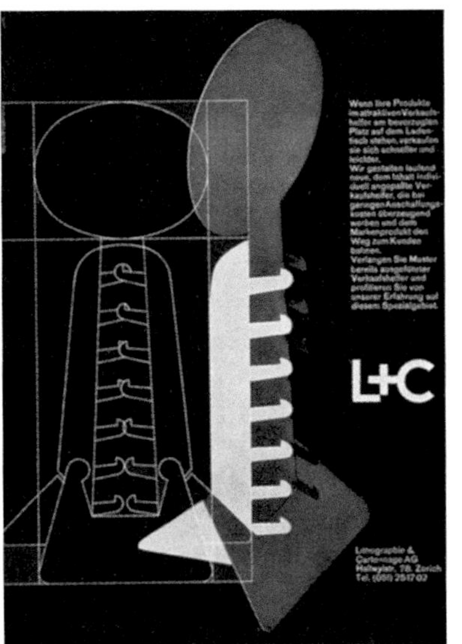

157

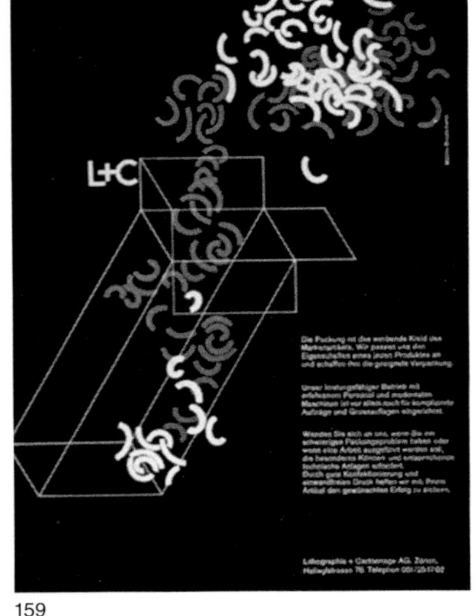

159

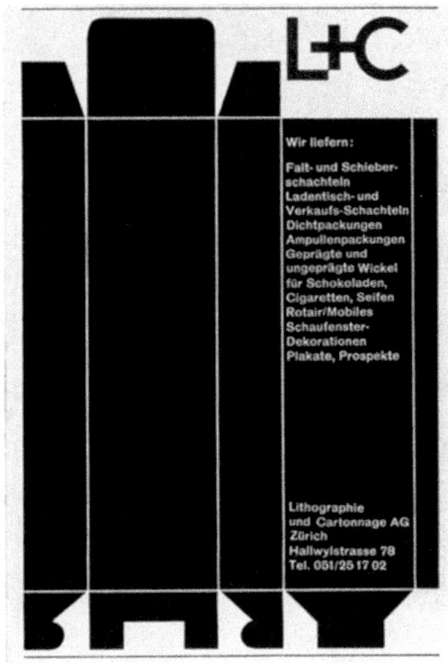

158

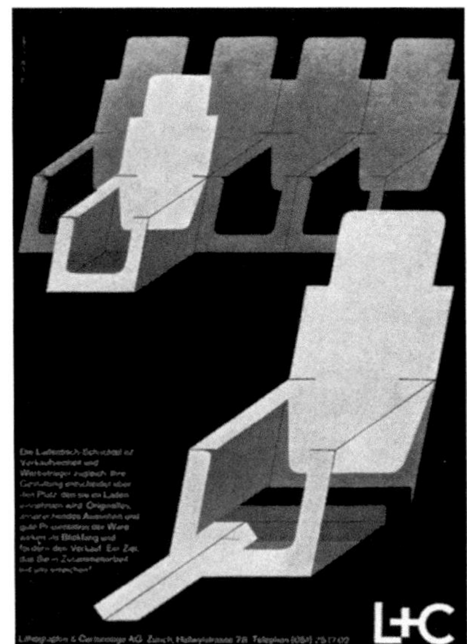

160

156–160
Inserate, advertisements, annonces
Lithografie + Cartonnage AG, Zürich

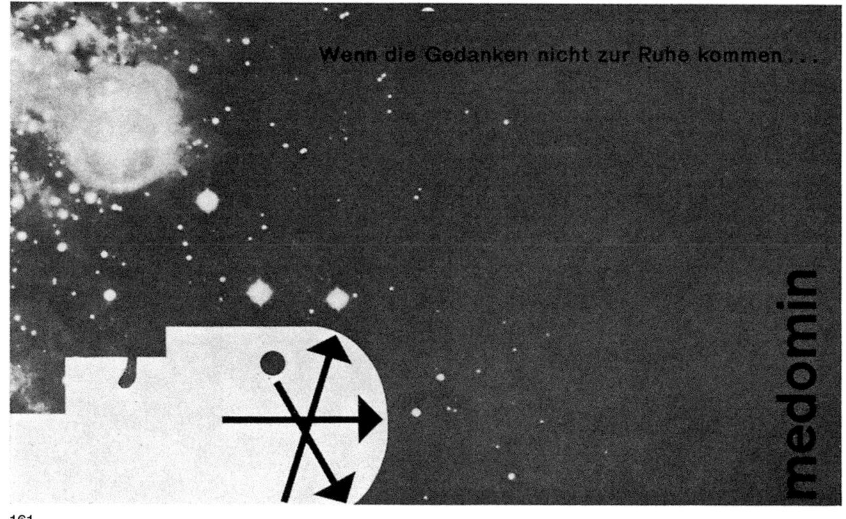

161

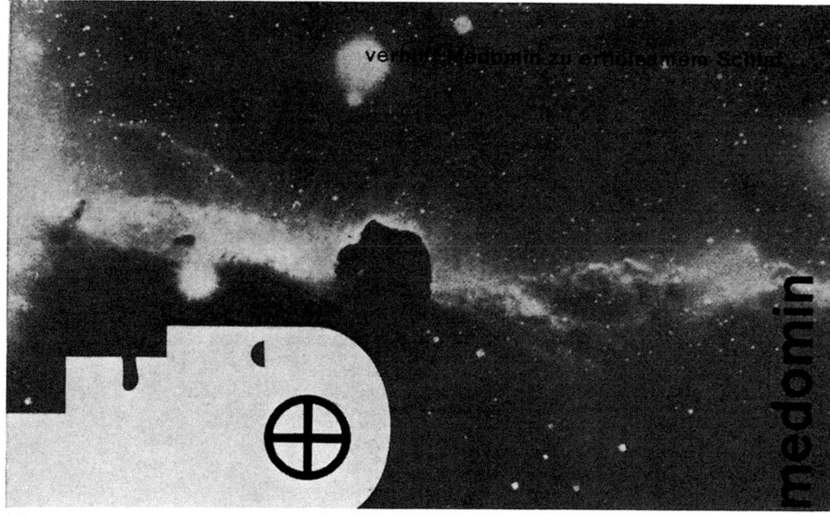

163

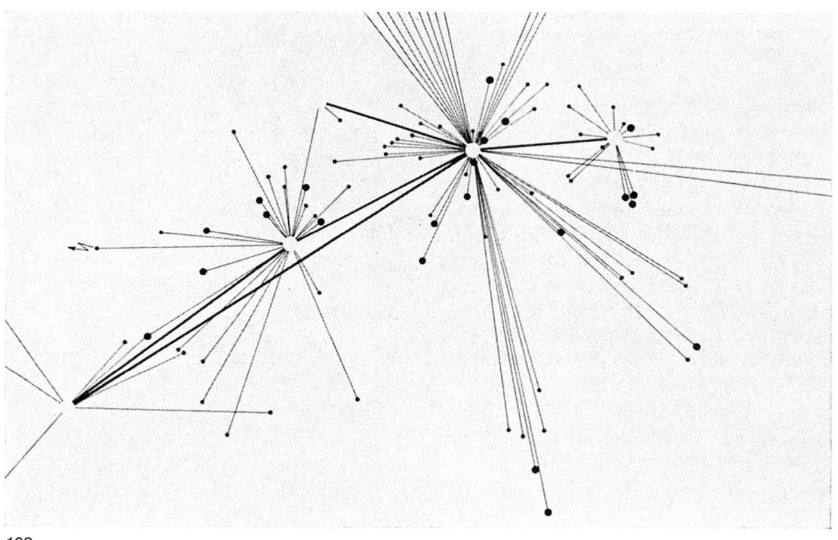

162

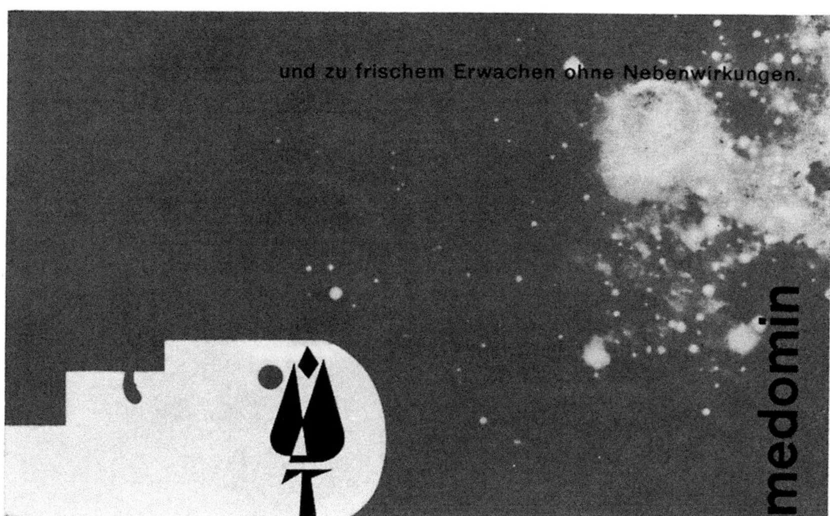

164

161, 163, 164
Faltschachtel für ein Schlafmittel, packing for an opiate, emballage pour un somnifère
Geigy, Basel
162
Schema, scheme, schéma
Pro Telephon, Zürich

Die Farbe in der Werbung

Farbe, sinnvoll angewandt, kann die Werbeabsicht entscheidend unterstützen. Wir brauchen Farbe:

a)
als stimmungsfördernder Faktor (Verkehrswerbung, Mode usw.),

b)
für die naturnahe Wiedergabe von Produkten (Lebensmittel, chemische Produkte usw.) und Erzeugnissen (Möbel, Textilien, Kunststoffe usw.),

c)
als Symbolträger in der Technik (für die Propagierung von Ideen usw.),

d)
als Gestaltungselement zur Unterstützung der verbindenden Wirkung in einer einheitlich geplanten Werbung,

e)
als organisatorische Hilfe (z.B. in vielschichtigen Betrieben als Kennzeichen der einzelnen Abteilungen).

Bei der Planung verlangt die Anwendung der Farbe folgende Überlegungen: die Wirkung auf den Betrachter, die Anwendbarkeit bei den verschiedensten Werbeträgern und die technischen Möglichkeiten ihrer Vervielfältigung.
Mit Farbe, die sparsam, aber methodisch und konsequent angewandt wird, kann man die überzeugendere Wirkung erzielen als mit einer Kombination von vielen verschiedenen Farben. Wenn Farbe verwendet wird, soll sie deutlich sichtbar sein und den Grund für ihre Anwendung klar erkennen lassen.

Colour in advertising

Properly used colour can be of great service in helping to stress a selling point. We use colour:

a)
to create a particular atmosphere (tourist publicity, fashion, etc.),

b)
to achieve the realistic reproduction of products (foodstuffs, chemical products, etc.) and manufactured goods (furniture, textiles, plastics, etc.),

c)
with symbolic value in technology (to disseminate ideas, etc.),

d)
as a design feature, to link together the various elements in a publicity campaign planned as a whole,

e)
for organizational purposes (e.g. to distinguish individual divisions in a complex organization).

The following points must be considered whenever it is planned to use colour: the effect on the viewer, its usability in the various advertising media and the technical possibilities of reproduction.
The sparing, but methodical and logical use of colour has a more telling effect than a combination of many different colours. If colour is used, it should be plainly visible and the reasons for its use immediately apparent.

Couleur et publicité

La couleur, pour peu qu'elle soit employée à bon escient, peut soutenir de façon décivise l'intention publicitaire. Nous avons besoin de la couleur:

a)
comme facteur stimulant (publicité touristique, mode, etc.);

b)
pour la représentation aussi fidèle que possible de certains produits (vivres, produits chimiques, etc.) et articles (meubles, textiles, tissus artificiels, etc.);

c)
en tant que valeur symbolique dans l'évocation de la technique (pour la propagation des idées, etc.);

d)
comme élément de la mise en forme en vue d'aider à l'unite d'une publicité répondant à une planification d'ensemble;

e)
comme adjuvant organisateur (par exemple, dans les entreprises complexes, comme signalisation des divers services).

Dans toute planification d'ensemble, l'emploi de la couleur doit répondre aux considérations suivantes: effet sur le spectateur, possibilités d'utilisation dans les divers éléments publicitaires, et aussi possibilités techniques de sa reproduction.
Une couleur utilisée discrètement, mais avec méthode et conséquence, permet d'obtenir un effet plus convaincant qu'une combinaison de couleurs diverses. Si l'on a recours à la couleur, il faut qu'elle soit nettement visible, comme doit apparaître non moins nettement la raison de son emploi.

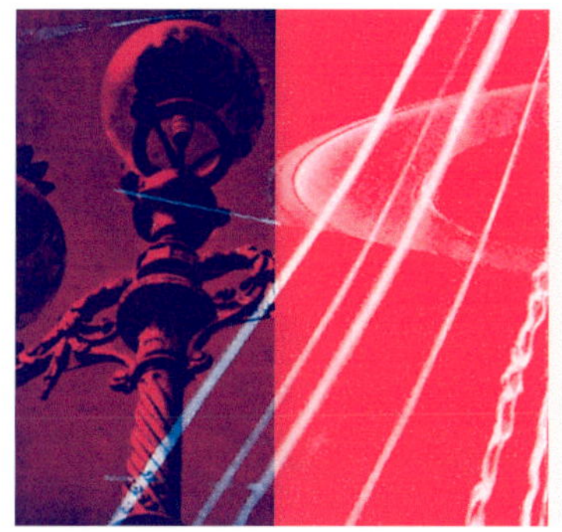

Einladung

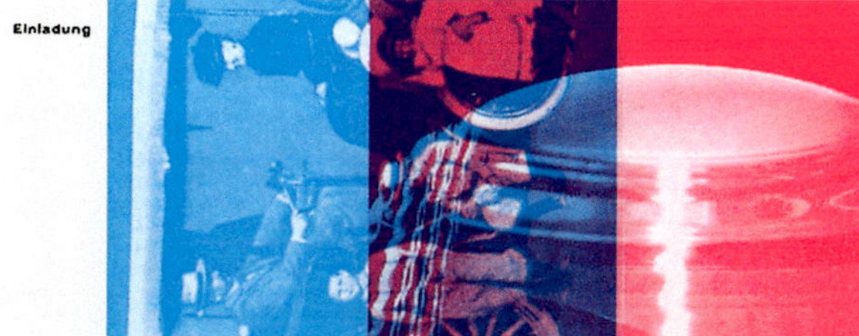

Einladung zur Jubiläumsfeier der Sektion Zürich des ACS anläßlich ihres 50jährigen Bestehens. Sommernachtsfest am Samstag, den 10. Juli 1954, im Kongreßhaus (Großer Saal und Terrasse)

Sehr geehrte Mitglieder, am 7. März 1904 haben in Zürich 17 wagemutige und initiative Automobilisten den Grundstein zur Sektion Zürich des ACS gelegt. Seither sind 50 Jahre verflossen. Wir wollen dieses Jubiläum mit einem festlichen Anlaß am 10. Juli 1954 feiern.

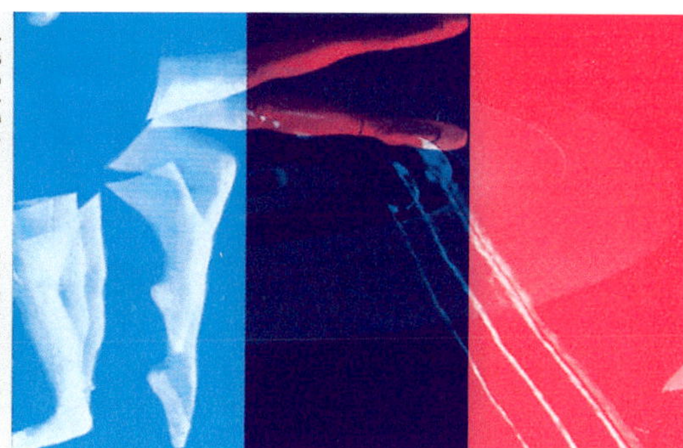

165

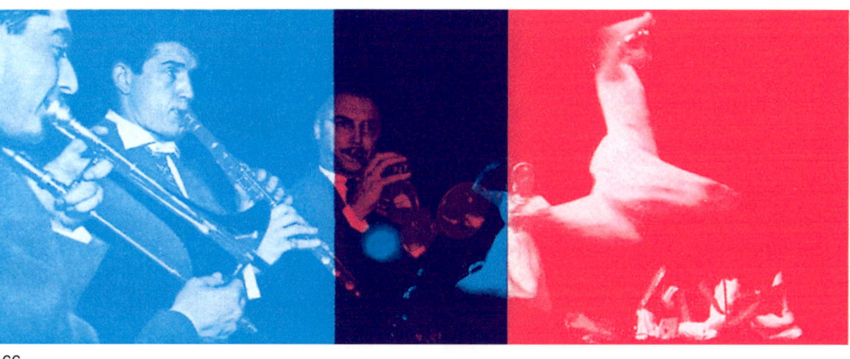

166

Programm

Samstag, den 10. Juli 1954
16.30 Uhr: Offizieller Festakt im Rathaus Zürich (Platzzahl beschränkt)
Tenue: Dunkler Anzug

19.30 Uhr: Diner im Kongreßhaus: Anschließend Sommernachtsfest im dekorierten Großen Saal und auf der Terrasse des Kongreßhauses
Tenue: Herren: Dunkler oder heller Anzug
Damen: Cocktail-Kleid

Ein erstklassiges Tanzorchester sowie ein französisches Ballett und weitere künstlerische Darbietungen werden für Abwechslung und gute Stimmung sorgen.

Wenn Sie wünschen, mit Ihren Bekannten am gleichen Tisch placiert zu werden, ist es notwendig, die Bankettkarten für alle Teilnehmer gesamthaft zu bestellen. Bitte besorgen Sie Ihre Karten rechtzeitig; Sie sichern sich dadurch einen guten Platz. Der Tischplan liegt auf dem Sekretariat auf.

Vorverkauf und Tischreservierung: Ab Freitag, den 2. Juli, können auf dem Sekretariat, Waisenhausstraße 2, Zürich 1, die numerierten Bankettkarten für das Diner zum Preis von Fr. 15. inkl. Trinkgeld (Getränke extra) bezogen werden. Bei Voreinzahlung des Betrages von Fr. 15.- pro Bankettkarte auf unser Postcheckkonto VIII 3944 werden die Karten durch die Post zugestellt.

Mit der Jubiläumsfeier bieten wir Ihnen einige abwechslungsreiche, vergnügte Stunden. Wir erwarten einen zahlreichen Besuch unserer Mitglieder mit Ihren Angehörigen und Freunden.

Der Vorstand der Sektion Zürich des ACS

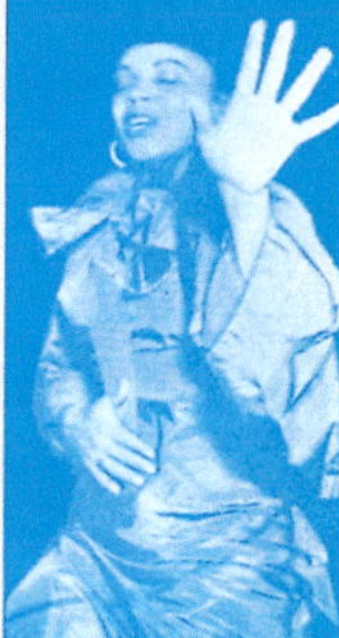

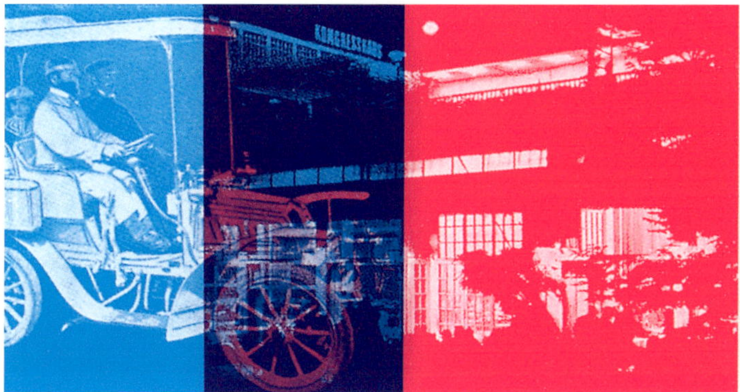

167

ACS Sektion Zürich 1904–1954

165–167
Einladungskarte, invitation-card, carte d'invitation
Automobil-Club der Schweiz, Sektion Zürich

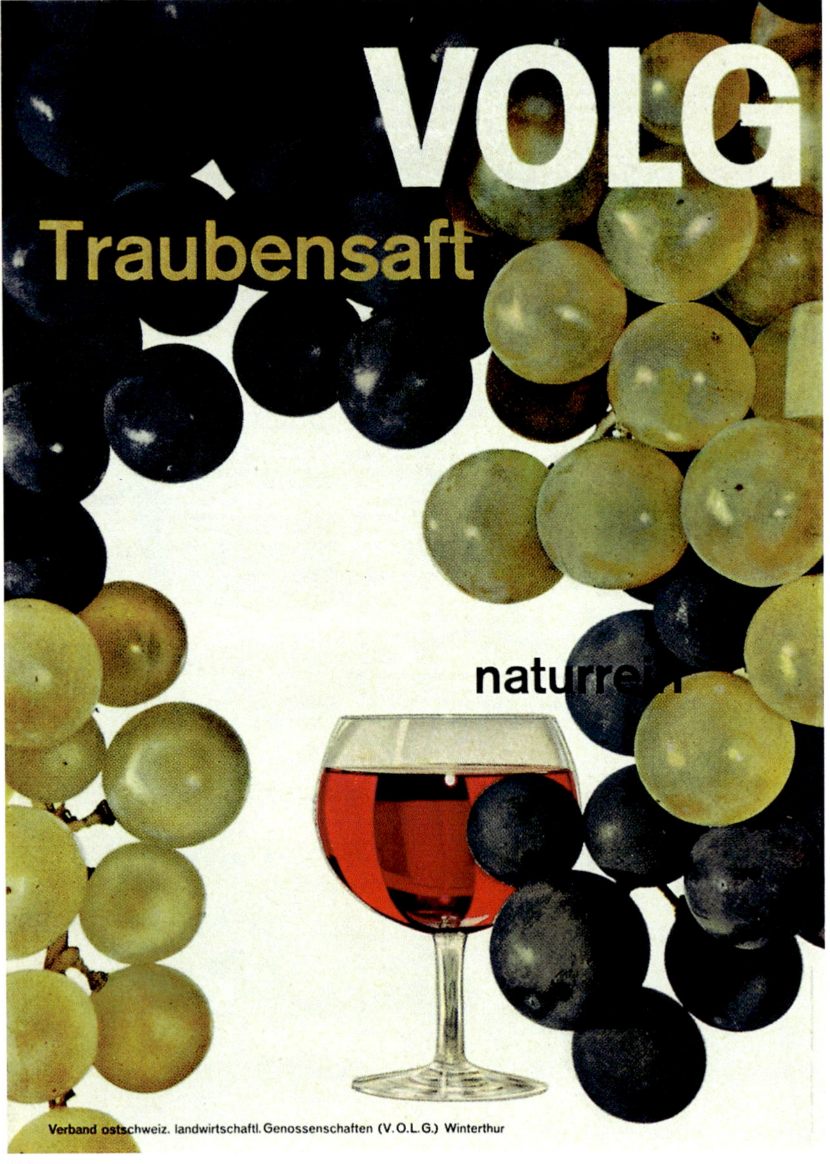

168

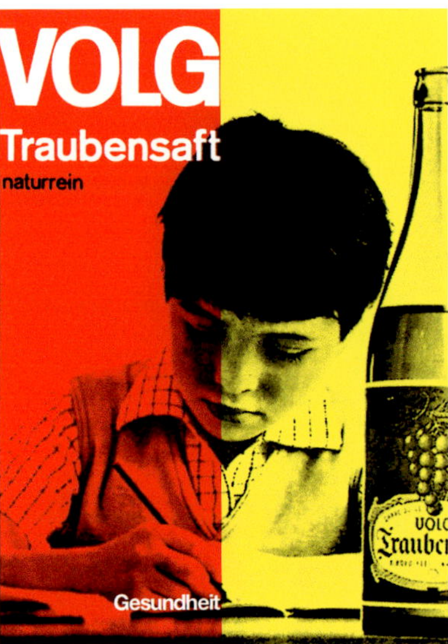

169

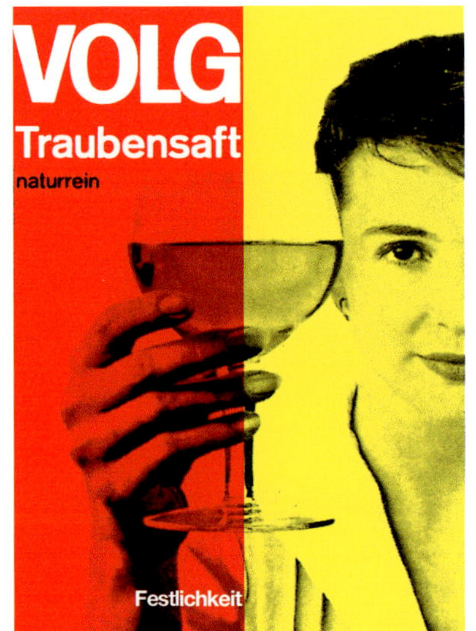

171

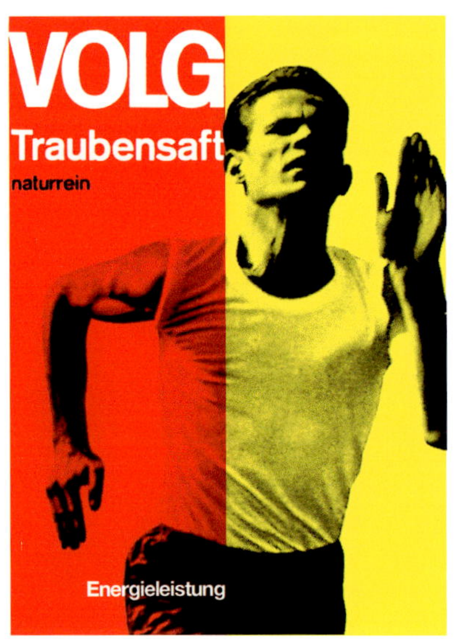

170

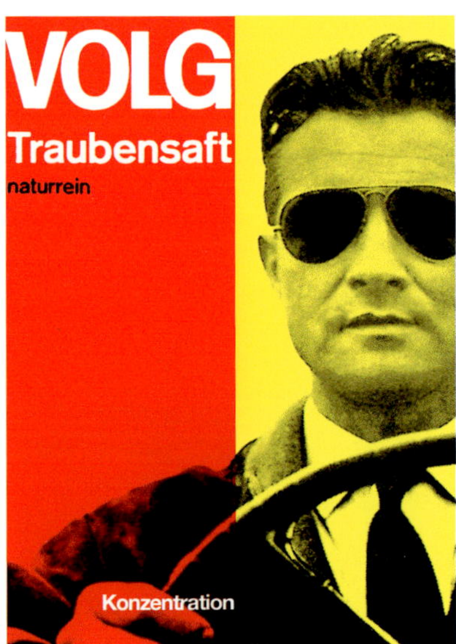

172

168–172
Plakate, posters, affiches
VOLG, Verband ostschweiz. landwirtschaftlicher
Genossenschaften, Winterthur

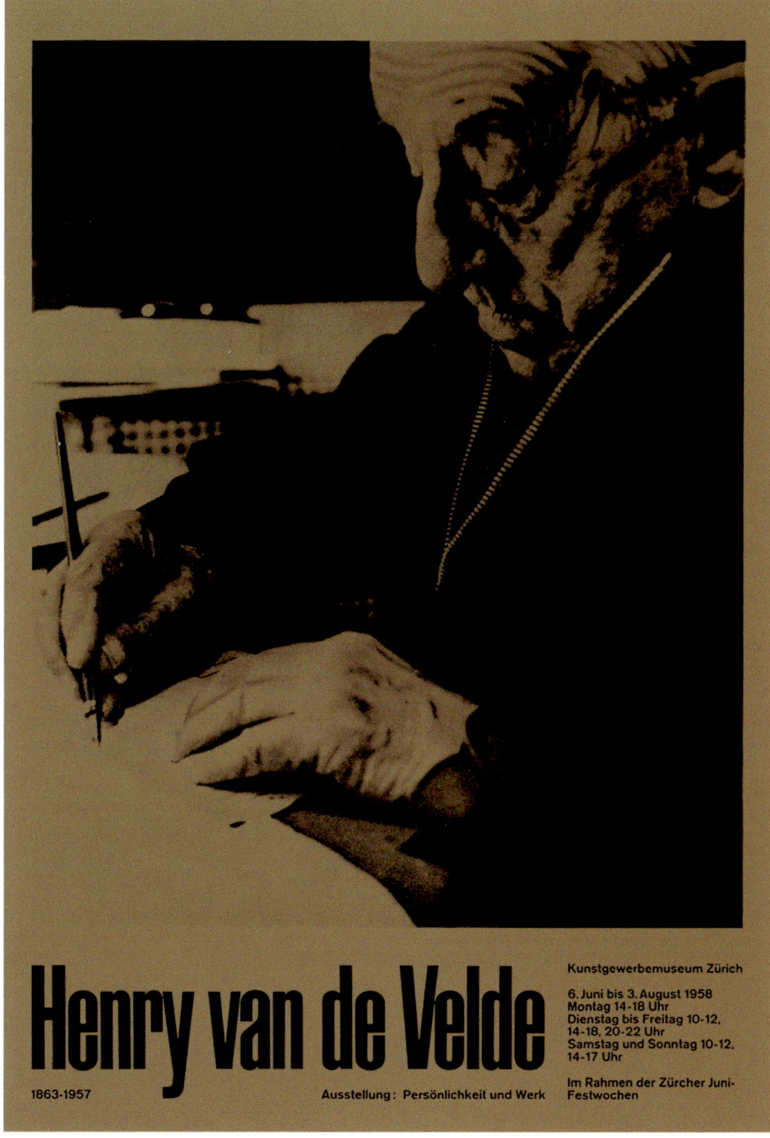

173

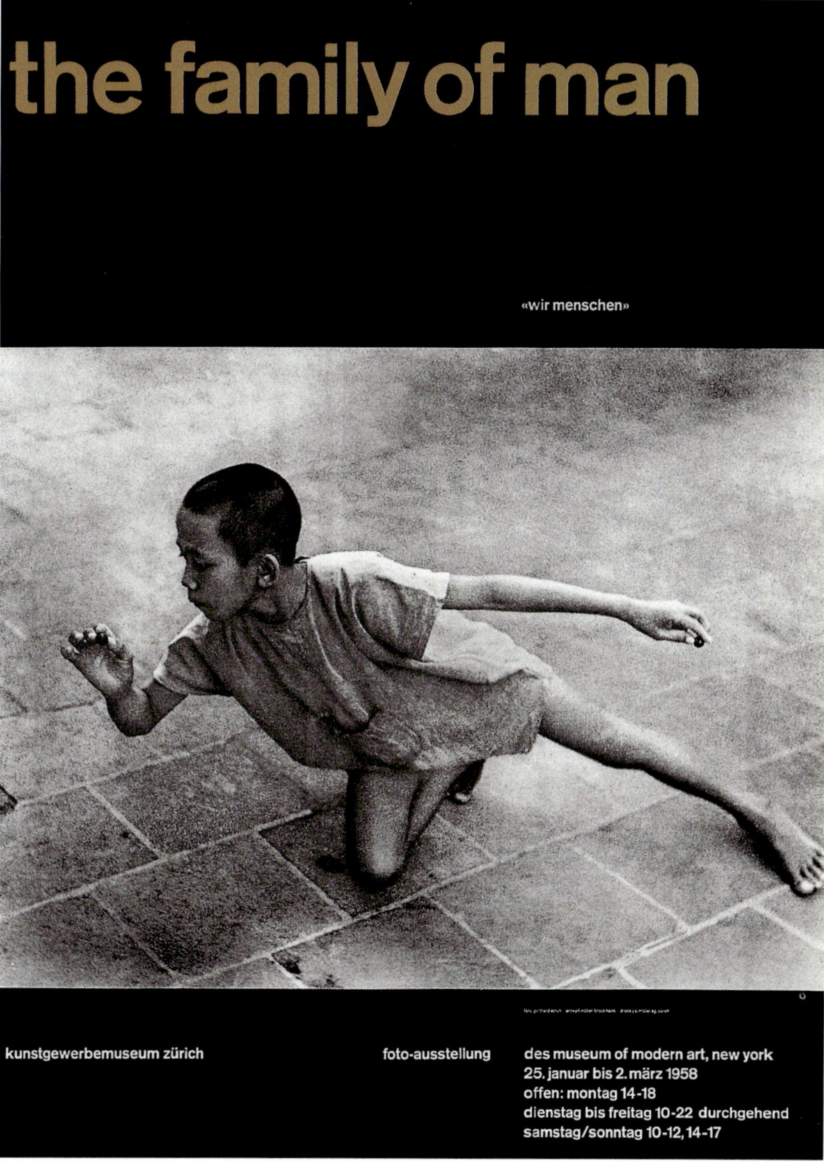

174

173, 174
Plakate, posters, affiches
Kunstgewerbemuseum, Zürich

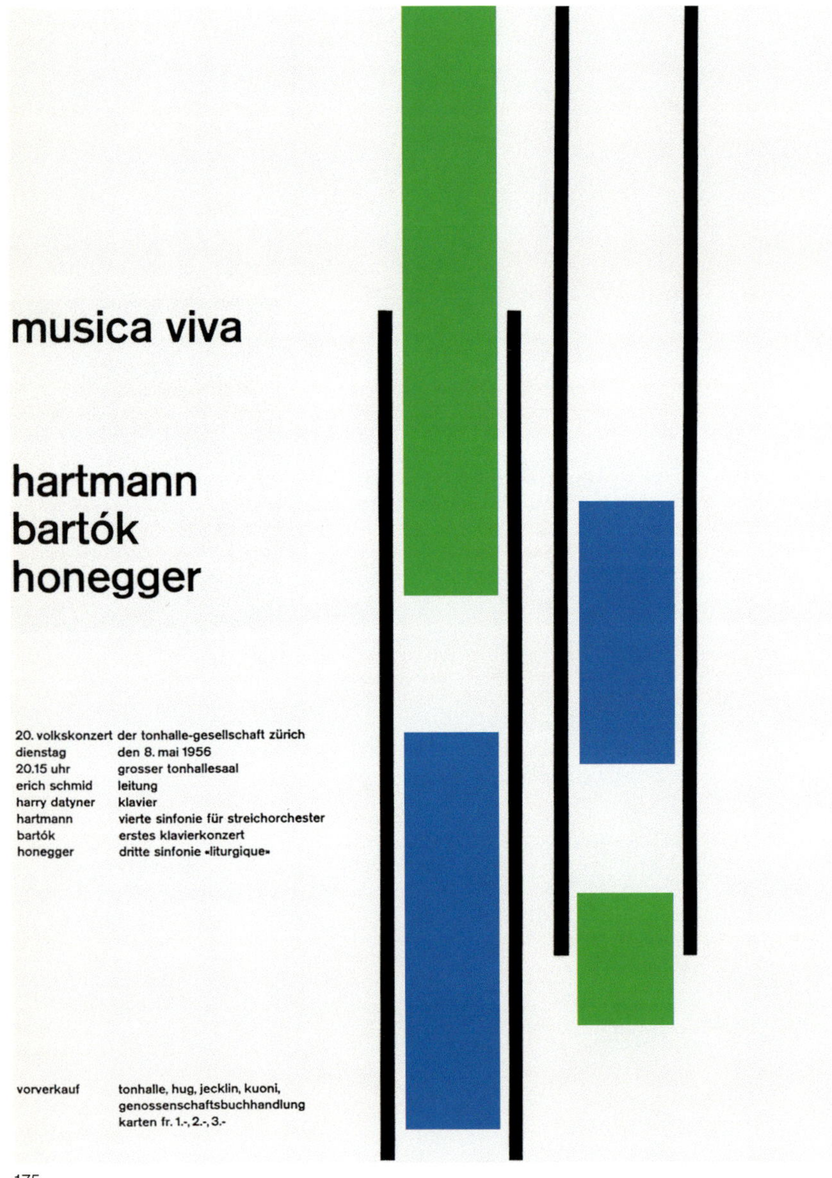

175

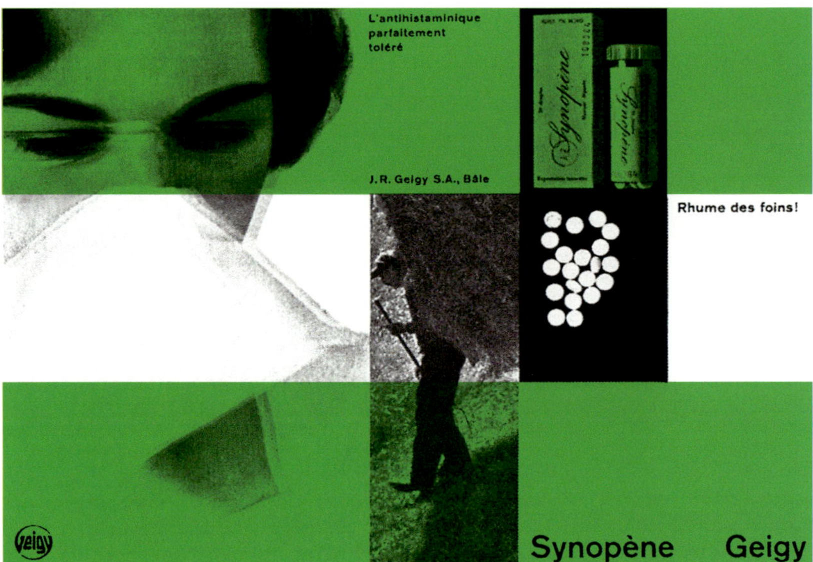

176

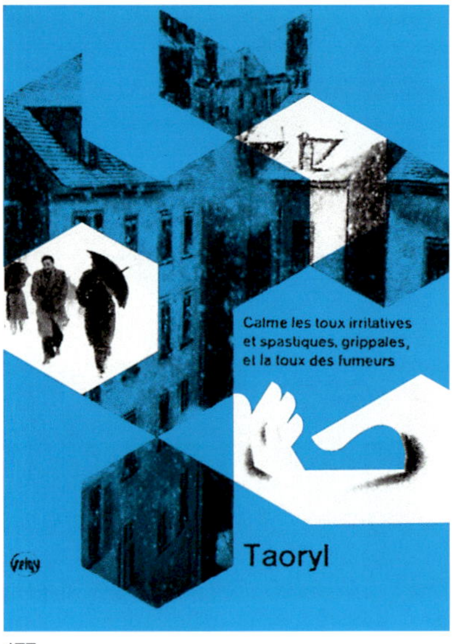

177

175
Plakat, poster, affiche
Tonhalle-Gesellschaft, Zürich

176, 177
Prospektseiten, pages of folders, pages de dépliants
Geigy, Basel

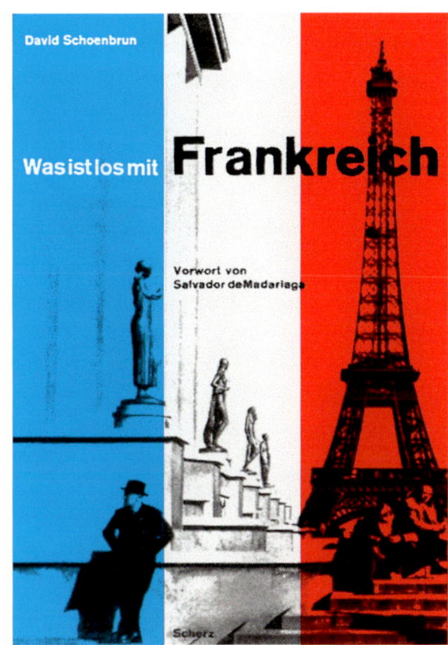

178

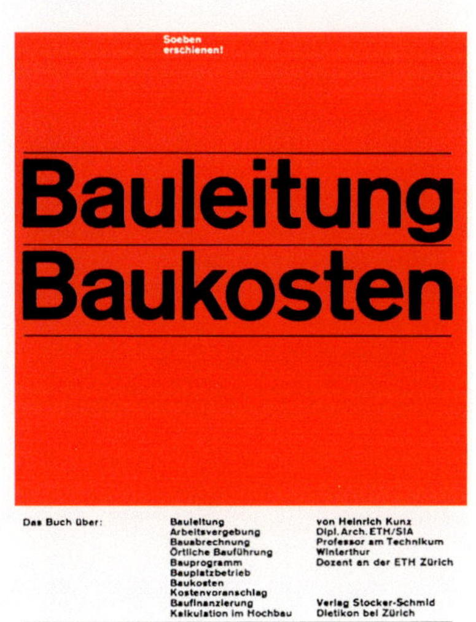

179

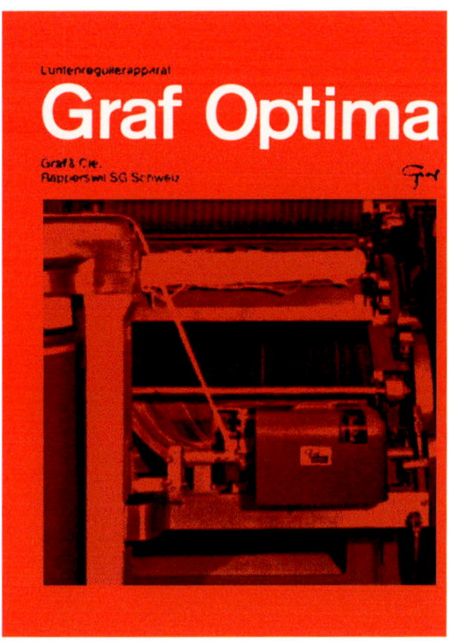

180

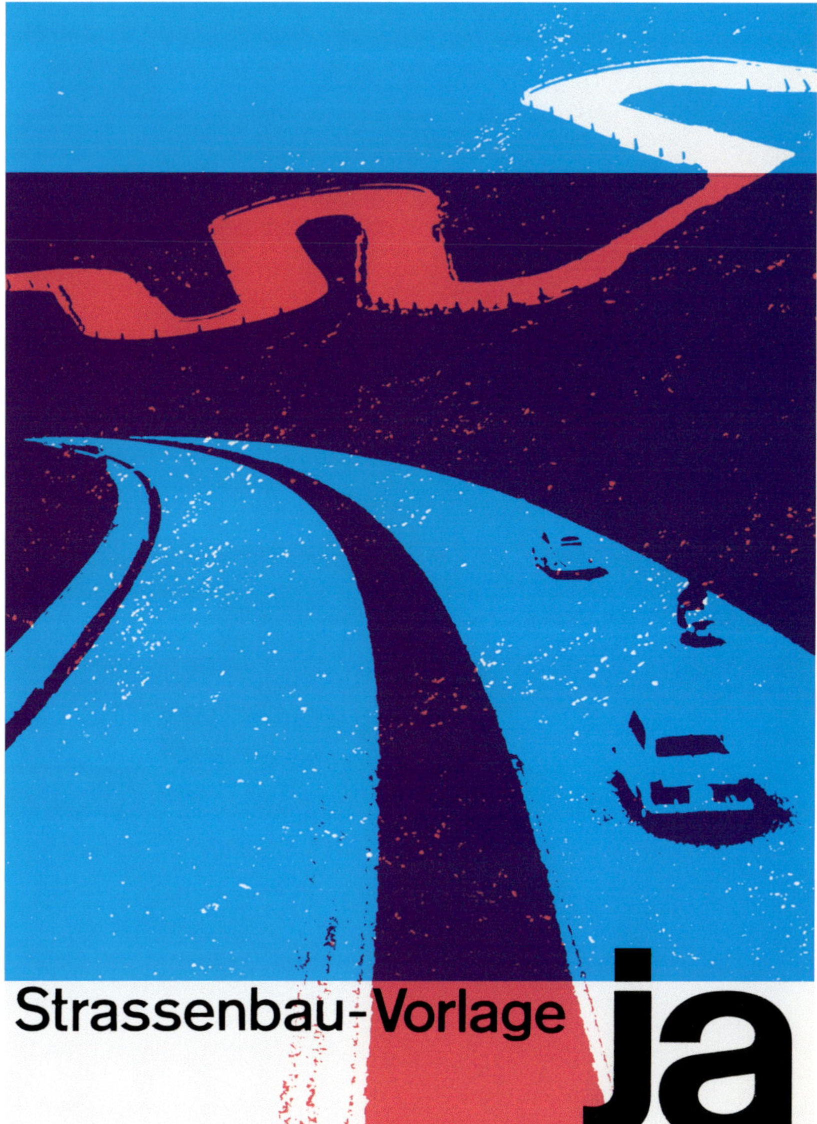

181

178
Buchumschlag, book-jacket, couverture
Scherz-Verlag, Bern
179
Buchumschlag, book jacket, couverture
Stocker Verlag, Dietikon/ZH

180
Prospekt, brochure, prospectus
Graf + Co., Rapperswil

181
Plakat, poster, affiche
Aktionskomitee für die Strassenbauvorlage

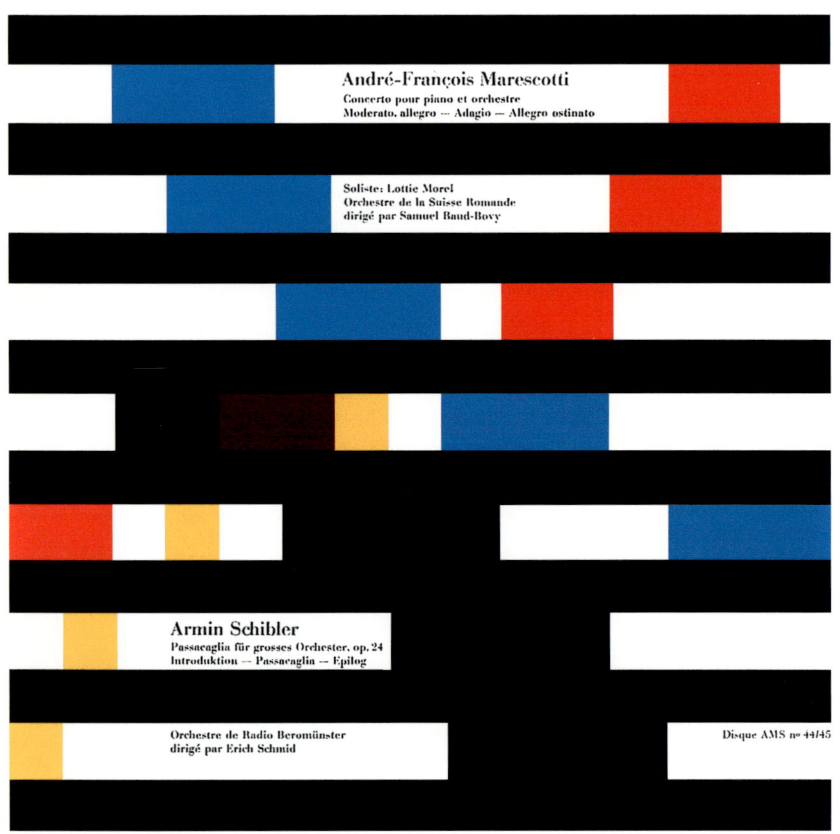

182

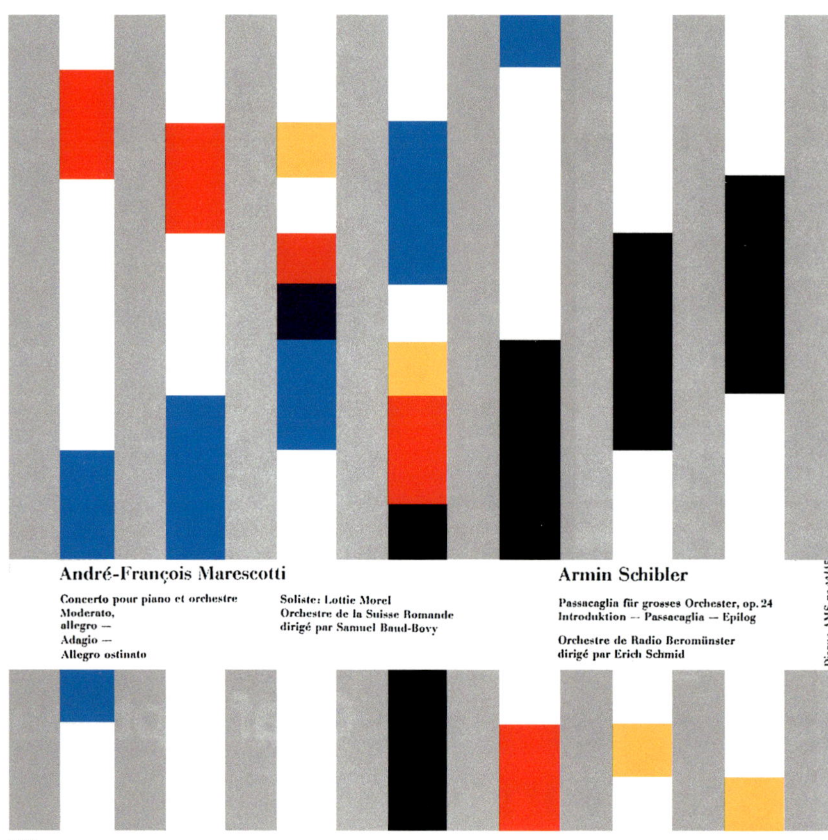

183

182–185
Schallplattenhüllen, record-cases, pochettes de disques
Schweizer Komponisten

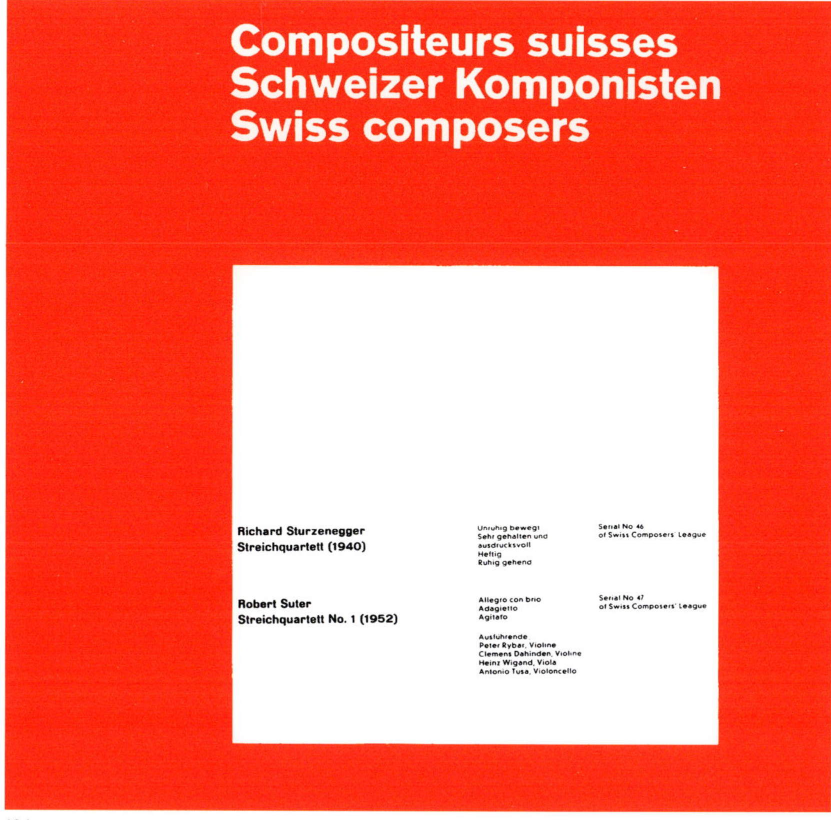
Compositeurs suisses
Schweizer Komponisten
Swiss composers
Richard Sturzenegger
Streichquartett (1940)
Unruhig bewegt
Sehr gehalten und
ausdrucksvoll
Heftig
Ruhig gehend
Serial No 46
of Swiss Composers' League
Robert Suter
Streichquartett No. 1 (1952)
Allegro con brio
Adagietto
Agitato
Serial No 47
of Swiss Composers' League
Ausführende
Peter Rybar, Violine
Clemens Dahinden, Violine
Heinz Wigand, Viola
Antonio Tusa, Violoncello

184

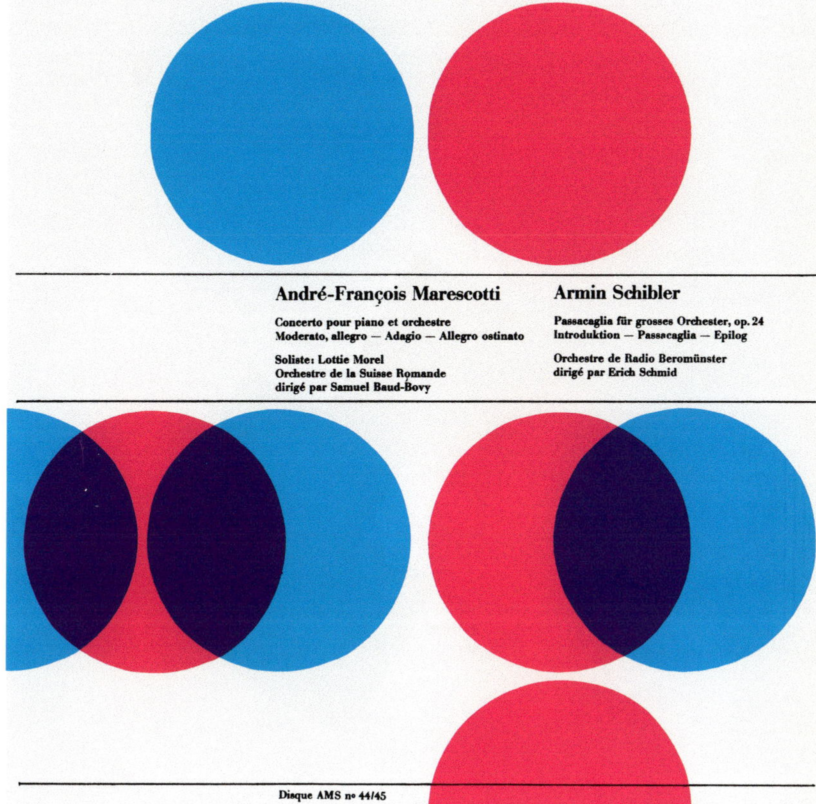
André-François Marescotti
Concerto pour piano et orchestre
Moderato, allegro — Adagio — Allegro ostinato
Soliste: Lottie Morel
Orchestre de la Suisse Romande
dirigé par Samuel Baud-Bovy
Armin Schibler
Passacaglia für grosses Orchester, op. 24
Introduktion — Passacaglia — Epilog
Orchestre de Radio Beromünster
dirigé par Erich Schmid
Disque AMS no 44/45

185

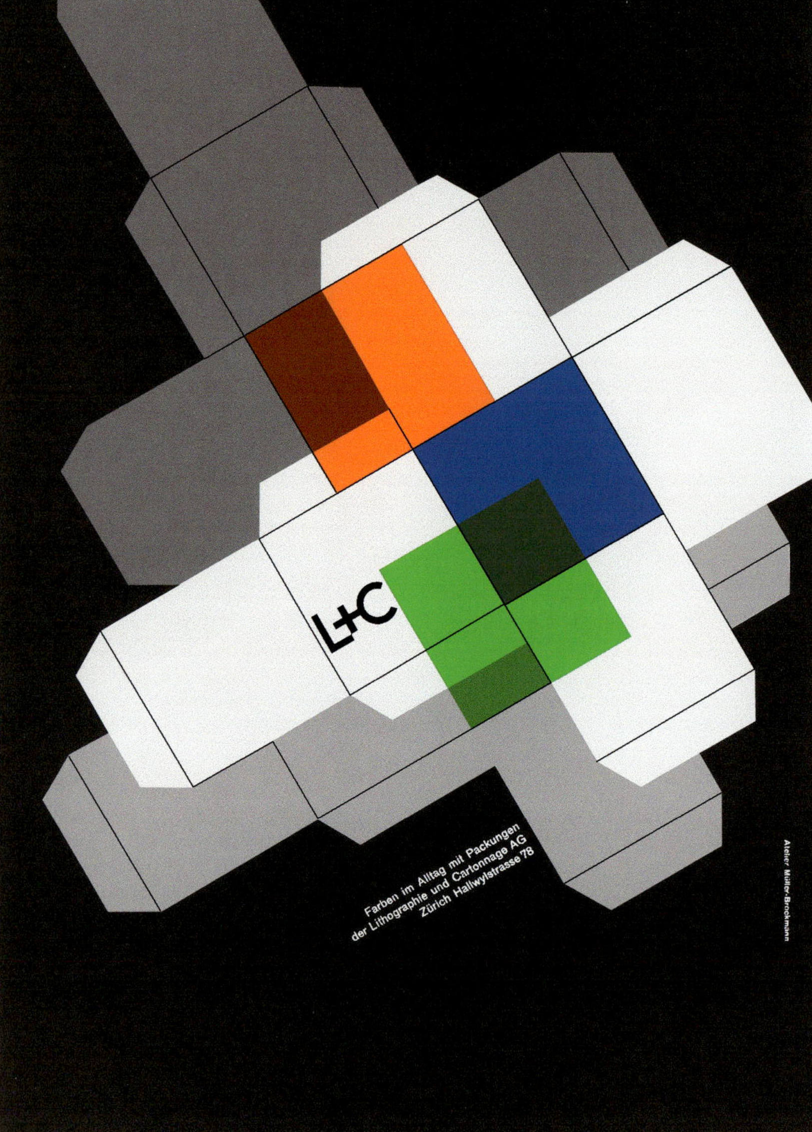

186

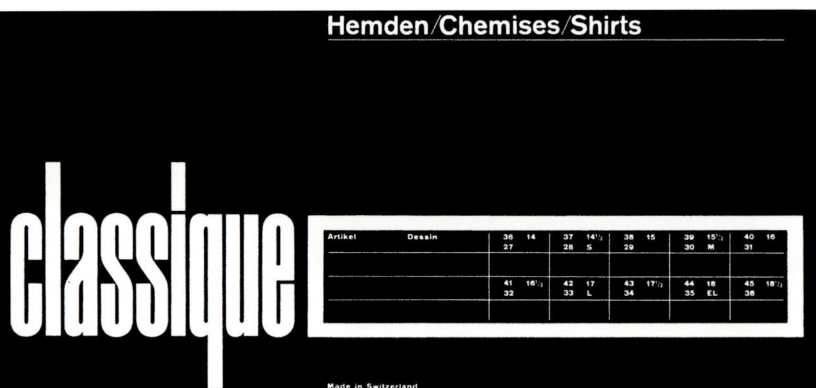

187

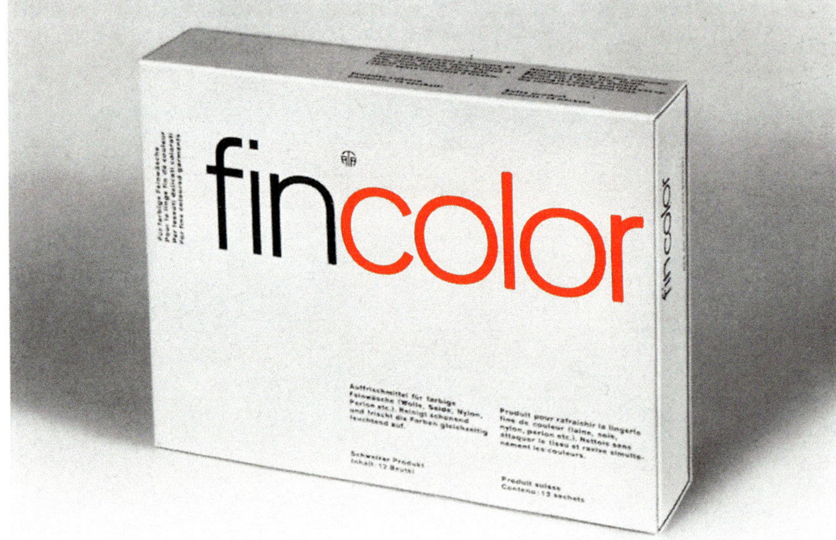

188

186
Inserat, advertisement, annonce
Lithographie + Cartonnage AG, Zürich

187
Etikette, etiquette, étiquette
L. Guggenheim + Co., Zürich
188
Verpackung, packing, emballage
Ata AG, Thalwil

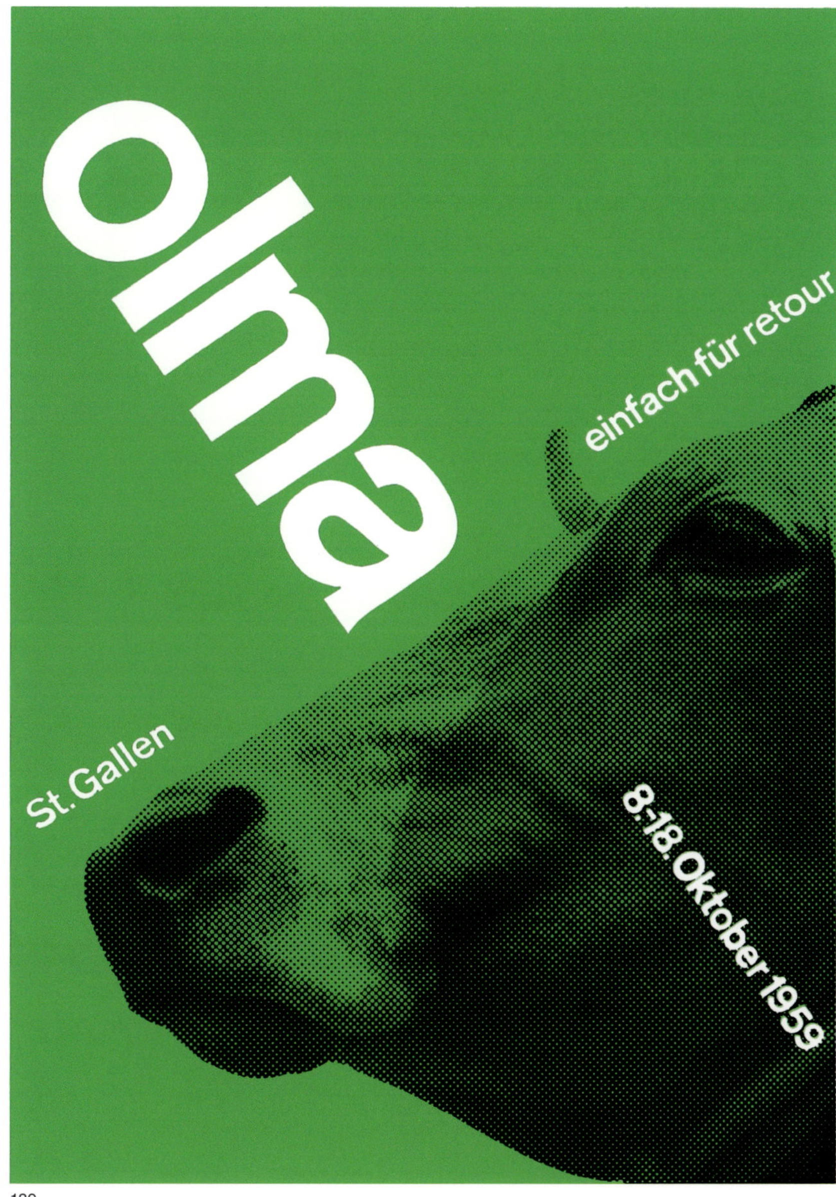

189

190

189
Plakatentwurf, design for a poster, projet d'affiche
Olma, Landwirtschaftl. Ausstellung, St. Gallen

190
Plakat, poster, affiche
Kunstgewerbemuseum, Zürich

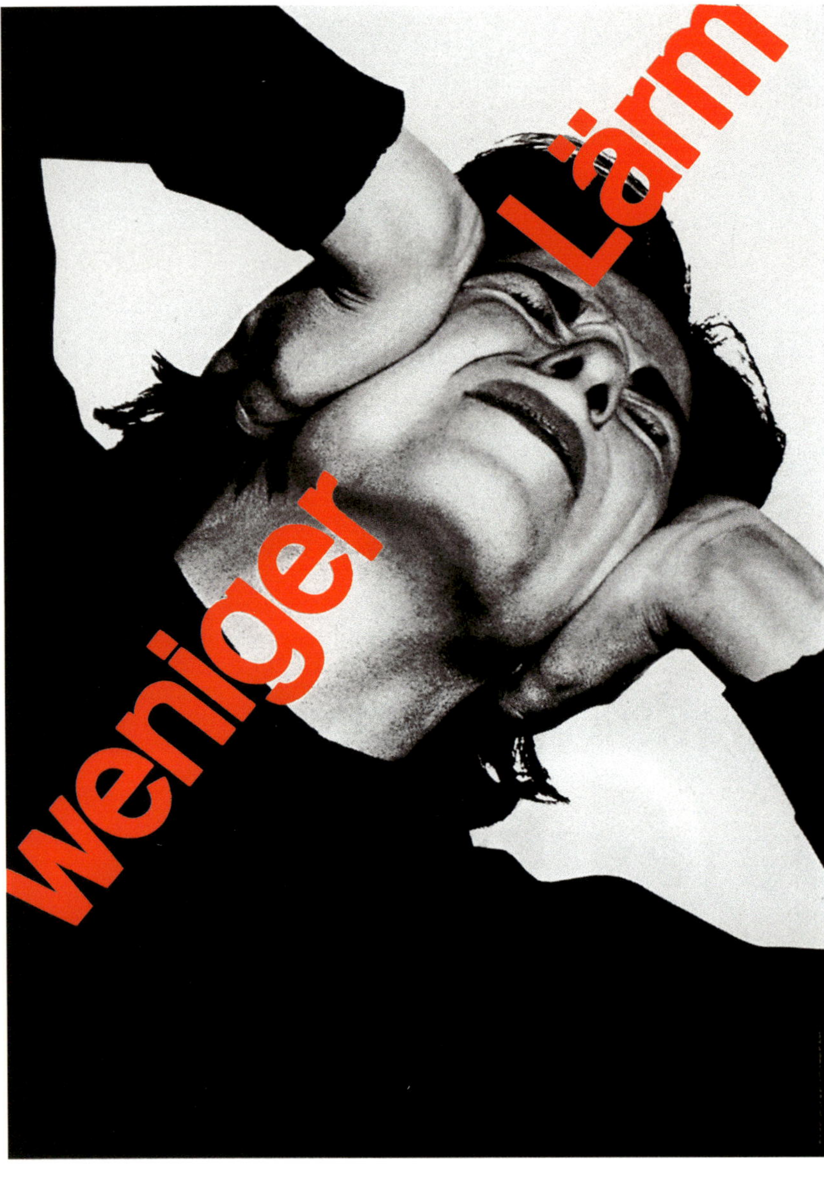

191

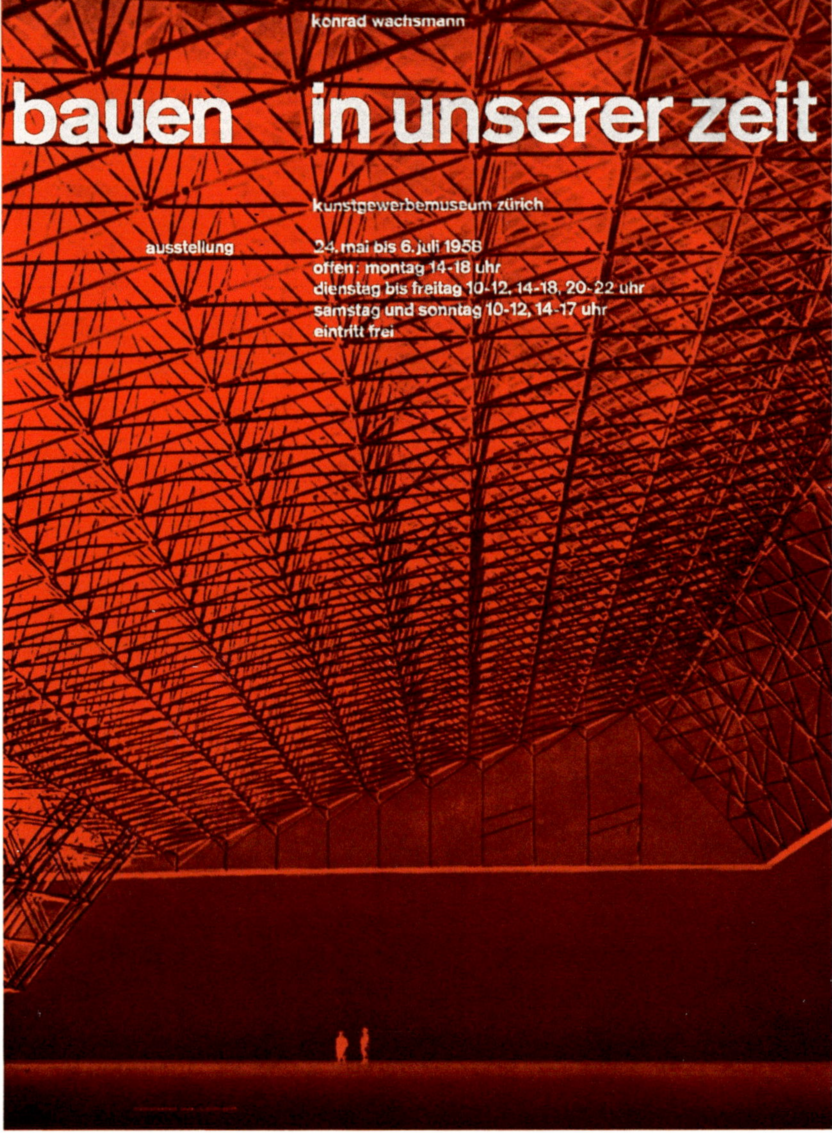

192

191
Plakat, poster, affiche
Schweizerisches Komitee für Lärmbekämpfung

192
Plakat, poster, affiche
Kunstgewerbemuseum, Zürich

Das Signet und die Wortmarke in der Werbung

Ein gutes Signet kann für eine Firma, Institution, Ausstellung oder Veranstaltung ein sehr wirkungsvolles Kennzeichen sein, das jede weitere textliche Erklärung überflüssig macht. Einige unerlässliche Faktoren sind Voraussetzung:
Das Signet muss lapidar, einfach sein, das zwingende Sinnbild des Themas oder Gegenstandes, seine Form muss leicht zu erfassen, einprägsam sein. Es muss einmalig sein, darf keine Ähnlichkeit mit einem bereits bestehenden Signet haben.
Das Signet muss auf allen Werbeträgern erscheinen, auf Geschäftspapieren, Hausanschriften, Lieferwagen, Inseraten, Prospekten, Lichtreklamen, und es muss sich harmonisch in die Gestaltung jeder Werbeaktion einfügen. Wenn diese Vorraussetzungen erfüllt sind, hat das Signet eine stetige, intensive, prägnante Wirkung, die sich nicht abnützen wird.
Die Wortmarke soll den Namen einer Firma, Institution, Veranstaltung, Ausstellung usw. in charakteristisch gestalteter Form wiedergeben. Unter diesen Umständen ist das Risiko, missverstanden und missdeutet zu werden, bei der Wortmarke kleiner als beim Signet, denn sie erklärt sich selbst und nennt ihren Namen. Durch die Buchstabenfolge und Buchstabenform tritt sie klar erfassbar in Erscheinung. Diese Vorteile schwinden allerdings mit der schlechten Lesbarkeit bei grösserem Formenaufwand, auf Distanz oder durch starke Verkleinerung.

Das Firmengesicht
Signete oder Wortmarken lassen sich oft nur mühsam organisch in das typografische Bild der übrigen Werbung einbauen. Es empfiehlt sich deshalb, den Namen des Auftraggebers aus rein typografischen Elementen zusammenzustellen und diese Gestaltungsweise auf allen Werbemitteln beizubehalten. So kann die typografische Form das Firmengesicht prägen und zum markanten Ausdruck des Unternehmens werden.
Ein Vorteil liegt darin, dass sämtliche Drucksachen in derselben Schrifttype, die bereits für die Gestaltung des Namens verwendet wurde, abgesetzt werden können. Diese Einheitlichkeit der Mittel ermöglicht eine beliebige Erweiterung, die Gestaltung ist zeitsparender und die Herstellungskosten sind niedriger, weil keine Clichés benötigt werden.
Die Gestaltung aus rein typografischen Elementen sichert auch in der Repetition, in der Summierung, eine Einheit der Form und der Wirkung; sie wird dadurch trag- und entwicklungsfähig.

Logo and brand name in advertising

A good logo can be a very effective means of identifying a firm, institution, exhibition or other event and may render any additional explanatory text superfluous. However, it must fulfil certain requirements:
The logo must be concise and simple, a compelling symbol of the theme or object; its form must be easy to understand and imprint itself on the mind. It must be unique and have no resemblance to any existing logo.
The logo must appear on everything that advertises the firm – business notepaper, shop fronts, delivery vans, newspaper advertisements, leaflets and illuminated signs, and it must be capable of fitting easily into the design of any publicity campaign.
If these requirements are fulfilled, the logo will convey its message with continuous, telling effect – and it will never lose its punch.
The purpose of the brand name is to reproduce the style of a firm, institution, event, exhibition, etc. in a characteristic form. The risk that a brand name will be misunderstood or misinterpreted is less than in the case of the logo since it explains and identifies itself. It makes a clear visual impact by virtue of the sequence and shape of its letters. These advantages, however, are forfeited when an exaggerated form, excessive distance or great reduction in size impair legibility.

The face of the firm
Logos and brand names are often difficult to incorporate organically into the typographic design of the firm's advertising. It is a good plan, therefore, to use only typographic elements in designing the name of the client, and to retain this design in all advertising media. Thus the typographic form can characterize the face of the firm and becomes the distinctive expression of the business.
This also enables all printed matter to be prepared in the same type as is used for the design of the name. This uniformity permits any form of extension, designing takes less time, and the costs of production are lower since no blocks are needed.
Designing with purely typographical elements thus achieves unity of form and effect and a cumulative result is ensured with repetition; it is thus versatile and capable of development.

Marque-image et marque-lettres dans la publicité

Une bonne marque peut être un signe de reconnaissance très efficace pour une entreprise, une institution, une exposition ou un spectacle, rendant superflue toute autre explication. Quelques données indispensables doivent être observées:
La marque-image doit être lapidaire, simple, le symbole contraignant du thème ou de l'objet, d'une forme facile à comprendre, facile à retenir. Elle doit être unique, sans ressemblance aves les marques existantes. Elle doit figurer sur tous les supports de la publicité: en-têtês de lettres, plaques d'adresses, voitures de livraison, annonces, imprimés, publicité lumineuse. Elle doit s'harmoniser avec toute action publicitaire. Dans ces conditions, la marque a un effet constant et intensif qui ne risque pas de s'affaiblir.
La marque-lettres doit reproduire le nom d'une entreprise, institution, exposition, etc. dans une forme caractéristique. Alors le risque sera moindre d'être mal compris puisque la marque-lettres s'explique d'elle-même. La suite et la forme des lettres la rendent facilement compréhensive. Ces avantages diminuent avec les très forts agrandissements ou réductions qui entravent la lisibilité.

Le visage de l'entreprise
Ces marques ne rentrent pas toujours aisément dans la construction d'une conception publicitaire. Il est donc recommandé de composer le nom d'une maison d'éléments purement typographiques et de conserver cette solution dans tous les moyens publicitaires. De cette manière, la forme typographique peut façonner le caractère général d'une maison et en devenir l'expression la plus marquante. Tous les imprimés peuvent alors être composés dans la même famille de caractères. Cette unité de moyens permet les applications les plus larges; la conception publicitaires est plus aisée; l'absence de cliché abaisse le prix de revient.
La conception publicitaire, bâtie avec les seuls éléments typographiques, assure par ses effets de répétition, de cumulation, l'unité de la forme et de l'effet; elle sera ainsi à la fois variée et persuasive.

193

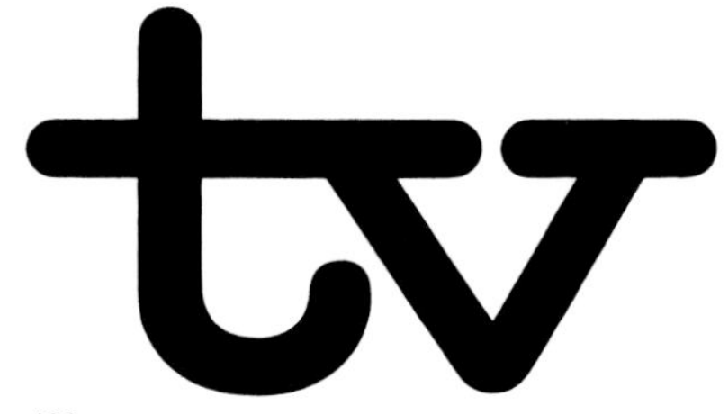

196

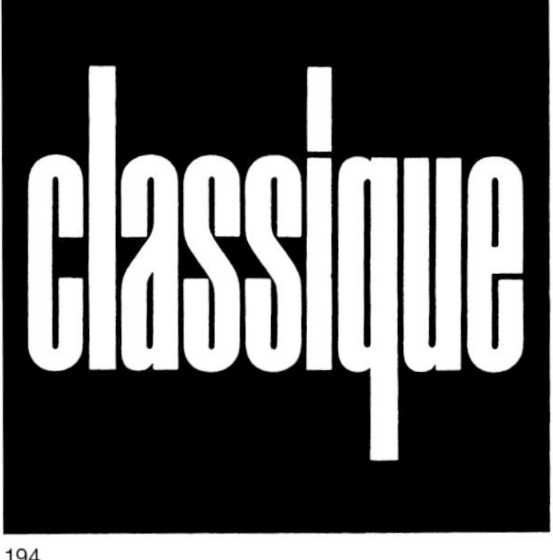

194

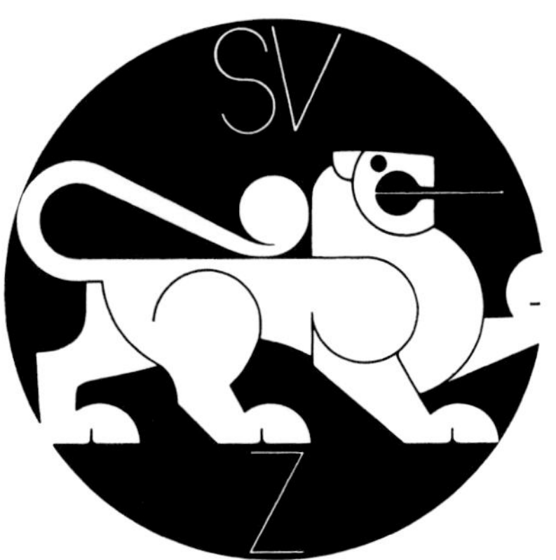

197

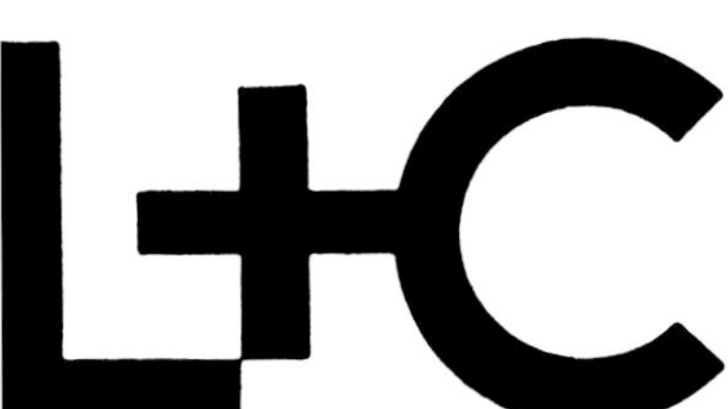

195

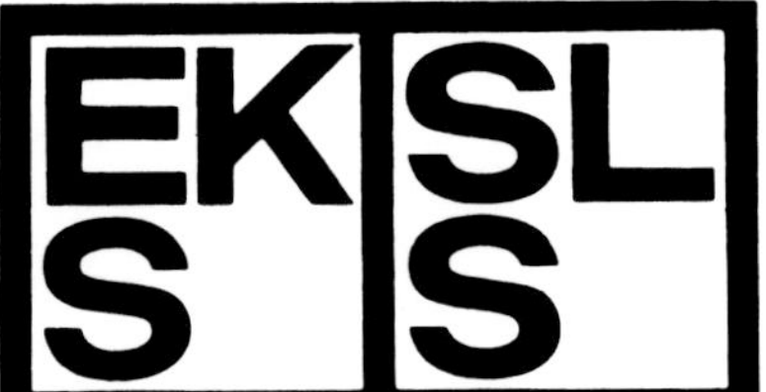

198

193, 196
Signetentwurf, design for a logo, projet de marque-image
Schweizerische Television

194
Wortmarke, brand name, marque lettres
L. Guggenheim + Co., Zürich
195
Signet, logo, marque-image
Lithographie + Cartonnage AG, Zürich

197
Signet, logo, marque-image
Automobil-Club der Schweiz, Sektion Zürich
198
Signetentwurf, design for a logo, projet de marque-image
Leih- und Sparkasse, Solothurn

Das Signet und die Wortmarke in der Werbung

Logo and brand name in advertising

Marque-image et marque-lettres dans la publicité

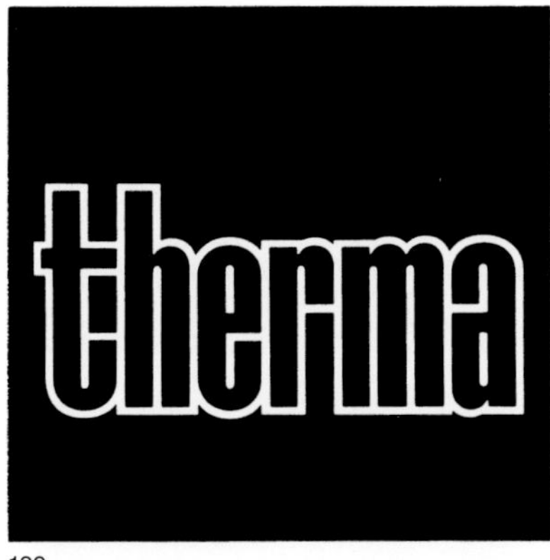

199

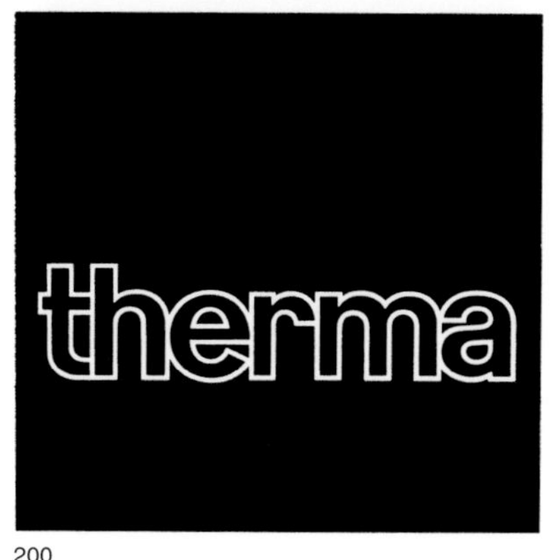

200

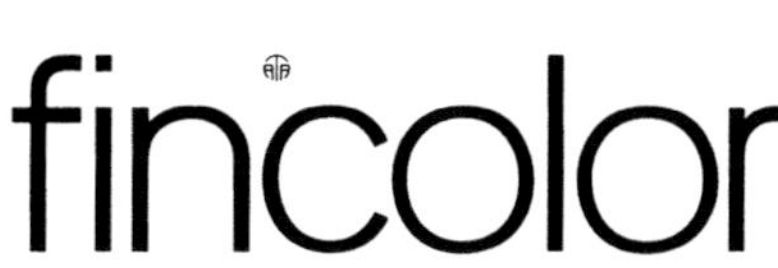

201

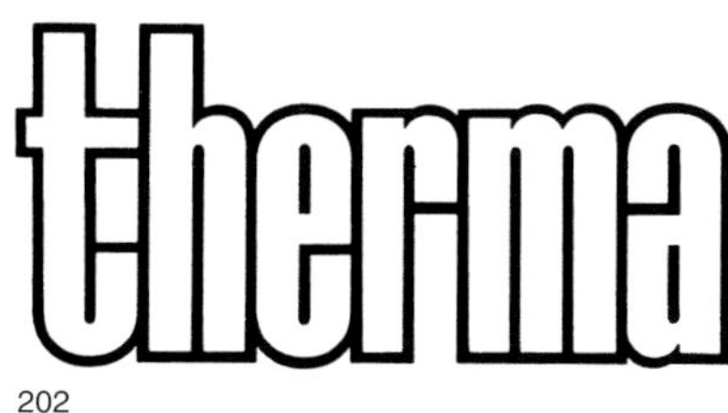

202

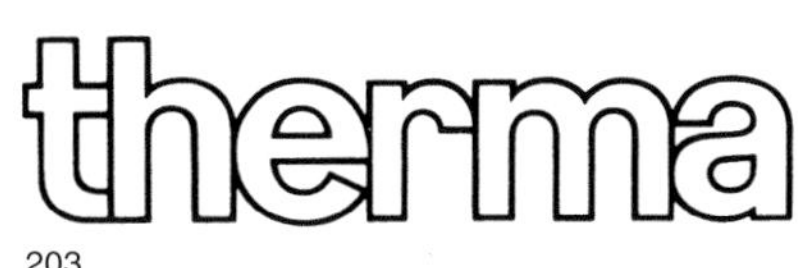

203

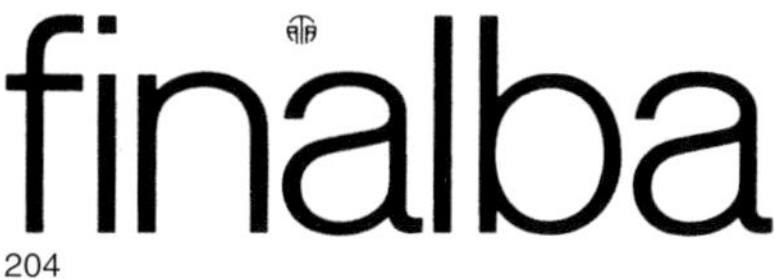

204

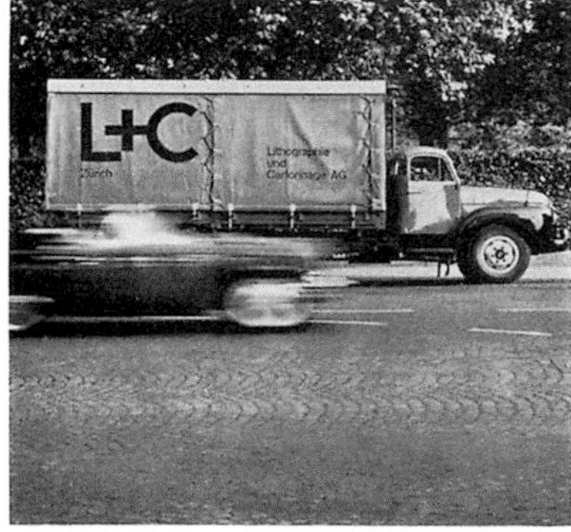

205

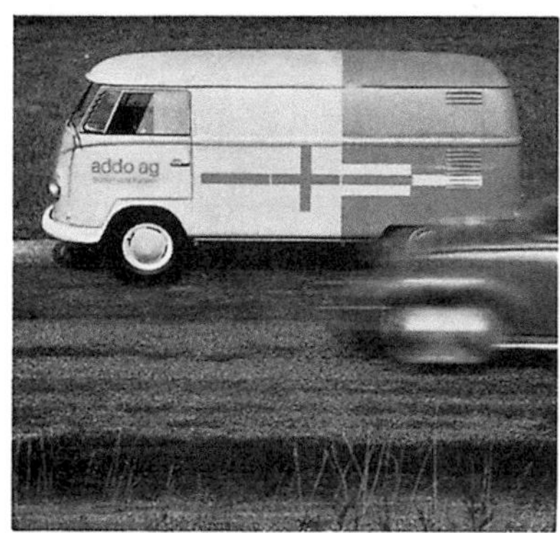

206

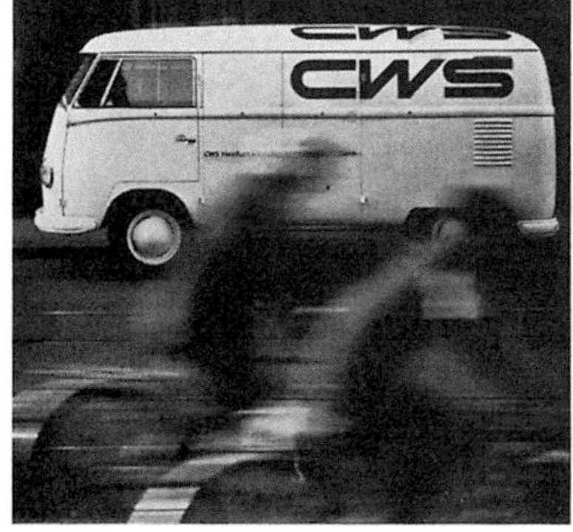

207

199, 200, 202, 203
Wortmarkenentwurf, design for a brand name, projet de marque-lettres
Therma AG, Schwanden
201, 204
Wortmarken, brand names, marques-images
Ata AG, Thalwil

205
Lieferwagen, delivery van, camionnette
Lithographie + Cartonnage AG, Zürich
206
Lieferwagen, delivery van, camionnette
Addo AG, Zürich

207
Lieferwagen, delivery van, camionnette
CWS, Handtuchautomaten AG

Der Text in der Werbung

Wie die grafische Form, die dem Thema untergeordnet sein soll, hat auch der Text eine untergeordnete, rein informative Funktion. Er soll das Werbeanliegen sachlich und klar bekannt geben, ohne verfälschende Interpretation, ohne irreführende Argumentation. Die Akzente sollen in logischer Reihenfolge gesetzt, das Einfache soll einfach, das Schwierige sinnvoll gegliedert sein. Wie die grafische Form das Wesentliche in den Mittelpunkt der Gestaltung stellen und so vom Unwesentlichen trennen will, soll auch der Text das Wesentliche stilistisch einwandfrei zusammenfassen. Der grafische Gestalter sollte, mehr als bisher, Wert auf die Textformulierung legen. Nicht nur in der geistigen und künstlerischen Auffassung seiner Arbeit, sondern auch in der Formulierung des Textes kann der Grafiker seinen Geschmack, seinen Sinn für Mass, Proportion und Kultur, allerdings aber auch seine Mass- und Geschmacklosigkeit zum Ausdruck bringen.

Die Kultur eines Volkes lässt sich nicht zuletzt an der Gepflegtheit seiner Sprache erkennen. Und gerade auf diesem Gebiet hat die Werbung verheerend gewirkt. Um der Bedeutung der Sprache gerecht zu werden, wäre es notwendig, die Sprachlehre in den Ausbildungslehrgang des Grafikers einzubauen.

Copy in advertising

Just as the graphic form should be subordinated to the theme, so the text should perform a supportive and purely informative function. It should state the point of the advertisement objectively and clearly, without any misrepresentations or misleading arguments. The salient points should be dealt with in logical sequences; what is simple should be treated simply, what is difficult should be structured appropriately. Just as the graphic design places the essential at the centre, so the copy should summarize the message in flawless style. The graphic designer should attach more importance than hitherto to the editing of the copy. Not only the intellectual and artistic conception of his work, but also the way the text is written affords the graphic artist an opportunity to show his sense of taste, proportion and culture – or his lack of these. The attention a nation devotes to its language is an indication of its culture. Here, the effect of advertising has been disastrous. To do proper justice to the importance of language, it would be necessary to include a course on language in the training of the graphic artist.

Texte et publicité

De même que la forme graphique, qui doit être strictement subordonnée au thème, le texte a, lui aussi, une fonction subordonnée, purement informative. Il doit communiquer objectivement et clairement le message publicitaire, sans interprétations déformantes et fallacieuses, sans argumentations captieuses. Dans ce qu'il dit, les temps forts ou faibles doivent répondre à un souci de logique purement objective, ce qui est simple étant exprimé simplement, et ce qui est plus complexe organisé de façon tout ensemble exacte et compréhensible. Tout comme la forme graphique s'efforce de tout centrer sur l'essentiel en écartant le secondaire, le texte doit être sans bavures et dire, lui aussi, l'essentiel. Plus que cela n'a été le cas jusqu'à présent, l'artiste graphique devrait attacher la plus grande importance à la rédaction du texte. Ce n'est pas seulement par l'esprit et la qualité esthétique de son travail propre, mais encore par la rédaction du texte que l'artiste graphique peut manifester son goût, son sens de la mesure et des proportions et sa culture, – ou aussi, il est vrai, son mauvais goût et son inculture.

Le degré de civilisation d'un peuple ne laisse point de se mesurer en grande partie d'après la correction et l'élégance de son langage. A cet égard, la publicité a eu les effets les plus désastreux. Le juste souci du bon langage devrait amener à considérer comme indispensable de faire figurer l'étude de la langue dans l'enseignement destiné à la formation de l'artiste graphique.

208

209

210

211

208, 209
Inserate, advertisements, annonces
Schweden-Fenster, Zürich
210
Inserat, advertisement, annonce
Schweiz. Tresorgesellschaft, Zürich

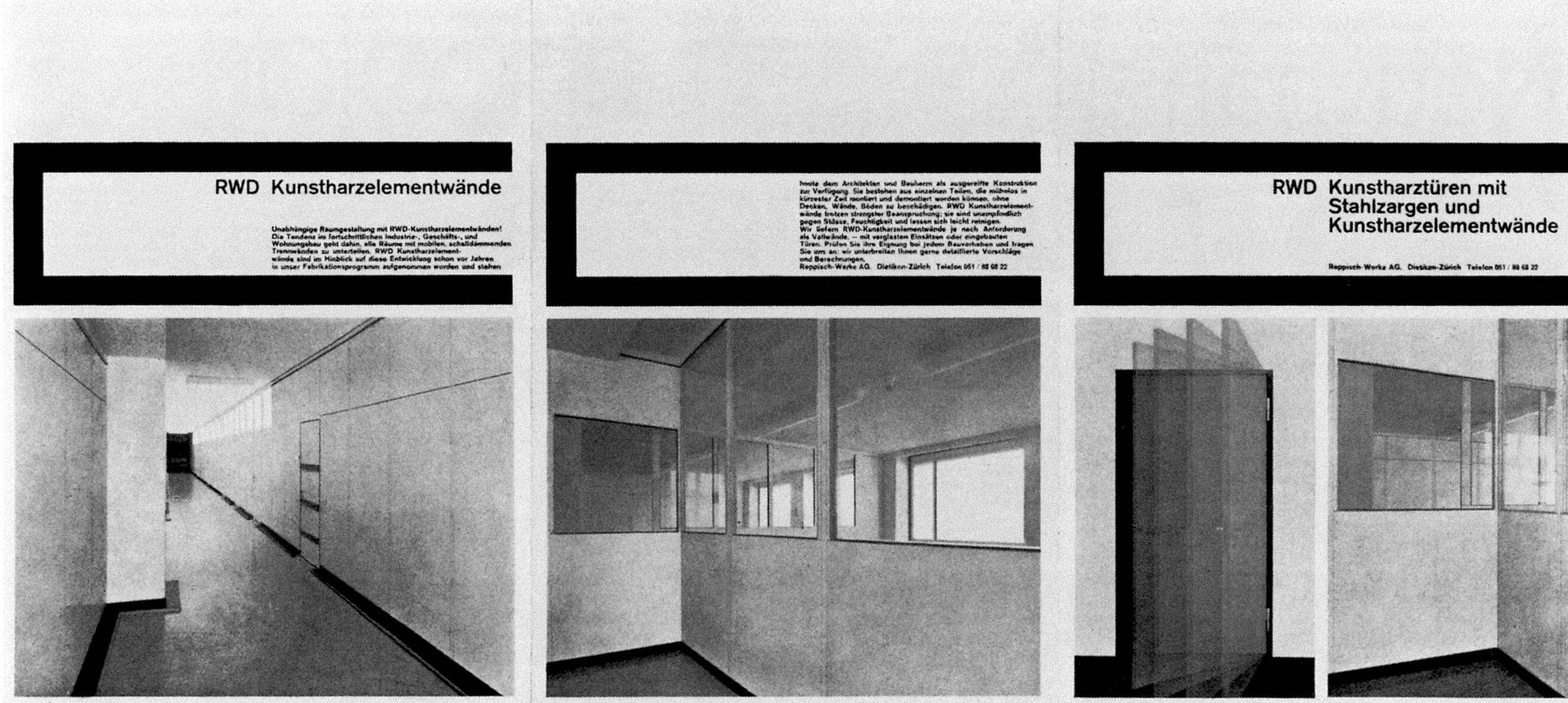

212

211, 212
Inserate, advertisements, annonces
Reppisch-Werk AG, Dietikon/ZH

Nouveau

Finalba et Fincolor
Deux bains de jouvence pour votre lingerie fine blanche ou de couleur — rafraîchissent et nettoient simultanément!

Finalba pour votre lingerie fine blanche.

Fincolor pour votre lingerie fine de couleur.

Cartons à 6 et 12 sachets. 1 sachet suffit pour un bain de 4-5 litres. En vente dans les drogueries et pharmacies.

finalba fincolor

213

Für farbige Feinwäsche
Pour le linge fin de couleur
Per tessuti delicati colorati
For fine coloured garments

fincolor

Fincolor ist ein Spezialprodukt zum gleichzeitigen Reinigen und Auffrischen farbiger Feinwäsche aus Wolle, Seide, Nylon, Perlon etc. Fincolor macht alle Farben wieder leuchtend frisch und wäscht gleichzeitig schonend zart. Feinwäsche, insbesondere Wolle, darf nicht heiss behandelt werden, da sie sonst verfilzt und hart wird. Fincolor ist schon in lauem Wasser (40°C) voll wirksam.

Für weisse Feinwäsche eignet sich vorzüglich das Spezialpräparat Finalba.

Gebrauchsanweisung: Inhalt eines Beutels in 4-5l Wasser von ca. 40°C lösen. Nur eisenfreie Gefässe verwenden (Porzellanschüsseln oder weisse Plasticbecken). Schmutzige Feinwäsche im Bad einweichen, 15 Minuten liegen lassen, dann gut durchdrücken (ohne zu reiben oder zu bürsten) und kalt klarspülen. Wollsachen dürfen nach der Wäsche nicht ausgewrungen, sondern nur leicht ausgedrückt und in ein Tuch gerollt werden. Dann in Form legen und auf Tüchern flach zum Trocknen ausbreiten. Direkte Sonnenbestrahlung meiden.

Schweizer Produkt

Fincolor est un produit spécial qui nettoie et rafraîchit la lingerie fine de couleur (laine, soie, nylon, perlon etc.). Fincolor nettoie sans attaquer le tissu et ravive simultanément les couleurs.
Fincolor développe son action totale déjà dans l'eau tiède (40°C), ceci est important surtout pour la laine qui se feutre et se durcit dans l'eau chaude.

Pour la lingerie fine blanche on se sert de l'excellent produit Finalba.

Mode d'emploi: Dissoudre le contenu du sachet dans 4-5l d'eau tiède (40°C) en se servant d'un récipient non métallique (cuvette en porcelaine ou en plastique incolore). Tremper la lingerie dans ce bain et l'y laisser pendant 15 minutes env., ensuite la presser plusieurs fois de part en part (sans frotter ou brosser) puis rincer à fond. Les pièces en laine ne doivent pas être tordues ou essorées mais simplement légèrement pressées, puis roulées dans un linge, mises en forme et étendues sur des linges. Eviter les rayons du soleil.

Produit suisse

215

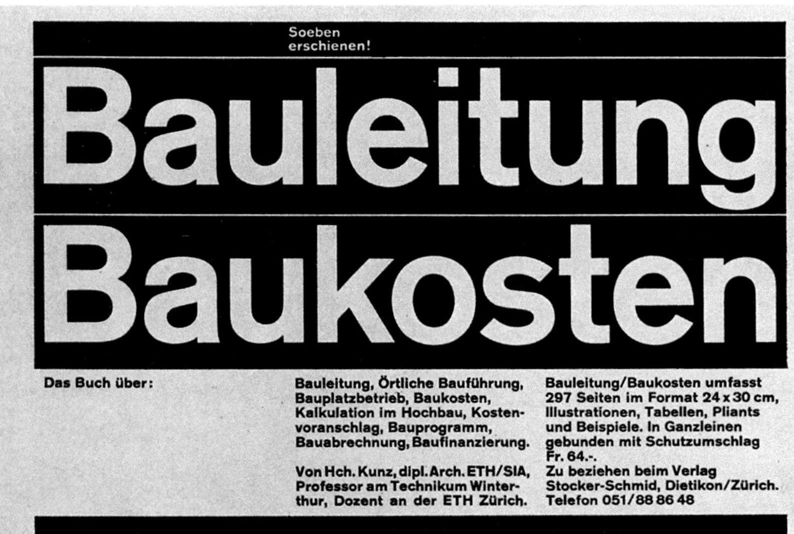

214

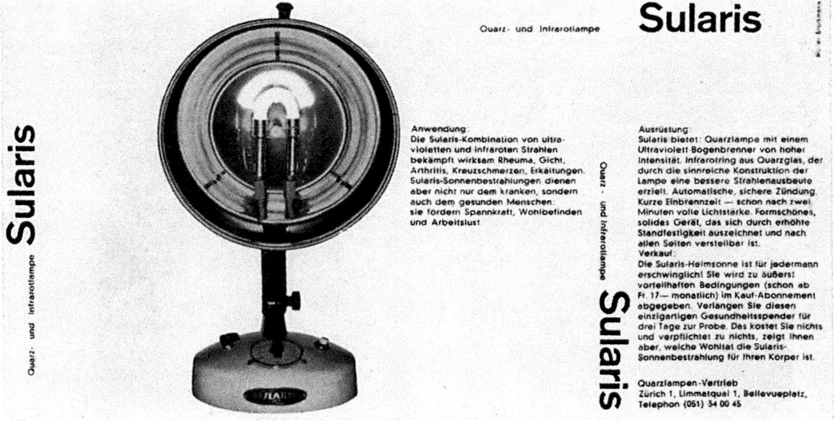

216

213, 215
Prospekte, leaflets, prospectus
Ata AG, Thalwil
214
Inserat, advertisement, annonce
Verlag Stocker-Schmid, Dietikon/ZH

216
Inserat, advertisement, annonce
Quarzlampen-Vertrieb, Zürich

Die meisten Unternehmen ändern Form und Gehalt ihrer Werbung von Jahr zu Jahr, von Aktion zu Aktion. Uneinheitlich wirken auch ihre Geschäftsformulare im Zusammenhang mit Firmentafel, Beschriftung usw.
Die uneinheitliche Werbung weist keine sichtbaren Vorteile auf, so dass vermutet werden darf, sie sei die Folge von Nachlässigkeit, Mangel an Überlegung.
Der Einheitswille in der Werbung hat zum Ziel, jedem Werbemittel eines Unternehmens – von der Visitenkarte über die Geschäftsformulare bis zur Beschriftung des Lieferwagens – eine unverwechselbare Eigenart in der grafischen Form, Typografie oder Farbe zu verleihen, so dass jedes dieser Werbemittel als Teil einer geschlossenen Konzeption wahrgenommen werden kann.
Der wirtschaftliche Vorteil der einheitlichen Werbung liegt darin, dass sich der Betrachter beim Anblick eines der genannten Werbemittel unwillkürlich an die übrigen, bereits gesehenen erinnert. Der grafische Zusammenhang, die Häufung gleichgerichteter Eindrücke, bewirken eine bestimmte, klare Vorstellung.
Die einheitliche Werbeauffassung stellt Anforderungen an den grafischen Gestalter:
a)
Seine Arbeit soll von der Ordnung in seinem Denken zeugen, sie soll Zusammenhänge sichtbar machen und durch eine klare Formensprache zum Ausdruck bringen.
b)
Dazu benötigt der Grafiker gründliche Kenntnis der Wirkungsmöglichkeiten der grafischen Elemente, der Schrift, der Fotografie, der Zeichnung der Farbe.
c)
Sein Verantwortungsgefühl soll ihm ermöglichen, den Sinn und die Bedeutung einer gestellten Aufgabe durchzudenken und ihren Aspekten entsprechend zu gliedern.
d)
Ein vereinheitlichendes Gestaltungsvermögen ist Voraussetzung, um die verschiedensten Werbeträger sinnvoll mit denselben grafischen Elementen durchbilden zu können.
e)
Die einmal angewandte Form muss sich auf alle, später noch zu verwendenden Werbemittel übertragen lassen.

Wenn die Voraussetzungen gegeben sind, vermag diese Art der Werbung an Stil und Prägnanz zu gewinnen und überzeugend zu wirken.

Uniformity in advertising

Most businesses change the form and content of their advertisements from year to year and from one campaign to the next: a lack of coordination is likewise evident in their business stationery, signs, lettering on delivery vans, etc.There are no apparent advantages in this uncoordinated advertising, so it must be supposed that it is simply the result of negligence and lack of thought.
The purpose of coordination is to give the various forms of advertising the firms uses – from visiting cards to stationery and delivery van lettering – an unmistakable identity of graphic form, typography or colour, so that each of these means of publicity can be recognized as part of a coherent plan.
The commercial advantage of such coordination is that the person who sees one of these forms of publicity is involuntarily reminded of the others he has already seen. The graphic continuity and the accumulation of similar impressions produce a definite and clear image in the public mind. Coordinated advertising of this kind makes demands on the graphic designer:
a)
His work must give evidence of an ordered approach; it should reveal relationships and express them in a clear formal language.
b)
For this purpose the graphic artist needs a thorough knowledge of the effect which the graphic elements – lettering, photography, illustration and colour – are capable of achieving.
c)
His sense of responsibility should prompt him to give careful thought to the significance of the task entrusted to him, and to organize its various aspects accordingly.
d)
He must be capable of uniformity in design if a wide range of media is to be developed rationally with the same graphic elements.
e)
Once a form has been chosen it must be capable of being transferred to any other medium which may be used in future.

When these requirements are fulfilled, advertising of this kind gains in style and power and carries conviction.

L'unité de style dans la publicité

La plupart des entreprises modifient d'une année à l'autre, d'une campagne à l'autre, forme et contenu de leur publicité. Ce même manque d'unité caractérise leurs imprimés par rapport aux enseignes, aux voitures de livraison, etc. On peut supposer, vu l'absence de tout avantage d'une publicité disparate, que celle-ci est due à la négligence et au défaut de réflexion.
La volonté unitaire en publicité poursuit le but de conférer à chaque moyen de propagande, de la carte de visite à l'exposition, un caractére qui exclut la méprise, et de le faire apercevoir comme la partie d'un tout. L'avantage économique d'une telle publicité se manifeste par le fait qu'un seul moyen de propagande rappelle tous les autres, déjà vus, et que l'accumulation d'impressions dirigées dans le même sens provoque une représentation mentale nette et claire.
L'unité d'une conception publicitaire exige du créateur des qualités bien déterminées:
a)
Sa pensée ordonnatrice doit rendre visible des interdépendances par un langage clair des formes.
b)
Une connaissance approfondie des effets des moyens graphiques employés: lettres, photographie, dessin, couleurs.
c)
Son sens de la responsabilité doit lui permettre de penser l'importance d'un problème posé et de l'ordonner sous ses différents aspects.
d)
Le don de l'unité formelle est le début d'une conception des différents éléments publicitaires en partant des mêmes éléments graphiques.
e)
Cette solution formelle une fois trouvée doit s'appliquer à tous les moyens publicitaires à venir.

L'observation de ces conditions donnera à la publicité son style, sa force persuasive, son effet durable.

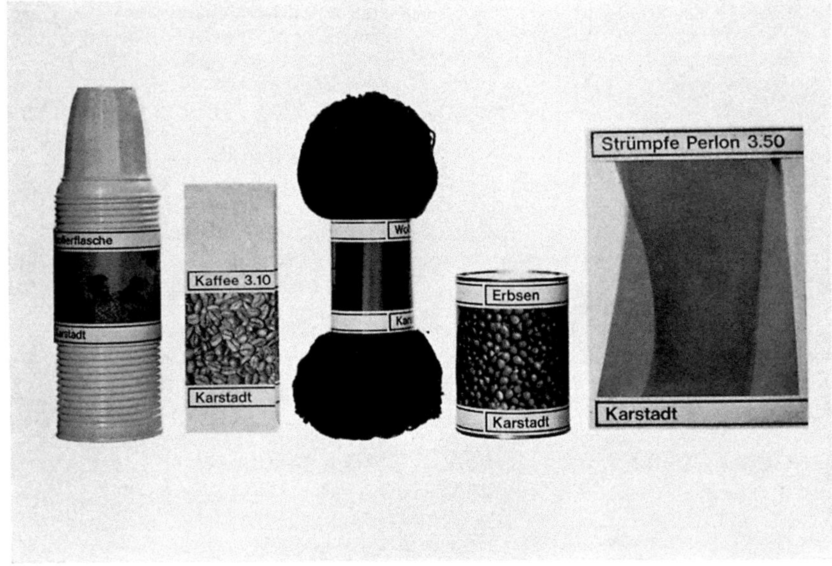

217

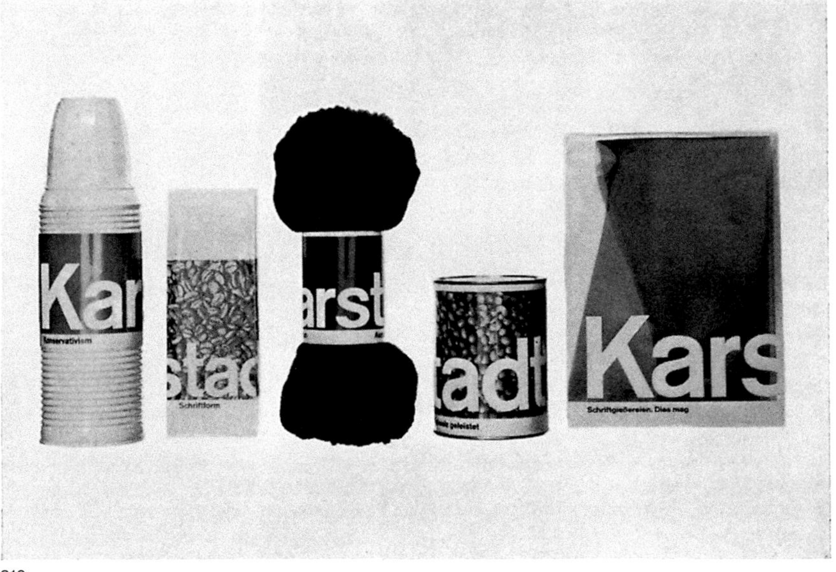

219

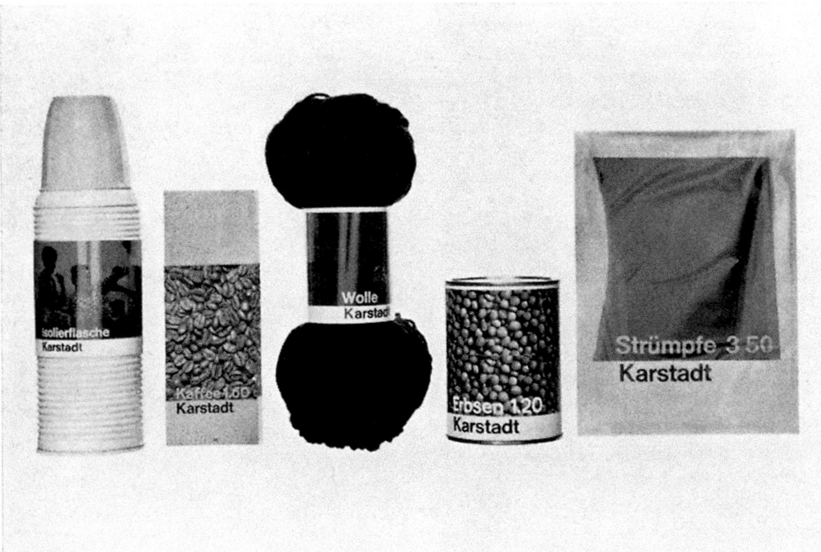

218

217–219
Entwürfe für Etiketten, designs for etiquettes,
projets d'étiquettes
Karstadt-Kaufhaus, Essen

Heiterkeit und Frohsinn

Den Einwirkungen der Sonnenstrahlen auf den Körper stehen die seelischen keineswegs nach. Traurige Gedanken verschwinden bei den meisten Menschen unter der Sonnenbestrahlung. Es tritt eine Neigung zu Heiterkeit und Frohsinn auf, ein Optimismus überflutet das Denken an Gegenwart und Zukunft. Neue Pläne erwachen und Ziele werden erkennbar.
Spannkraft und Arbeitslust, Selbstvertrauen und Ausdauer vermehren sich Hand in Hand. So wie man seinen Körper auflädt mit einer neuen Lebensenergie, so sickert auch in die Seele hinein eine Kraft der Natur, des schöpferischen Willens.
Während der Sonnenbestrahlung werden die Atemzüge länger und tiefer und entsprechen der seelischen Schwingungslage. Der Appetit steigert sich nach mehrmals wiederholter Bestrahlung und deutet auf Spannkraft und Unternehmungslust. Der Schlaf bessert sich, als Ausdruck für die vorangegangene seelische Beruhigung.
Das erste und vornehmste Gesetz der Naturheilkunde: Was uns gesund hält, muß uns auch gesund machen. Die Sonne tut beides in hohem Maße.

Das alles vermag die Sonne!
Und jetzt, wo die Sonne immer spärlicher scheint, vertritt sie aufs würdigste unsere Sularis Quarz- und Infrarotlampe. Sie spendet Gesundheit und Widerstandskraft.

Quarzlampen-Vertrieb,
Zürich 1, Limmatquai 1, Bellevueplatz,
Telephon (051) 34 00 45

Sularis

Quarz- und
Infrarotlampe

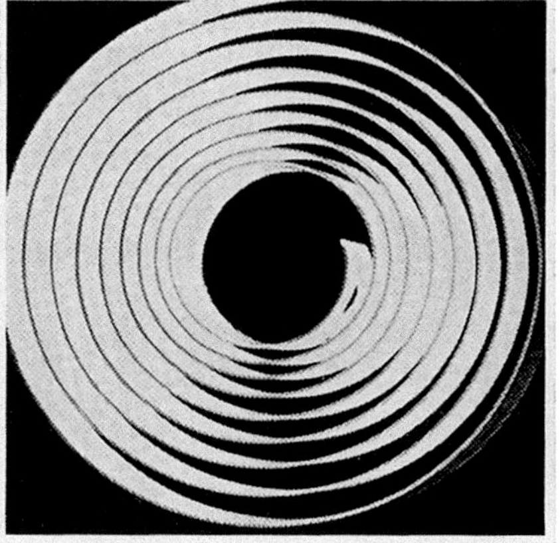

220

Schmerzstillung

Unter dem Reiz der Sonne findet eine Leistungssteigerung der Haut statt, die ohnegleichen ist. Sie atmet aus wie die Lungen, scheidet aus wie die Nieren, befördert den Kreislauf wie das Herz, beteiligt sich am Ernährungsvorgang, produziert Säfte wie die Drüsen mit innerer Absonderung, läßt keinen Stein des Stoffwechsels auf dem anderen und wirft ihre Befehle und Impulse bis in die letzten Winkel des Leibes.
Eine der wohltuendsten Wirkungen der Wärmestrahlen ist die Schmerzstillung. Man macht von ihr Gebrauch, z. B. bei der Behandlung von Nervenschmerzen, schmerzhaften Entzündungen der Unterleibsorgane, der Gelenke und Knochen. Blutuntersuchungen haben gezeigt, daß der Gehalt des Blutes an Farbstoff (Hämoglobin) ebenso steigt wie an roten und weißen Blutkörperchen. Diese Vermehrung der roten Blutkörperchen ist sowohl Ausdruck dafür, daß eine Anregung der blutbildenden Organe stattgefunden hat, als auch dafür, daß eine Verlängerung der Lebensdauer jeder roten Blutzelle eingetreten ist. Krankhafte Abweichungen der Blutzusammensetzung erfahren unter der Sonnenwirkung eine weitgehende Verbesserung.

Das alles vermag die Sonne!
Und jetzt, wo die Sonne immer spärlicher scheint, vertritt sie aufs würdigste unsere Sularis Quarz- und Infrarotlampe. Sie spendet Gesundheit und Widerstandskraft.

Quarzlampen-Vertrieb,
Zürich 1, Limmatquai 1, Bellevueplatz,
Telephon (051) 34 00 45

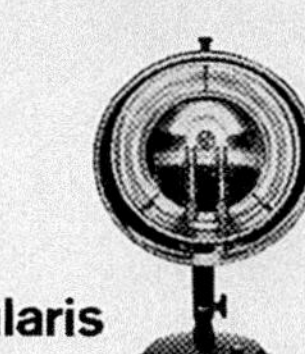

Sularis

Quarz- und
Infrarotlampe

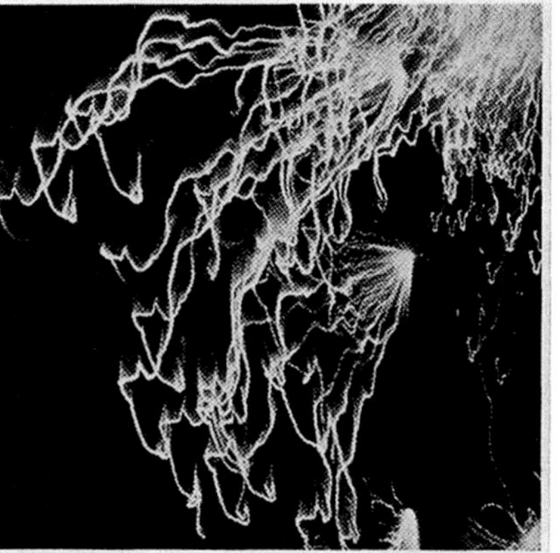

221

Eine Erleichterung der Herztätigkeit

Die Naturheilkunde geht von der planmäßigen Anwendung der Lebensreize aus. Denn allen unseren lebendigen Zellen kommt die Fähigkeit zu, Reize zu empfangen und zu beantworten, d. h. zu reagieren.
Was uns gesund erhält bzw. gesund macht, ist nicht der Reiz, sondern die Antwort des Körpers auf diesen Reiz. Diese löst die Heilwirkung aus.
Zu den Lebensreizen rechnet die Naturheilkunde das Licht, die Luft, die Sonne, die Bewegung, die Wärme oder die Kälte und so fort. Die meisten Lebensreize wirken auf die Haut ein, so das Licht, die Luft und die Sonne.
Die Hautreizung durch die Sonne löst eine örtliche (in der Haut selbst) und eine allgemeine Reaktion (im ganzen Organismus) aus. Die ultravioletten Strahlen bilden Farbstoff, bräunen die Haut. Dann werden die chemisch-wirksamen kurzwelligen Strahlen in wärme-wirksame Strahlen verwandelt.

Unter dem Einfluß der Wärmestrahlen erweitern sich die Blutgefäße der Haut. Das feine, weitverzweigte Blutgefäßnetz der Haut öffnet seine Räume und saugt wie ein Schwamm das Blut aus dem Körperinnern an sich. (Zwei Drittel der gesamten Körperblutmenge kann die Haut in sich aufnehmen.) Dieses Ansaugen des Blutes aus dem Körperinnern bedeutet eine starke Entlastung des Kreislaufes, eine Erleichterung der Herzarbeit, eine Beseitigung von Blutstauungen.

Das alles vermag die Sonne!
Und jetzt, wo die Sonne immer spärlicher scheint, vertritt sie aufs würdigste unsere Sularis Quarz- und Infrarotlampe.

Quarzlampen-Vertrieb,
Zürich 1, Limmatquai 1, Bellevueplatz,
Telephon (051) 34 00 45

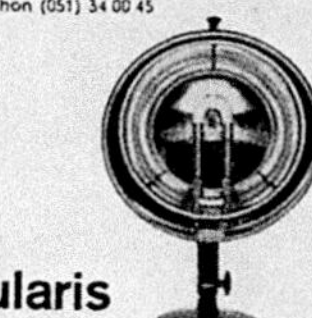

Sularis

Quarz- und
Infrarotlampe

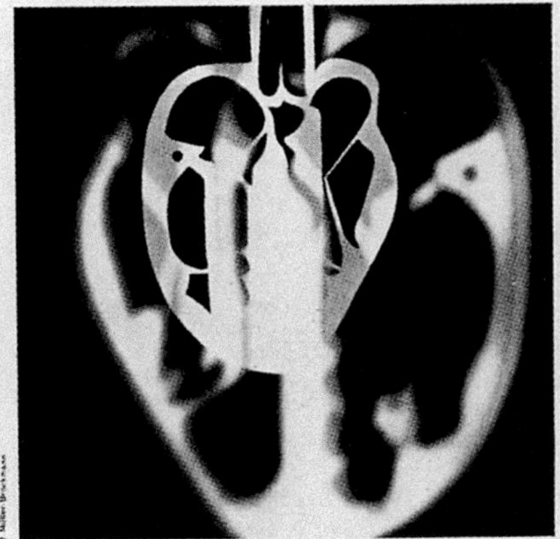

222

Rheumatiker und Arthritiker

Ein großer Teil der Bevölkerung unseres Landes ist Rheuma und Arthritis unterworfen. Man schätzt den Arbeitsausfall der vorübergehend Kranken auf jährlich 40 bis 50 Millionen Franken, während sich die Ausgaben für die dauernd Arbeitsunfähigen auf 200 bis 220 Millionen Franken belaufen. Erschreckende Zahlen — besonders wenn man an die Leiden, die Mühen und Plagen der Betroffenen denkt. Sularis hat sich im Kampfe gegen die langwierigen und schwer zu behandelnden rheumatischen Krankheiten ausgezeichnet bewährt. Durch die konzentrierte Infrarot- und Ultraviolettbestrahlung mit dieser leistungsfähigen Heimsonne kann in schwersten Fällen zumindest Linderung und rasche Besserung, bei leichteren Erkrankungen sogar vollkommene Gesundung erzielt werden. Tausenden von Rheuma- und Arthritis-Kranken durfte die Sularis schon helfen — warum nicht auch Ihnen?
Jeder kann sich dieses segensreiche Gerät leisten. Wir haben ein spezielles Kaufabonnement geschaffen, das Bezahlung in bequemen Teilbeträgen erlaubt. Telephonieren oder schreiben Sie uns noch heute: Innert wenigen Tagen erhalten Sie eine fabrikneue Sularis-Sonne zum gründlichen Ausprobieren. Schon die erste Bestrahlung wird Ihnen Erleichterung bringen und Sie wunderbar beleben!

Quarzlampen-Vertrieb,
Zürich 1, Limmatquai 1, Bellevueplatz,
Telephon (051) 34 00 45

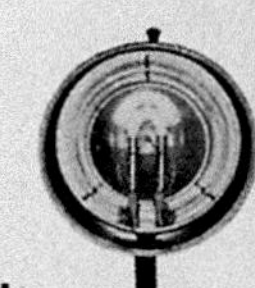

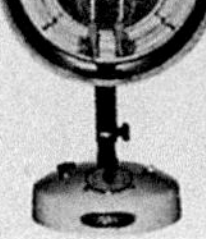

Sularis

Quarz-
und Infrarotlampe.

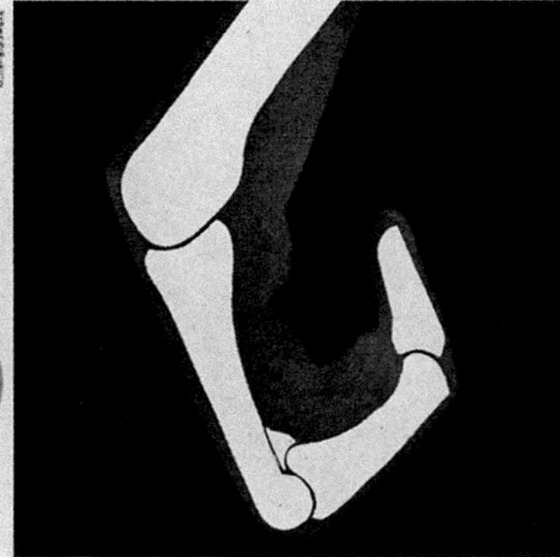

223

220–223
Inserate, advertisement, annonces
Quarzlampen-Vertrieb, Zürich

RWD Swiss-Exacta, die neue Bandzeichenmaschine für den Hochbauingenieur

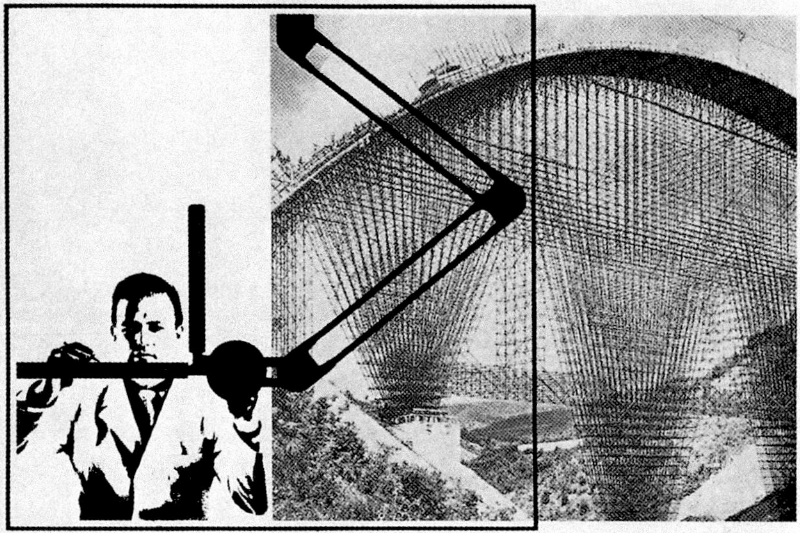

Ingenieure und Techniker mit großem Mitarbeiterstab wissen, was die Zeit wert ist - jede Stunde zählt! Darum verwenden sie und ihre Leute die neue Swiss-Exacta Bandzeichenmaschine von RWD. Wichtige konstruktive Neuerungen erhöhen die vielseitige Verwendbarkeit dieses farb- und formschönen Gerätes von höchster Präzision und verblüffender Leichtgängigkeit. Alle Swiss-Exacta Modelle sind für verwöhnte Ansprüche geschaffen und dabei unvergleichlich günstig im Preis:
«Horizontal» Fr. 230.-, «Geneigt» Fr. 260.-, «Vertikal» Fr. 295.-. Wer zeichnet, braucht Swiss-Exacta!

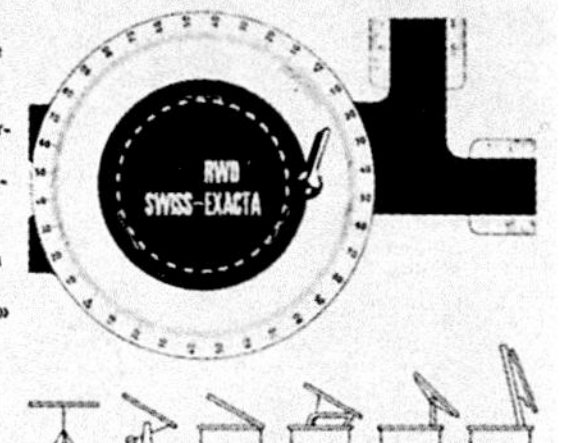

Reppisch Werk AG, Dietikon-Zürich / Schweiz
Telefon (051) 91 81 03
Spezialfabrik für Schule und Zeichentechnik

Atelier Müller-Brockmann

224

RWD Swiss-Exacta, die neue Bandzeichenmaschine für den Architekten

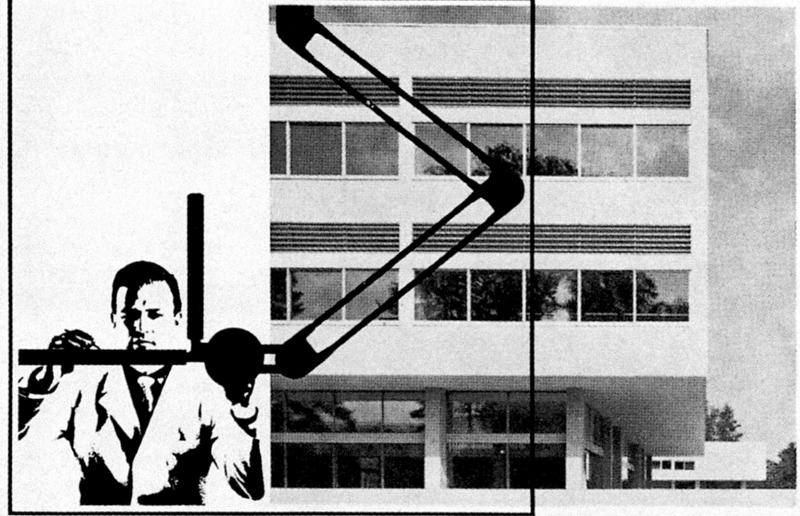

Swiss-Exacta vereinigt alle Vorzüge, die der Architekt an einer Zeichenmaschine schätzt. Wichtige Neuerungen an Kopf, Parallelogramm und Klemmbock verleihen ihr vielseitige Verwendbarkeit. Die formschöne Maschine arbeitet über einen Bereich von 1,5 bis 2 m² absolut genau, geräuschlos, rutschfrei und unerhört leichtgängig. Überragend in Präzision und Leistung, kostet die neue Swiss-Exacta Bandzeichenmaschine je nach Modell nur Fr. 230.- bis Fr. 295.-. Für alle erschwinglich - um Jahre voraus: das ist Swiss-Exacta, die modernste Zeichenmaschine.

Reppisch Werk AG, Dietikon-Zürich / Schweiz
Telefon (051) 91 81 03
Spezialfabrik für Schule und Zeichentechnik

Atelier Müller-Brockmann

225

224–227
Inserate, advertisements, annonces
Reppisch-Verlag AG, Dietikon/ZH

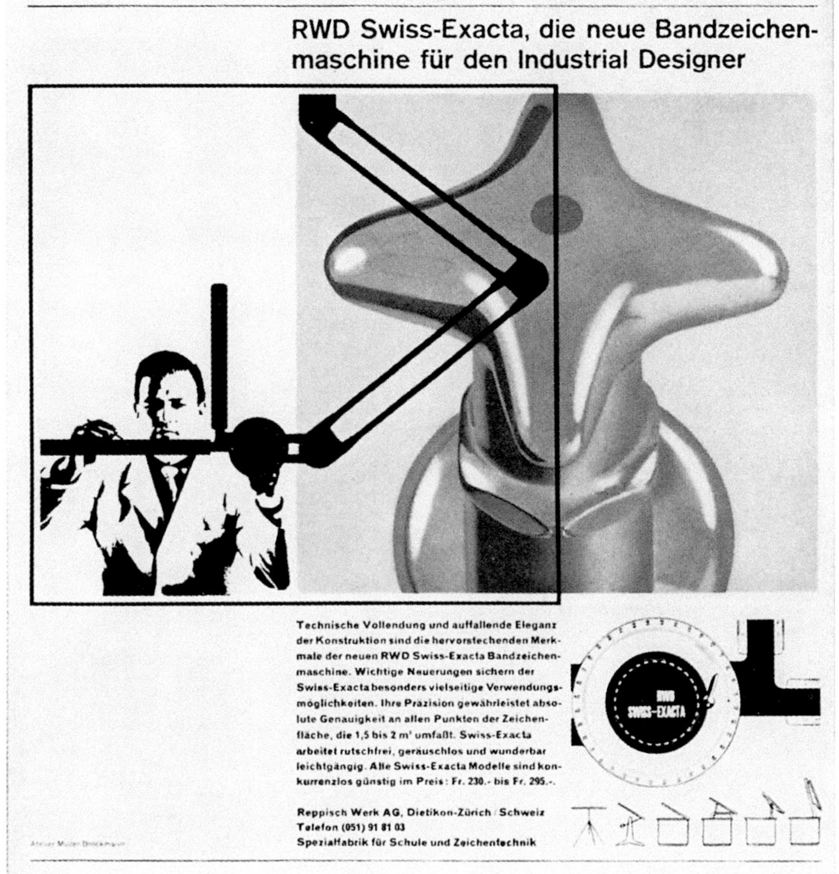
RWD Swiss-Exacta, die neue Bandzeichenmaschine für den Industrial Designer
RWD SWISS-EXACTA
Technische Vollendung und auffallende Eleganz der Konstruktion sind die hervorstechenden Merkmale der neuen RWD Swiss-Exacta Bandzeichenmaschine. Wichtige Neuerungen sichern der Swiss-Exacta besonders vielseitige Verwendungsmöglichkeiten. Ihre Präzision gewährleistet absolute Genauigkeit an allen Punkten der Zeichenfläche, die 1,5 bis 2 m² umfaßt. Swiss-Exacta arbeitet rutschfrei, geräuschlos und wunderbar leichtgängig. Alle Swiss-Exacta Modelle sind konkurrenzlos günstig im Preis: Fr. 230.- bis Fr. 295.-.
Reppisch Werk AG, Dietikon-Zürich / Schweiz
Telefon (051) 91 81 03
Spezialfabrik für Schule und Zeichentechnik

226

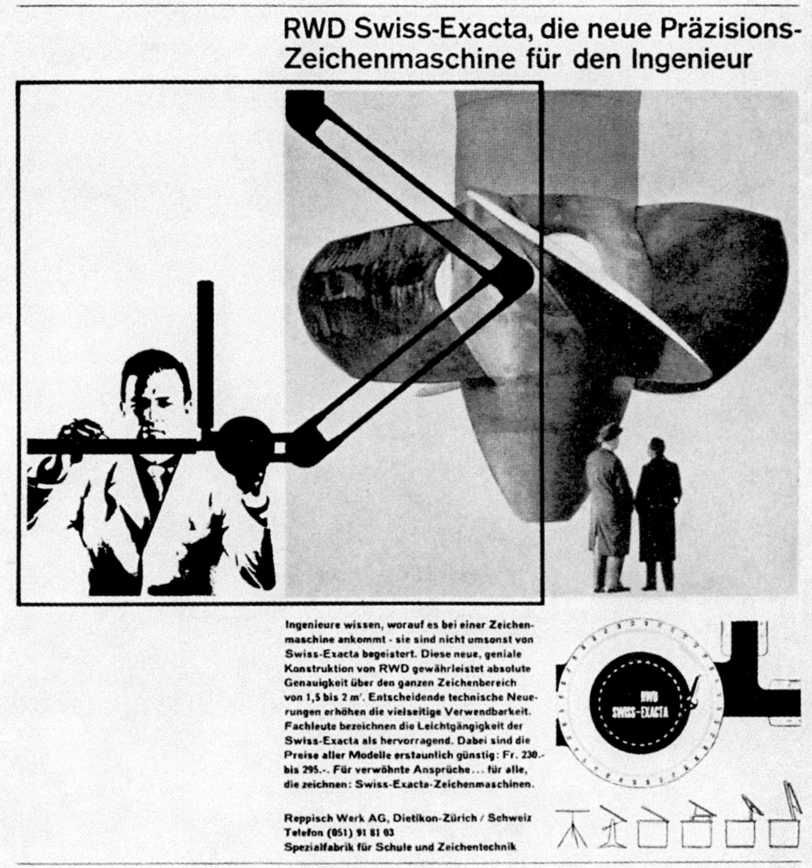
RWD Swiss-Exacta, die neue Präzisions-Zeichenmaschine für den Ingenieur
RWD SWISS-EXACTA
Ingenieure wissen, worauf es bei einer Zeichenmaschine ankommt - sie sind nicht umsonst von Swiss-Exacta begeistert. Diese neue, geniale Konstruktion von RWD gewährleistet absolute Genauigkeit über den ganzen Zeichenbereich von 1,5 bis 2 m². Entscheidende technische Neuerungen erhöhen die vielseitige Verwendbarkeit. Fachleute bezeichnen die Leichtgängigkeit der Swiss-Exacta als hervorragend. Dabei sind die Preise aller Modelle erstaunlich günstig: Fr. 230.- bis 295.-. Für verwöhnte Ansprüche ... für alle, die zeichnen: Swiss-Exacta-Zeichenmaschinen.
Reppisch Werk AG, Dietikon-Zürich / Schweiz
Telefon (051) 91 81 03
Spezialfabrik für Schule und Zeichentechnik

227

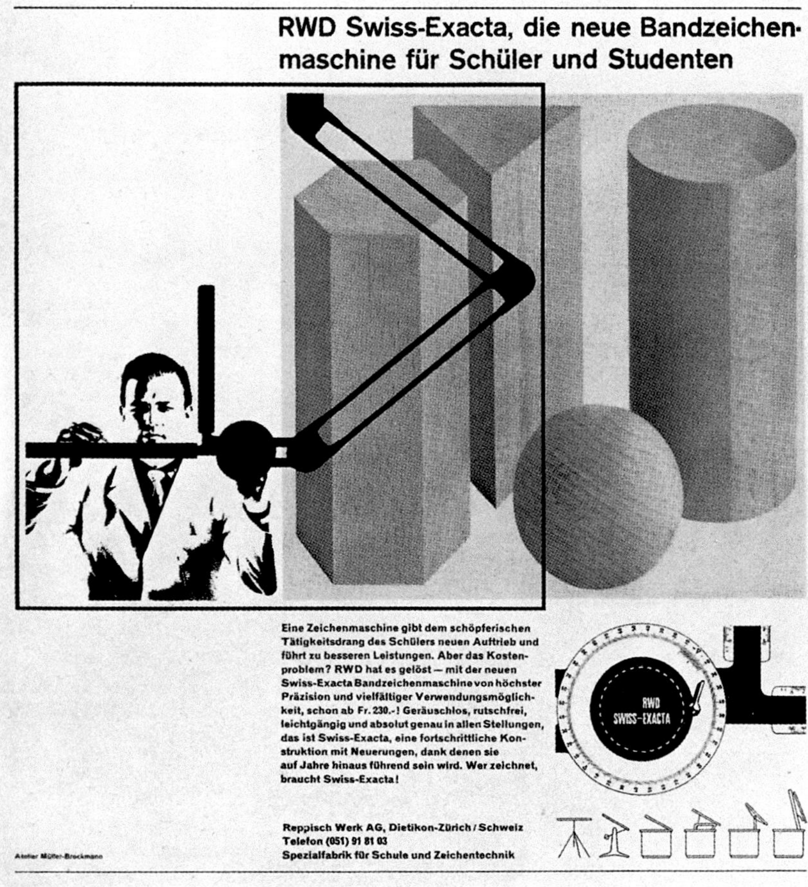

228

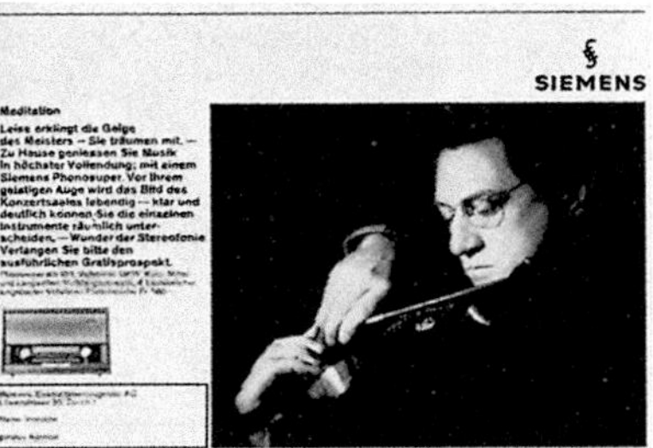

229

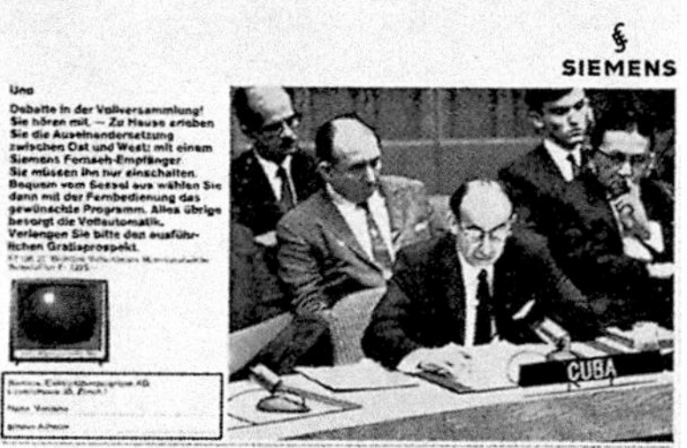

230

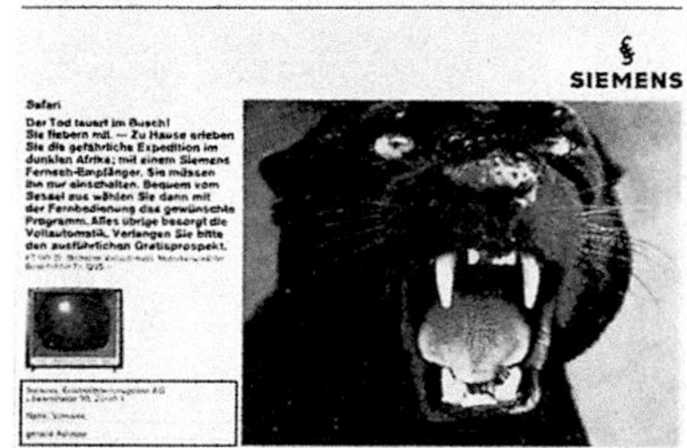

231

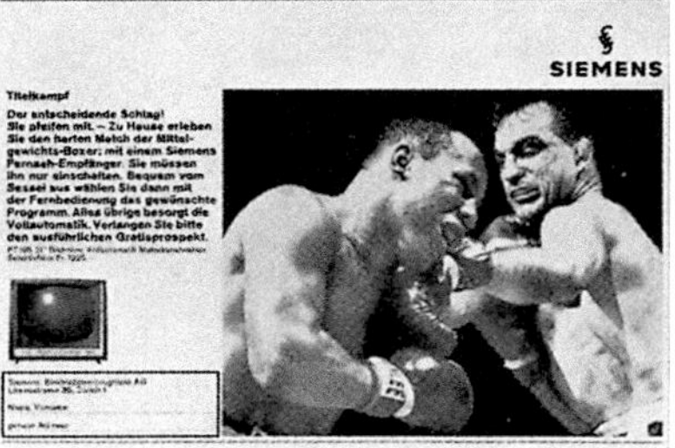

232

228
Inserat, advertisement, annonce
Reppisch-Werk AG, Dietikon/ZH

229–232
Inserate, advertisements, annonces
Siemens Elektrizitätserzeugnisse AG, Zürich

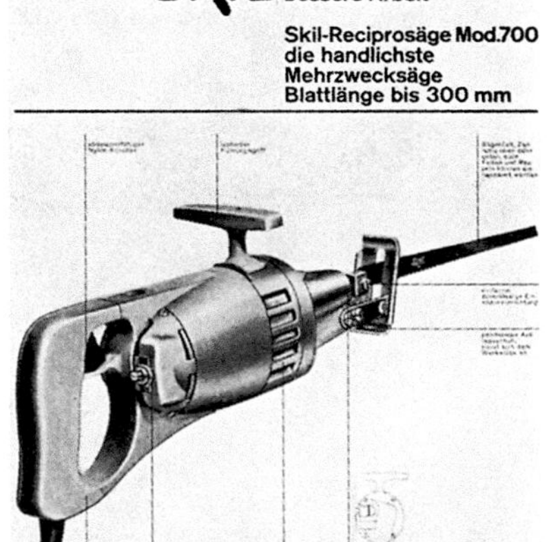

233

SKIL
Bessere Maschinen für bessere Arbeit
Skil-Super-Duty Winkelschleifer mit enormer Kraftreserve 5000 und 6000 TpM
elmag

235

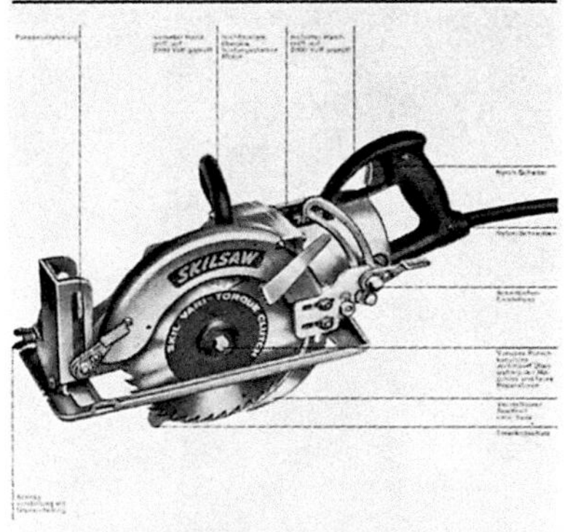

237

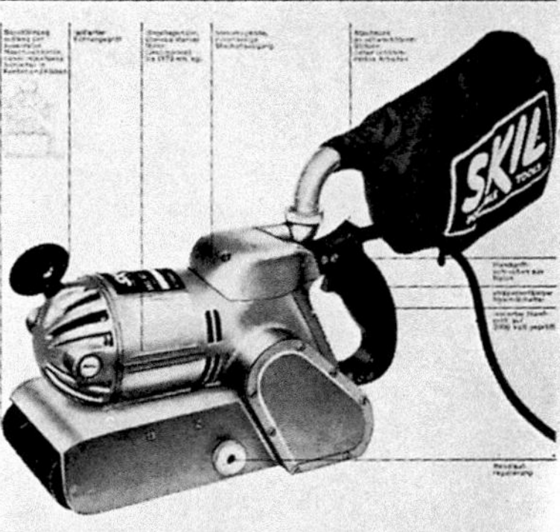

239

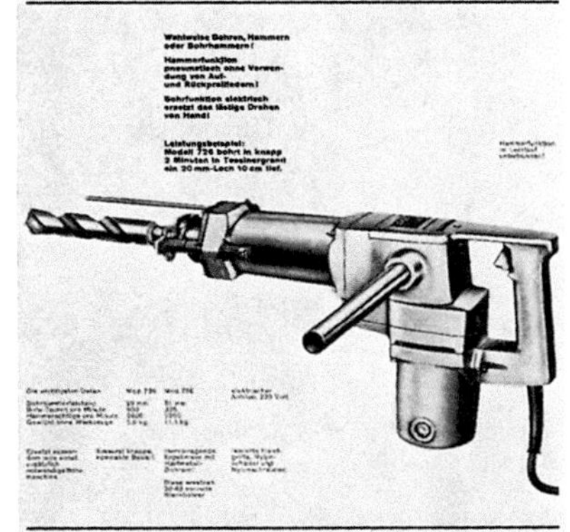

234

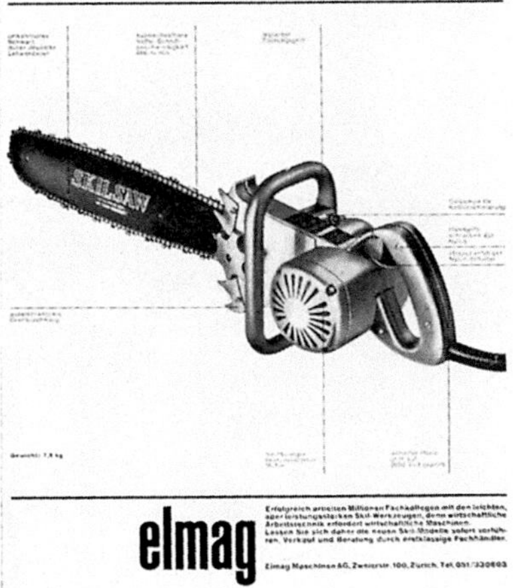

236

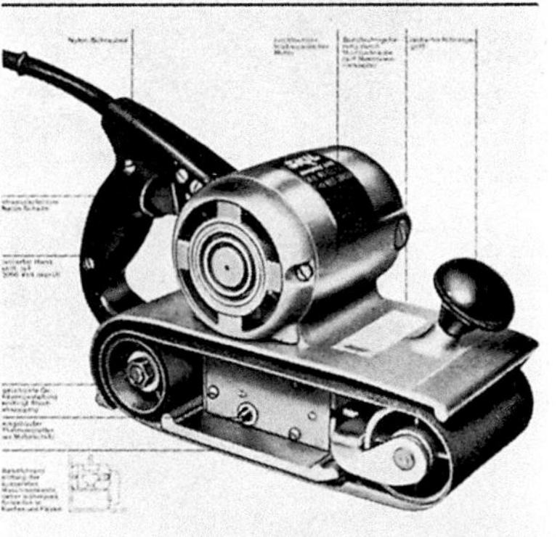

238

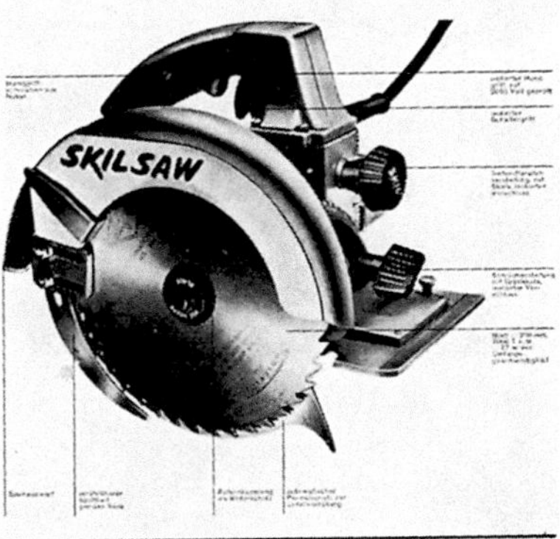

240

233–240
Inserate, advertisements, annonces
Elmag Maschinen AG, Zürich

Einheitlichkeit in der Werbung

Uniformity in advertising

L'unité de style dans la publicité

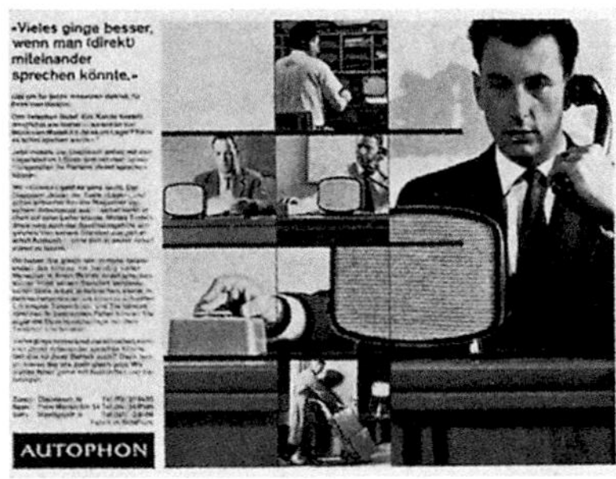

241

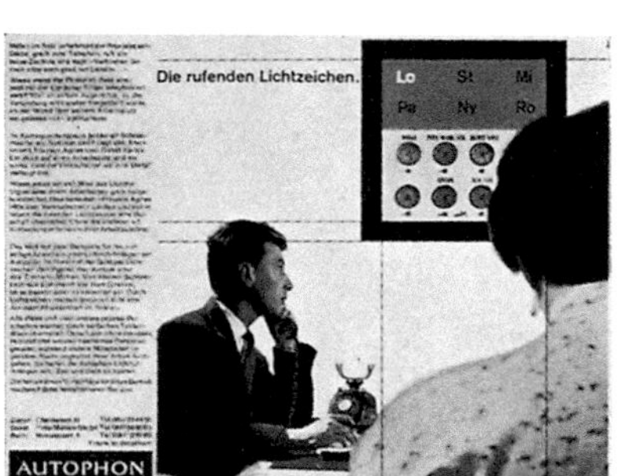

242

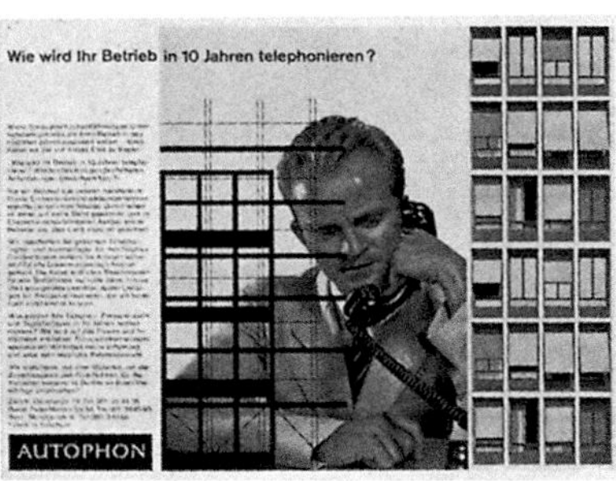

243

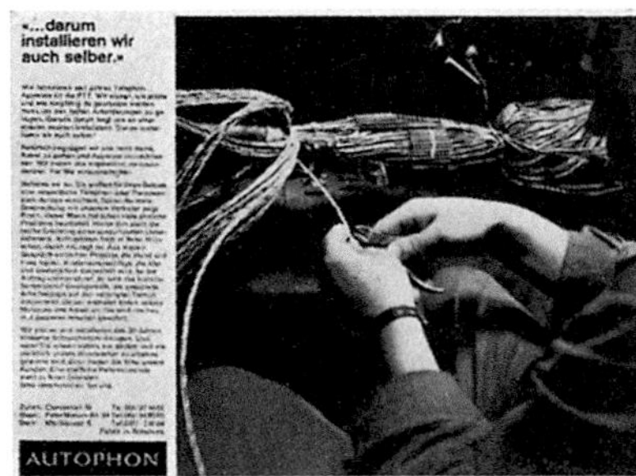

244

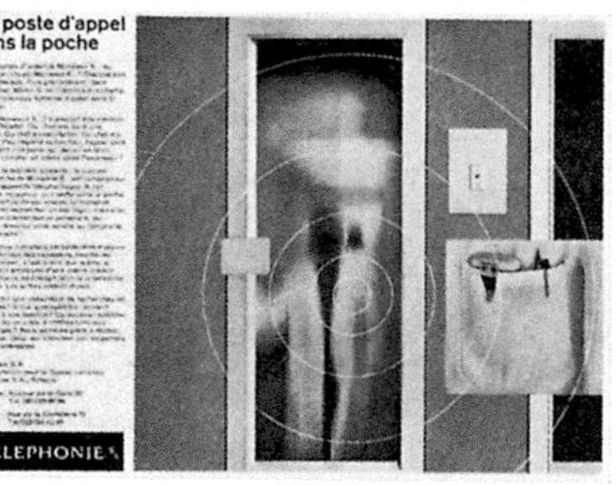

245

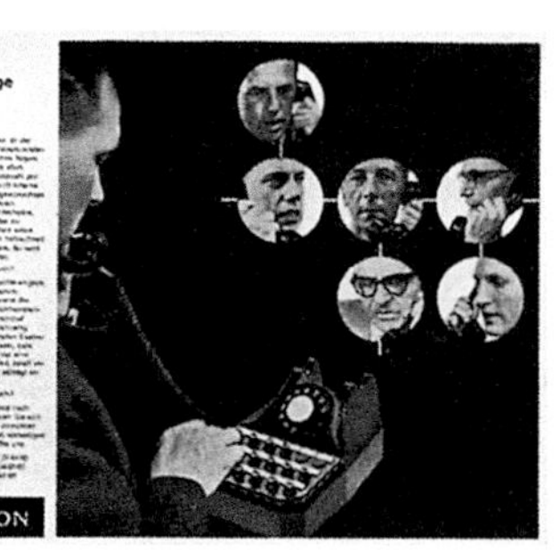

246

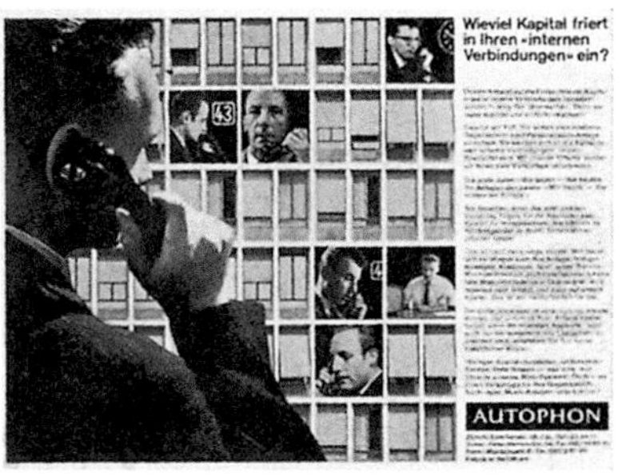

247

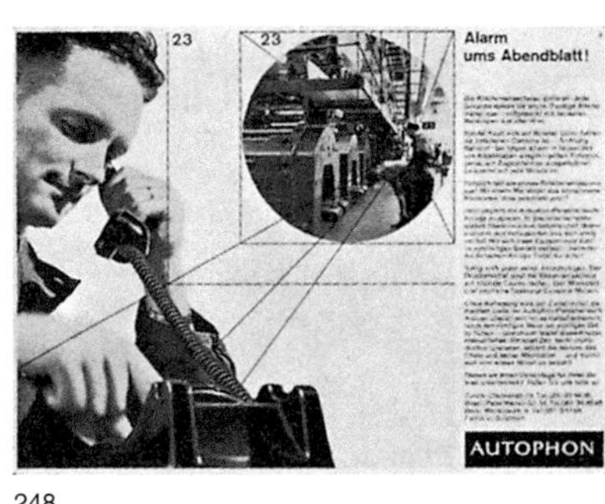

248

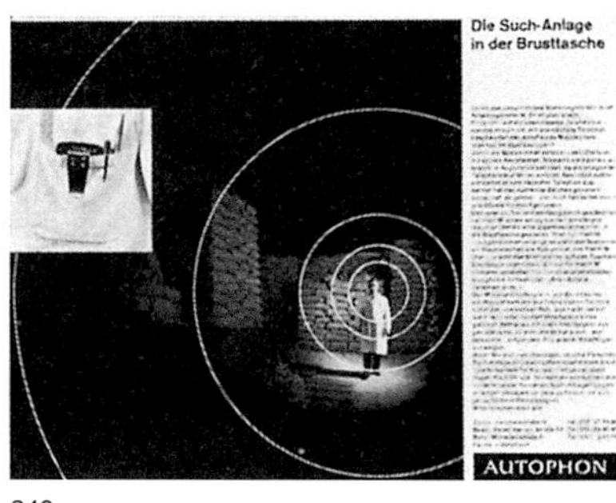

249

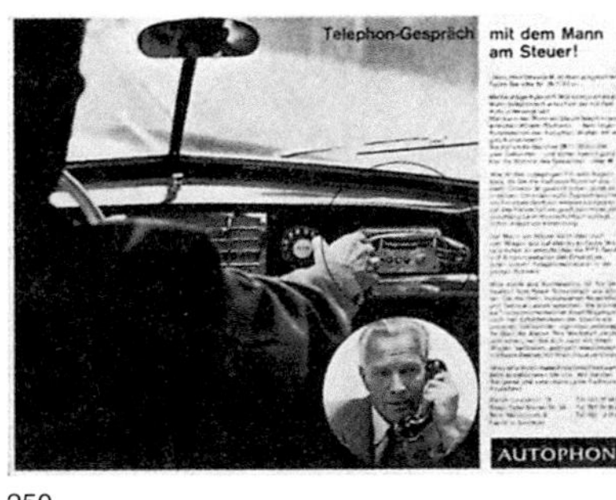

250

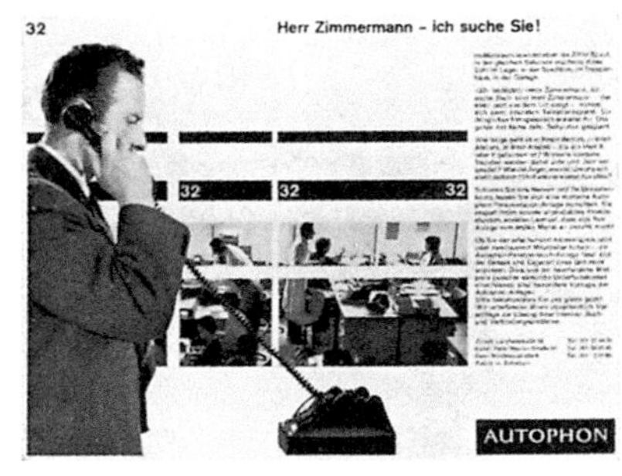

251

241–252
Inserate, advertisements, annonces
Autophon, Zürich (Victor N. Cohen, Reklameberater BSR, Zürich)

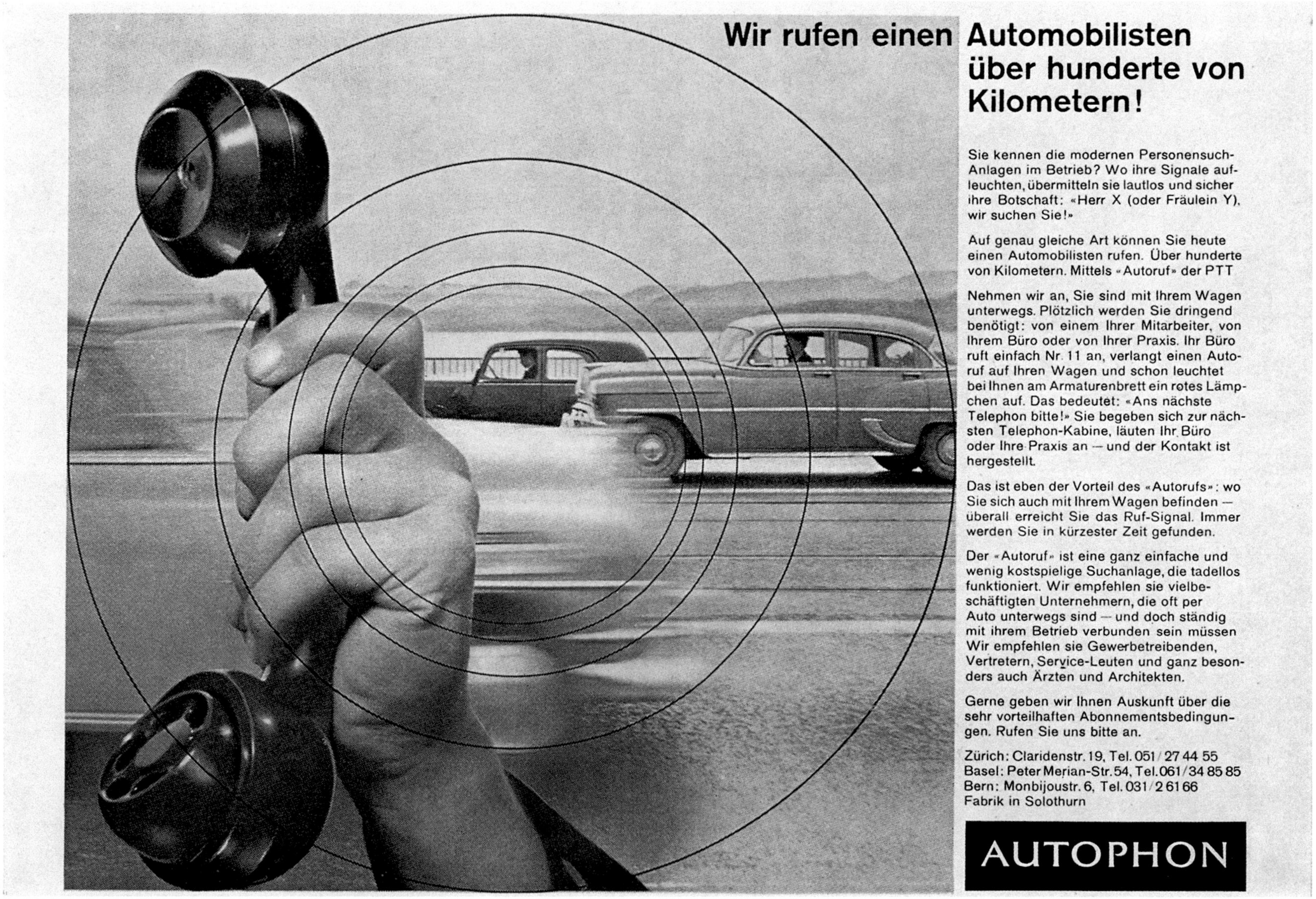

Wir rufen einen Automobilisten über hunderte von Kilometern!

Sie kennen die modernen Personensuch-Anlagen im Betrieb? Wo ihre Signale aufleuchten, übermitteln sie lautlos und sicher ihre Botschaft: «Herr X (oder Fräulein Y), wir suchen Sie!»

Auf genau gleiche Art können Sie heute einen Automobilisten rufen. Über hunderte von Kilometern. Mittels «Autoruf» der PTT

Nehmen wir an, Sie sind mit Ihrem Wagen unterwegs. Plötzlich werden Sie dringend benötigt: von einem Ihrer Mitarbeiter, von Ihrem Büro oder von Ihrer Praxis. Ihr Büro ruft einfach Nr. 11 an, verlangt einen Autoruf auf Ihren Wagen und schon leuchtet bei Ihnen am Armaturenbrett ein rotes Lämpchen auf. Das bedeutet: «Ans nächste Telephon bitte!» Sie begeben sich zur nächsten Telephon-Kabine, läuten Ihr Büro oder Ihre Praxis an — und der Kontakt ist hergestellt.

Das ist eben der Vorteil des «Autorufs»: wo Sie sich auch mit Ihrem Wagen befinden — überall erreicht Sie das Ruf-Signal. Immer werden Sie in kürzester Zeit gefunden.

Der «Autoruf» ist eine ganz einfache und wenig kostspielige Suchanlage, die tadellos funktioniert. Wir empfehlen sie vielbeschäftigten Unternehmern, die oft per Auto unterwegs sind — und doch ständig mit ihrem Betrieb verbunden sein müssen. Wir empfehlen sie Gewerbetreibenden, Vertretern, Service-Leuten und ganz besonders auch Ärzten und Architekten.

Gerne geben wir Ihnen Auskunft über die sehr vorteilhaften Abonnementsbedingungen. Rufen Sie uns bitte an.

Zürich: Claridenstr. 19, Tel. 051/27 44 55
Basel: Peter Merian-Str. 54, Tel. 061/34 85 85
Bern: Monbijoustr. 6, Tel. 031/2 61 66
Fabrik in Solothurn

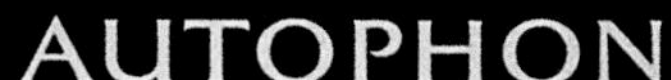

252

Einheitlichkeit in der Werbung

Uniformity in advertising

L'unité de style dans la publicité

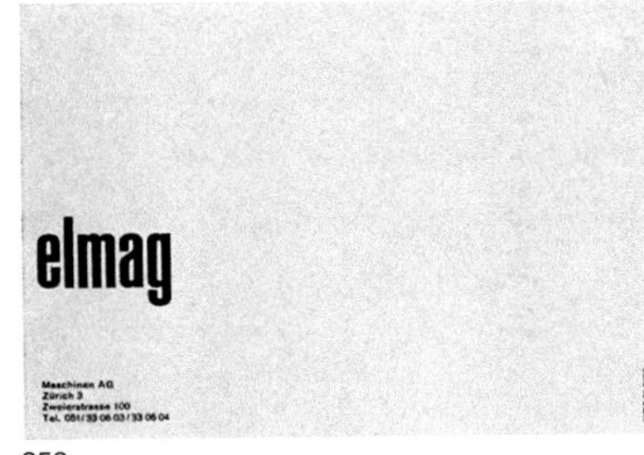

253

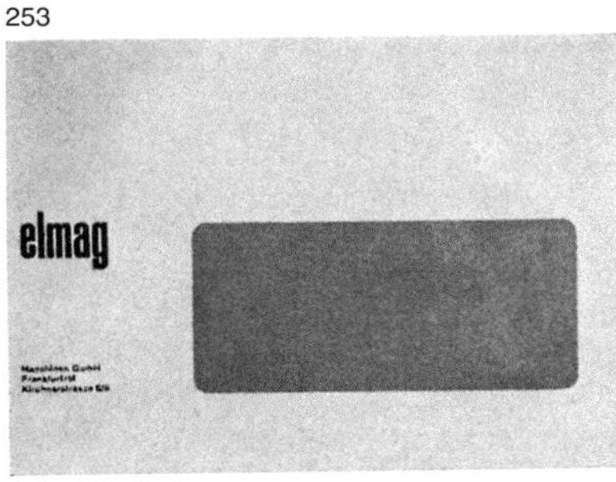

254

256

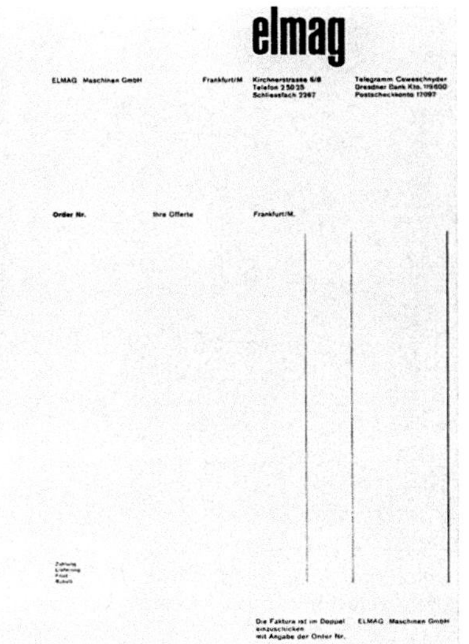

258

260

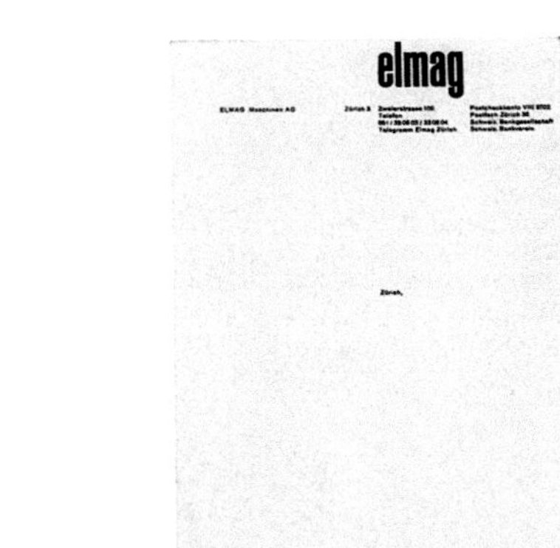

255

257

259

253–258
Geschäftsdrucksachen, business stationery, formules d'affaires
Elmag Maschinen AG, Zürich

259
Lieferwagen, delivery van, camionnette
Elmag Maschinen AG, Zürich

260
Inserat, advertisement, annonce
Elmag Maschinen AG, Zürich

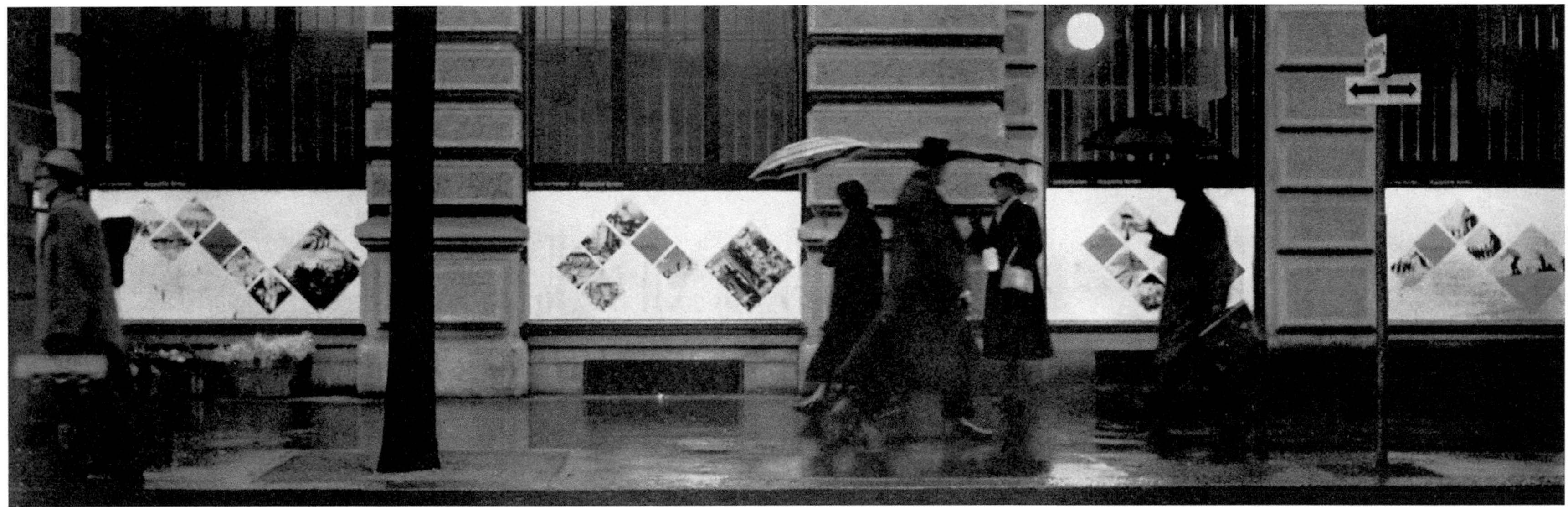

261

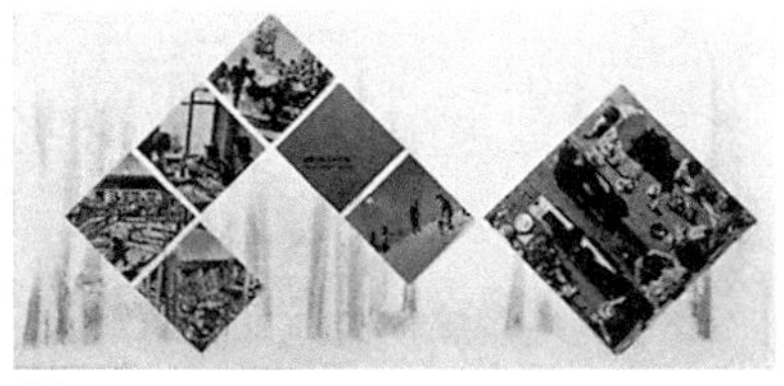

262

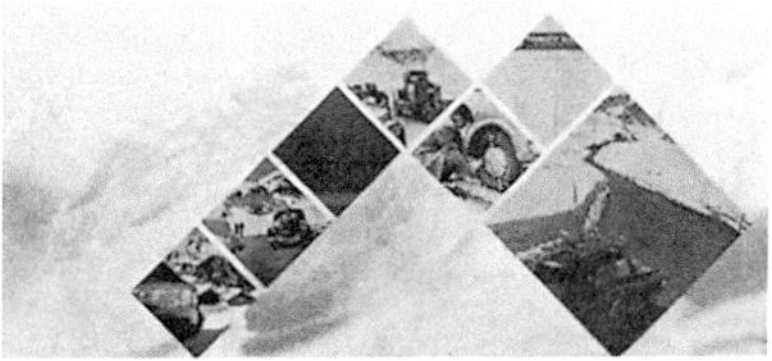

264

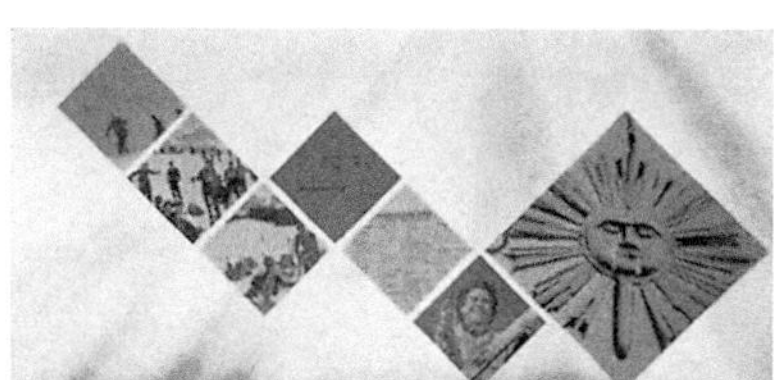

266

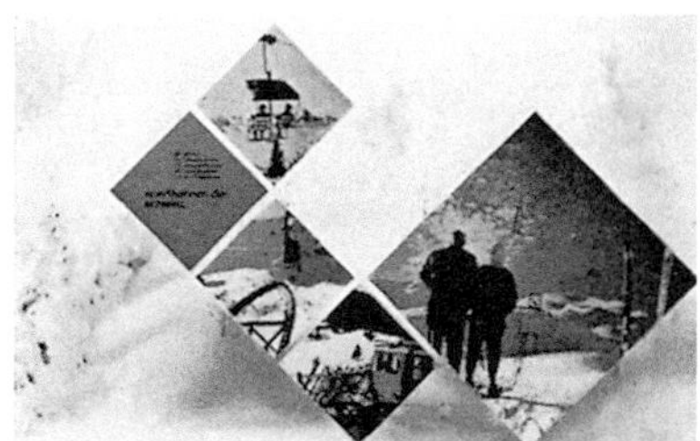

267

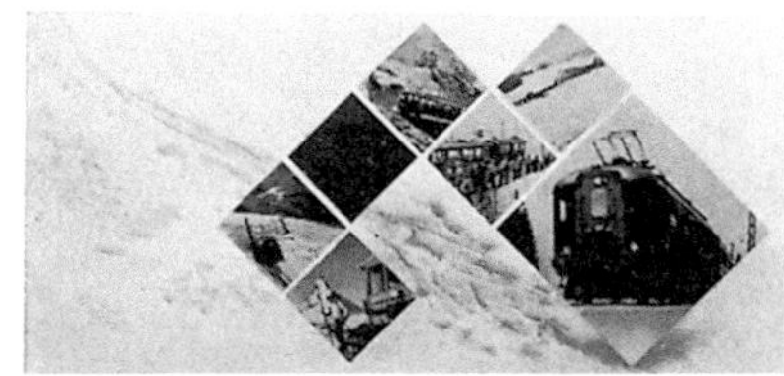

263

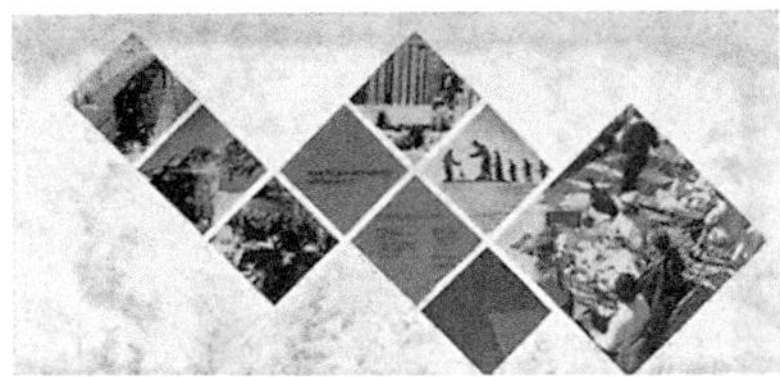

265

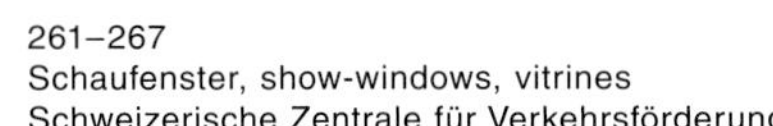

261–267
Schaufenster, show-windows, vitrines
Schweizerische Zentrale für Verkehrsförderung

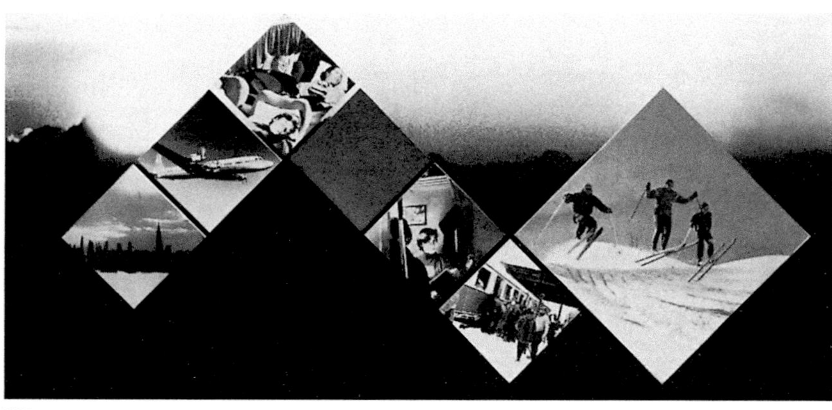
268

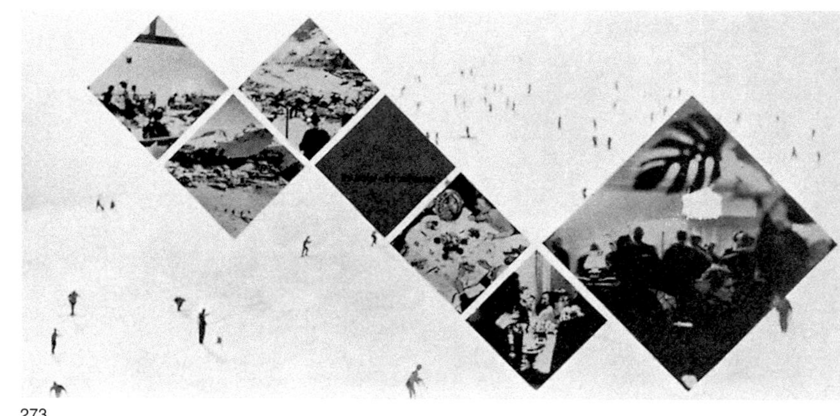
273

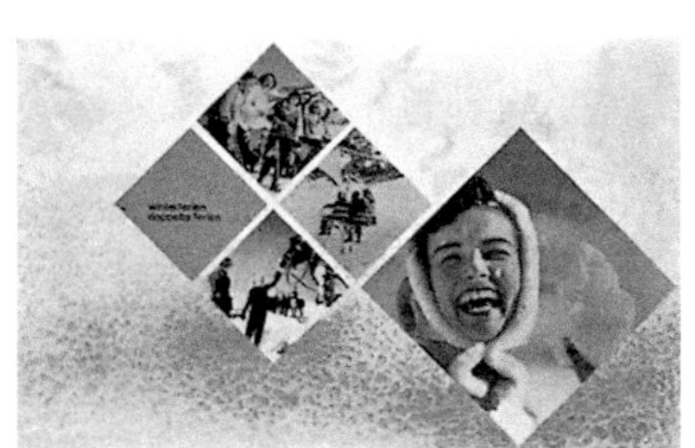
269

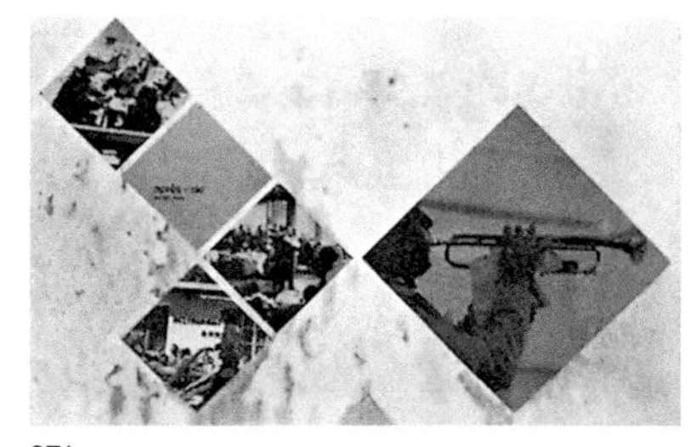
271

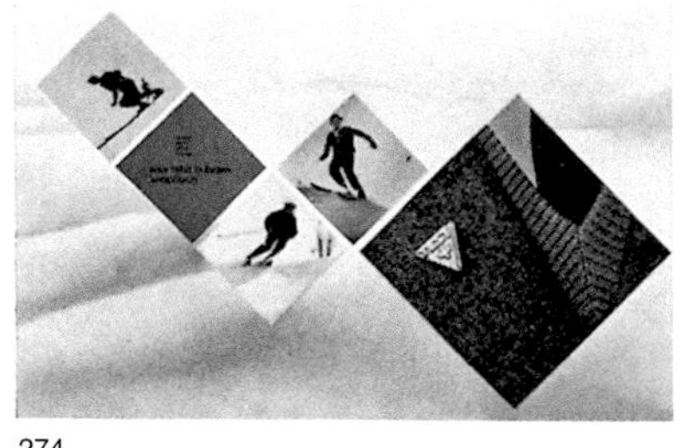
274

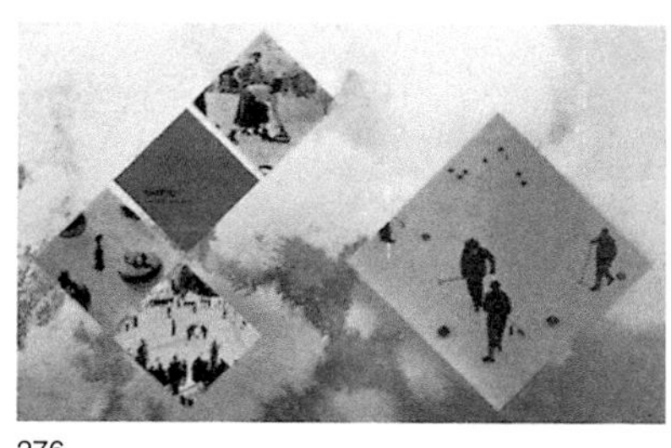
276

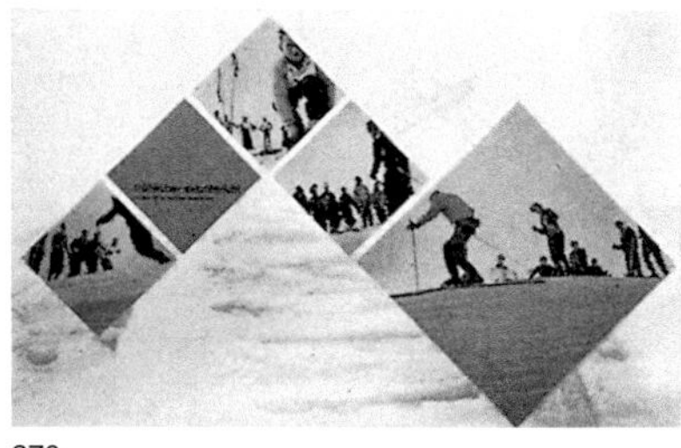
270

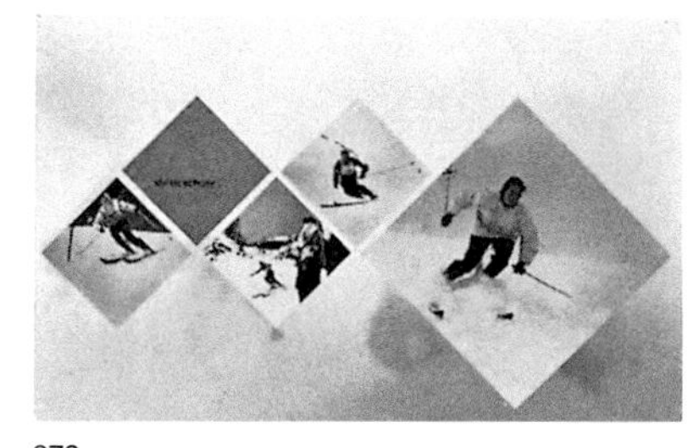
272

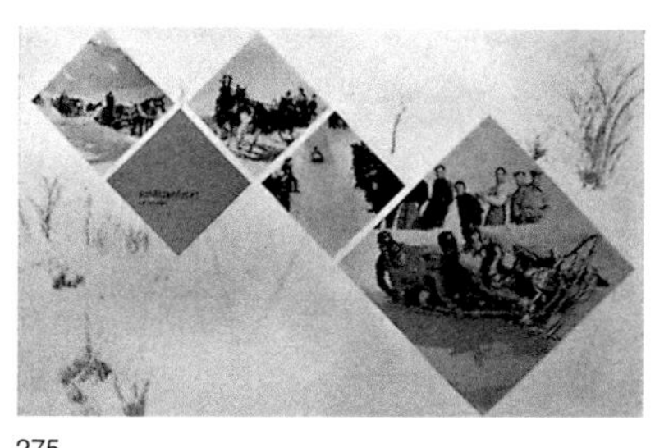
275

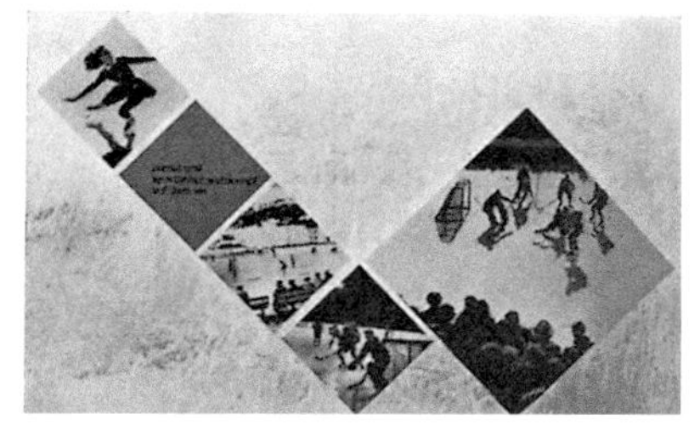
277

268–277
Schaufenster, show-windows, vitrines
Schweizerische Zentrale für Verkehrsförderung

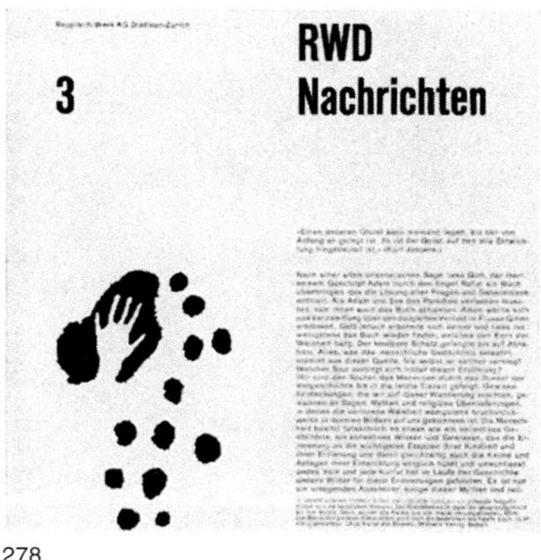

278

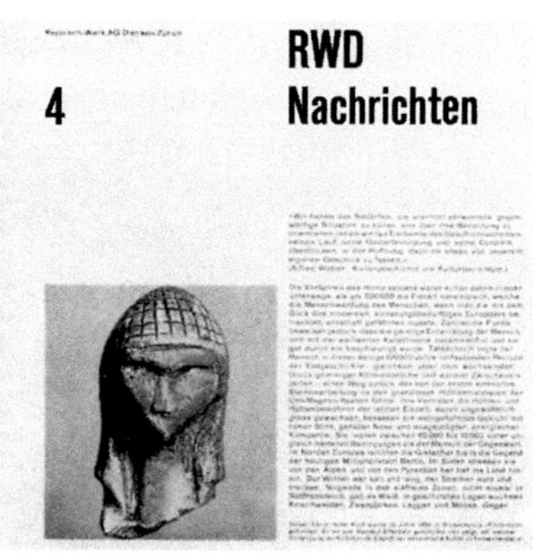

280

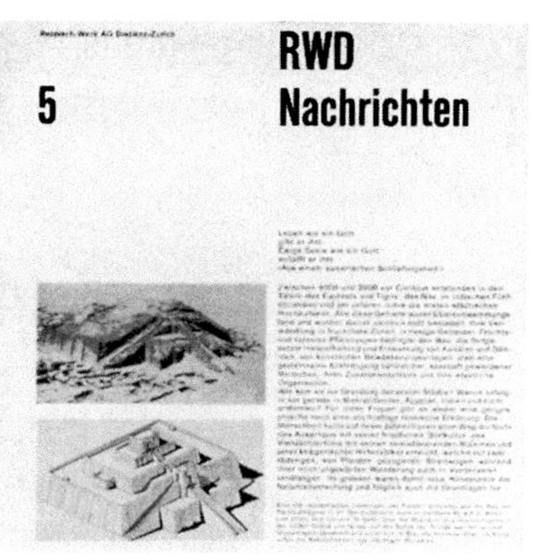

281

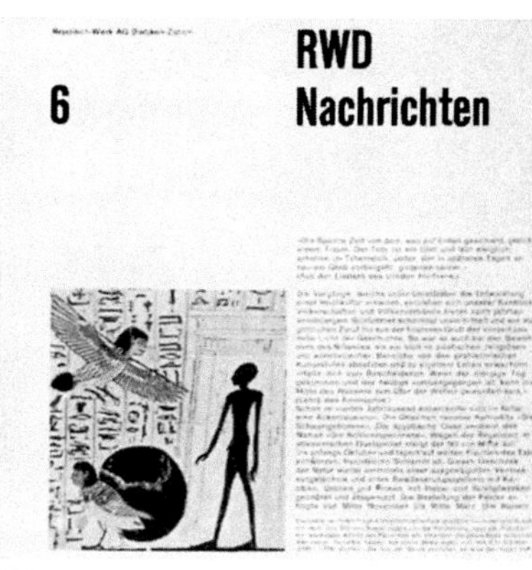

283

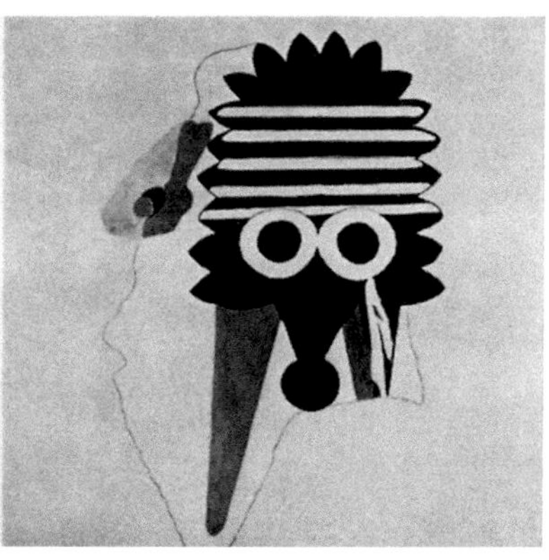
279

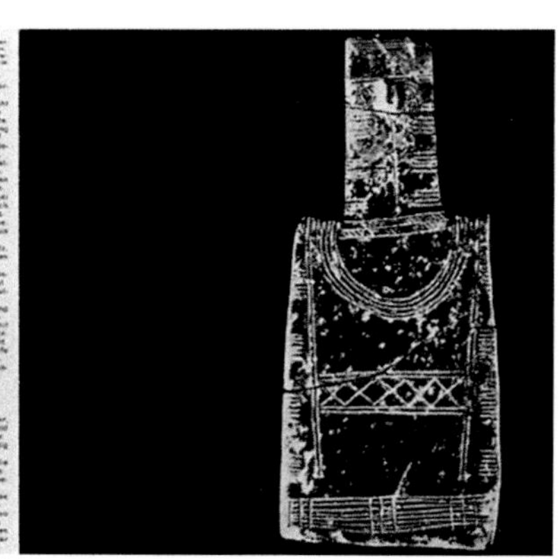
282

278–283
Broschüren, folders, brochures
Reppisch-Werk AG, Dietikon/ZH

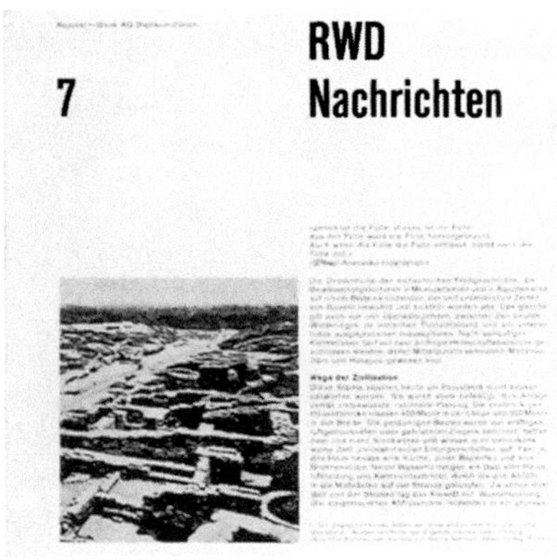

284

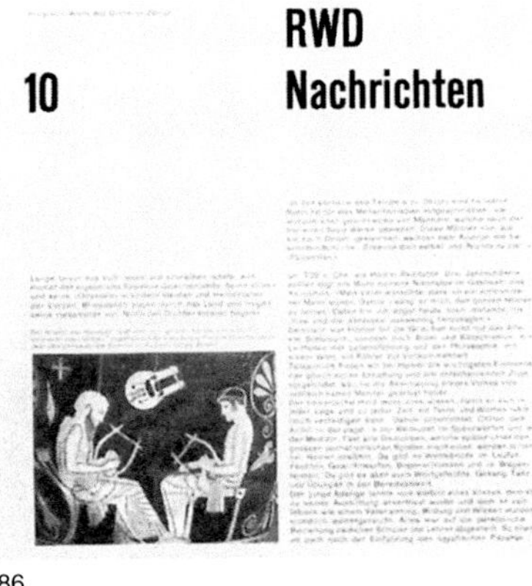

286

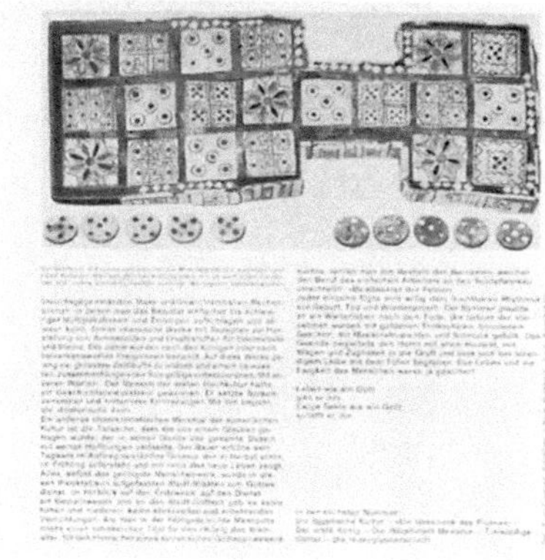

288

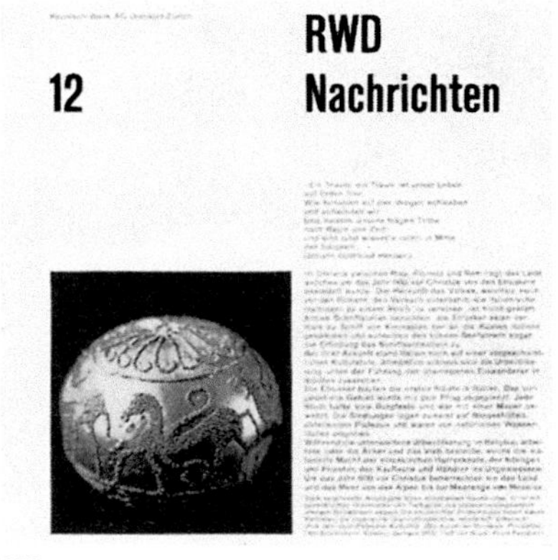

290

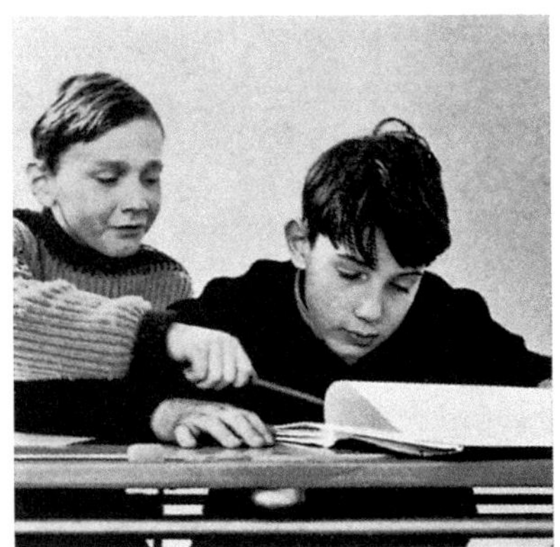

285

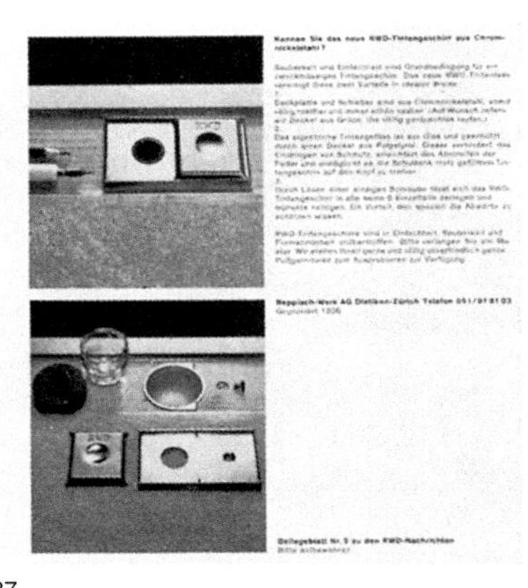

287

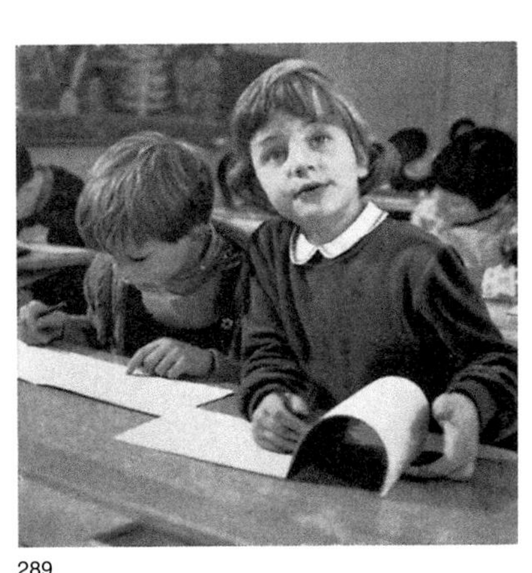

289

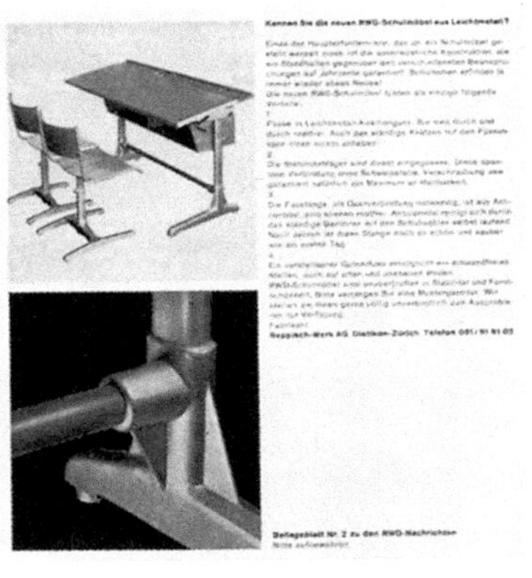

291

284–291
Broschüren, folders, brochures
Reppisch-Werk AG, Dietikon/ZH

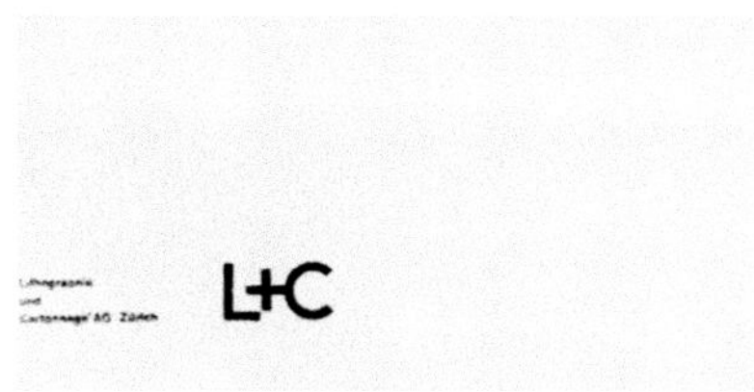

292

294

296

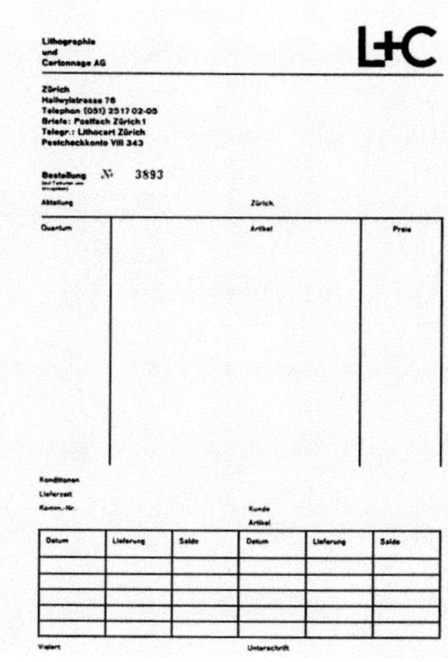
Lithographie
und
Cartonnage AG

L+C

Zürich
Hallwylstrasse 78
Telephon (051) 25 17 02-05
Briefe: Postfach Zürich 1
Telegr.: Lithocart Zürich
Postcheckkonto VIII 343

Bestellung № 3893

Datum	Lieferung	Saldo	Datum	Lieferung	Saldo

298

293

295

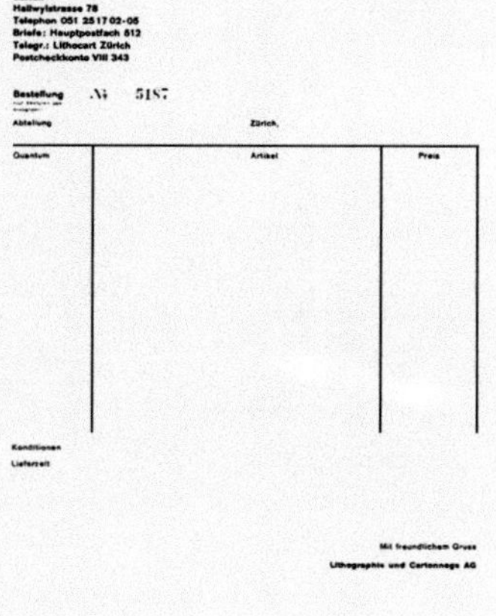
Lithographie
und
Cartonnage AG

L+C

Bestellung № 5187

297

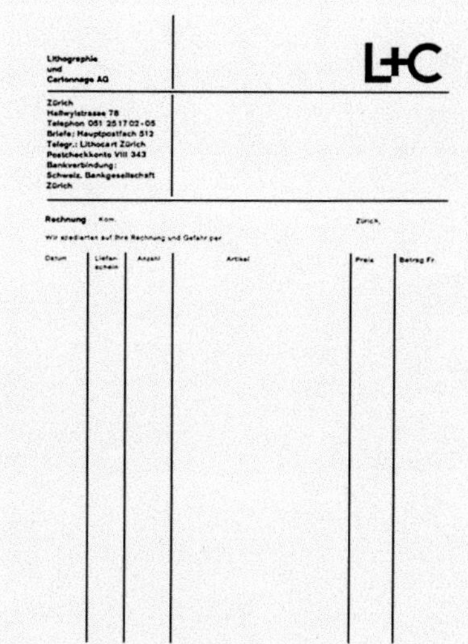
Lithographie
und
Cartonnage AG

L+C

Rechnung

299

292–299
Geschäftsdrucksachen, business stationery,
formules d'affaires
Lithographie + Cartonnage AG, Zürich

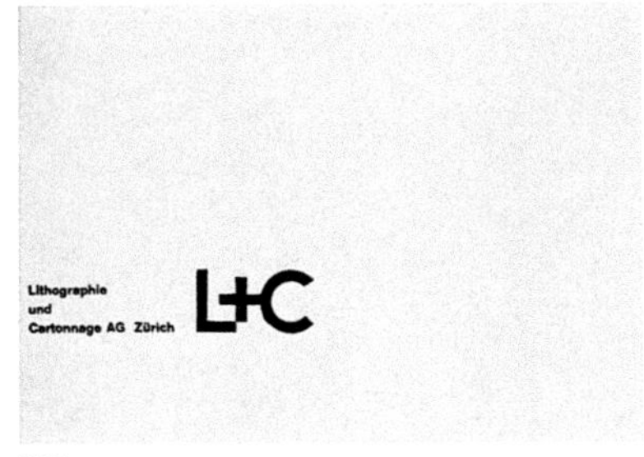

300

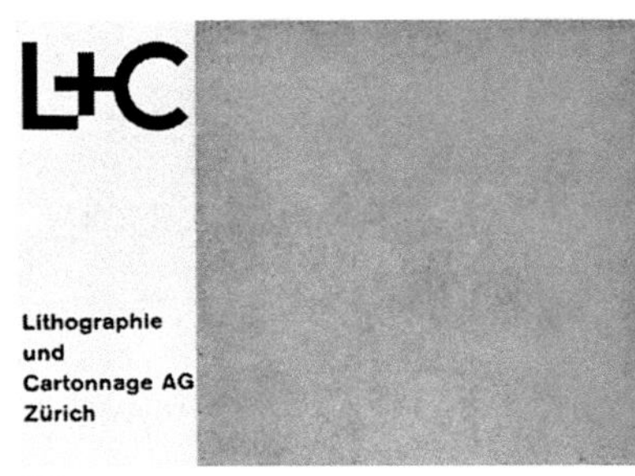

303

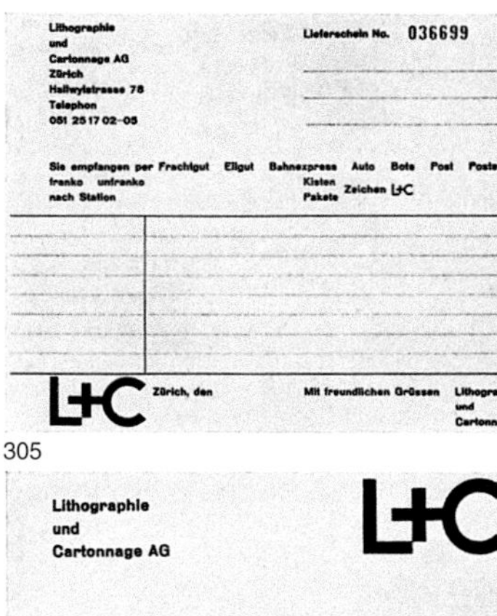
Lithographie
und
Cartonnage AG
Zürich
Hallwylstrasse 78
Telephon
051 25 17 02–05

Lieferschein No. 036699

Sie empfangen per Frachtgut Eilgut Bahnexpress Auto Bote Post Postexpress
franko unfranko
nach Station

Kisten
Pakete
Zeichen L+C

L+C Zürich, den

Mit freundlichen Grüssen Lithographie und Cartonnage AG

305

Lithographie
und
Cartonnage AG

L+C

Mit freundlichem Gruss

306

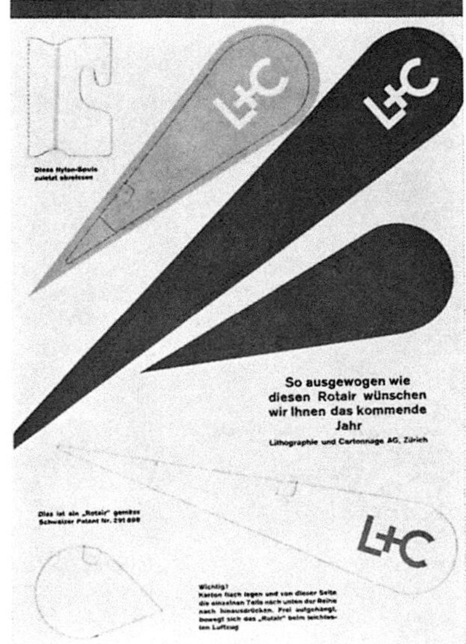

308

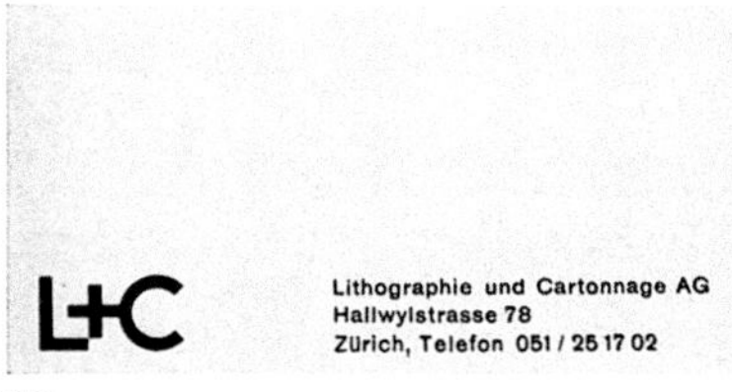

301

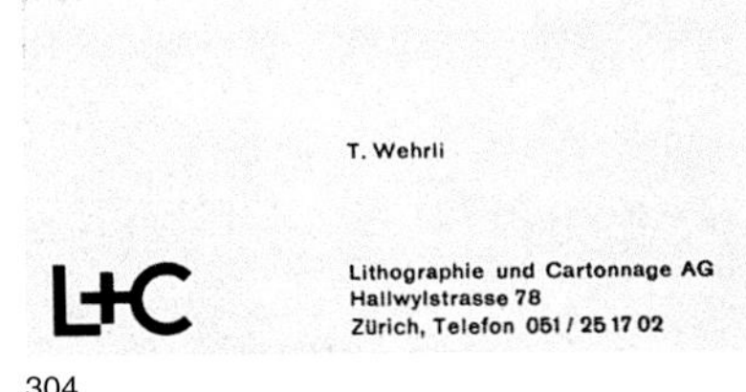

304

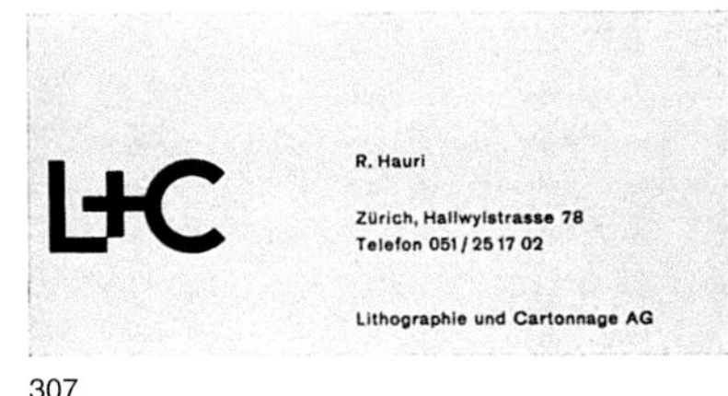
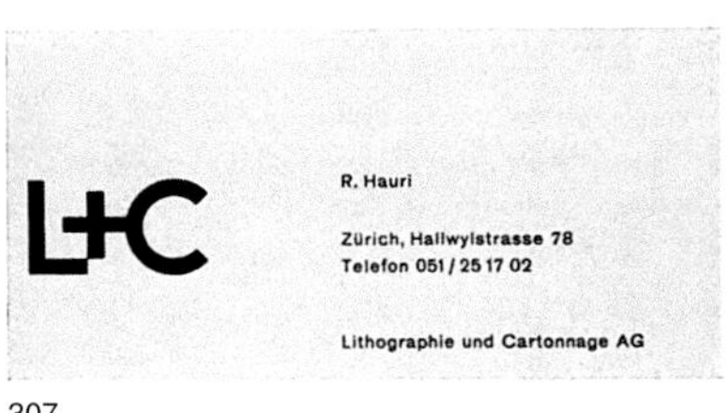

307

L+C
Zürich
Lithographie
und
Cartonnage AG

302

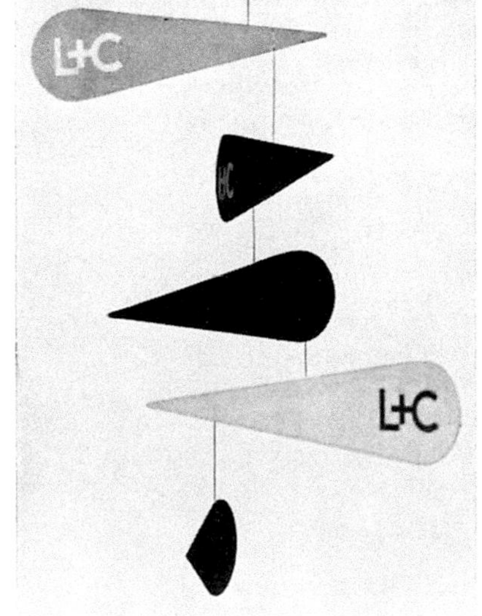

309

300, 301
Geschäftsdrucksachen, business stationery, formules d'affaires
Lithographie + Cartonnage AG, Zürich
302
Lieferwagen, delivery van, camionnette
Lithographie + Cartonnage AG, Zürich

303–307
Geschäftsdrucksachen, business stationery, formules d'affaires
Lithographie + Cartonnage AG, Zürich

308, 309
Neujahrsglückwunsch und Entwurf, New Year's congratulation and design, vœux de bonne année et projet
Lithographie + Cartonnage AG, Zürich

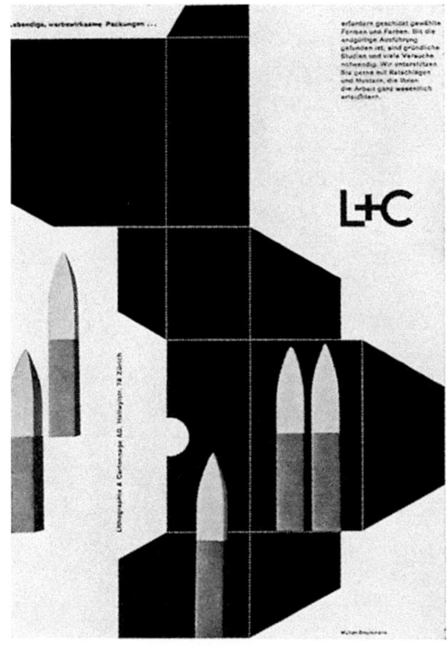

310

312

L+C

Kundendienst und Serviceleistungen wurden von uns schon immer besonders gepflegt. So dient die Mustermacherei dazu, Blankomuster anzufertigen, neuen Ideen zum Durchbruch zu verhelfen, rationellere Arbeitsmethoden ausfindig zu machen. In engster Zusammenarbeit mit dem Auftraggeber entwickeln wir Packungen, Ladentisch-Schachteln, Verkaufshelfer und Schaufensterdekorationen, die zugleich praktisch und werbewirksam sind.
Lithographie und Cartonnage AG Zürich, Hallwylstrasse 78

311

Eine neue Packung...

L+C

313

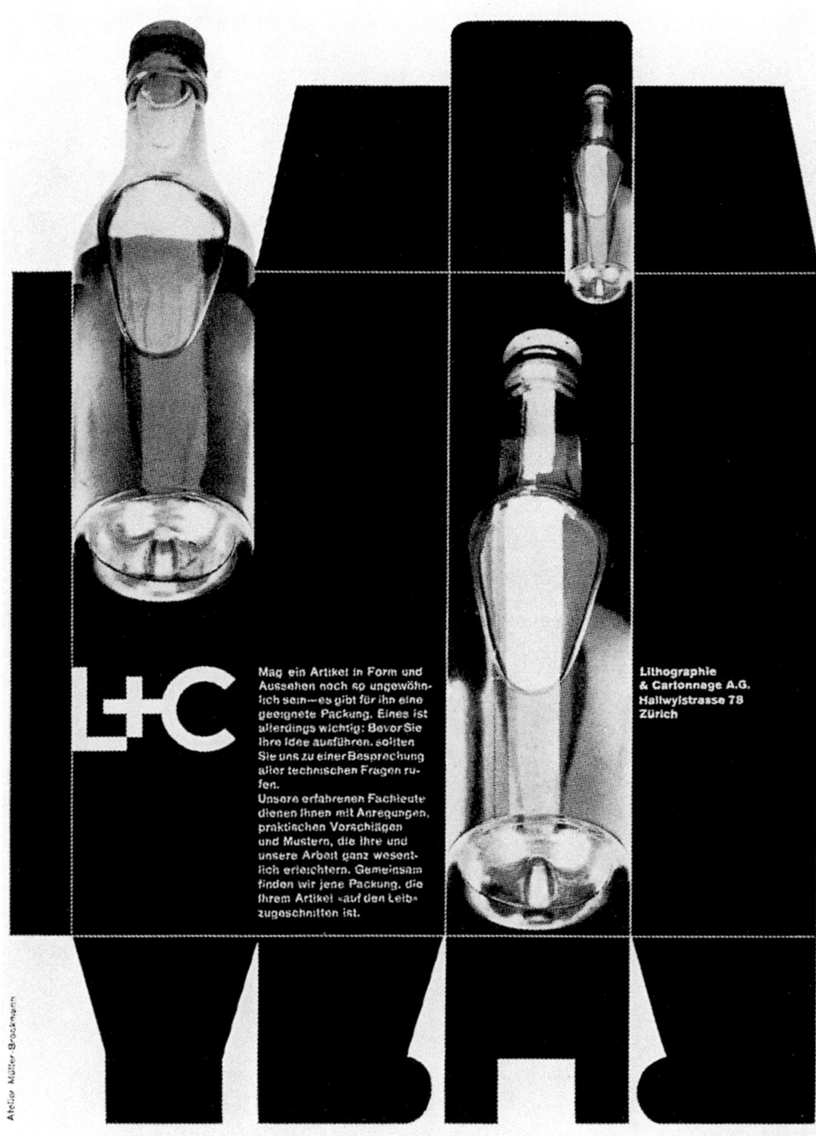

314

310–314
Inserate, advertisements, annonces
Lithographie + Cartonnage AG, Zürich

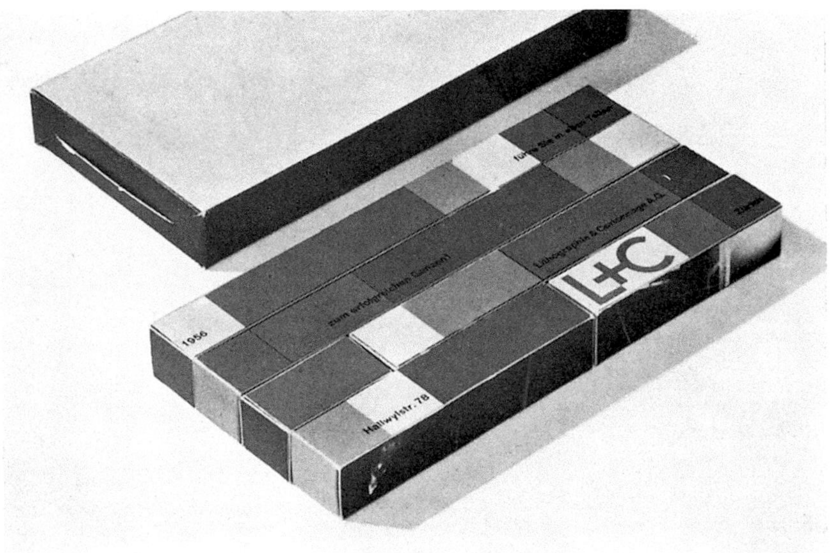

315

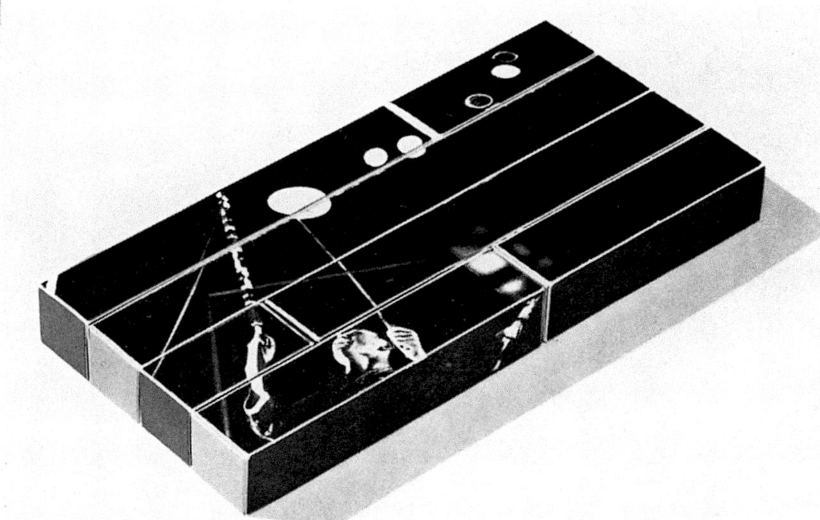

317

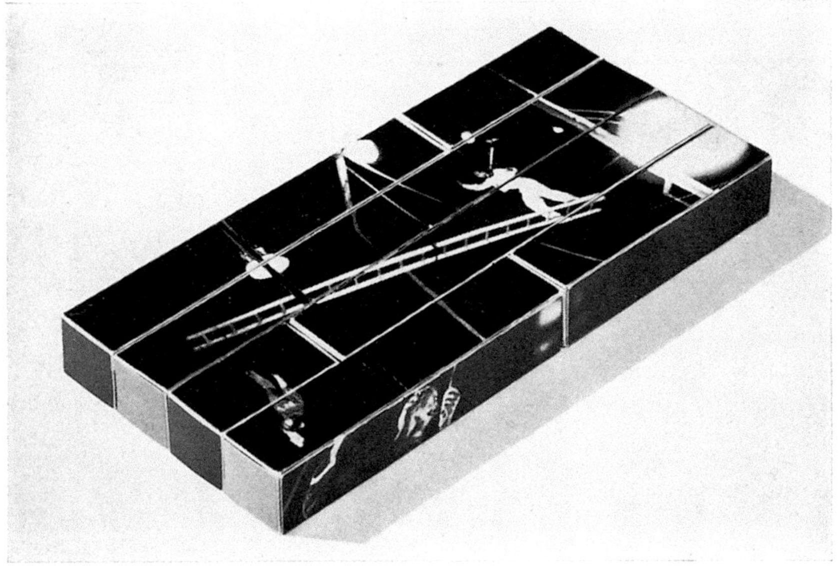

316

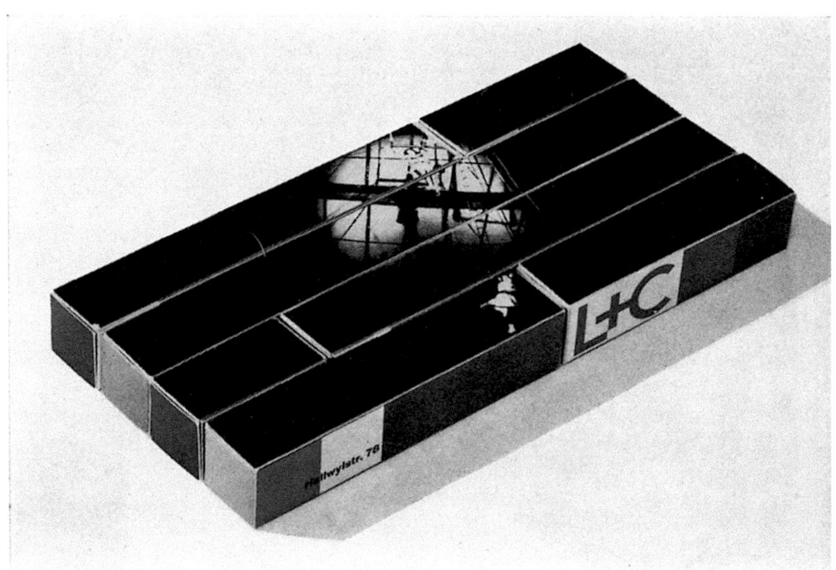

318

315–318
Schachtel mit Neujahrswünschen, box with New Year's congratulations, boîte de vœux de bonne année
Lithographie + Cartonnage AG, Zürich

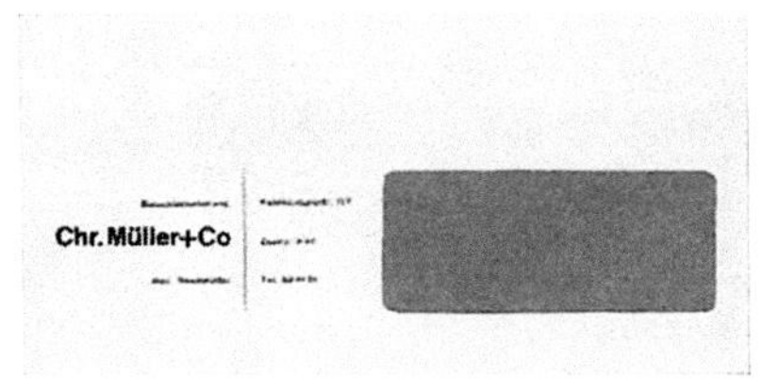

319

320

321

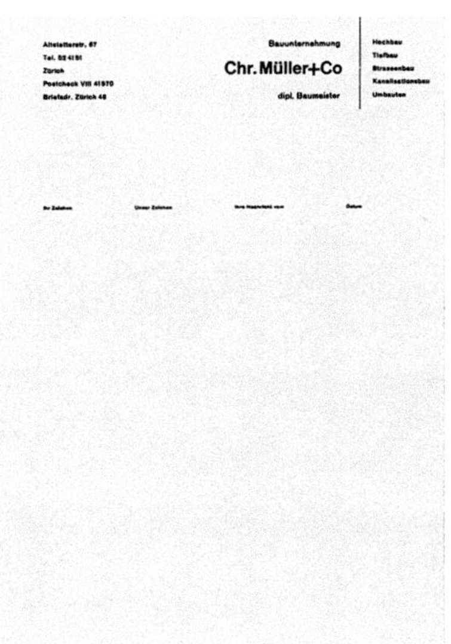

322

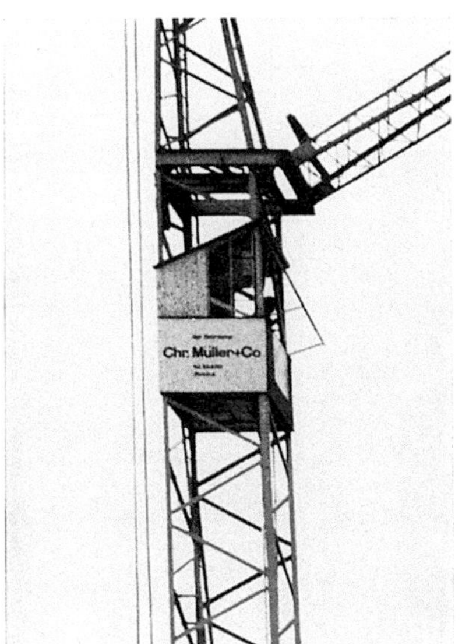

323

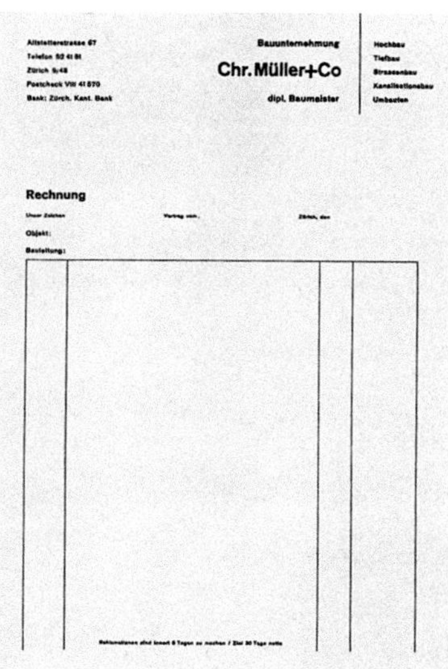

324

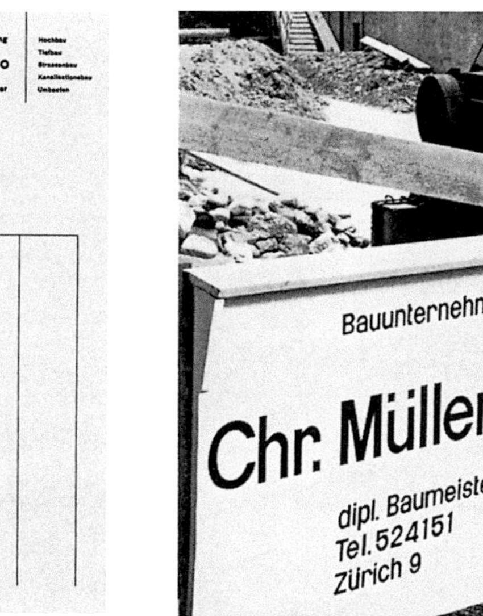

326

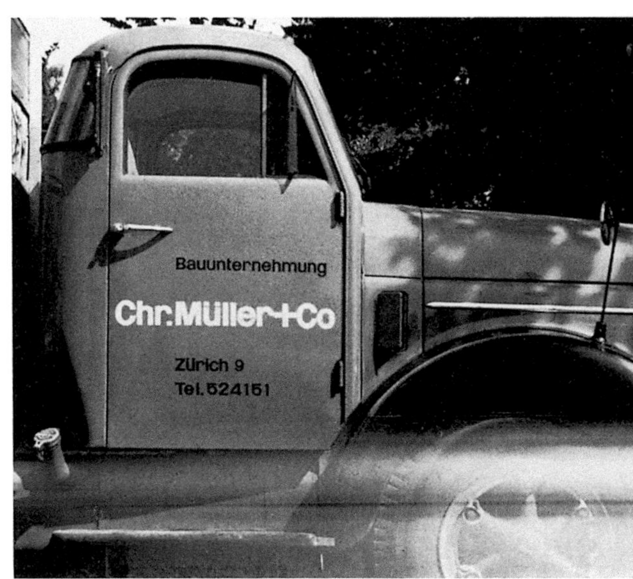

325

319–322, 324
Geschäftsformulare, business stationery, formules d'affaires
Chr. Müller + Co., Bauunternehmung, Zürich

323
Kran, crane, grue
Chr. Müller + Co., Bauunternehmung, Zürich

325
Lastwagen, waggon, camion
Chr. Müller + Co., Bauunternehmung, Zürich

326
Firmentafel auf der Baustelle, signboard on the building-ground, enseigne sur un chantier
Chr. Müller + Co., Bauunternehmung, Zürich

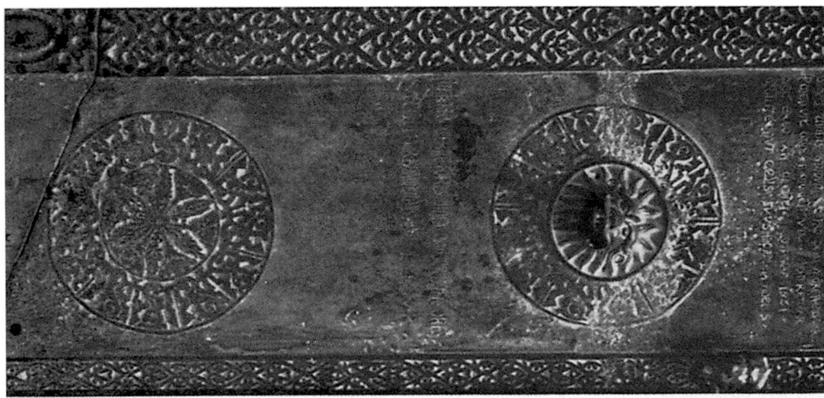

327

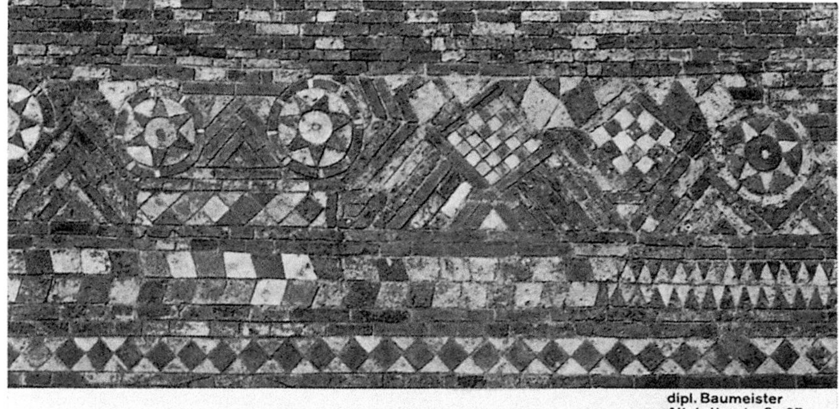

329

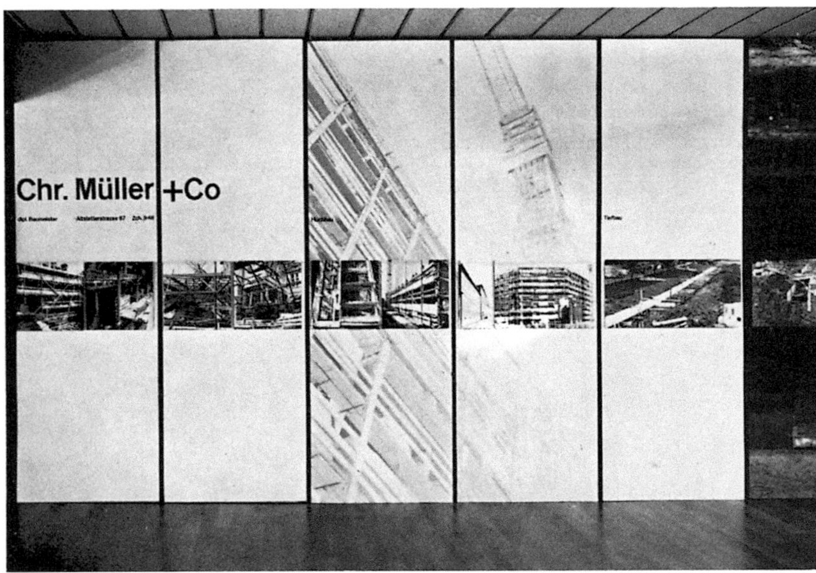

328

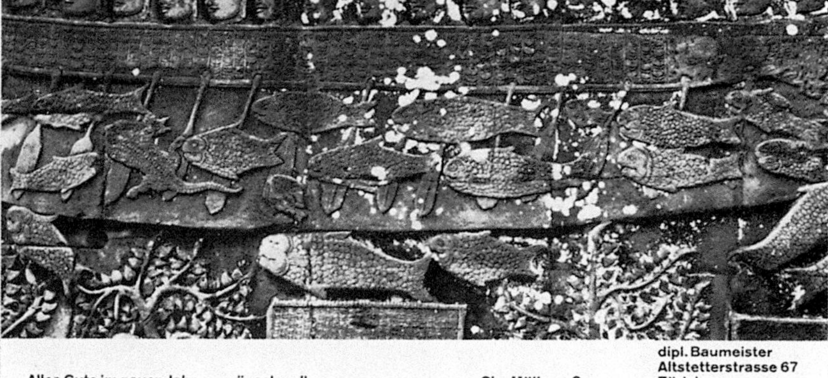

330

327, 329, 330
Neujahrskarten, New Year's congratulations, vœux de bonne année
Chr. Müller + Co., Bauunternehmung, Zürich
328
Ausstellungswand, exhibition boards, tableaux d'exposition
Chr. Müller + Co., Bauunternehmung, Zürich

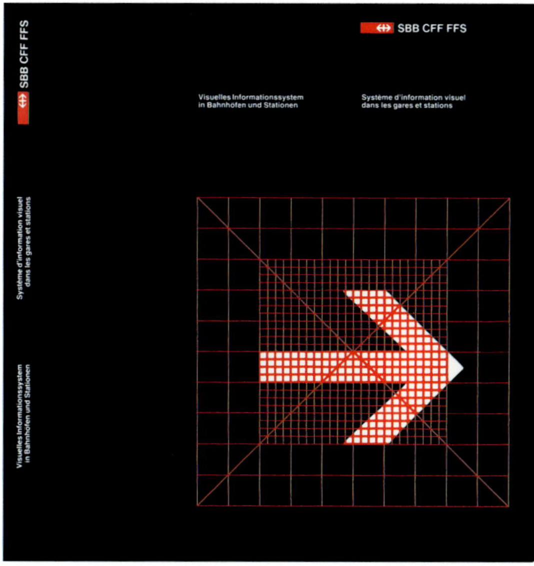

331

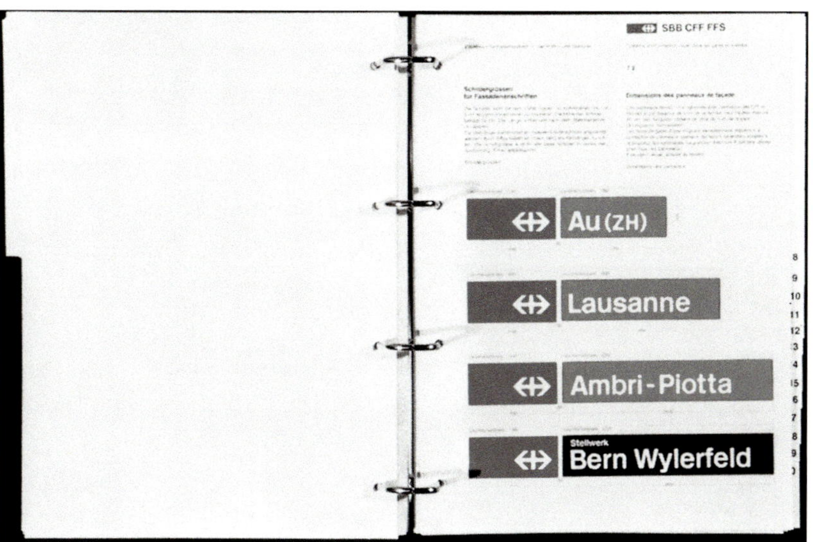

332

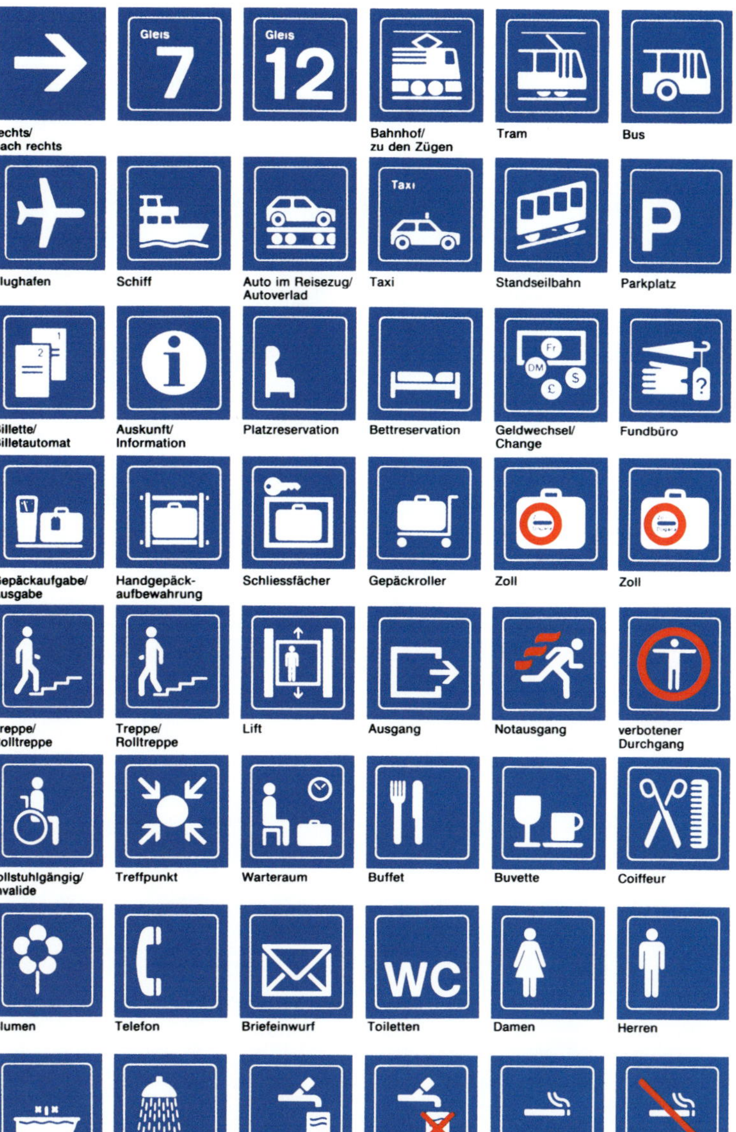

333

331, 332
Design-Manual, Umschlag; jacket; couverture
Schweizerische Bundesbahn, Bern

333
Design-Manual, Piktogramme; symbols (pictograms); symbols (pictogrammes)
Schweizerische Bundesbahn, Bern

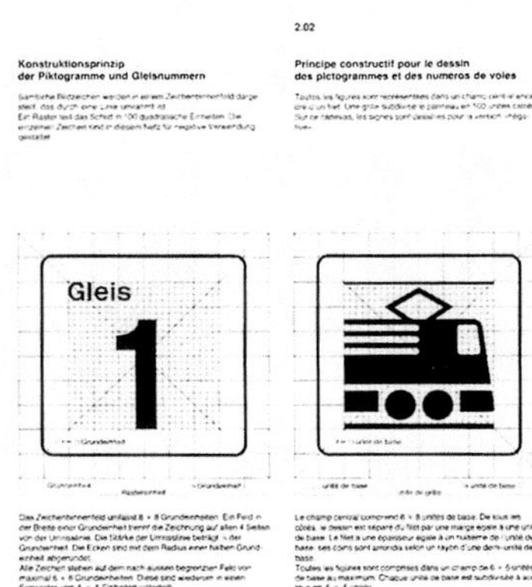

334

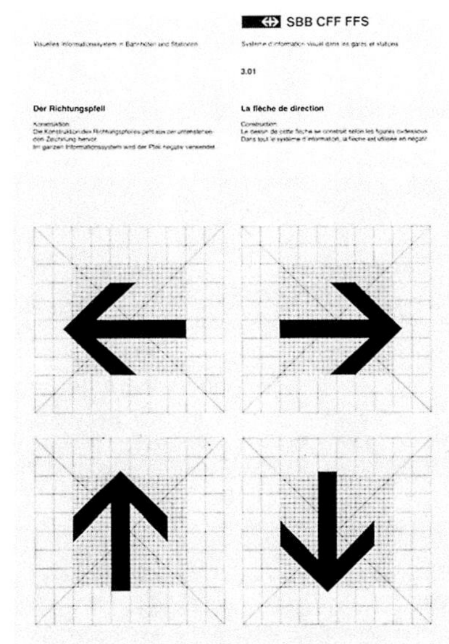

336

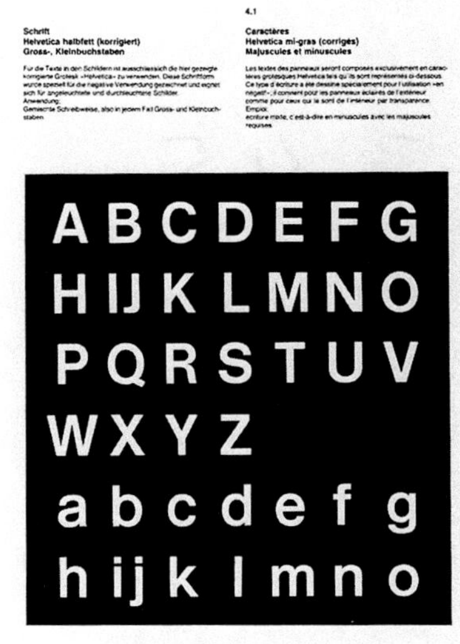

338

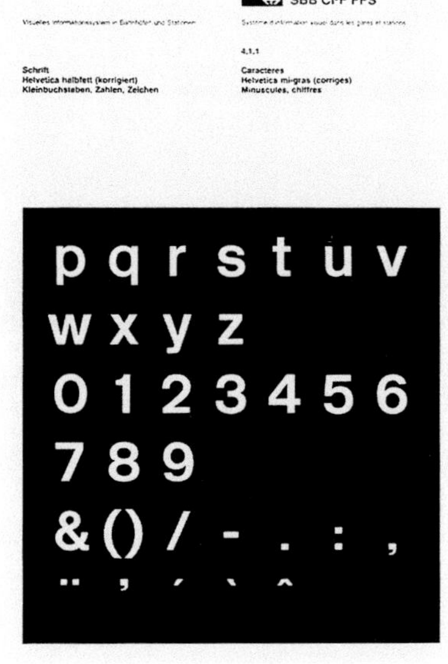

340

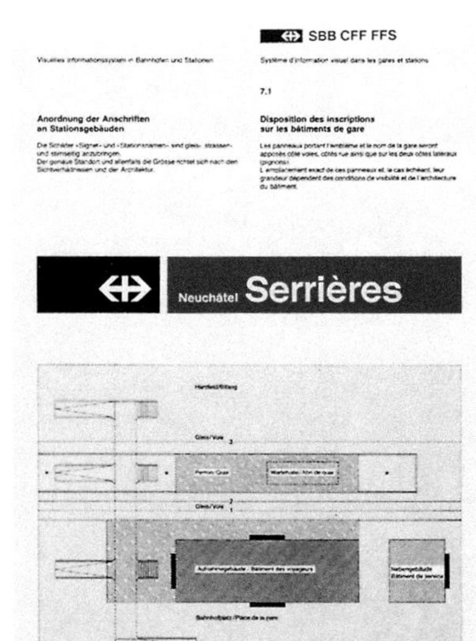

335

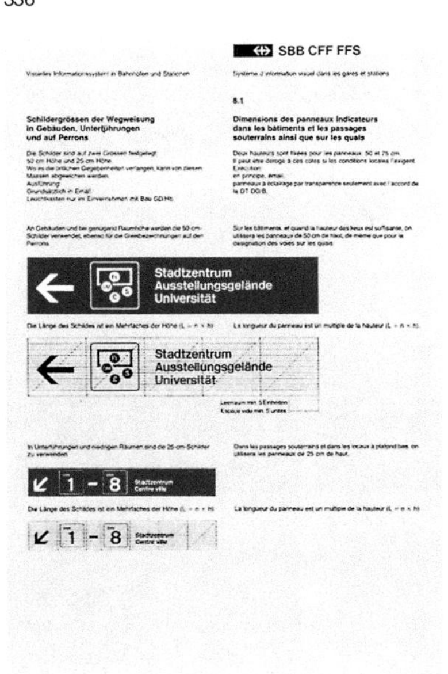

337

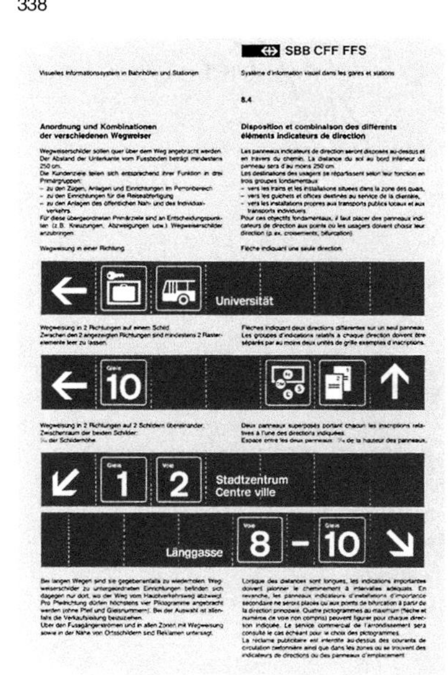

339

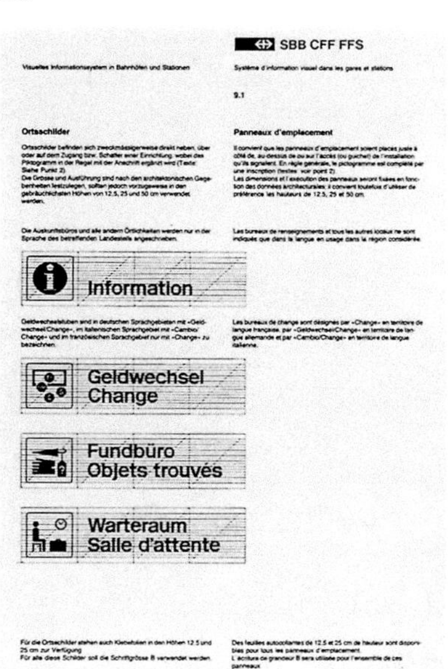

341

334–341
Design-Manual
Schweizerische Bundesbahn, Bern

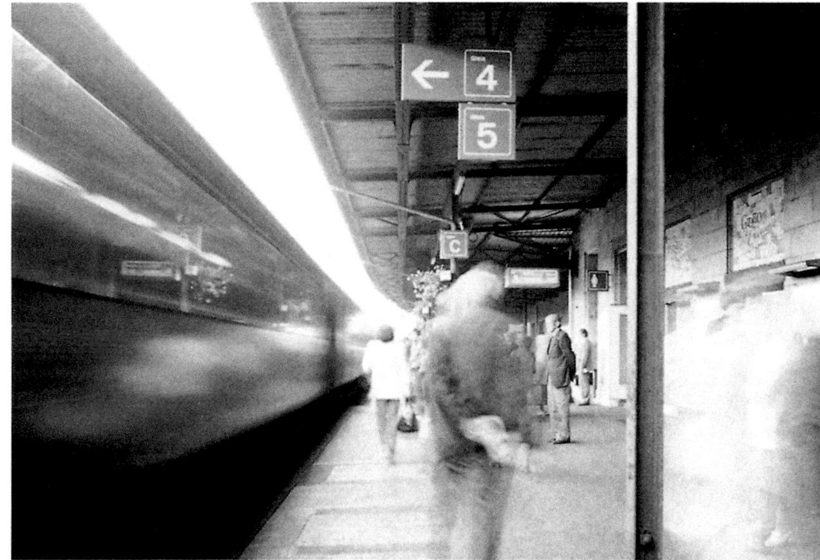

342

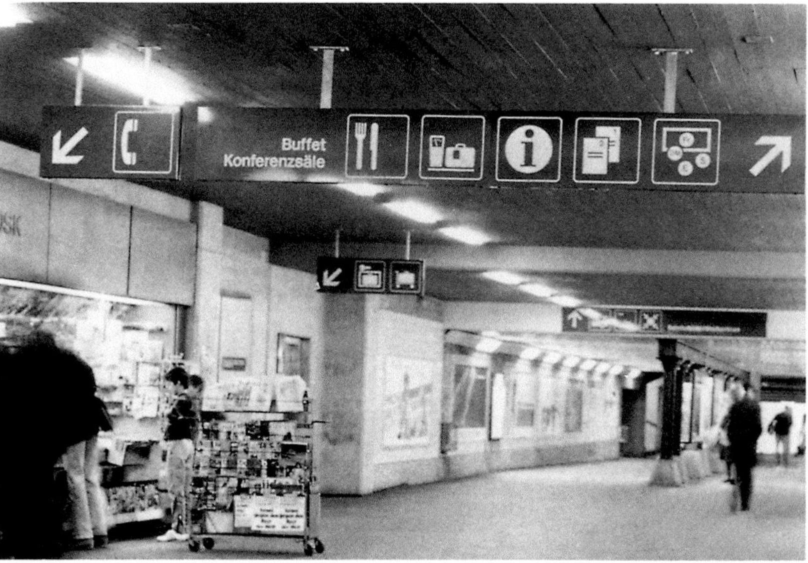

344

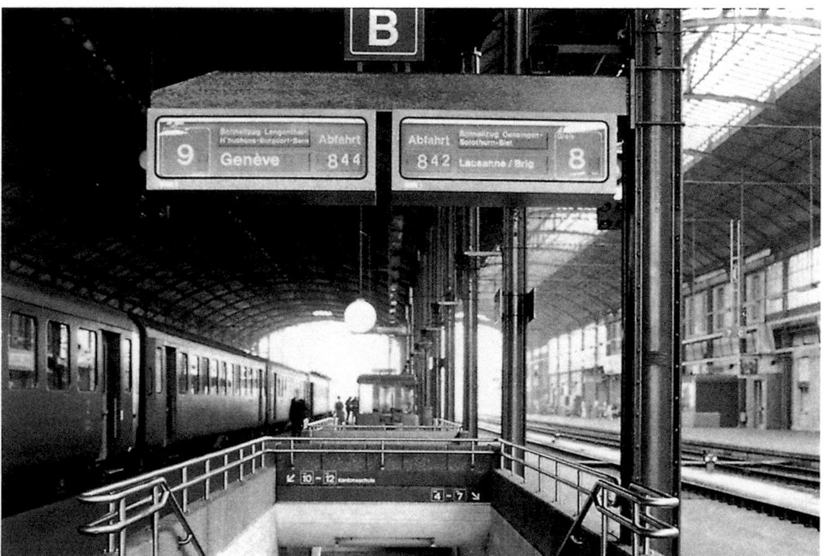

343

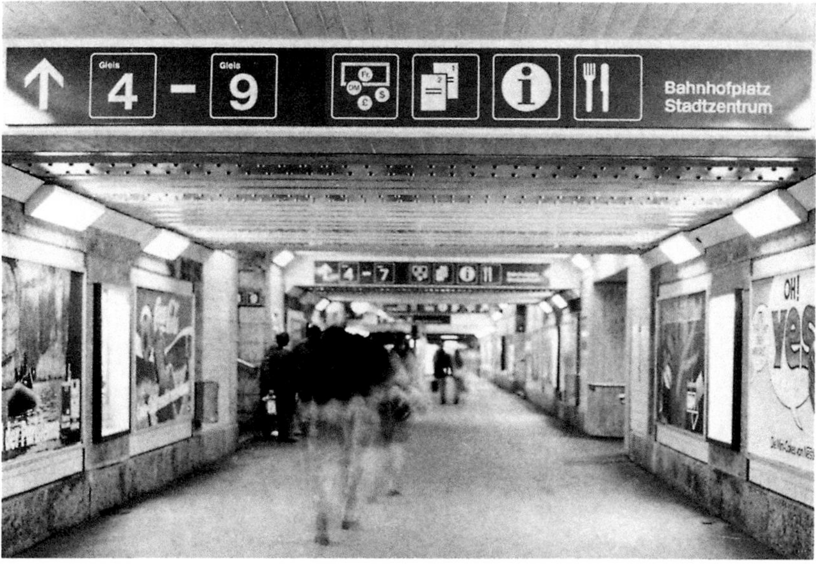

345

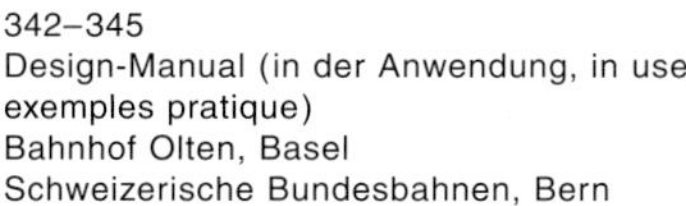

342–345
Design-Manual (in der Anwendung, in use, exemples pratique)
Bahnhof Olten, Basel
Schweizerische Bundesbahnen, Bern

Werbeinhalt und entsprechende Werbeform

Wenn man die formalen Bemühungen und Leistungen der Werbegrafik untersucht und sie mit dem geistigen und materiellen Wert der Themen, Unternehmen und Produkte, für die geworben werden soll, vergleicht, dann wird man oft feststellen, dass die Qualität der grafischen Formulierung dem angepriesenen Inhalt überlegen ist. Durch eine überraschende grafische Idee und Gestaltung hat der Grafiker den Werbeinhalt interessant gemacht, hat ihn formal aufgewertet, also verfälscht, und ihm dadurch eine übersteigerte Wirkung verliehen. Der Betrachter dieser Werbemitteilung wird kauffreudig gemacht, und zwar einzig und allein auf Grund einer optischen Täuschung. Hier beginnt die Frage nach der moralischen Berechtigung oder Verwerflichkeit solcher Werbemethoden. Das Problem mag an einem Beispiel verdeutlicht werden: In den letzten Jahren ist eine Unzahl von Wohnmöbeln auf den Markt gekommen, deren Formen wohl den Pionieren moderner Wohnkultur entlehnt, aber ins Modische und Verspielte abgewandelt wurden. Für die Verkaufswerbung dieser Erzeugnisse werden zum Teil erstklassige Grafiker eingesetzt, die eine neuzeitliche Werbeform für diese Produkte schaffen. In strenger Gliederung, mit klarer Typografie, unterstützt durch geschickte, die Mängel der Möbel gleichsam tarnende Fotoaufnahmen, entstehen Inserate, Prospekte, Kataloge und Plakate, die den Verkaufsgegenstand optisch dermassen verbessern, dass das Publikum getäuscht wird und glaubt, einem zeitgemässen Qualitätsprodukt gegenüberzustehen. Der grafische Gestalter veredelt auf diese Weise die unästhetischen, verkaufsunwürdigen Produkte in der Werbung, durch seine gewandte, moderne Formbewältigung. Damit kehrt der Grafiker eigentlich den Sinn der guten Gestaltung in ihr Gegenteil um; die sinnvolle Arbeit wird zur sinnverkehrten, sinnfremden Arbeit.
Dieses Beispiel aus der Möbelindustrie könnte durch viele andere aus der industriellen Produktion, der Spielzeugindustrie, der Autobranche, der Uhrenindustrie, des Kunstgewerbes usw. erweitert werden. Und überall führt der Weg zum Erfolg über den Grafiker.
Die Frage nach dem Sinn oder der Sinnwidrigkeit einer Aufgabe darf nicht bagatellisiert werden. Ernst genommen, führt sie zu einer Neubewertung der Arbeit des Grafikers. An seine Einstellung zur Umwelt, an sein Verantwortungsbewusstsein werden neue Ansprüche gestellt.
Eine gründliche, ernsthafte Prüfung und Beantwortung der Frage hat bedeutende ethische und soziologische Konsequenzen. Die ideellen Probleme im Beruf des Grafikers wachsen damit weit über die Aspekte der nur künstlerisch-formalen Gestaltung hinaus.
Dass diese Frage viele Grafiker beschäftigt, kann auf jeder internationalen Design-Konferenz beobachtet werden, wo das Problem immer wieder aufgeworfen, aber nie konsequent abgeklärt worden ist.

Form to match the content

If we consider the effort put into graphic art and the general level of its achievement and compare these with the intellectual and material value of the themes, enterprises and products which are advertised, we often find that the quality of the graphic design is superior to the matter advertised. With the aid of a striking graphic idea and good design, the artist has imparted interest to the contents of the advertisement, enhanced its value by formal means and, falsified it, in fact, by creating an excessive and unjustified impact. The recipient of this advertising message is induced to buy, simply and solely on the strength of an optical illusion. This gives rise to the question whether such advertising methods are morally justifiable or not.
The problem can be illustrated by an example: In recent years a vast amount of furniture has come onto the market whose lines admittedly owe something to the pioneers of modern interior design but have been distorted into the frivolous or modish. Sometimes first-class graphic designers have been engaged to create a modern form of advertisement with which to promote the sale of these products. Advertisements, leaflets, catalogues and posters appear, all well set out, with clear typography, backed by clever photographs masking the defects of the furniture, and so enhance the appearance of the article that the public is deluded into thinking that it is being offered contemporary furniture of the first quality. Thus the graphic designer, through this skill and versatility in the use of form, has given spurious value to aesthetically inferior articles which are unworthy of the cumstomer's patronage. The designer is thus perverting the point and purpose of good design into its opposite; his work is debased into a travesty of what it ought to be. This example from the furniture industry could be paralleled by many others from other branches of manufacturing, the toy industry, the motor industry, the watch industry, the applied arts, etc. And in each case it is the graphic artist who can open the road to success.
This question of whether a work is fulfilling or perverting its purpose must not be regarded as trivial. Taken seriously, it leads to a fresh evaluation of the graphic artist's work; new demands are made on his attitude to society and on his sense of responsibility.
A thorough and serious consideration of the question has far-reaching ethical and sociological consequences. Thus the problems arising in the profession of graphic artist are by no means restricted merely to aspects of artistic and formal design. It will be found at any international design conference that this is a question exercising the minds of many graphic artists; the problem crops up for discussion time and again but it has never yet been properly resolved.

Contenu et forme adéquate en publicité

En comparant les efforts consentis et les réalisations des conceptions publicitaires avec la valeur réelle des thèmes traités, des produits présentés, on constatera bien souvent que la qualité artistique est bien supérieure au produit qu'elle prône. Par une idée graphique ingénieuse, le maquettiste a conféré à l'objet de la publicité un intérêt disproportionnée à sa valeur, l'a en quelque manière falsifié par un effet exagéré. Celui qui regarde une telle communication publicitaire est transformé en acheteur par la seule illusion optique. Ici se pose la question d'ordre moral, de la justification de telles méthodes. Voici un exemple: Ces dernières années une quantité de meubles ont été jetés sur le marché, dont les formes ont été vaguement empruntées aux pionniers du meuble moderne, mais qui, au fond, n'en possèdent aucune des qualités. Les campagnes publicitaires pour ces produits affadis sont en partie conçues par des maquettistes de premier rang qui en ont créé une présentation très moderne. Le public est induit à croire avoir affaire à un produit moderne de qualité, par annonces, dépliants, catalogues et affiches qui améliorent par une présentation rigoreuse, une typographie claire, des photographies avantageuses, un meuble en lui-même médiocre. Le créateur graphique annoblit ici par son savoir-faire un produit indigne, inesthétique. Il transforme ainsi sa tâche en son contraire: son bon sens devient nonsens.
A cet exemple du meuble industriel pourraient s'ajouter bien d'autres dans tous les domaines: articles de grande consommation, jouets, automobiles, horlogerie, métiers d'art, etc. Partout le chemin du succès est ouvert par le créateur graphique.
La question du sens ou du non-sens d'un problème publicitaire à résoudre ne doit pas être minimisée. Prise au sérieux, elle peut conférer une nouvelle dignité au travail du maquettiste. Sa place dans la société, sa responsabilité sont mises à l'épreuve. Un approfondissement de cette question a des conséquences importantes tant sur le plan éthique que sur le plan social. Les problèmes professionnels du créateur graphique dépassent ainsi le cadre de la seule création.
Que le problème occupe bien des créateurs peut être constaté dans toutes les rencontres et congrès de professionnels. Jusqu'à présent aucune réponse claire n'a été formulée.

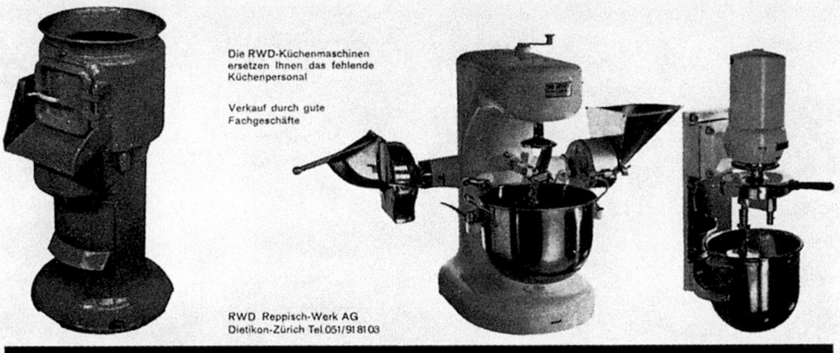

346

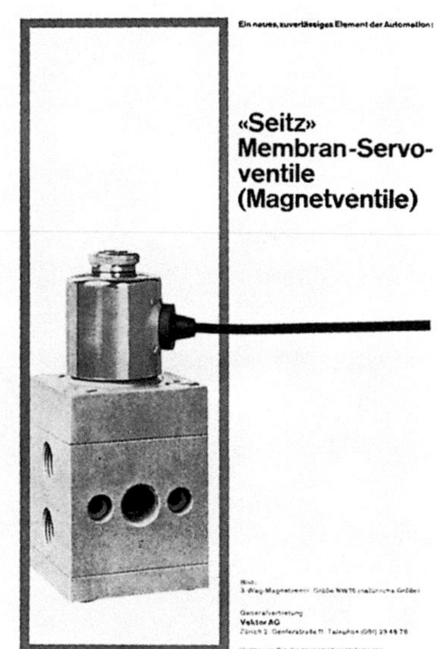

347

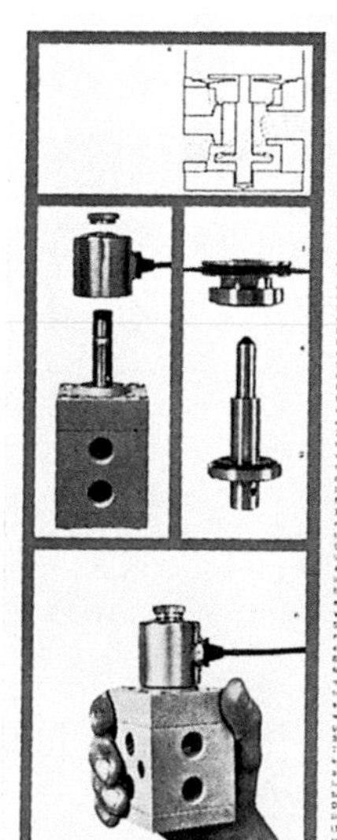

348

346
Inserat, advertisement, annonce
Reppisch-Werk AG, Dietikon/ZH
347, 348
Prospekt, brochure, dépliant
Vektor AG, Zürich

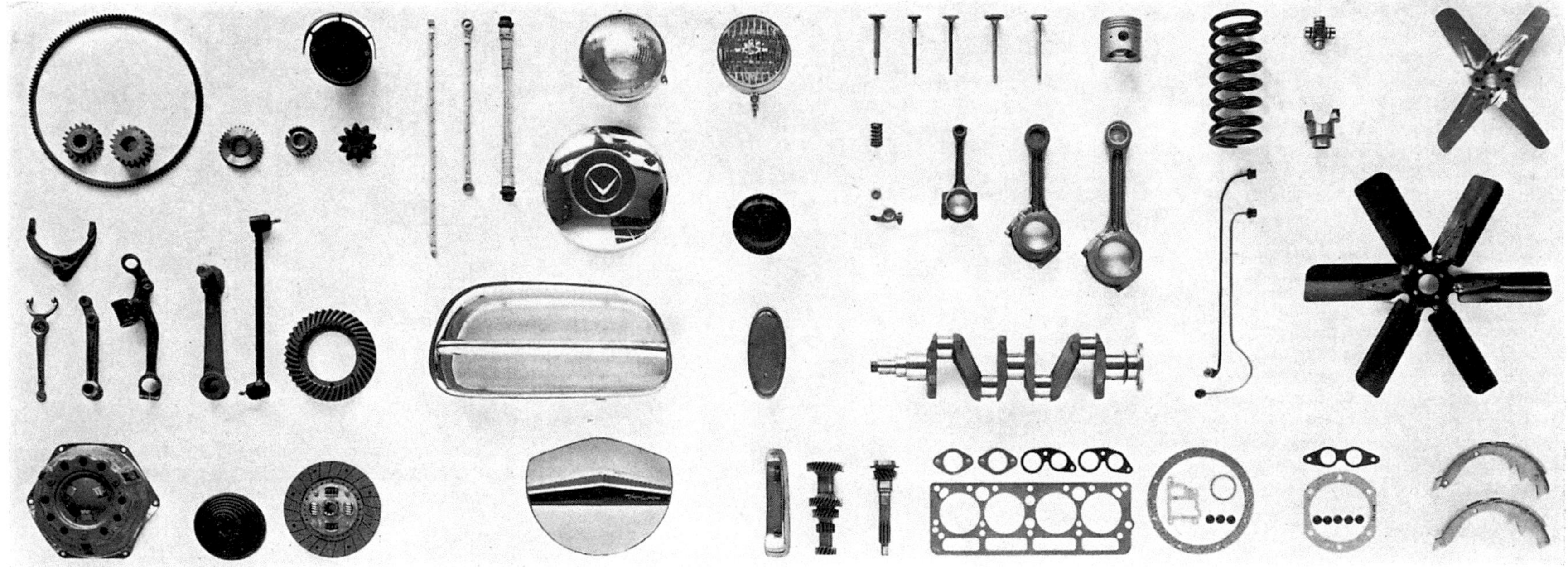

349

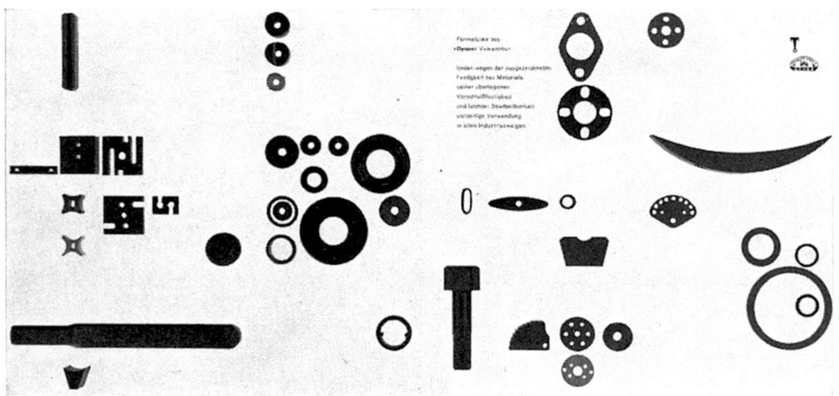

350

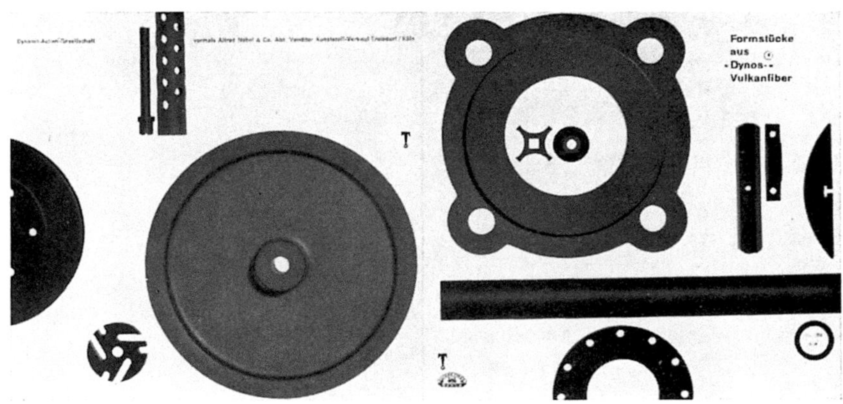

351

349
Wand, wall, mur
Fritz Häusermann, Volvo-Vertretung, Zürich
350, 351
Prospekt, brochure, dépliant
Nobel AG, Troisdorf

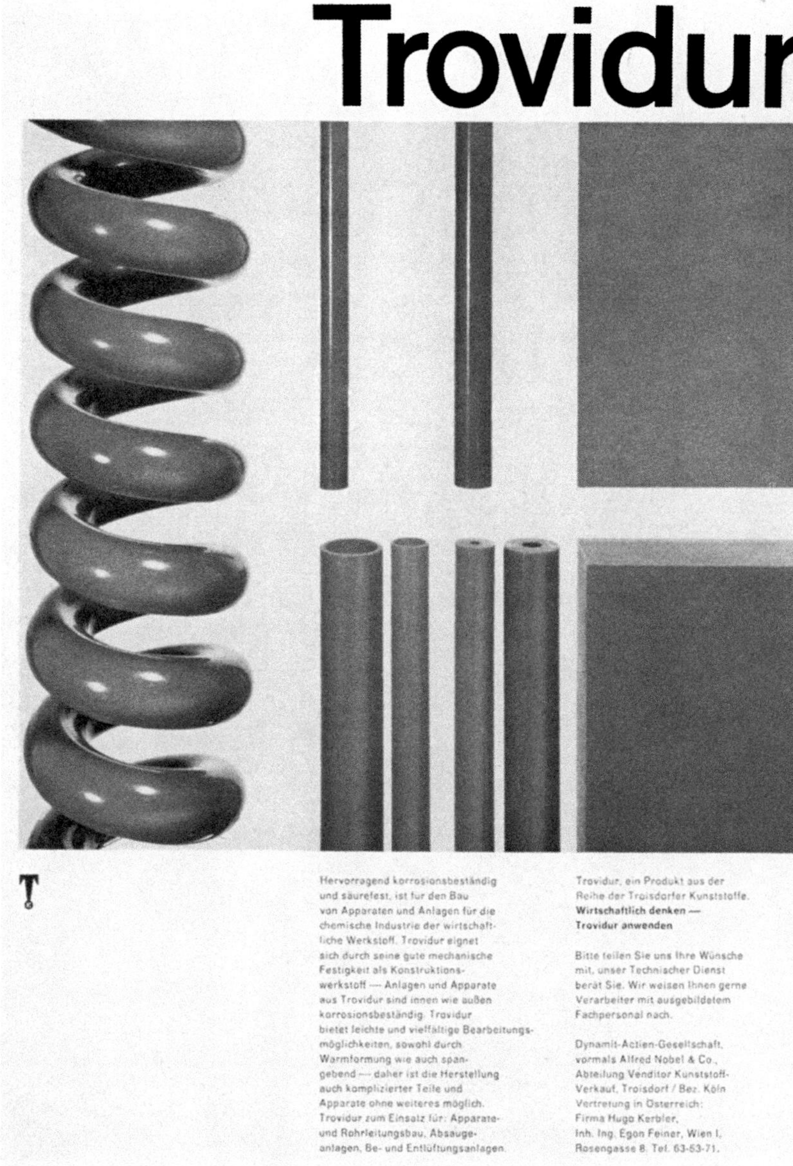

352

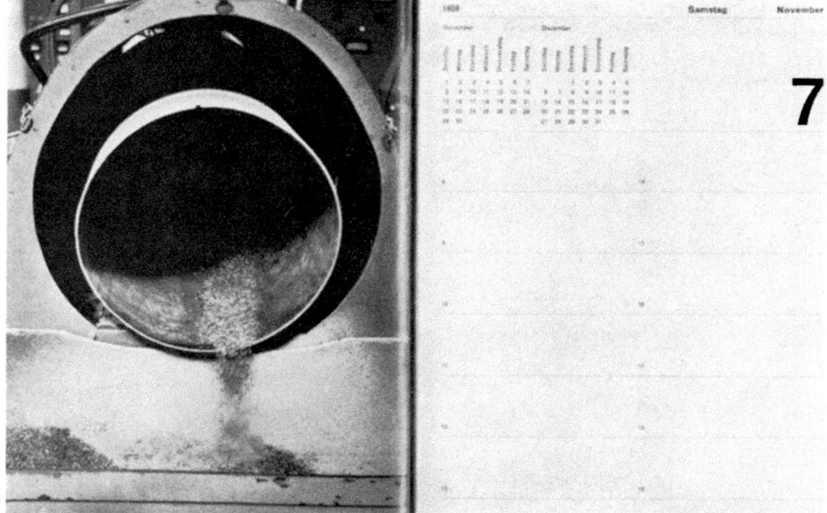

353

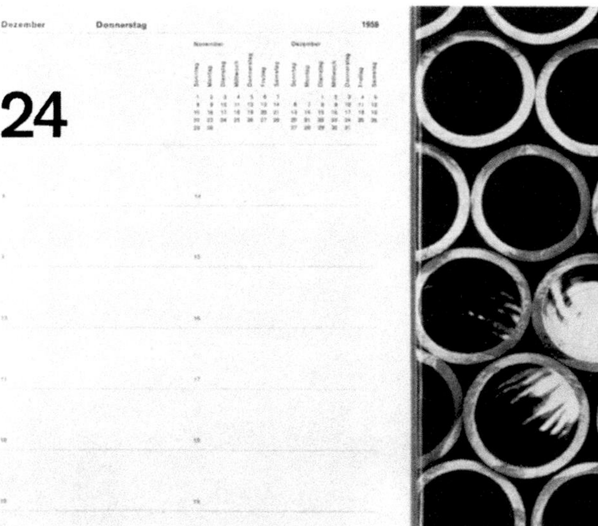

354

352
Inserat, advertisement, annonce
Nobel AG, Troisdorf

353, 354
Agenda-Doppelseiten, double-pages of a memorandum-book, double page d'un agenda
Nobel AG, Troisdorf

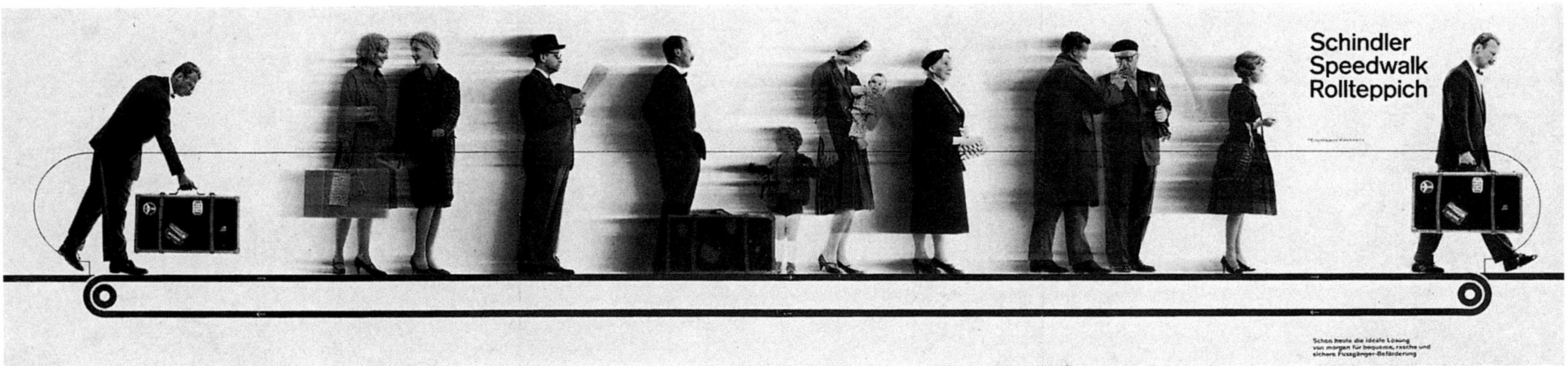

355

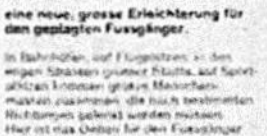

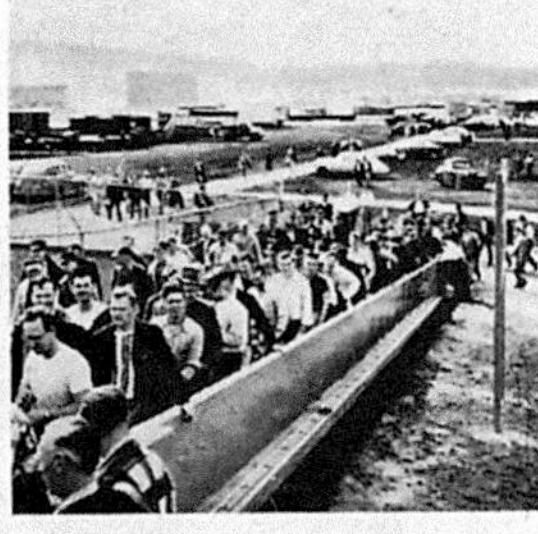

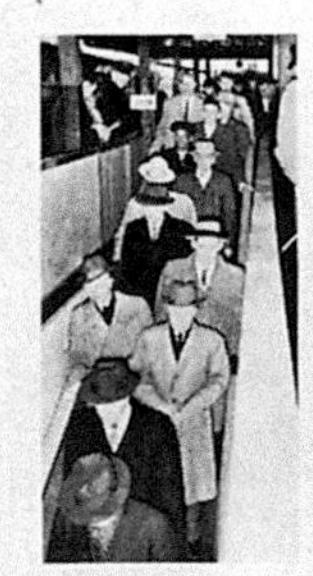

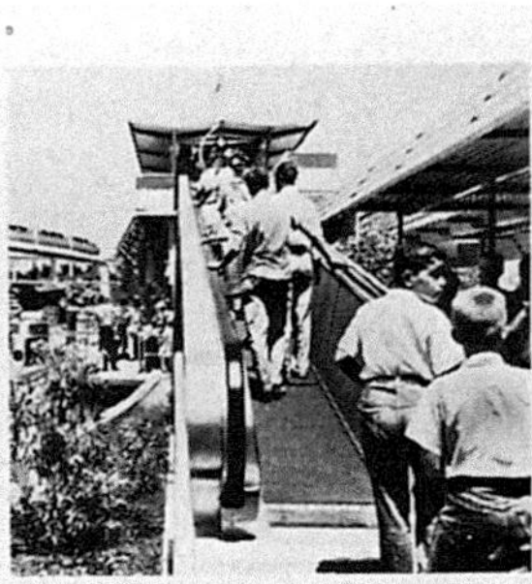

356

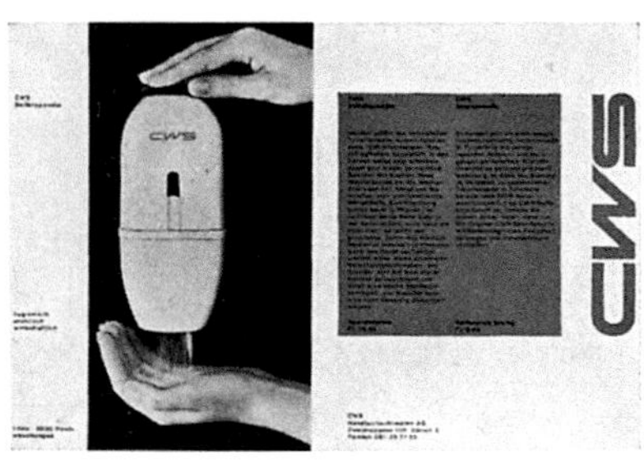

357

355, 356
Prospekt, brochure, dépliant
Schindler Aufzüge, Nebikon-Luzern
357
Prospekt, brochure, dépliant
CWS Handtuchautomaten AG, Zürich

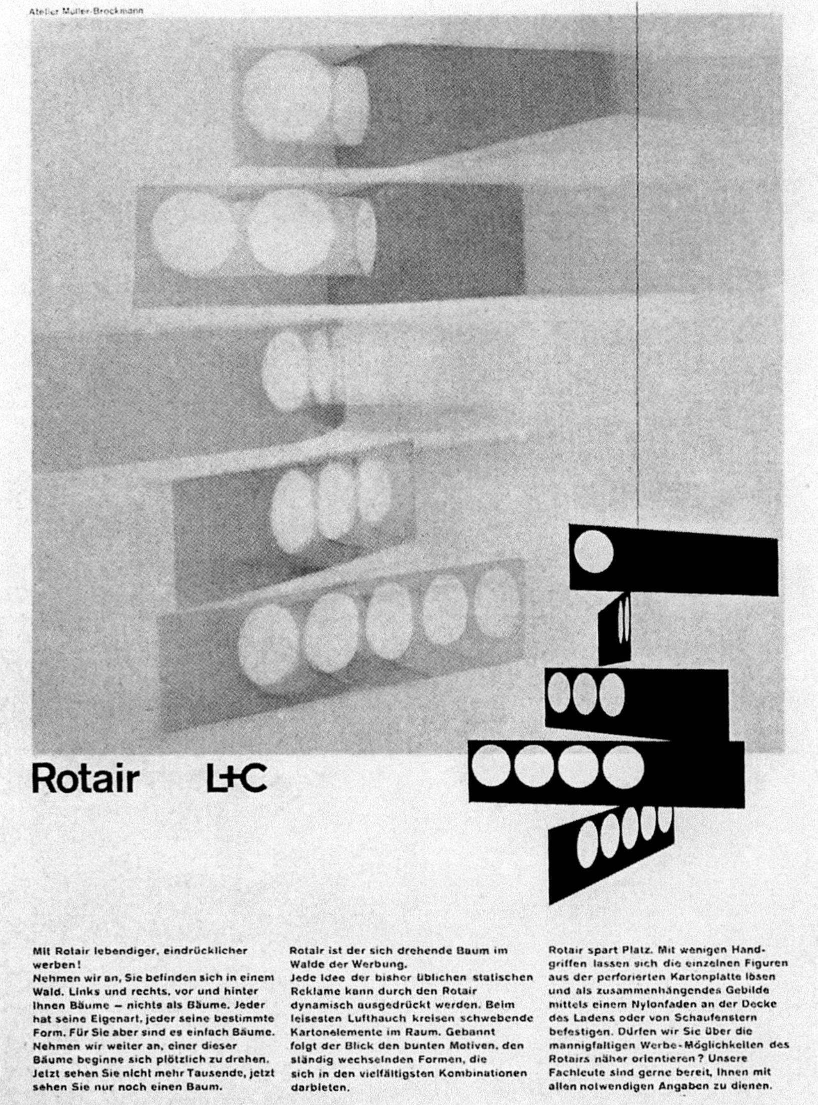

358

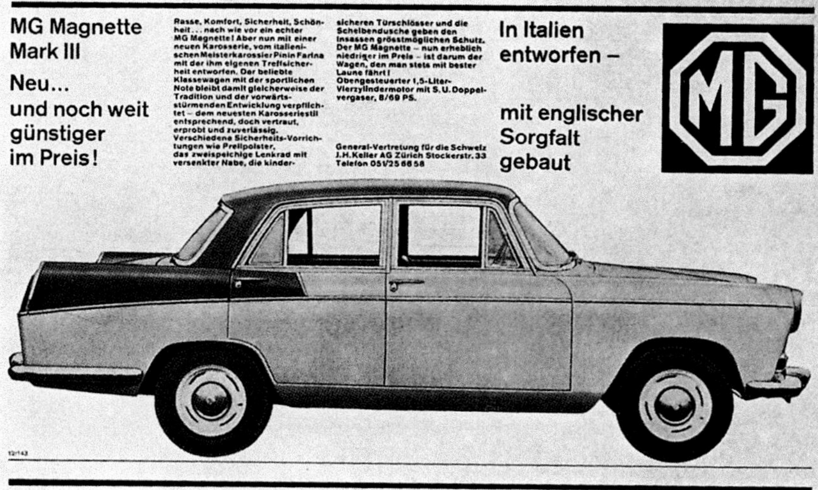

359

MORRIS Minor 1000
J. H. Keller AG Zürich

360

358
Inserat, advertisement, annonce
Lithographie + Cartonnage AG, Zürich

359, 360
Inserate, advertisements, annonces
J.H. Keller AG, Zürich

Werbeinhalt und entsprechende Werbeform

Form to match the content

Contenu et forme adéquate en publicité

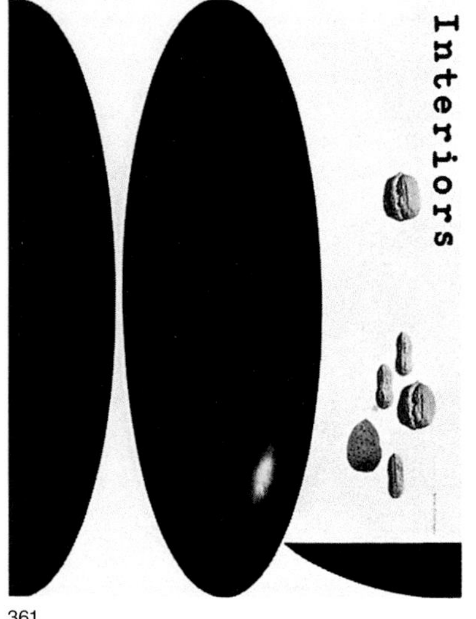

361

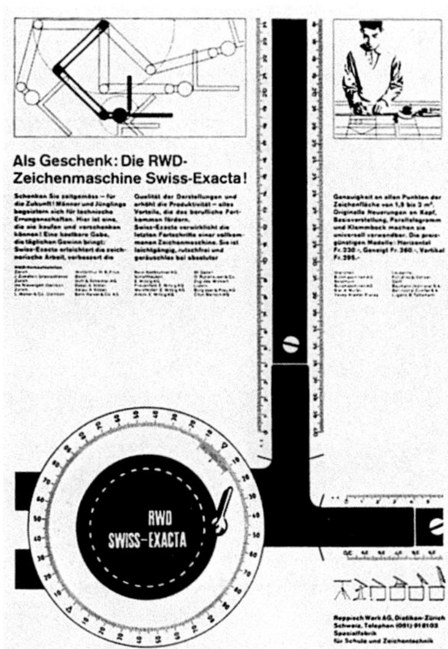

363

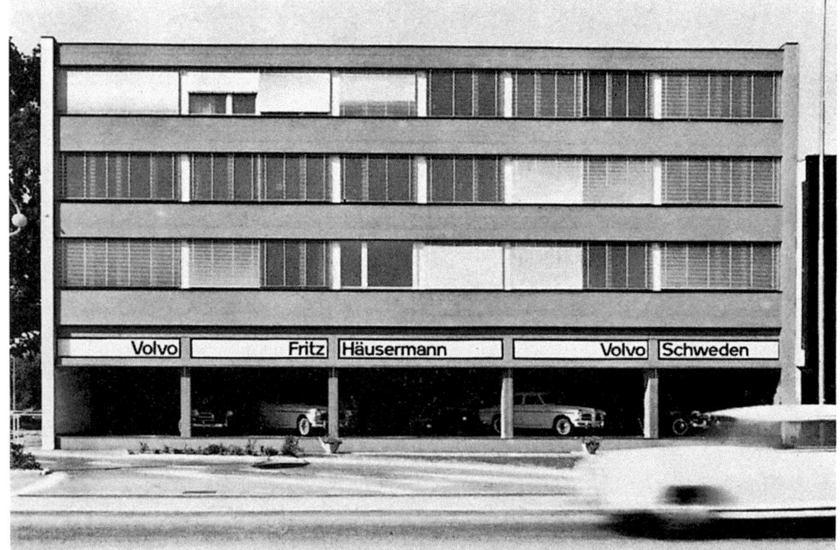

362

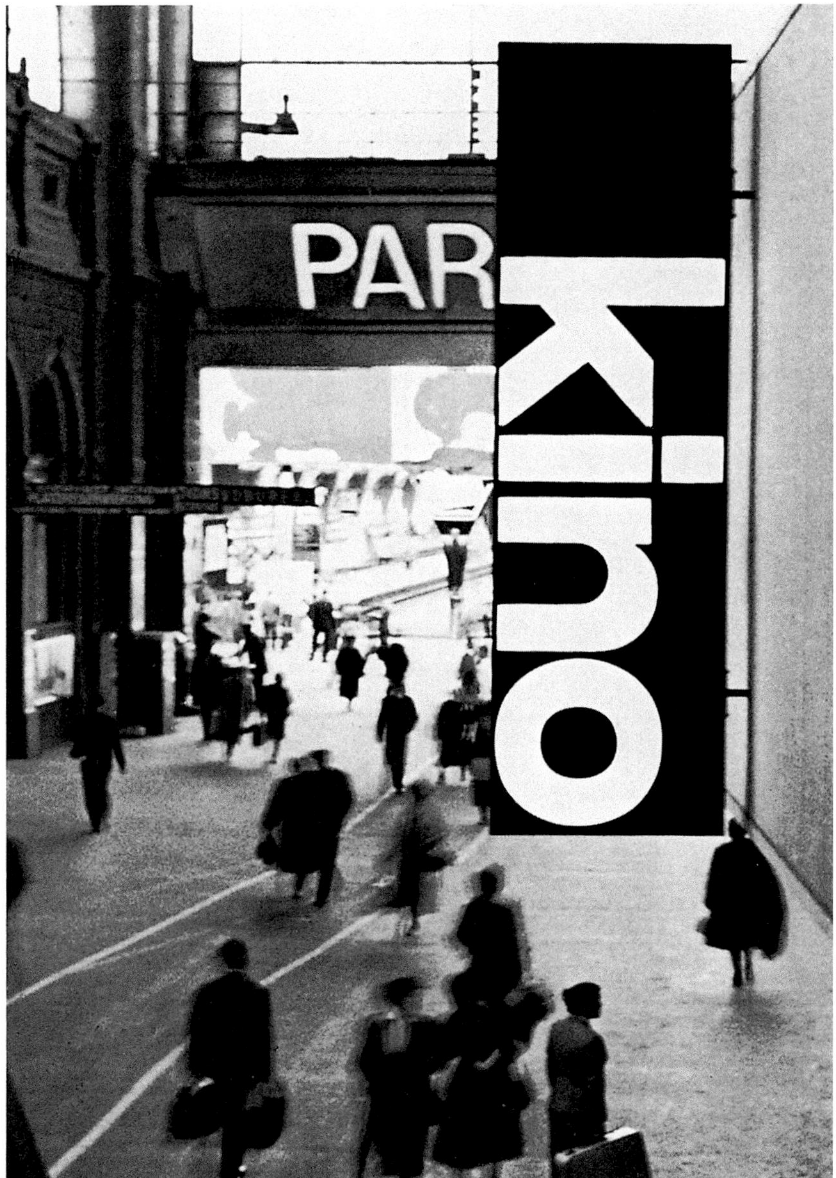

364

361
Umschlagentwurf, design for a cover, projet de couverture
Zeitschrift Interiors, New York
362
Firmenbeschriftung, signboard, enseigne
Fritz Häusermann, Volvo-Vertretung, Zürich

363
Inserat, advertisement, annonce
Reppisch-Werk AG, Dietikon/ZH

364
Beschriftung, lettering, inscription
Bahnhofkino, Zürich

Das Rastersystem als Hilfsmittel bei der Gestaltung von Inseraten, Katalogen, Ausstellungen usw.

Das Rastersystem teilt eine zur Verfügung stehende Fläche in eine Anzahl von proportionierten, der Aufgabe dienlichen Teilflächen auf und bildet die optische Struktur als Grundlage für die Gestaltung. Die Rasterung erleichtert es, sämtliche Gestaltungselemente, Schrift, Fotografie, Zeichnung und Farbe in eine formale Beziehung zueinander zu bringen – das Rastersystem wird zum Ordnungssystem. Eine bewusst komponierte Gestaltung wirkt klarer, übersichtlicher und eindringlicher als ein zufällig entstandenes Werbebild. Das Rastersystem ist eine Hilfe, keine Garantie. Es lässt eine Vielzahl von Möglichkeiten zu, und jeder Gestalter kann die seiner Persönlichkeit entsprechende, zweckdienliche Lösung suchen. Aber man muss sich des Rastersystems zu bedienen wissen, sein Gebrauch muss geübt sein.
Jede Aufgabe verlangt das speziell für sie geeignete Rasternetz. Es muss dem Gestalter ermöglichen, die Bildlegenden, die Fotografien, die Zeichnungen so unterzubringen, dass sie, ihrer Bedeutung entsprechend, optisch wirksam sind und trotzdem ein geordnetes Ganzes bilden.
Viele Gestalter unserer Zeit bedienen sich der Methode des Rastersystems, jeder nach seiner individuellen Anlage und jeder, seiner Aufgabe gemäss, diese Methode variierend.

The grid as an aid in the design of advertisements, catalogues, exhibitions, etc.

The grid divides an available surface into a number of proportioned subdivisions serving the needs of the work in hand, and provides a visual structure on which the design can be based. The grid makes it possible to bring all the elements of design – type, photography, illustration and colour – into a formal relationship to each other; that is to say, the grid system is a means of introducing order into a design. A deliberately composed design has a clearer, more neatly arranged and more successful effect than an advertisement put together at random. The grid system is an aid, not a guarantee. It permits a number of approaches, and each designer can look for a solution appropriate to the object in view and congenial to his personality. But one must learn how to use the grid system; it is something that has to be practised.
Each task calls for a grid suited specially to itself. It must enable the designer to arrange the captions, photographs and illustrations so that they are each as visually effective as their importance warrants, but yet form an ordered whole.
Many designers nowadays use the grid system, according to their own individual taste, varying the method as the work in hand requires.

Les gabarits, auxiliaires dans la conception des annonces, dépliants, expositions, etc.

Le système des gabarits divise une surface disponible en éléments proportionnés, et forme ainsi la structure optique de base pour la recherche graphique: lettre, photographie, dessin et couleur. Le système des gabarits devient système d'ordre. Une composition rationnelle sera toujours plus persuasive qu'une image publicitaire due au hasard. Le gabarit peut y aider, il n'est pas une garantie. Il offre de multiples possibilités, et tout créateur peut y puiser selon son goût personnel. Encore faut-il savoir s'en servir.
Tout projet demande un gabarit approprié. Celui-ci doit permettre au maquettiste de placer légendes, photos et dessins de telle manière qu'ils soient optiquement efficaces et qu'ils forment un tout ordonné.
Beaucoup de créateurs se servent de nos jours du système des gabarits, chacun selon son tempérament et en fonction de la tâche à résoudre.

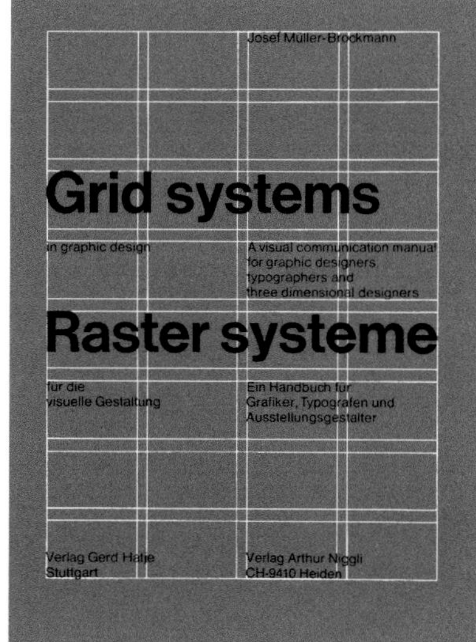

365

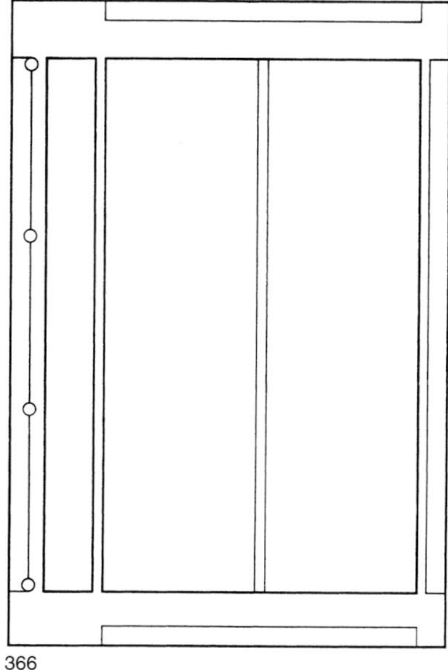

366

365, 366
sind Rastersysteme für:
are grids for:
sont des gabarits pour:

365
Buchumschlag, book jacket, couverture
Verlag Arthur Niggli, Teufen, Schweiz
366
Schriftenbuch, lettering book, livre de caractères
Haas'sche Schriftgiesserei AG, Münchenstein

Das Rastersystem als Hilfsmittel bei der Gestaltung von Inseraten, Katalogen, Ausstellungen usw.

The grid as an aid in the design of advertisements, catalogues, exhibition etc.

Les gabarits, auxiliaires dans la conception des annonces, dépliants, expositions, etc.

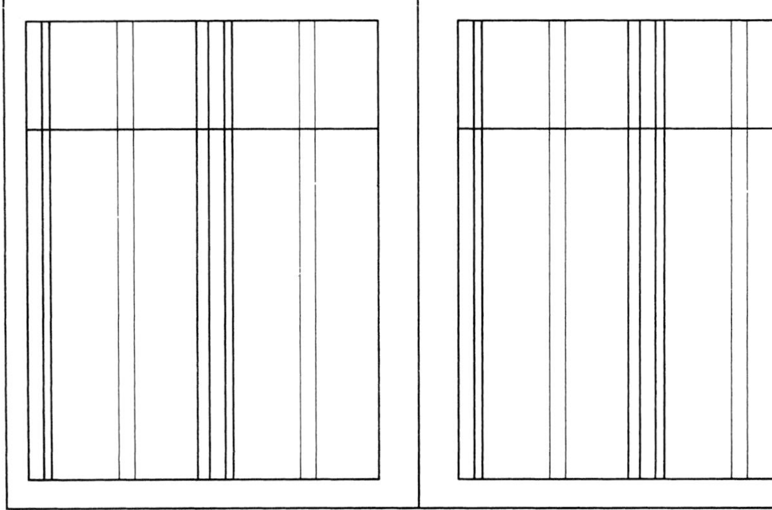

367

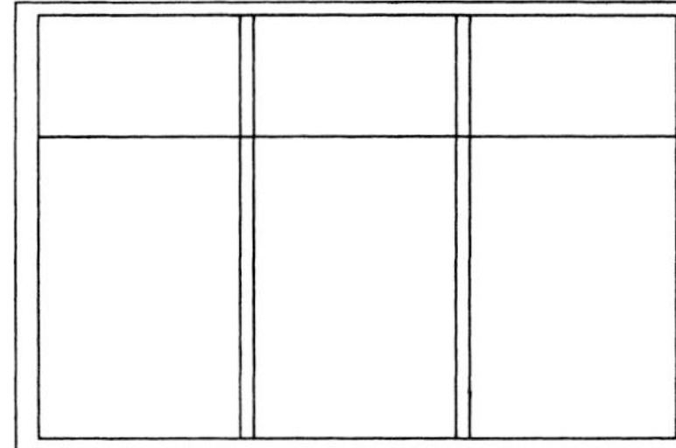

370

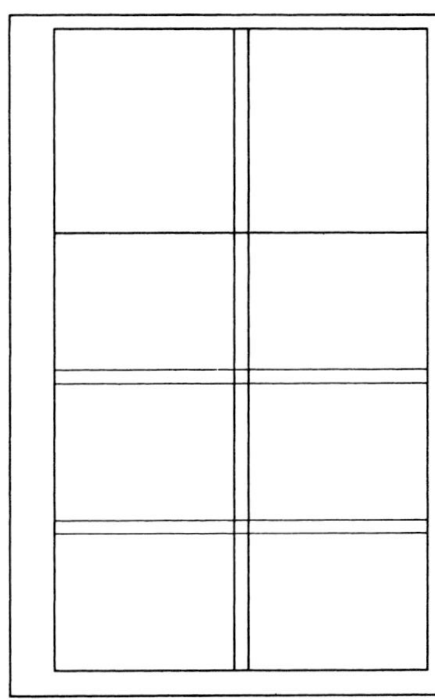

372

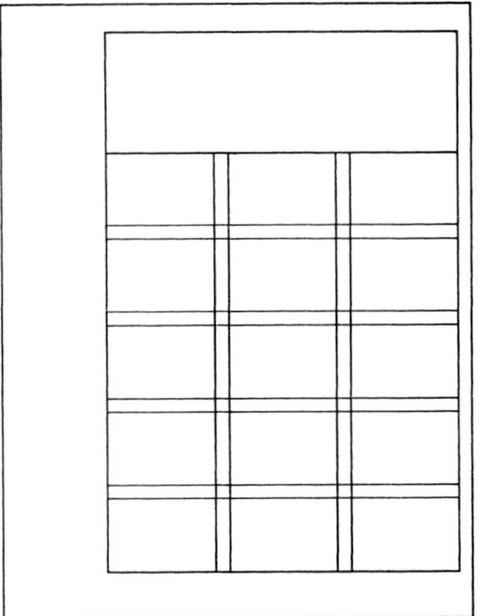

368

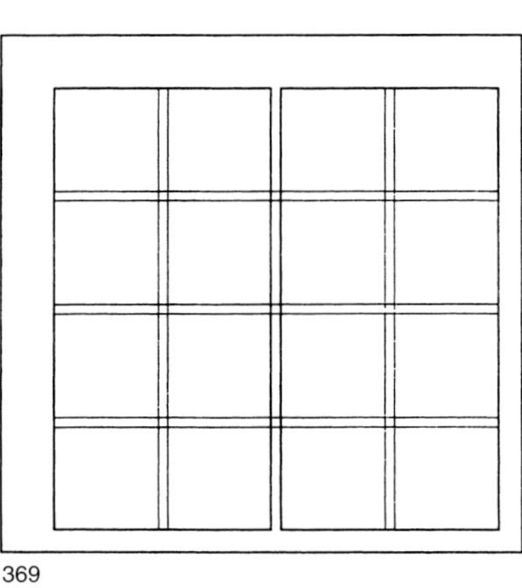

369

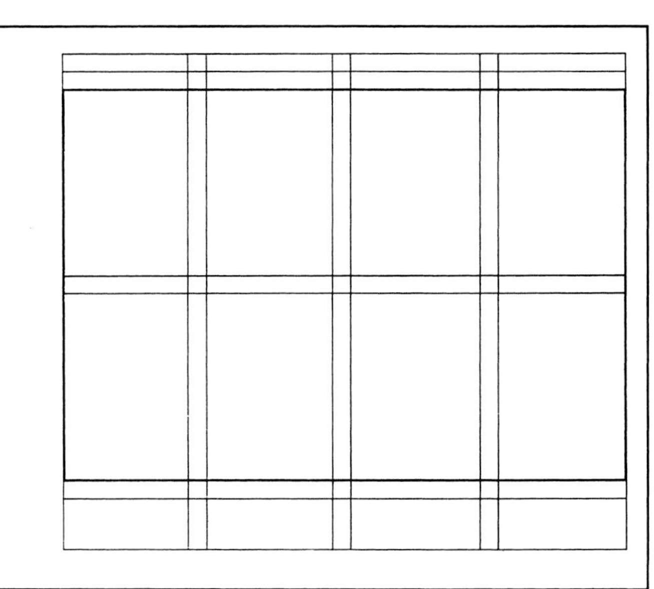

371

367–391
sind Rastersystem für:
are grids for:
sont des gabarits pour:

367
Buch, book, livre
Otto Walter Verlag, Olten
368
Fachzeitschrift, technical periodical, périodique professionnel
Schweizerisches Zieglersekretariat, Zürich

369
Katalog, catalogue, catalogue
Automobil-Club der Schweiz, Sektion Zürich

370, 372
Prospekte, folders, dépliants
Stadttheater Zürich
371
dieses Buch, this book, ce livre

Das Rastersystem als Hilfsmittel bei der Gestaltung von Inseraten, Katalogen, Ausstellungen usw.

The grid as an aid in the design of advertisements, catalogues, exhibition etc.

Les gabarits, auxiliaires dans la conception des annonces, dépliants, expositions, etc.

373

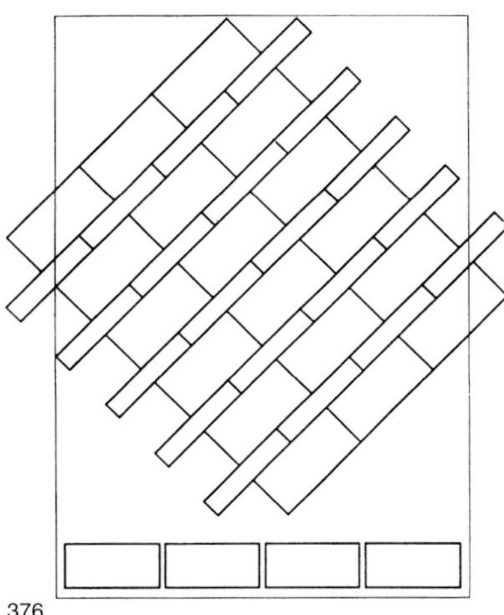

376

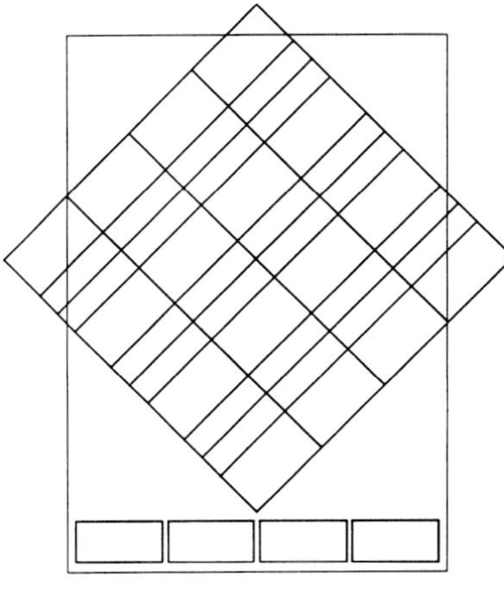

379

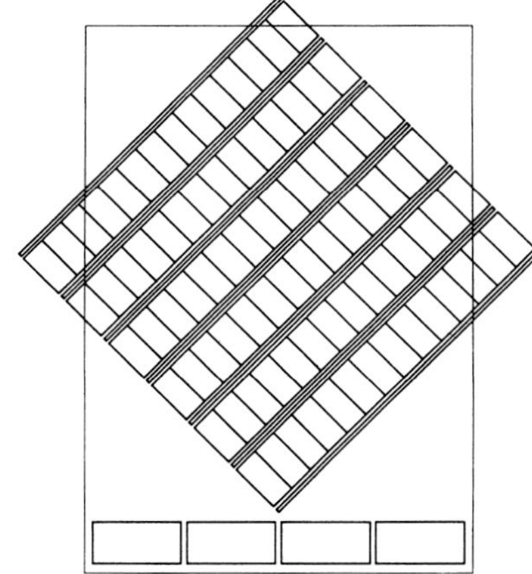

382

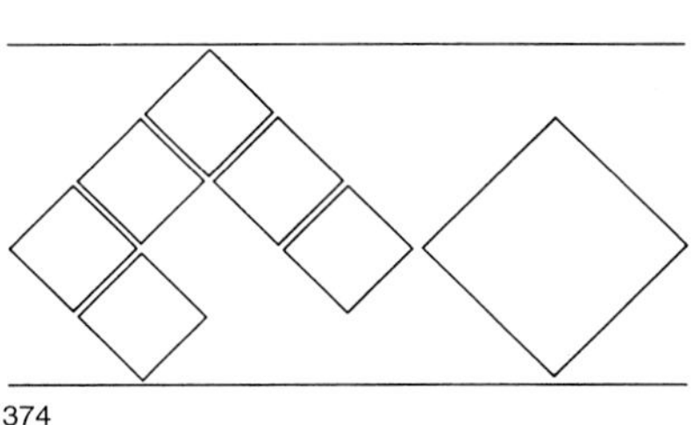

374

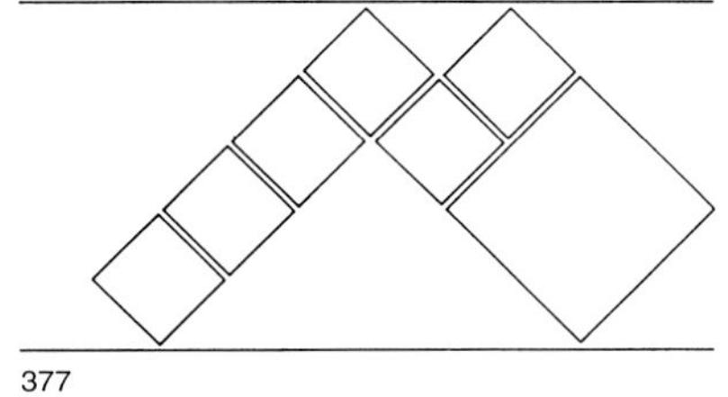

377

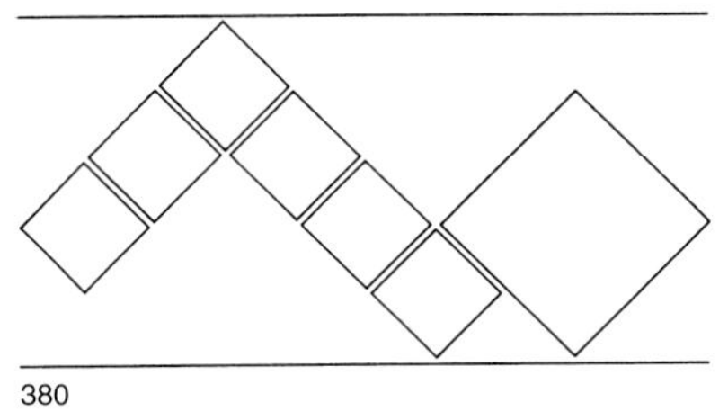

380

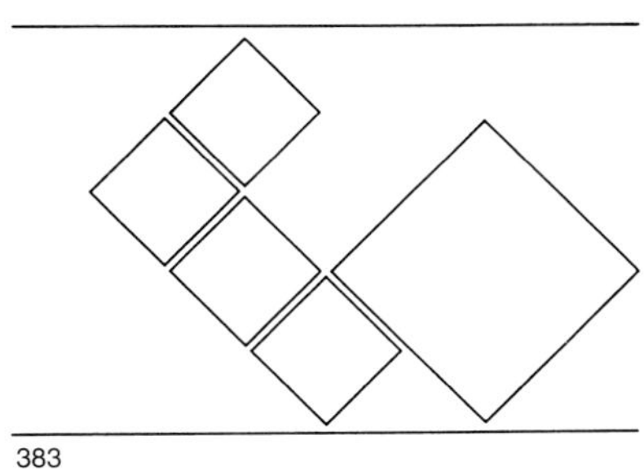

383

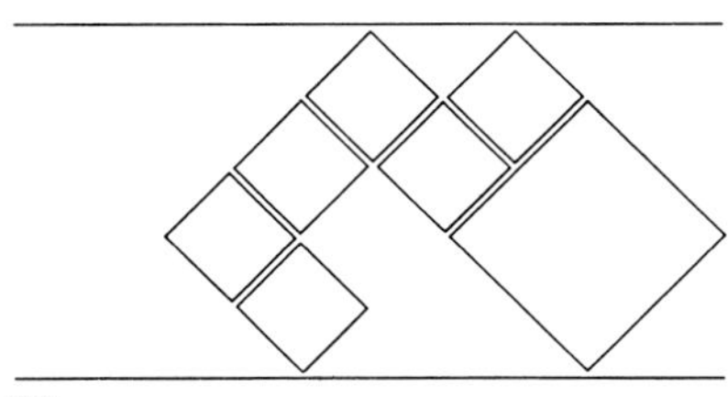

375

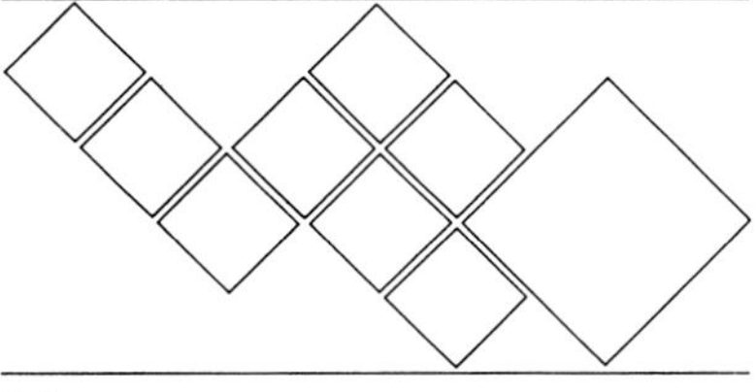

378

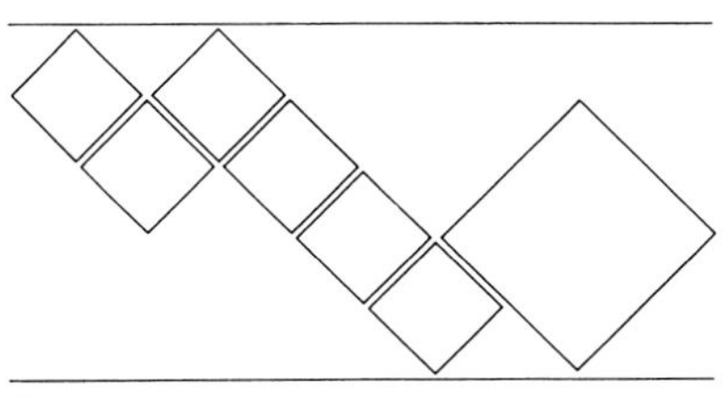

381

373
Inserat, advertisement, annonce
Reppisch-Werk AG, Dietikon/ZH

374, 375, 377, 378, 380, 381, 383
Schaufenster, show-windows, vitrines
Schweizerische Zentrale für Verkehrsförderung

376, 379, 382
Plakate, posters, affiches
Tonhalle-Gesellschaft, Zürich

Der Grafiker als Ausstellungsgestalter

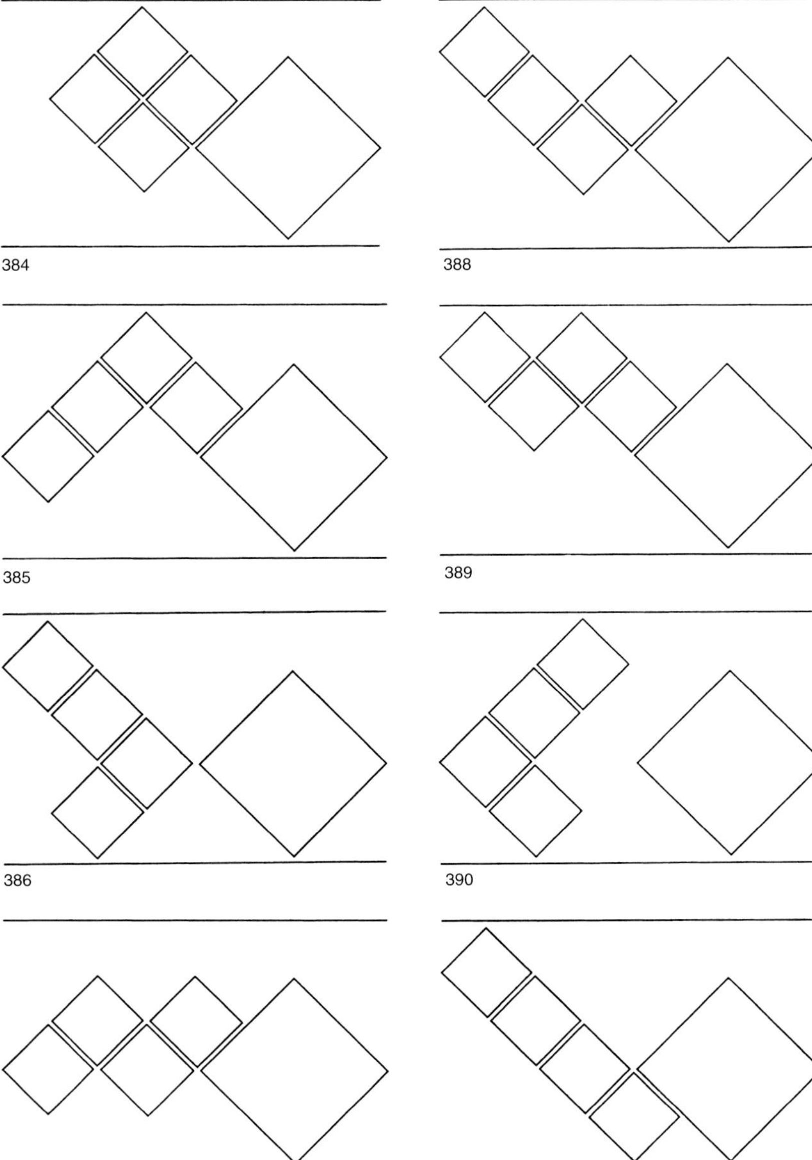

384–391
Schaufenster, show-windows, vitrines
Schweizerische Zentrale für Verkehrsförderung

Jedes Jahr wird eine Vielzahl von Ausstellungen veranstaltet und meistens wird der Grafiker mit der «optischen Gestaltung» beauftragt. Von seiner Fähigkeit, ein Thema übersichtlich zu ordnen und darzustellen, hängt zu einem grossen Teil der Werbeerfolg ab.
Nun hat sich in den letzten Jahren eine Ausstellungstechnik entwickelt, die typisch grafische Züge aufweist. Dekorative Verkleidungen der Bauelemente geben den Austellungen ihren modischen Anstrich. Das Dekorative überwiegt und übernimmt die Werbefunktion. Damit ist der Sache, dem Ausstellungsobjekt, die Möglichkeit genommen, für sich selber zu werben. Unsere Industrie- und Wirtschaftsmessen, unsere thematischen Ausstellungen, zeigen fast alle dasselbe Bild. Jeder Aussteller will sich durch Originalität in eigenem Stil in seiner Umgebung behaupten, oft sogar durch eine Originalität, die gar keine Beziehung zum ausgestellten Objekt mehr hat.
Eine neue Konzeption ist notwendig, bedingt durch eine neue Einstellung zur Aufgabe des Ausstellungswesens. Die Ausstellung sollte wieder zum Mittel der selbstverständlichen Präsentation von Produkten, der übersichtlichen Darstellung eines Themas, der eindrücklichen Schilderung eines Problems werden.
Die Ausstellungselemente sollten wieder jene Einheit und Sachlichkeit erreichen, wie sie noch immer an den Jahrmärkten zum Ausdruck kommen: gleiches Material, gleiche Konstruktion, gleiche Form und gleiche Masse für alle Bauelemente. Der einzelne Stand ist das Element. Der Bedarf des Ausstellers bestimmt lediglich die Zahl der Elemente, er verändert nicht das Element selber. In diesem Zellen- oder Kojensystem können weder Konstruktion noch Dekoration zum Selbstzweck werden. Die Verschiedenheit der Elemente, der Stände, liegt einzig und allein in der Verschiedenartigkeit der ausgestellten Objekte.
Wenn dieses einfache Prinzip in unseren Industrie- und Wirtschaftsausstellungen angewandt würde, könnten die Produkte wieder für sich selber werben, ohne sach- und sinnfremde Effekte. Konstruktionen, aus Baukastenelementen zusammengesetzt, müssten die Ausstellfläche rasternetzartig aufteilen. Innerhalb des Rasters wären Vergrösserungen und Verkleinerungen ohne weiteres möglich.
Jede Ausstellung birgt für den Grafiker neue Probleme. Es geht dabei um grundsätzliche Überlegungen hinsichtlich Thema, Darstellungsweise und Bauelemente, bevor die endgültige Form der Gestaltung bestimmt werden kann.

Thema
a)
Was ist sein Anliegen?
b)
Wie kann man eine Akzentuierung der wichtigsten Argumente erreichen?
c)
Welche Gliederung bringt die beste Übersicht um unmittelbar und unverfälscht anzusprechen?

Darstellungsweise
a)
Welche Darstellungsmittel bringen das Thema am eindrücklichsten zur Geltung: Schrift, Zeichnung, Fotografie, Dias, Film, Modell, Television, Demonstration usw.
b)
Welche Grösse der Schrift, der Zeichnung, der Fotografie, des Modells usw. entspricht der optischen Erfassbarkeit am besten?
c)
Welche Höhe der Darstellung ist für den Betrachter die angenehmste, Augenhöhe oder eine nach Versuchen getestete Höhe?

Bauelemente
a)
Sind schwebende Ausstellungswände, auf kleinen Pfosten oder aufgehängt, zweckmässig?
b)
Sind auf den Boden gestellte Ausstellungswände, zusammenhängend oder von Stützen gehalten, angemessen?
c)
Sind verschiedene Wandformate oder einheitliche Tafeln angebracht?

d)
Sind Normmasse für Stützen und Wände ratsam?
e)
Sollen Verschraubungen oder Scharniere die einzelnen Bauelemente zusammenhalten?
f)
Ist als Material Holz, Metall, Glas, Plexiglas oder Kunststoff zu verwenden?
g)
Einige der genannten Punkte hängen davon ab, ob rasche Montage oder Demontage notwendig ist.
h)
Ist die Ausstellung als Wanderausstellung geplant, wobei die Wände und Stützen als Verpackungseinheiten für den Transport gedacht sein müssen?

Beleuchtung
a)
Tageslicht oder künstliches Licht?
b)
Hallenbeleuchtung oder individuelle Beleuchtung der Ausstellwände?
c)
Beleuchtung als Bestandteil der Ausstellungskonzeption?
d)
Direkte oder indirekte Beleuchtung?
e)
Scheinwerferlicht oder diffuse Beleuchtung?

Wenn beispielsweise für eine thematische Ausstellung ein temporärer Bau errichtet werden soll, dann ist eine Zusammenarbeit zwischen dem Architekten und dem Grafiker schon bei der Planung unerlässlich. Das Thema ist die Grundlage. Darauf beruhen: Wahl des Baumaterials, Gestaltung von Elementen und Strukturen, Probleme des Raumes, der Fläche, der Farbe, der Lichtwirkungen usw.
Oft ist es leider so, dass der Grafiker vor der Aufgabe steht, einen definitiv geplanten oder bereits erstellten Ausstellungsraum so gut als möglich mit dem ihm für die Gestaltung anvertrauten Thema zu füllen. Wenn die architektonische Form in keinerlei Beziehung zum Thema steht, dann fällt es dem Grafiker schwer, eine zweckmässige, sachliche Ausdrucksform für dieses Thema zu finden.
Wenn jedoch Architekt und Grafiker gegenseitiges Verständnis für ihre verschiedenen Probleme zeigen, dann ist die harmonische Einheit von Architektur und Grafik in der Gestaltung eines Themas absolut zu erreichen.

The graphic artist as exhibition designer

A large number of exhibitions are held every year and in most cases the task of «visual design» is entrusted to a graphic artist. The success of the show from the advertising point of view depends largely on his ability to organize and present its theme clearly and coherently.
In recent years an exhibition technique has been developed which has typically graphic characteristics. The structural elements are masked by decorative features giving the exhibitions their fashionable touch. The decorative aspect predominates and performs the advertising function. This deprives the subject of the exhibition of the opportunity to put across its own advertising message. Our industrial and trade fairs, our thematic exhibitions, all present the same picture almost without exception. Each exhibitor wants to stand out from his background through his own type of originality which is often quite out of keeping with the exhibit itself.
A new exhibition concept is needed – one determined by a new attitude to the objective an exhibition is intended to achieve. The exhibition must once again become a means of presenting products, illustrating a theme or expounding a problem in terms which are self-explanatory.
The elements of the exhibition should display the same unity and objectivity as can still be found at fairs: the same material, the same construction, the same form and the same dimensions for all structural elements. Everything is based on the element. The needs of the exhibitor simply determine the number of elements but are not allowed to alter the element itself. In this modular system neither construction nor decoration can become an end in themselves. Variety is lent to the elements and stands simply and solely by the diversity of the exhibits.
If this simple principle were observed in our industrial and trade exhibitions, the products could once again convey their own messages without irrelevant and alien side-effects. The exhibition area would be divided up by modular constructions; within the grid larger and smaller areas could be arranged without difficulty.
Each exhibition confronts the graphic artist with fresh problems. The theme, mode of presentation and structural elements must all be given the most careful consideration before the final form of the design can be determined.

Theme:
a)
What is its purpose?
b)
How can the most important arguments be emphasized?
c)
How can things best be structured so as to afford a clear overall view that will make a direct and authentic appeal?

Mode of presentation:
a)
What forms of presentation will convey the theme most effectively: lettering, illustrations, photographs, slides, films, models, television, demonstration, etc.?
b)
What size of lettering, illustration, photograph, model, etc. is most effective visually?
c)
At what height should things be placed for comfortable viewing, at eye-level or at a height to be determined by trial?

Structural elements:
a)
Should display elements be free-standing, hanging from slender poles?
b)
Should display elements stand on the ground, linked together or supported by pillars?
c)
Are display elements of various sizes or of uniform dimensions required?
d)
Are standard dimensions advisable for supports and walls?
e)
Should screws or hinges be used to hold together the various components?
f)
Should wood, metal, glass, plexiglass or plastic be used as material?
g)
Some of these points depend on whether rapid erection or dismantling are called for.
h)
Is the exhibition intended to travel, in which case the walls and supports must be designed as packing units for transport?

Illumination:
a)
Daylight or artificial light?
b)
Hall lighting or individual lighting of the display elements?
c)
Lighting as part of the overall plan of the exhibition?
d)
Direct or indirect lighting?
e)
Spot or diffused lighting?

If, for example, a temporary building is to be erected for a thematic exhibition, then the architect and the graphic designer must collaborate at the planning state. The theme is the basis on which depend the choice of materials, the design of elements and structures, and problems of space, surface, colour, lighting effects, etc.
Unfortunately, it is often the case that the graphic artist is confronted with an exhibition building which is either erected, or for which the plans are already complete, and he is then asked to fill it to the best of his ability with the theme for which he has been commissioned to find a suitable design. If there is no

relationship between the theme and the form of the architecture then the graphic artist will experience great difficulty in finding a suitable and objective mode of expression for his theme. If, however, the architect and graphic artist appreciate each other's difficulties, there is no reason why complete harmony between architecture and graphic design should not be achieved.

Le maquettiste ordonnateur d'expositions

Dans la multitude croissante d'expositions le maquettiste est chargé de créer «l'ordonnance optique». Son succès dépend essentiellement de sa faculté d'ordonner, de «visualiser» un thème publicitaire.
Ces dernières années s'est développée une technique d'habillage des expositions qui montre l'influence grandissante de la création graphique. Cet habillage décoratif des éléments architecturaux confère à l'exposition son aspect moderniste. L'élément décoratif supplante l'élément publicitaire. Ainsi l'objet exposé même perd la possibilité d'être son meilleur propagandiste. Nos foires d'industrie et de commerce, nos expositions autour d'un thème ont toutes la même physionomie. Chaque exposant entend se manifester par l'originalité d'un style personnel au détriment de l'ensemble, originalité qui, bien souvent, n'a aucun rapport avec l'objet exposé. Une nouvelle conception générale s'impose à cet égard, conception d'ensemble qui découlerait d'une nouvelle attitude face à la tâche de toute exposition. L'exposition devrait redevenir le lieu de la présentation évidente d'objets, de développements clairs d'un thème, de l'exposé impressionnant d'un problème. Les éléments d'une exposition devraient revenir à cette standardisation et à cette rationalité qu'ils ont toujours dans nos foires campagnardes: même matériel, même construction, même forme, même masse pour tous les éléments d'implantation. Le stand individuel constitue l'élément de base. Les besoins de l'exposant détérminent seulement le nombre des éléments, il n'en modifie pas l'aspect. Dans un tel système de cellules ou d'alvéoles ni la construction ni la décoration ne peuvent prendre le dessus. La differenciation de ces éléments serait donnée par la différenciation des objets exposés.
Toute exposition pose au maquettiste de nouveaux problèmes. Il s'agit d'en analyser les éléments de base quant au thème principal, sa représentation et ses éléments de construction avant de détérminer la forme définitive de l'aspect général.

a)
Quel est son propos?
b)
Comment accentuer les principaux arguments?
c)
Quelle ordonnance générale serait la plus visible pour parler directement au visiteur?

Mode de représentation
a)
Quel mode de prepréséntation est avantageux pour le thème: lettres, dessin, photographie, diapositive, film, modèle, télévision, démonstration, etc.?
b)
Quel gabarit de la lettre, du dessin, de la photo, etc. rend aisée l'appréhension optique?
c)
A quelle hauteur convient-il de placer ces éléments, hauteur de vue ou hauteur expérimentalement déterminée?

Eléments de construction
a)
Est-il d'employer des panneaux suspendus ou munis de support;
b)
Des panneaux reposants au sol, articulés ou tenus par des béquilles?
c)
Faut-il préférer des panneaux standard ou de formats différents?
d)
Faut-il normaliser les dimensions des panneaux et du matériel de support?
e)
La construction sera-t-elle assemblée par des charnières ou des vis?
f)
Quel matériau: bois, métal, verre, plexiglas ou matière plastique?
g)
Certaines décisions dépendent de la nécessité d'un montage et d'un démontage rapides.
h)
L'exposition est-elle itinérante? Dans ce cas, il faut penser aux panneaux et aux supports pouvant servir d'emballage.

Eclairage
a)
Eclairage naturel ou artificiel?
b)
Eclairage général ou particulier?
c)
L'éclairage comme élément de la conception du stand?
d)
Eclairage direct ou indirect?
e)
Eclairage par projecteur ou éclairage diffus?

Il est indispensable que l'architecte et le maquettiste collaborent dès la conception du plan lorsqu'il s'agit d'un hall d'exposition provisoire. Le thème général de l'exposition est à la base. Il détermine choix du materiau, conception des structures et des éléments, problèmes de l'espace, des surfaces, des couleurs, des effets d'éclairage, etc.
Malheureusement, la plupart du temps, le maquettiste se trouve devant le fait accompli, et il doit tant bien que mal rempir l'édifice achevé avec le thème à traiter. Il lui est difficile alors d'établir une liaison entre l'architecture et son sujet, d'en trouver le développement rationnel et efficace.
Si, par contre, l'architecte et le maquettiste comprennent mutuellement leurs problèmes, il sera toujours possible d'atteindre l'harmonie entre l'architecture et les thèmes graphiques.

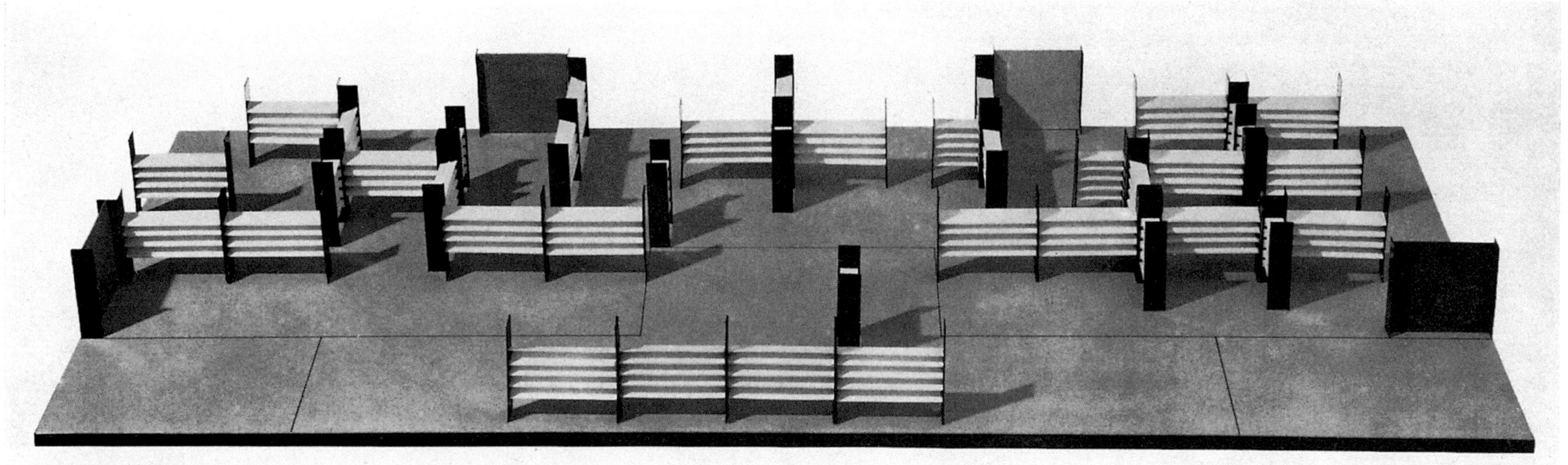

392

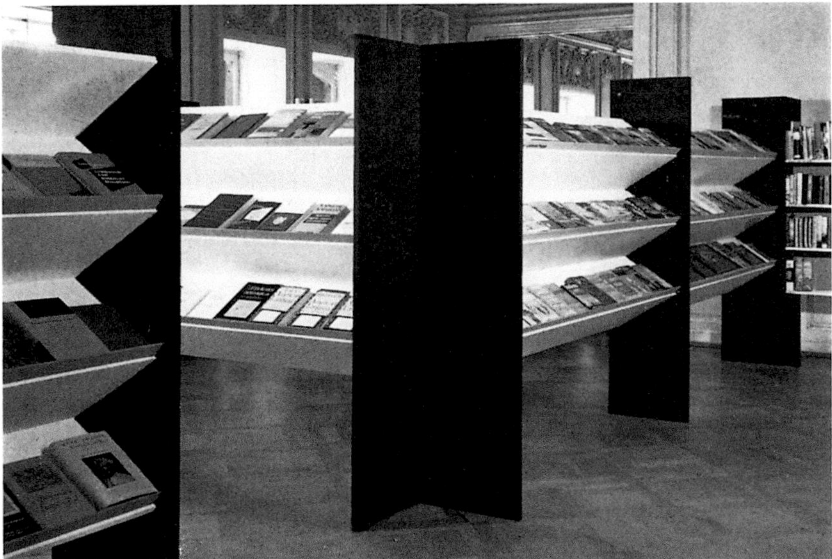

393

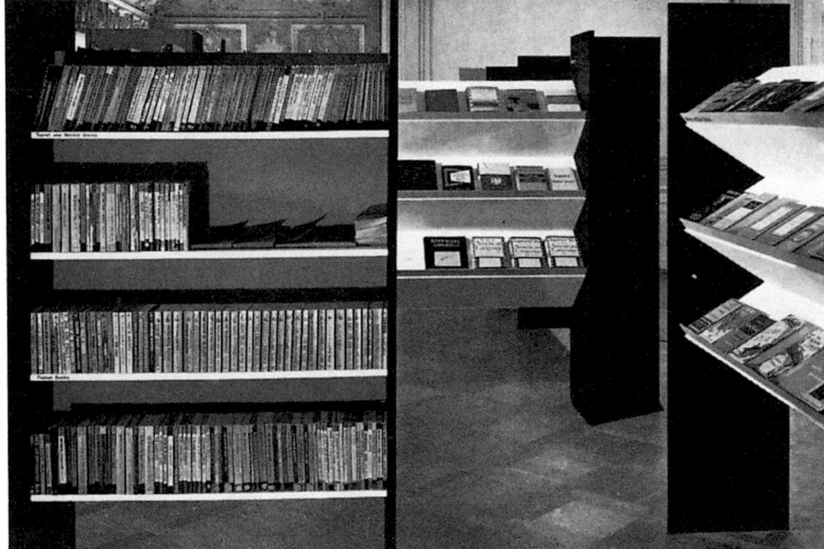

394

392
Modell einer Buchausstellung, model of a book exhibition, modèle d'une exposition
The American Book Publishers Council

393, 394
Büchergestelle in der Ausstellung, book shelfs in the exhibition, étagères dans l'exposition
The America Book Publishers Council

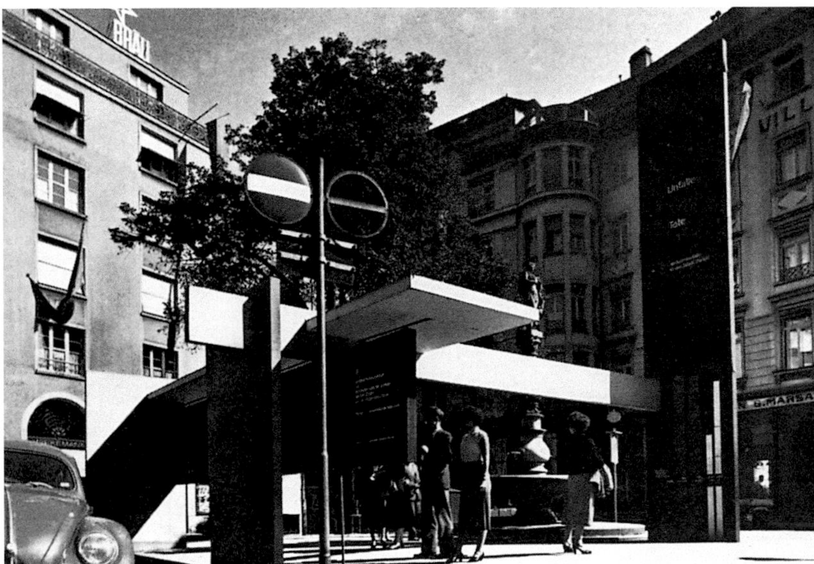

395

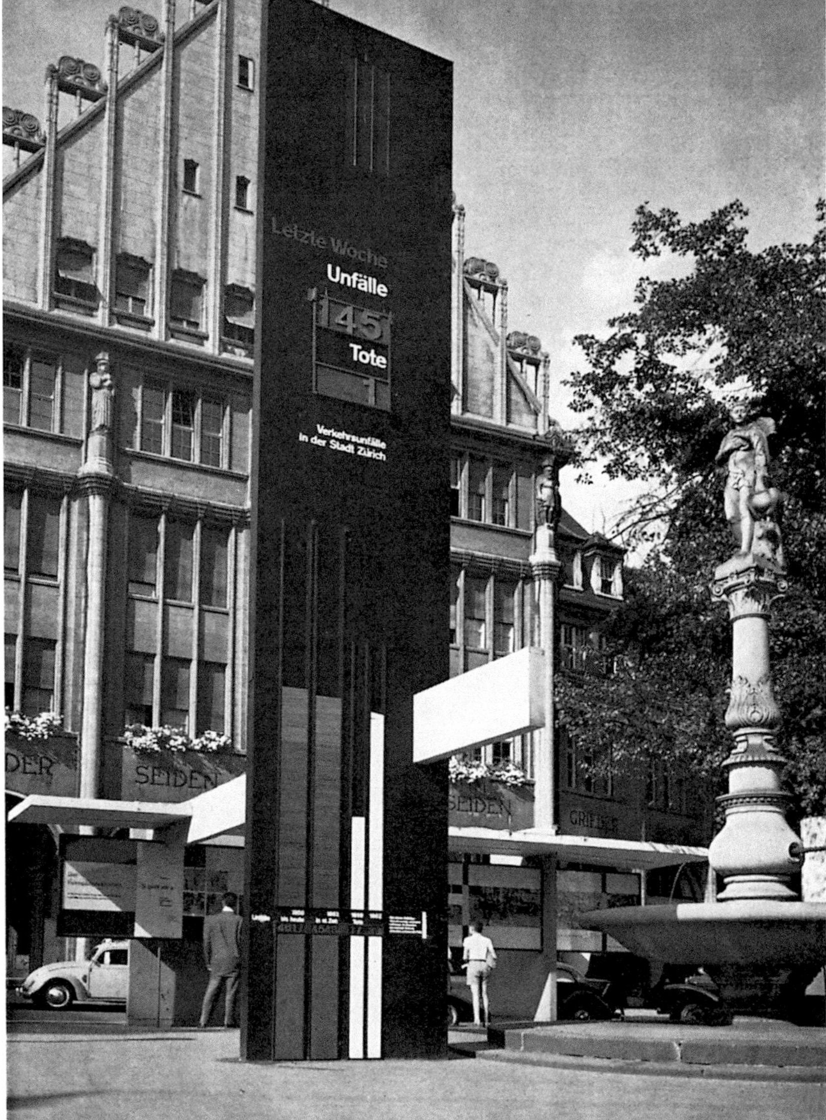

395a

395–395a
Ausstellung für Unfallverhütung, exhibition for prevention of accidents, exposition pour la prévention des accidents
Automobil-Club der Schweiz, Sektion Zürich
(Architekt Beppo Bivio, Lugano)

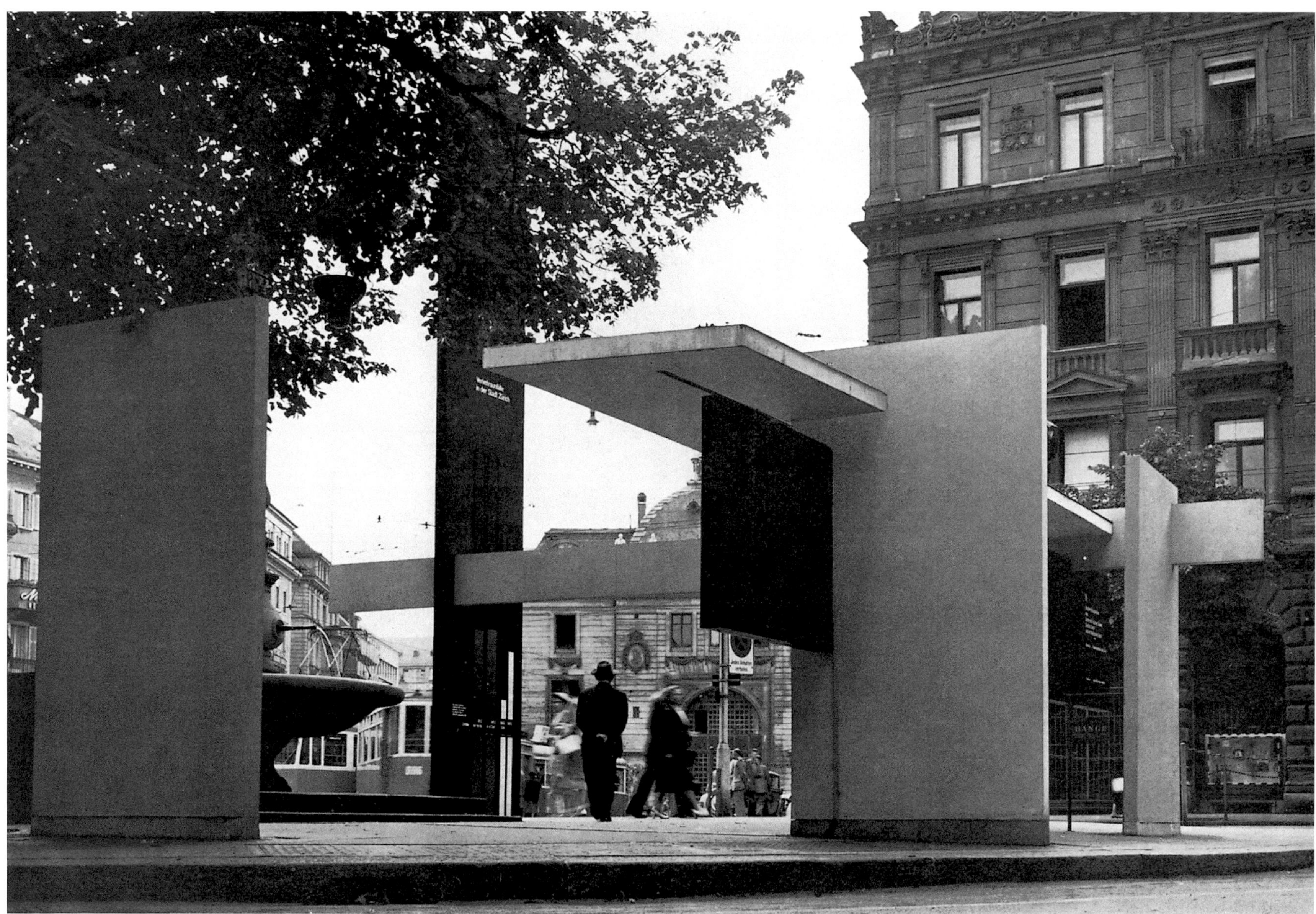

396

396
Ausstellung für Unfallverhütung, exhibition for prevention of accidents, exposition pour la prévention des accidents
Automobil-Club der Schweiz, Sektion Zürich
(Architekt Beppo Bivio, Lugano)

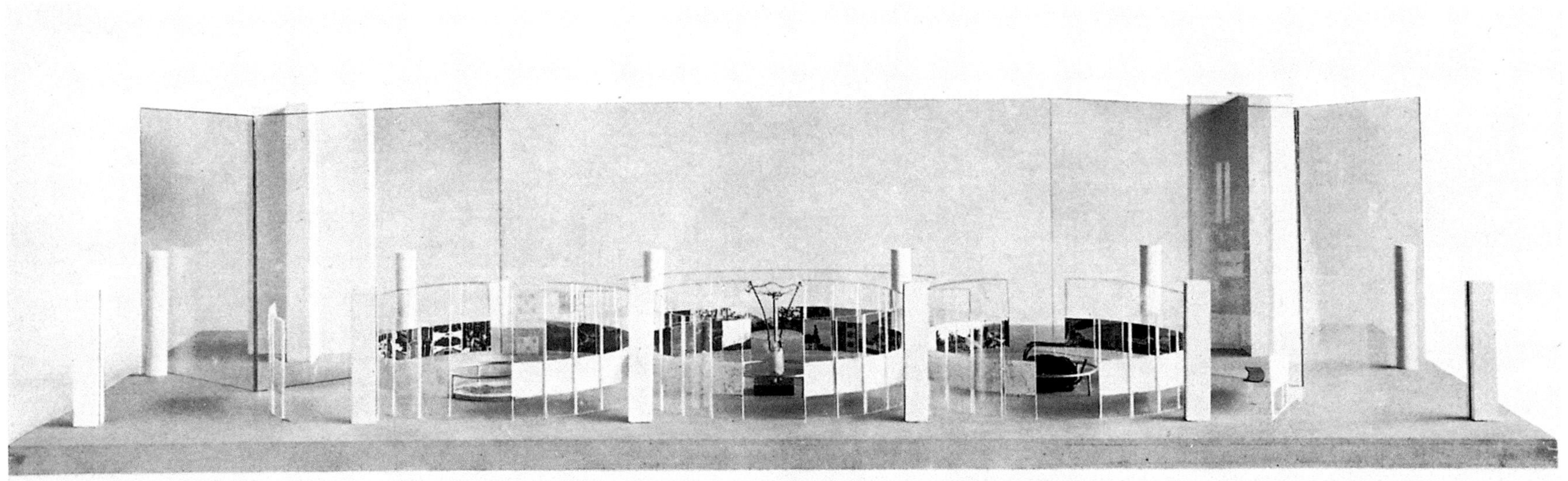

397

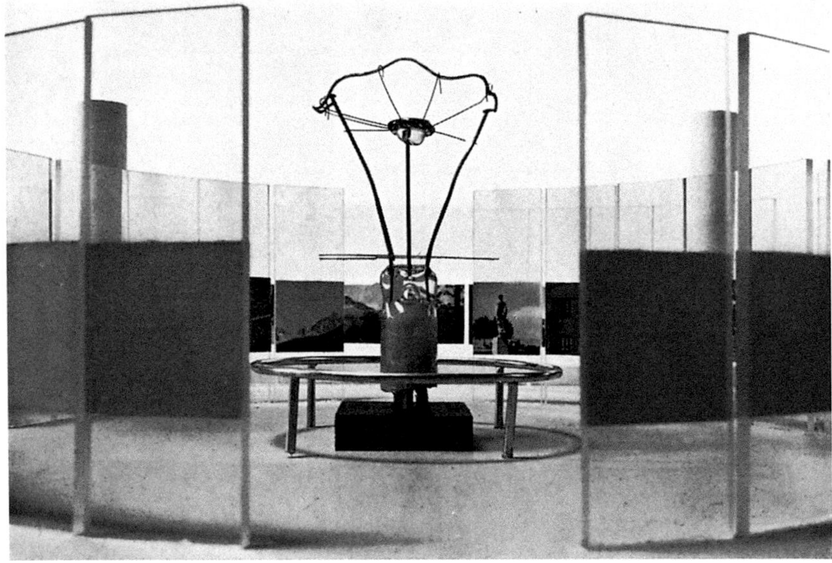

398

399

397–399
Ausstellungsmodell für die Sektion Schweiz an der internationalen Ausstellung in Turin 1961, exhibition model of the Swiss section at Turin 1961, modèle d'exposition de la section Suisse à Turin en 1961
Schweizerische Zentrale für Handelsförderung

Der Grafiker als Ausstellungsgestalter

The graphic artist as exhibition designer

Le maquettiste ordonnateur d'expositions

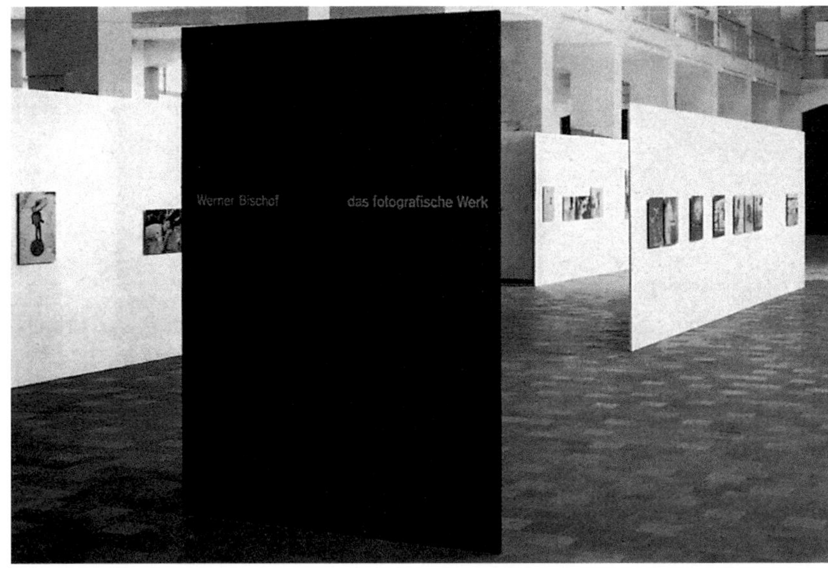

400

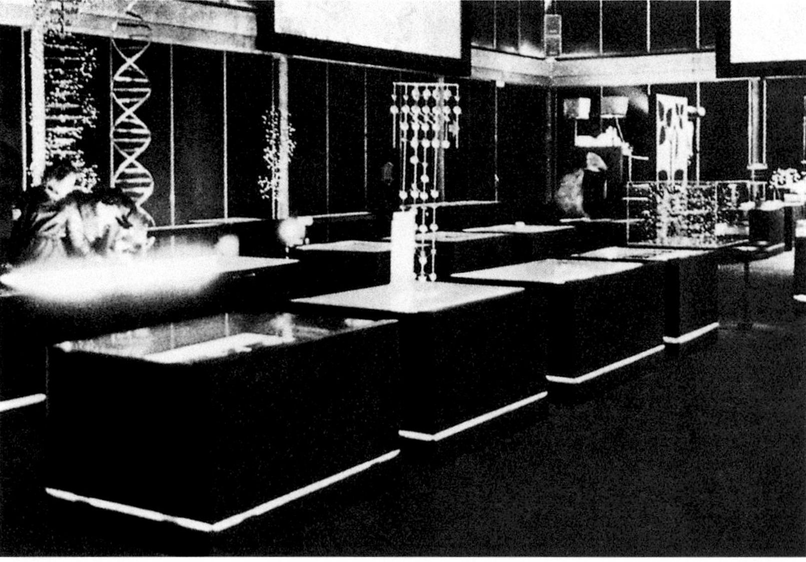

405

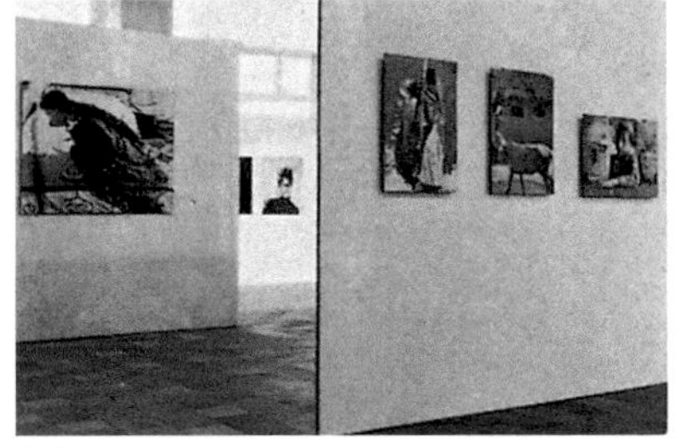

401

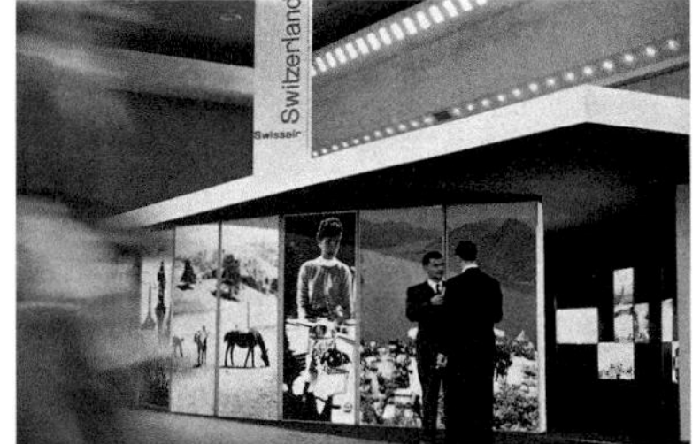

403

402

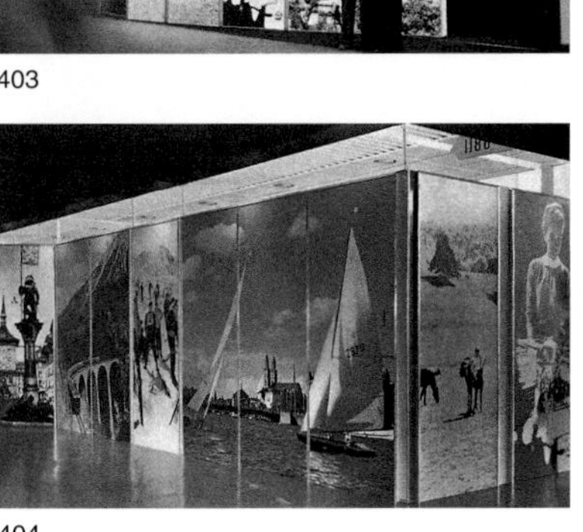

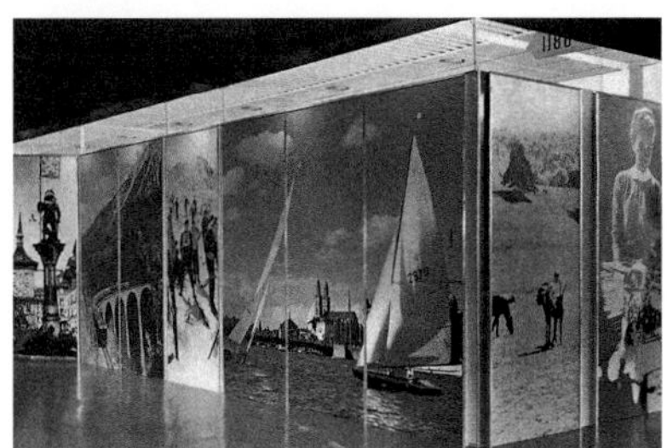

404

406

400, 401
Foto-Ausstellung, photo exhibition, exposition de photos
Kunstgewerbemuseum Zürich (Architekt Hans Fischli)

402
Grundriss einer Ausstellung, ground plan of an exhibition, plan d'une exposition
Schweizerische Zentrale für Verkehrsförderung (Swissair)

403, 404
Ausstellung in New York, exhibition at New York, exposition à New York
Schweizerische Zentrale für Verkehrsförderung (Swissair)

405, 406
Schweizerische Landesausstellung, Lausanne
Swiss national exhibition, éxposition nationale 1964, Abt.: «Erziehung, Wissenschaft und Forschung»

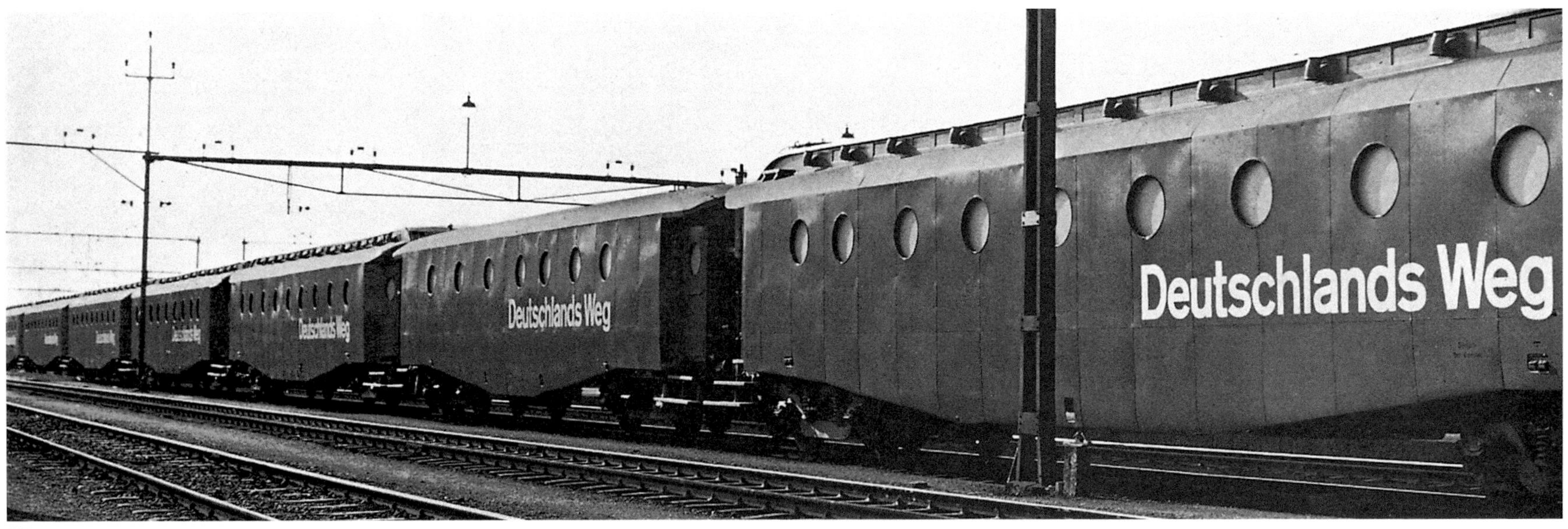

407

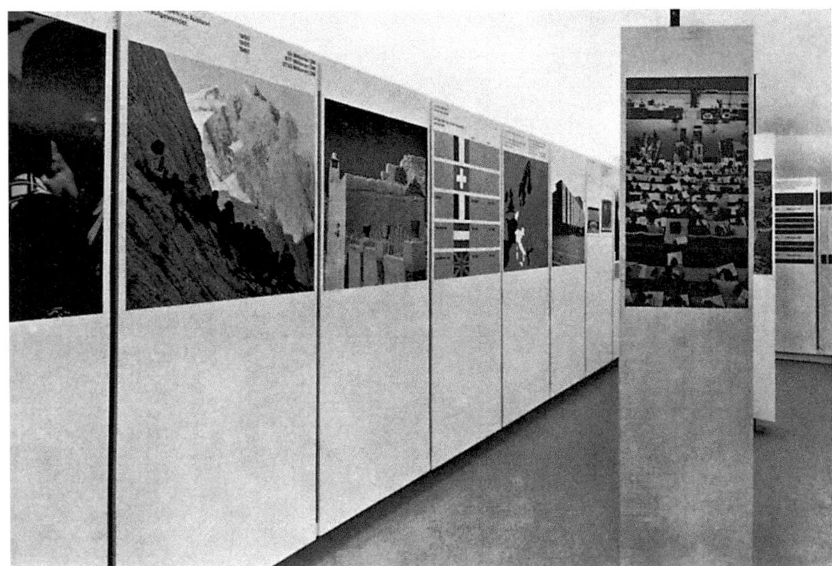

408

409

407–410
Ausstellungszug, exhibition waggons, wagons d'exposition
Mobilwerbungs AG, Bonn

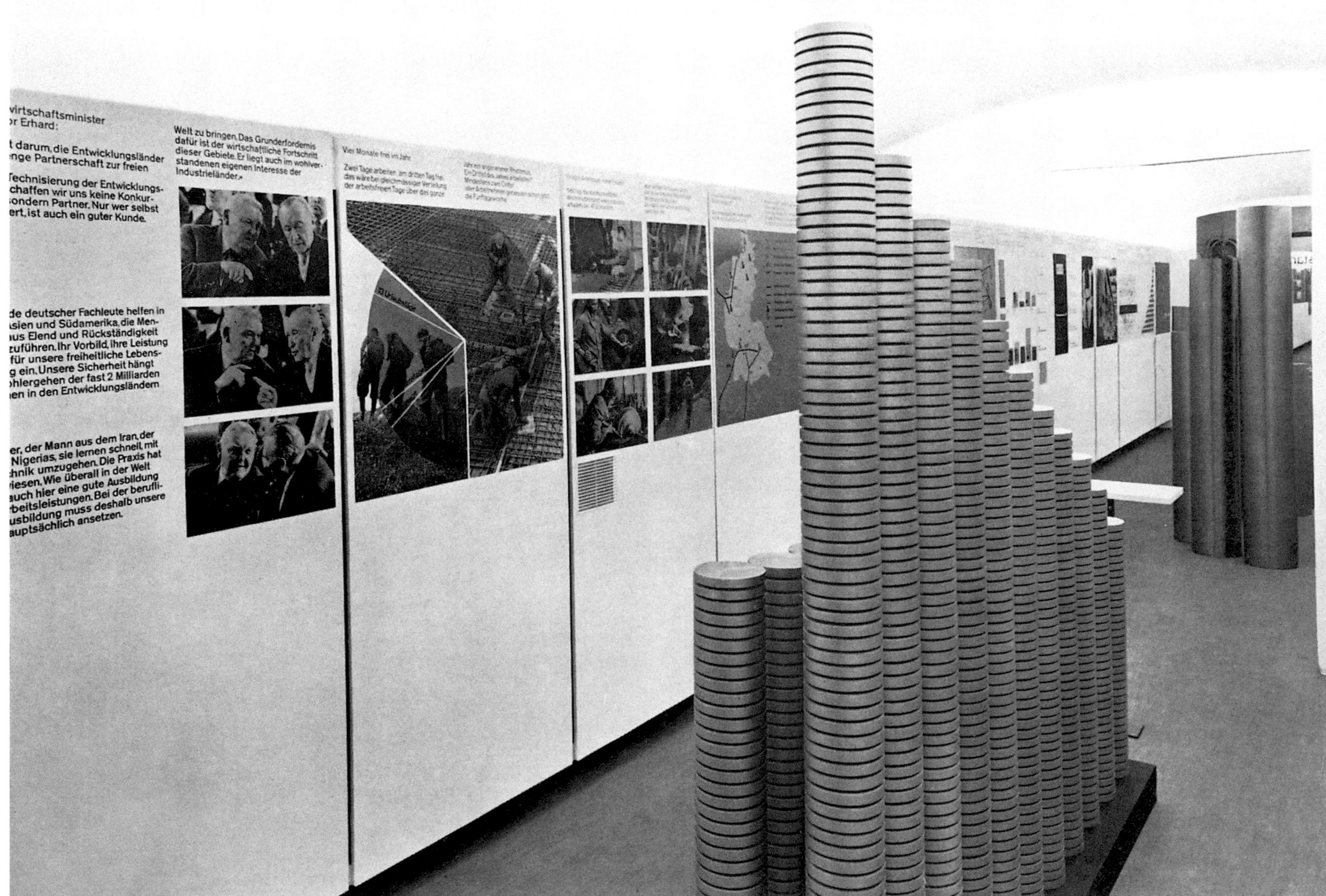
virtschaftsminister
or Erhard:
t darum, die Entwicklungsländer
nge Partnerschaft zur freien
Technisierung der Entwicklungs-
chaffen wir uns keine Konkur-
ondern Partner. Nur wer selbst
ert, ist auch ein guter Kunde.
de deutscher Fachleute helfen in
sien und Südamerika, die Men-
aus Elend und Rückständigkeit
zuführen. Ihr Vorbild, ihre Leistung
für unsere freiheitliche Lebens-
g ein. Unsere Sicherheit hängt
ohlergehen der fast 2 Milliarden
hen in den Entwicklungsländern
er, der Mann aus dem Iran, der
Nigerias, sie lernen schnell, mit
chnik umzugehen. Die Praxis hat
iesen. Wie überall in der Welt
auch hier eine gute Ausbildung
rbeitsleistungen. Bei der berufli-
usbildung muss deshalb unsere
auptsächlich ansetzen.
Welt zu bringen. Das Grunderfordernis
dafür ist der wirtschaftliche Fortschritt
dieser Gebiete. Er liegt auch im wohlver-
standenen eigenen Interesse der
Industrieländer.»
Vier Monate frei im Jahr
Zwei Tage arbeiten, am dritten Tag frei,
das wäre bei gleichmässiger Verteilung
der arbeitsfreien Tage über das ganze

410

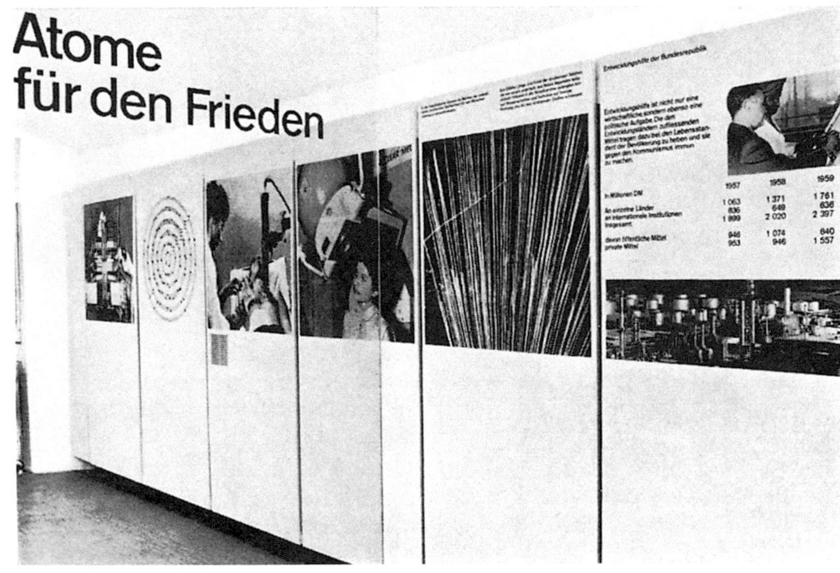

411

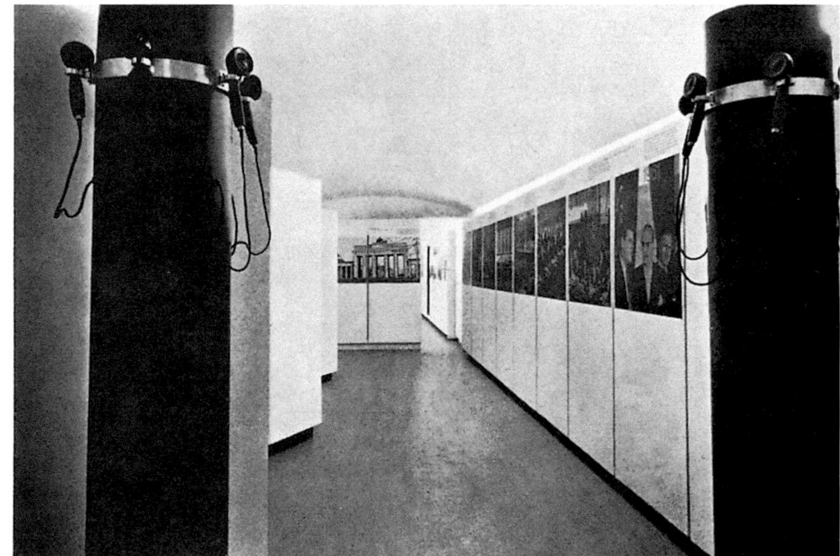

415

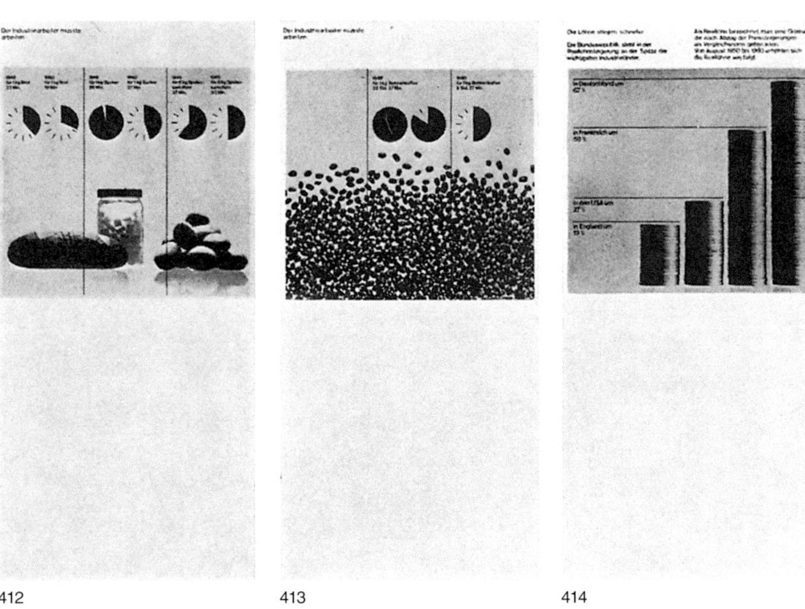

412

413

414

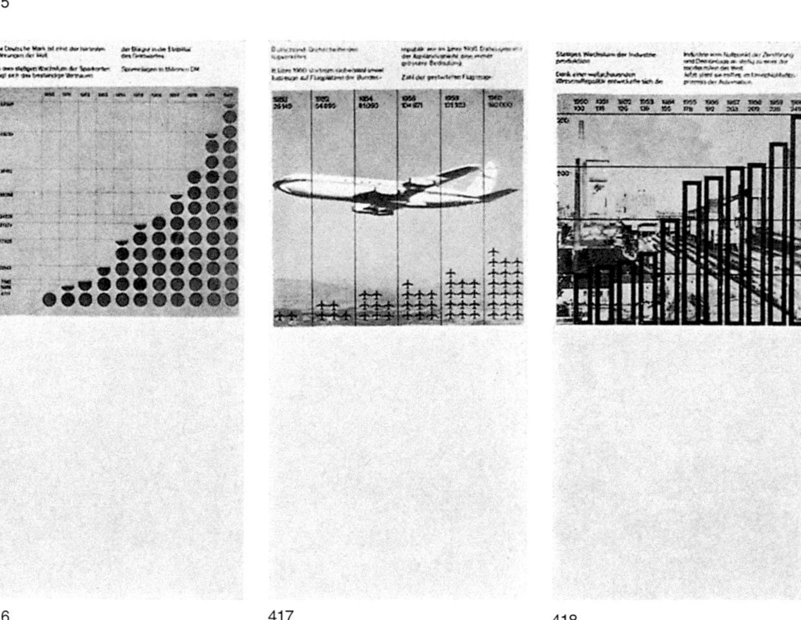

416

417

418

411–422
Ausstellungszug, exhibition waggons, wagons d'exposition
Mobilwerbungs AG, Bonn

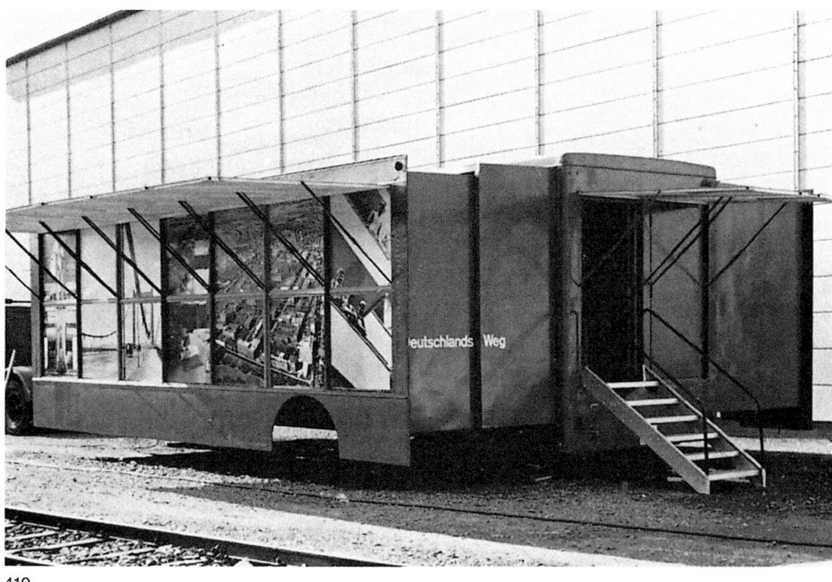

419

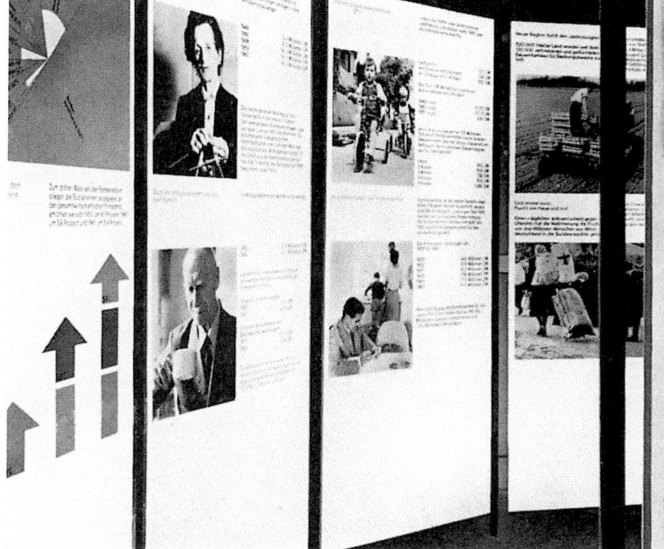

421

420

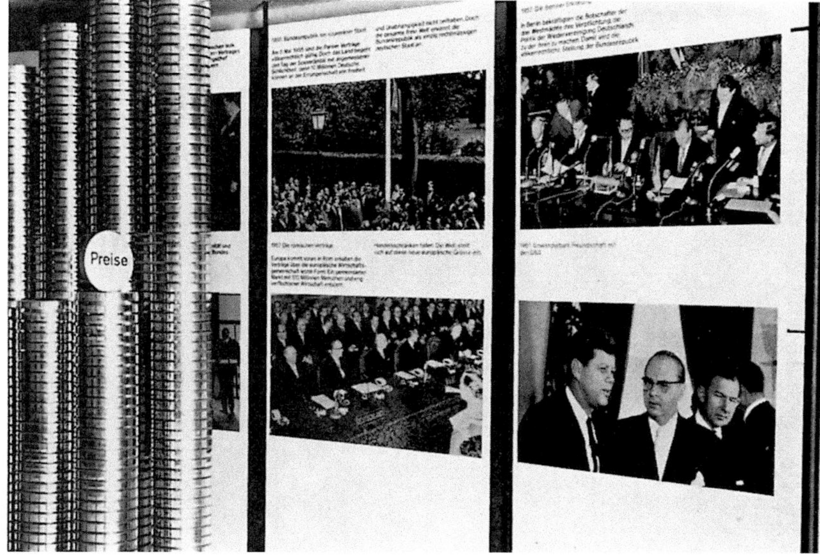

422

Die kulturelle Werbung

Sehr oft ist die Form der Werbung für Kultur ausgesprochen traditionsbetont. Die Vorstellung, dass durch klassische Schriften, durch eine symmetrische typografische Anordnung, kombiniert mit einer freien Illustration, künstlerische Werte am besten versinnbildlicht werden können, ist dabei ausschlaggebend. Und doch hat jede Kulturepoche einen eigenen formalen Ausdruck für ihre Ideale und Formvorstellungen gesucht und gefunden und einen individuellen Wertmasstab für die Beurteilung früherer Kultursituationen angesetzt.
Die Form der kulturellen Werbung soll deshalb, nicht weniger als die sinnvolle Werbung für Industrie und Wirtschaft, ein Ausdruck der Zeit, in der wir leben, sein. Jede Zeit hat ihre geistigen und künstlerischen Probleme und der grafische Gestalter muss sich mit den formalen Problemen seiner Zeit auseinandersetzen und gerade für die kulturelle Werbung zeitgemässe Überlegungen anstellen und entsprechende Gestaltungsmittel verwenden.

Cultural publicity

Very often publicity for cultural events is emphatically traditional in its form. The reason must be sought in the firmly held idea that classical type, symmetrical typographical arrangement and free illustration provide the most suitable means of embodying cultural values. Yet every cultural epoch has sought its own formal expression for its ideals and ideas of form (and thus established a criterion by which to appraise earlier cultural situations).
No less than advertising for industry and commerce, cultural publicity should take a form that expresses the age in which we live. Each age has its spiritual and artistic problems; the graphic designer must tackle the formal problems of his time and, precisely in cultural publicity, think in contemporary terms and use appropriate means of design.

La propaganda culturelle

La propagande culturelle

Bien souvent la propagande culturelle s'attache d'une manière appuyée à la tradition. L'idée y est prépondérante que les caractères classiques, l'ordonnance typographique symétrique, combinés avec une illustration libre, expriment mieux les valeurs artistiques. Pourtant chaque époque a cherché, et trouvé, une expression formelle propre pour ses idéaux et son monde des formes, tout en créant sa propre échelle des valeurs pour juger le passé.
La forme de la propagande culturelle ne devrait pas moins que la publicité industrielle et commerciale exprimer les valeurs des temps présents. Tout époque a ses problèmes spirituels et artistiques. Le créateur graphique doit voir clair dans ceux de son temps.
Il devra donc réfléchir spécialement à la propagande culturelle et trouver des moyens d'expression adéquates à ce domaine.

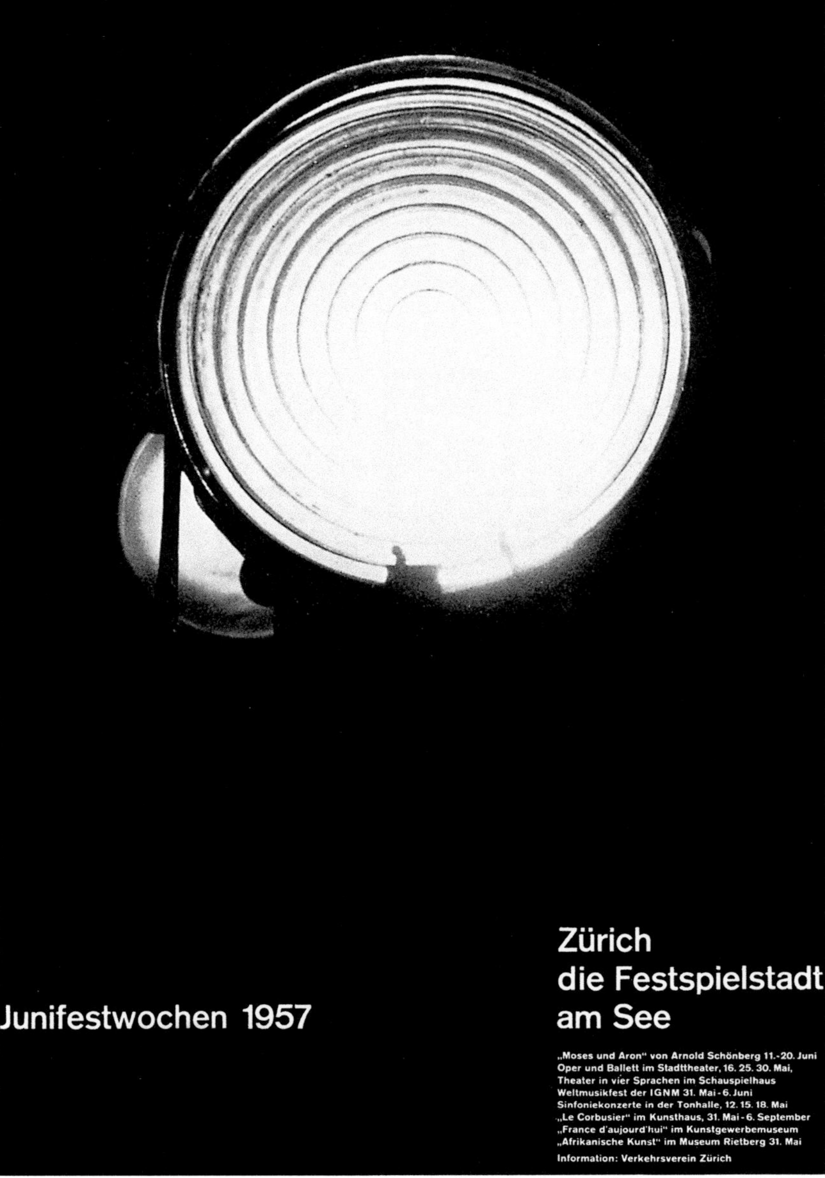

423

423
Plakatentwurf, design for a poster, projet d'affiche
Verkehrsverein der Stadt Zürich

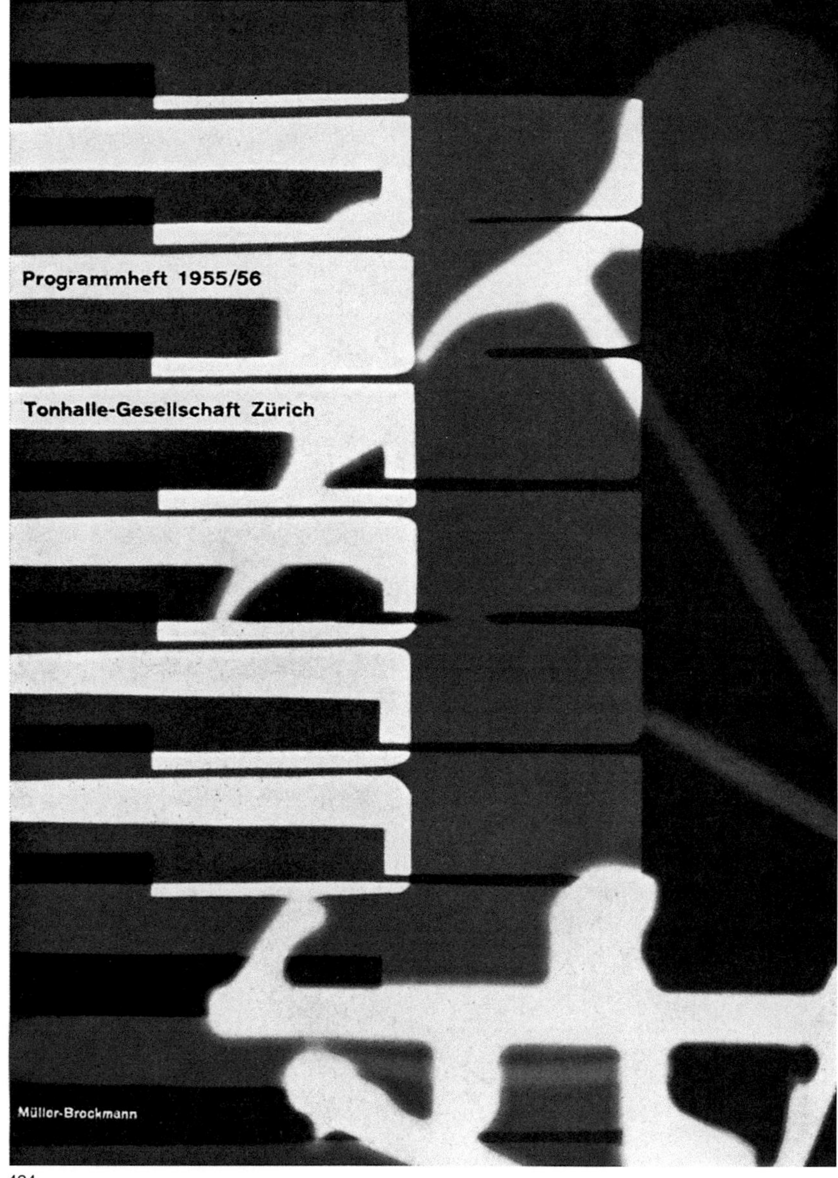

424

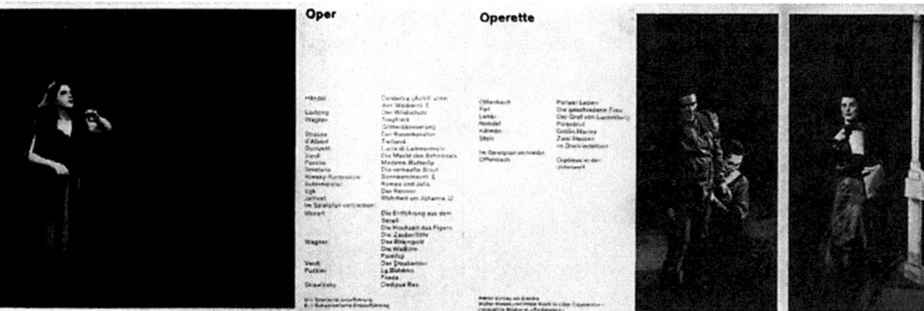

425

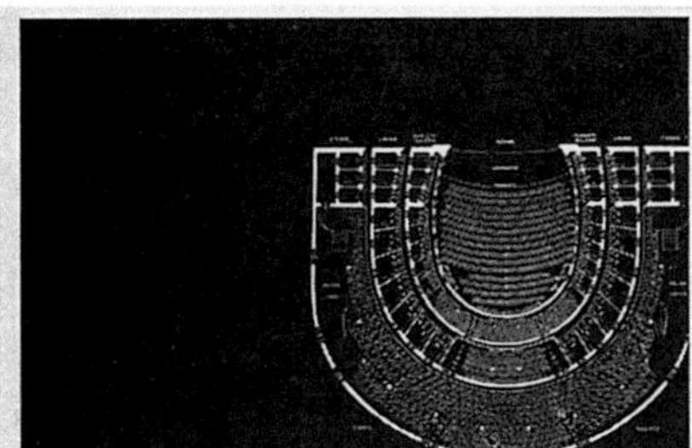

426

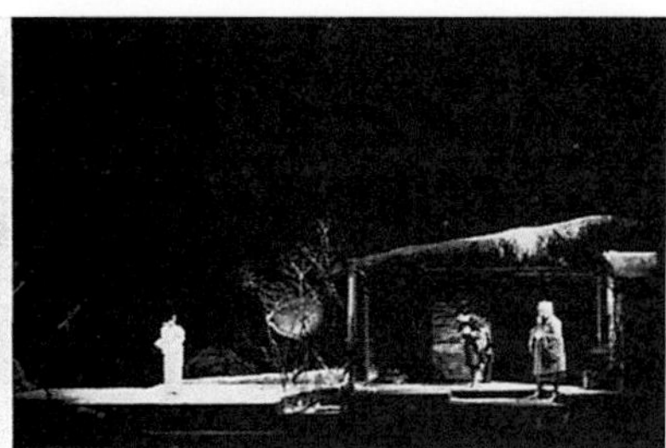

427

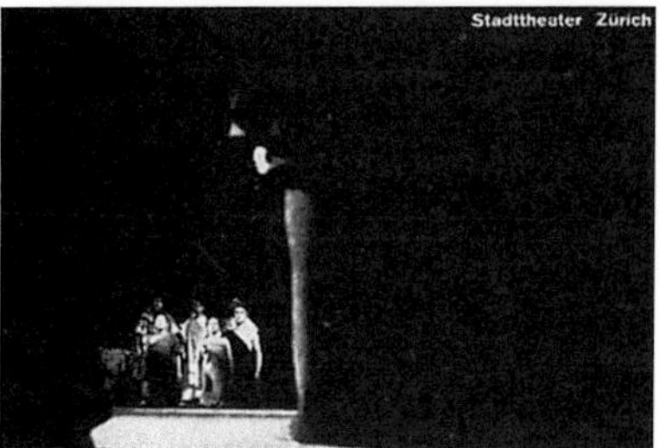

428

424
Programm, programme, programme
Tonhalle-Gesellschaft Zürich

425–428
Prospekt, folder, dépliant
Stadttheater Zürich

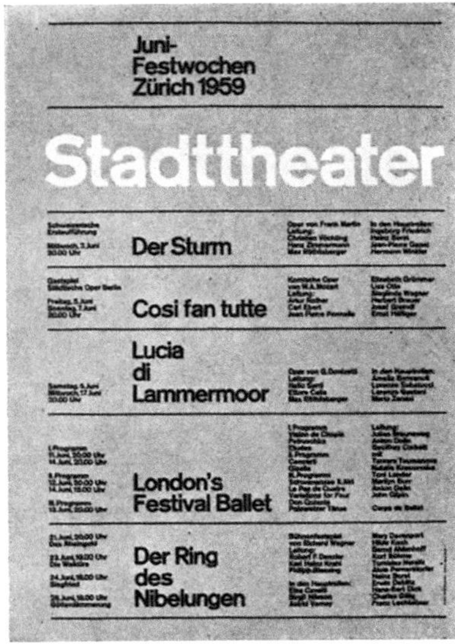

429

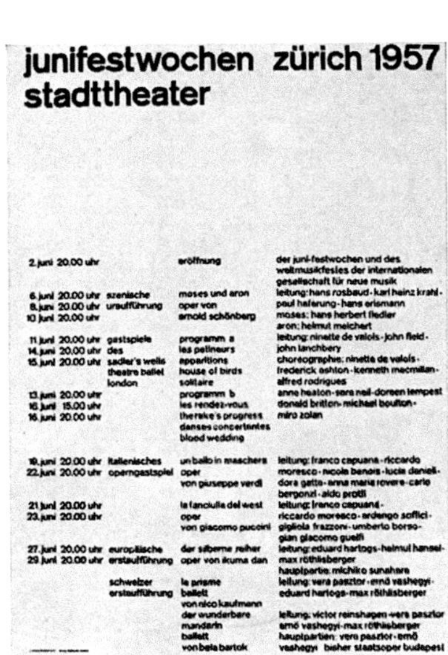

431

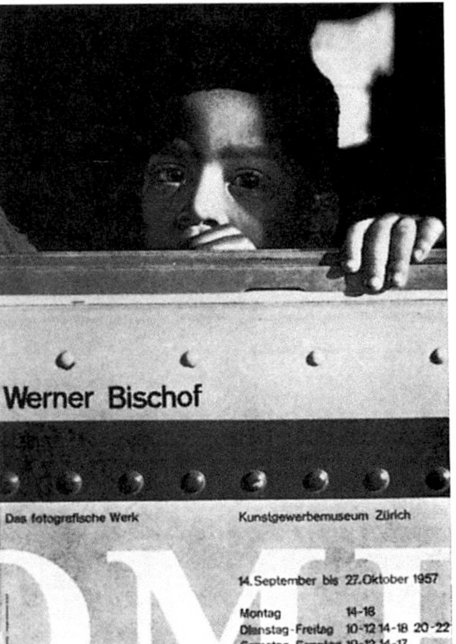

430

429, 431
Plakate, posters, affiches
Stadttheater Zürich
430
Plakate, posters, affiches
Kunstgewerbemuseum Zürich

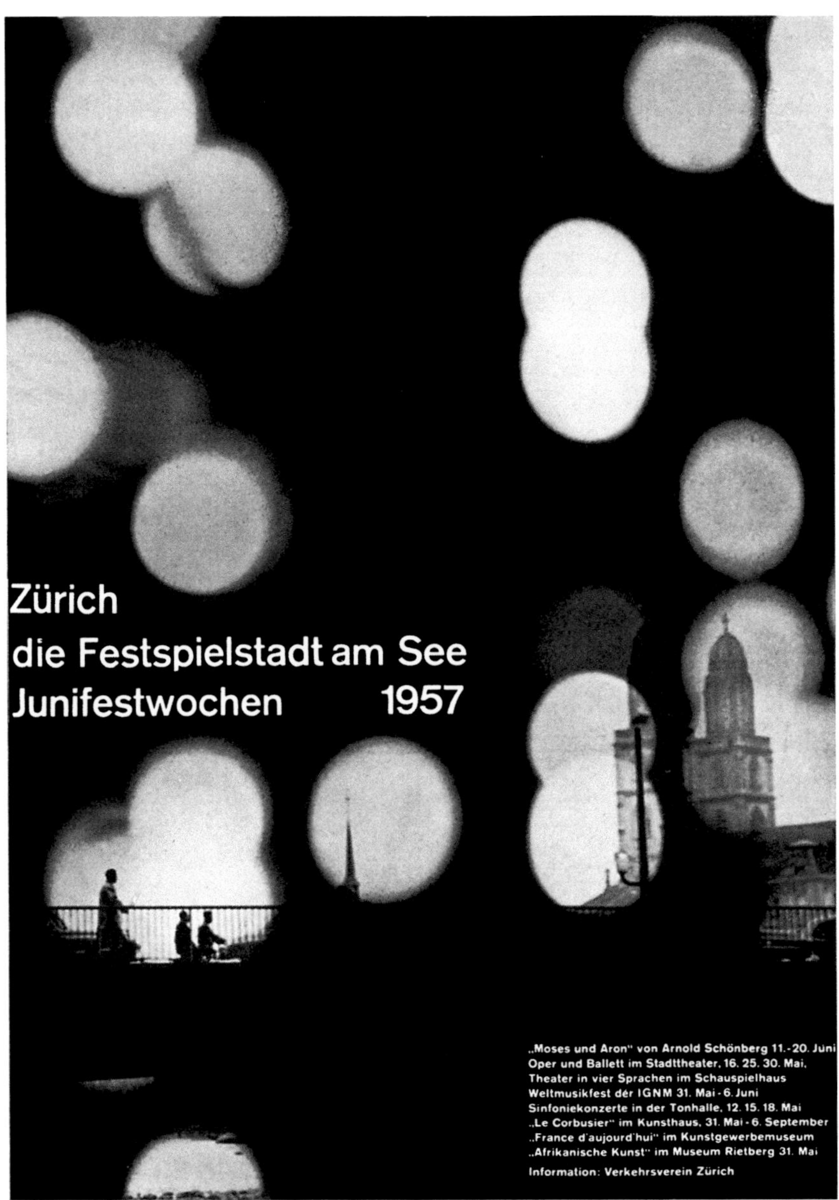

432

432
Plakatentwurf, design for a poster, projet d'affiche
Verkehrsverein der Stadt Zürich

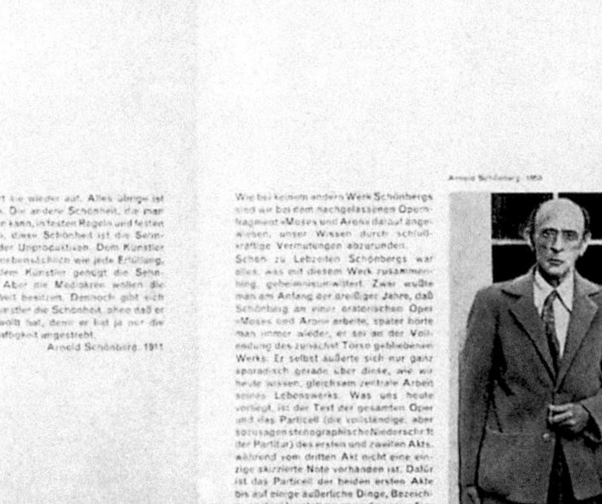

433

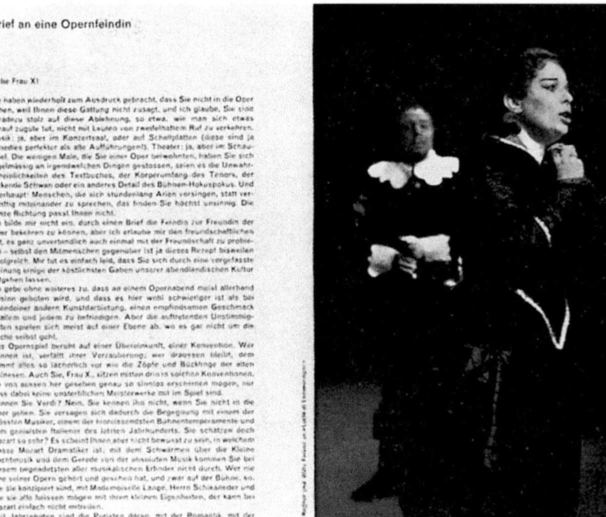

435

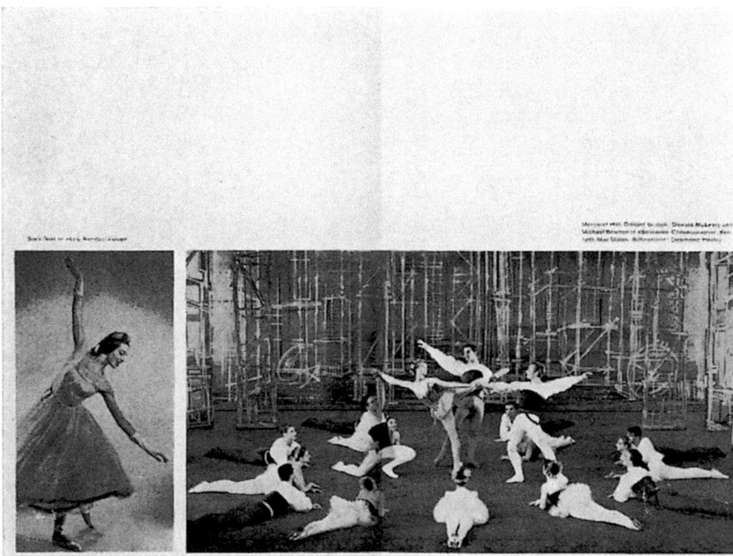

434

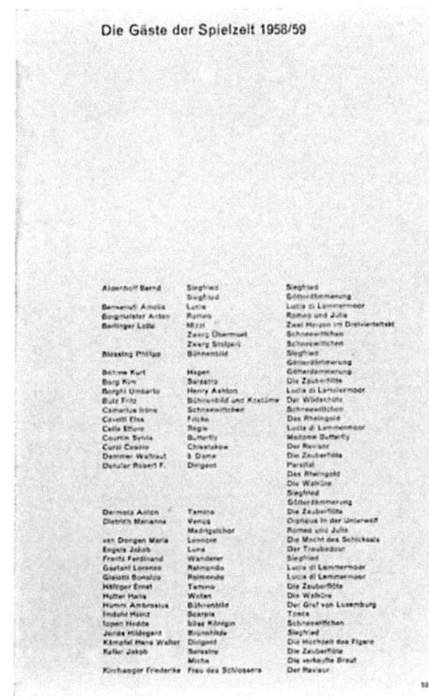

436

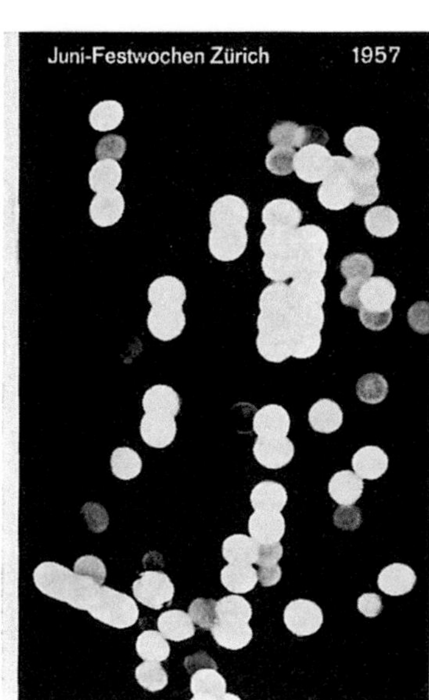

437

433, 434, 437
Programm, programme, programme
Stadttheater Zürich

435, 436
Jahrbuch, annual, chronique
Stadttheater Zürich

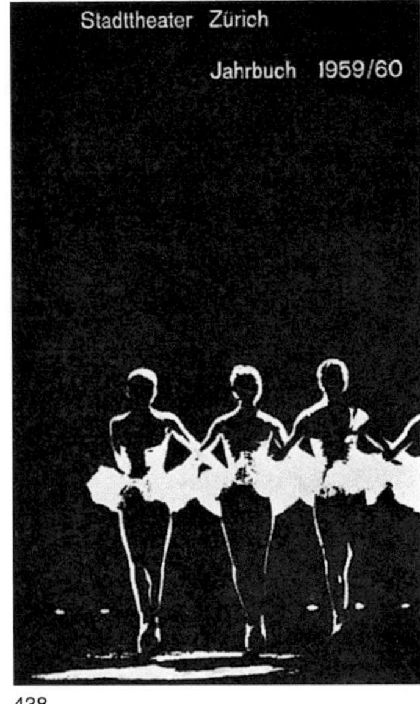

438

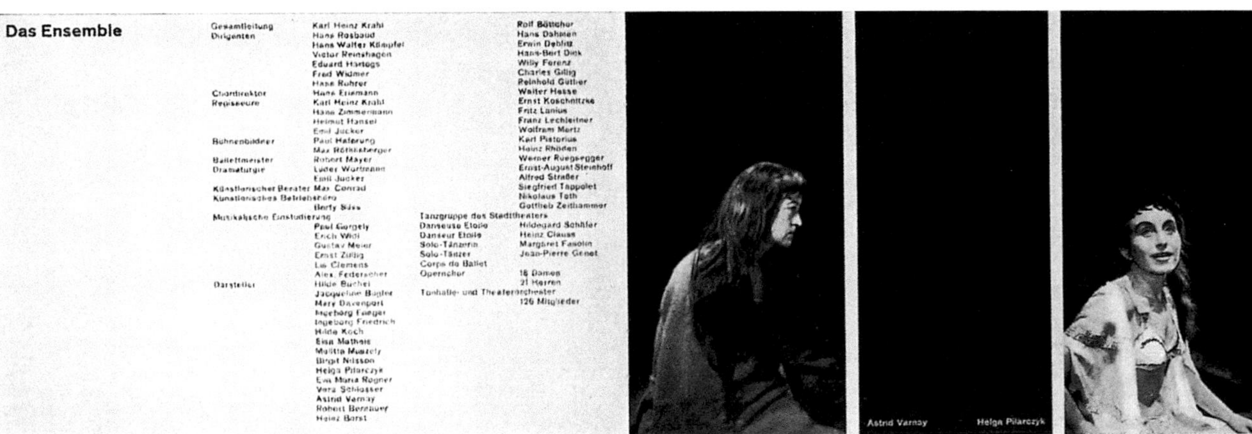

440

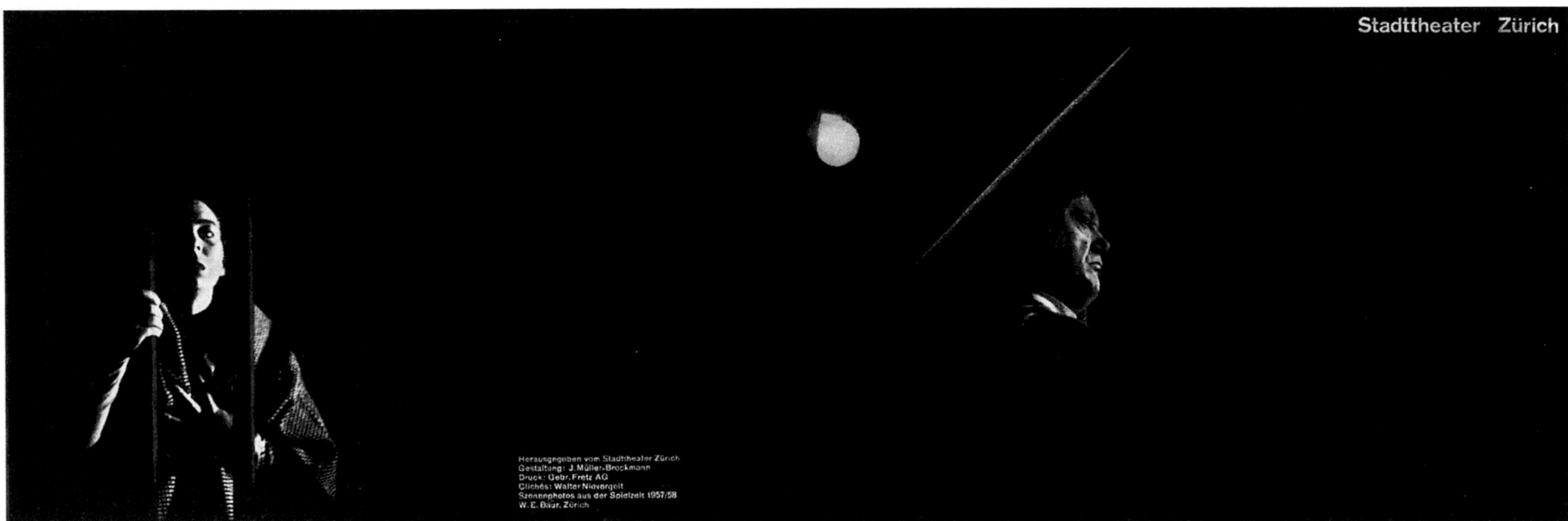

439

438
Jahrbuch, annual, chronique
Stadttheater Zürich
439, 440
Prospekt, folder, dépliant
Stadttheater Zürich

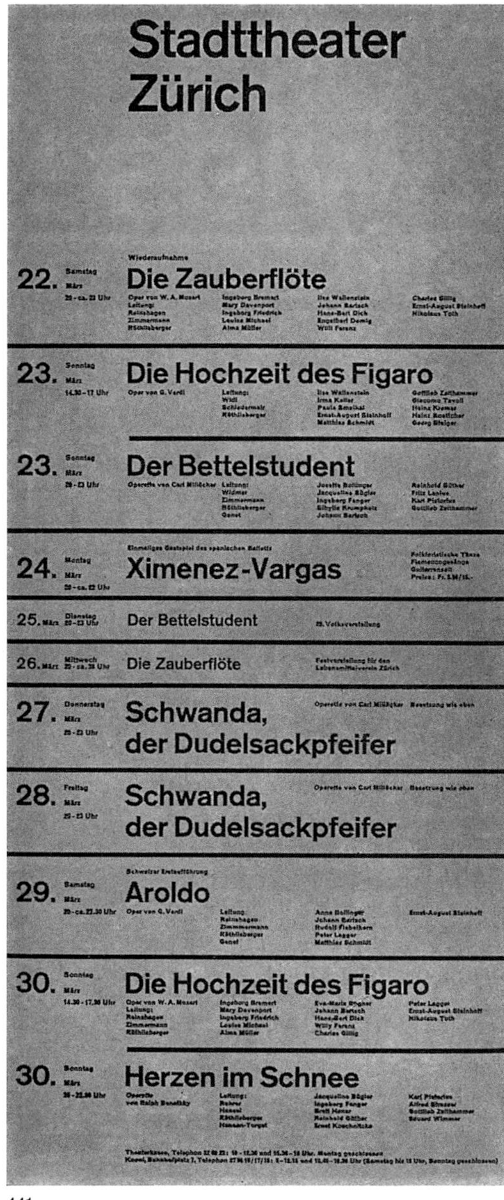

441

Schauspielhaus
Zürich

19. Das Tagebuch der Anne Frank

20. Don Carlos

20. Die Alkestiade

21. Die Alkestiade

23. Festakt
anlässlich des 70. Geburts-
tages von Othmar Schoeck

23. Die Orestie

24. Rosmersholm

25. Gier unter Ulmen

26. Karoline von Günderrode

27. Die Orestie

442

441
Plakat, poster, affiche
Stadttheater Zürich

442
Plakat, poster, affiche
Schauspielhaus Zürich

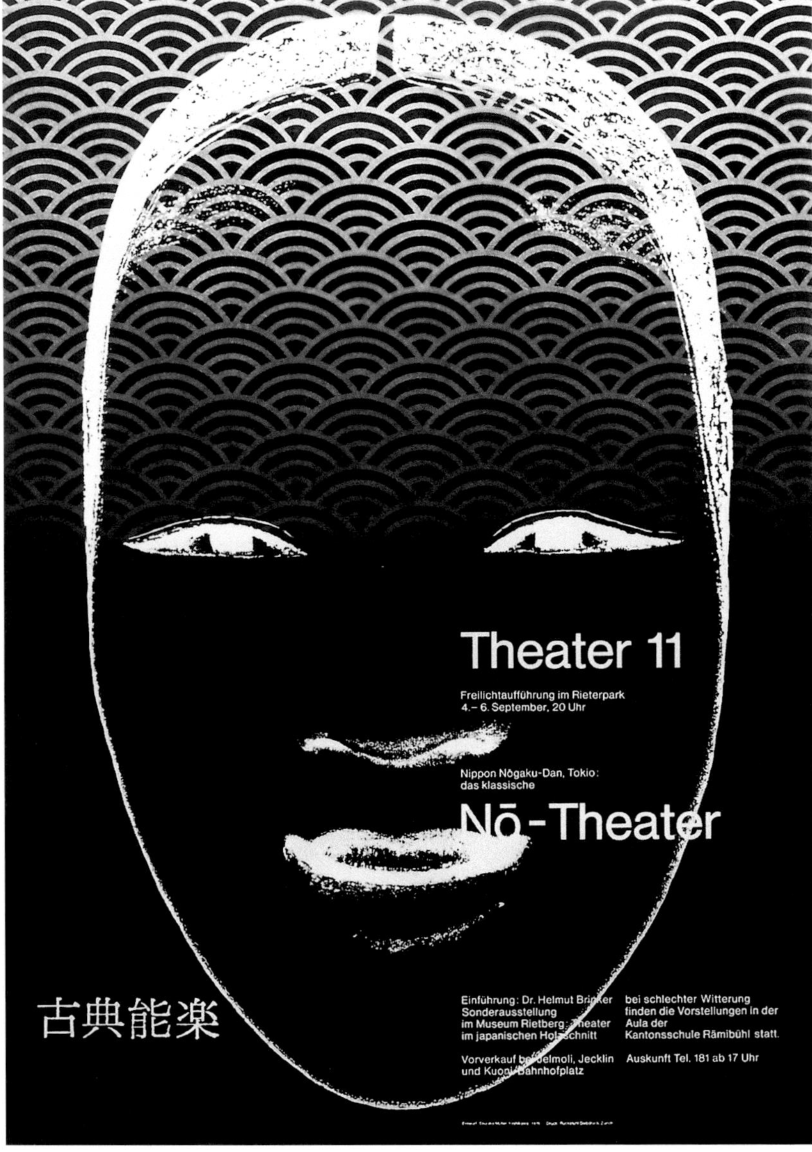

443

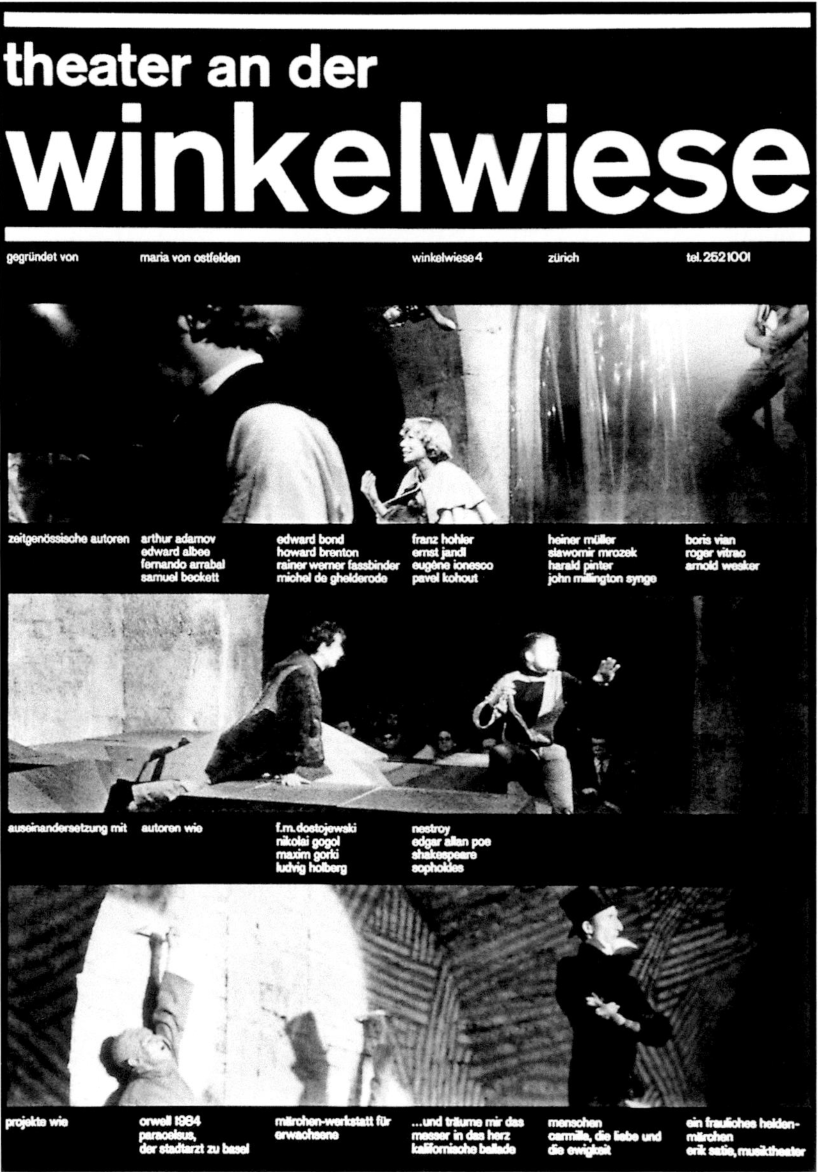

444

443
Plakat, poster, affiche
No-Theater, Tokio
Präsidialabteilung der Stadt Zürich

444
Plakat, poster, affiche
Theater an der Winkelwiese, Zürich

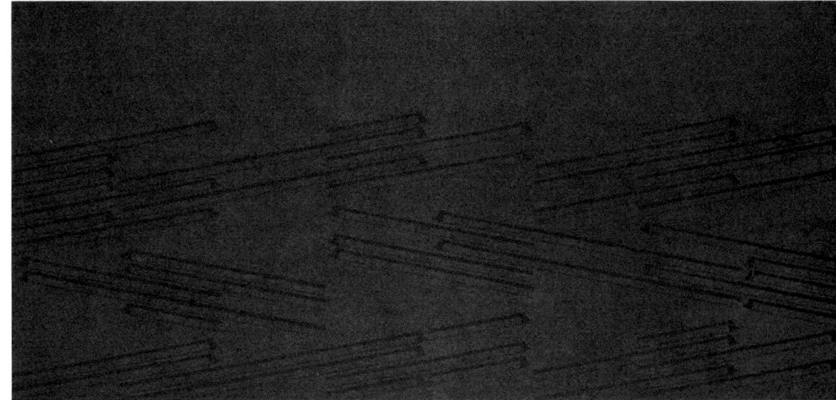

445

Vom zeitgenössischen Komponisten und einheimischen Interpreten

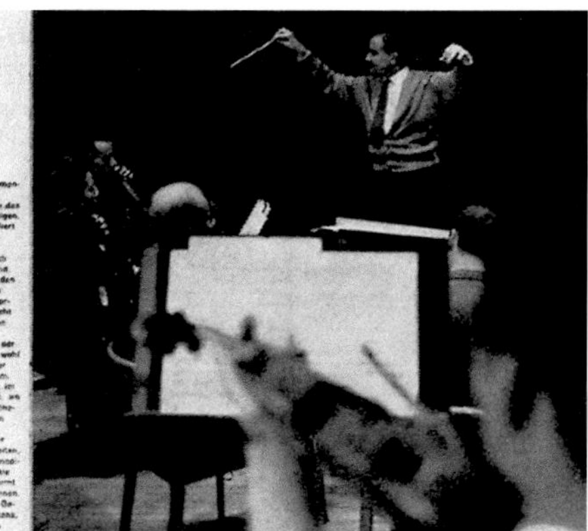

447

Tätigkeit des Kammerorchesters im Jahre 1956
Konzerte

Schweiz		Deutschland			
Andeer		Alfeld		Stuttgart	
Basel	2	Biberach		Ulm	
Bern		Bonn		Unna	
Biel		Celle	2	Wesel	
Boswil		Coesfeld		Wiesbaden	
Brugg		Düsseldorf		Wolfenbüttel	
Burgdorf		Fulda	2	Witten	
Cham		Dernsberg			
Davos		Ondenberg		**Dänemark**	
Frauenfeld	2	Goslar		Kopenhagen	
Fribourg		Göttingen			
Genf		Gummersbach			
Gerlafingen	2	Hamburg	2	**Holland**	
Grenchen		Hameln			
Gstaad	2	Hamm		Nijmegen	3
Lausanne		Hanau		Emmen	2
Liestal	2	Hannover	4		
Meilen		Helmstedt			
Regensberg		Hildesheim	2	**Schweden**	
Rüe		Iserlohn			
Schaffhausen		Itzehoe	2	Malmö	
Solothurn	2	Kaiserslautern			
St. Gallen		Kleve	2		
Zofingen	3	Lübeck		**Frankreich**	
Zumikon	2	Minden			
Zürich	18	NDR, Hamburg	2	Cherbourg	
		Neuss	2	Nantes	
		Nordhorn		Paris	2
		Offenbach		St. Lô	
		Salzin			
		Siegen			

Repertoire

Tommaso Albinoni	Sonata a cinque, Op. 2, No. 4
Joh. Seb. Bach	Violinkonzert in E-dur
	Violinkonzert in a-moll
	Kantate «Geist und Seele wird verwirret»
	Kantate «Vergnügte Ruh, beliebte Seelenlust»
	Ricercare à 6 aus dem «Musikalischen Opfer»
	Contrapunctus I und V aus «Kunst der Fuge»
	Choral: «Vor deinen Thron tret ich hiermit»
Joh. Chr. Bach	Cembalokonzert in Es-dur
Bela Bartok	Divertimento für Streicher (1939)
L. van Beethoven	Adagio für Mandoline und Streicher
	Sonatine in c-moll für Mandoline und Streicher
Jean Binet	Six chansons
Benjamin Britten	Simple Symphony
Anton Dvorak	Serenade für Streichorchester, Op. 22
John Dowland	Lachrimae
Edward Elgar	Serenade für Streichorchester, Op. 20
Francesco Geminiani	Concerto grosso in g-moll, Op. 3, No. 2
Walter Geiser	Konzert für Streichorchester (1958)
Georg Fr. Händel	Concerto grosso in D-dur, Op. 6, No. 5
	Orgelkonzert in F-dur, No. 4
Arthur Honegger	Streichersymphonie
Wolfgang A. Mozart	Divertimento für Streicher, K. V. 136
	Divertimento für Streicher, K. V. 137
	Divertimento für Streicher, K. V. 138
	Eine kleine Nachtmusik, K. V. 525
	Serenata Notturna, K. V. 239
	«Bastien et Bastienne», Singspiel in einem Akt
	«La finta giardiniera», Ouvertüre, K. V. 196
	Violinkonzert in G-dur, K. V. 216
	Violinkonzert in D-dur, K. V. 218
	Symphonie in A-dur, K. V. 201

448

American
books
today

An exhibition arranged for
the American Book Publishers Council
by
Kurt Stäheli & Co., Booksellers

More than 3000 books and over 500 periodicals
in all fields, giving a total picture of the intellectual life
of America today.

June 22nd to July 1st. Open daily 10 a.m. to 9 p.m.
"Zunfthaus zur Meise," Münsterhof, Zurich 1
Admission Fr. 1.10 (incl. Catalogue)

The exhibition includes books and periodicals
on the following subjects:

Advertising & Publicity
Aeronautics
America - Land & People
Architecture
Art
Biological Sciences
Biography & Memoirs
Business
Chemistry
Chemical Engineering
Civil Engineering
Cookery Books
Dictionaries / Reference
& Bibliography
Economics
Education
Electrical Engineering
Electronics
Folklore
Geography & Travel
Geology & Mineralogy
History
Hobbies / Games, etc.
Humor / Cartoons
History of Literature
Essays & Criticism
Novels
Poetry & Drama
Mathematics
Mechanical Engineering
Medicine
Metallurgy
Meteorology & Astronomy
Music / Theatre / Film
& Ballet
Photography
Philosophy
Physics
Picture Books for Children
Politics
Psychology
Radar
Radio & Television
Sociology
Sports
Statistics

Was Amerika forscht und denkt ist in einer
unübersehbaren Fülle von Büchern und Zeitschriften
veröffentlicht, aus der wir einen sorgfältig ausgewählten
Querschnitt zeigen

Ob Sie Arzt sind oder Kaufmann, Architekt
oder Volkswirtschaftler, Ingenieur oder Chemiker —
für Sie alle zeigen wir in unserer Ausstellung

American Books Today

die neuen Bücher von über 100 der bedeutendsten
amerikanischen Verleger

Eintritt Fr. 1.10 (inkl. Katalog)

446

445, 447, 448
Programm, programme, programme
Kammerorchester de Stoutz, Zürich
446
Prospekt, leaflet, prospectus
The American Book Publishers Council

Konzertplakate für die Tonhalle-Gesellschaft Zürich

Seit 1951 überträgt die Tonhalle-Gesellschaft Zürich – durch ihren aufgeschlossenen Sekretär Samuel Hirschi – dem Verfasser Konzertplakate zur Gestaltung. Die Aufgabe dieser Plakate, die Öffentlichkeit über Zeitpunkt, Ort und Inhalt eines Konzertes zu informieren, wird meist mit typografischen Mitteln gelöst, wobei, je nach Bedeutung der Komponisten, der Dirigenten oder der Solisten, deren Namen in grösseren Lettern hervortreten.

Meine bisherigen Plakatlösungen erreichte ich mit formal strenggebundenen, einfachen Formelementen und einer klaren, konstruktiven Flächengliederung von meist geometrischen Formen. Diese oft mit präzisen proportionalen Unterteilungen erstrebte und erreichte Komposition sollte symbolhafter Ausdruck der inneren Gesetzmässigkeiten der Musik sein. Die thematischen, dynamischen, rhythmischen und metrischen Werte der Musik sind durch die entsprechenden optischen Formen und Formreihen dargestellt. Die Klangfarbe bestimmter zur Aufführung gelangender Werke wird durch Farbe illustriert, die gefühlsmässig oder nach bestimmter optischer Wirkung und in festgelegter Reihenfolge angeordnet ist. Die Proportionen der Formelemente und ihre Zwischenräume sind fast immer auf bestimmte und konsequent durchgeführte Zahlenreihen abgestimmt. Die typografische Ordnung nimmt Bezug auf die Komposition der bildlichen Aufteilung, um alles Zufällige und Ungeordnete auszuschliessen. Dabei muss immer wieder beachtet werden, dass dem Plakat das Statisch-Bildhafte und das Eingerahmte ferngehalten werden kann und dass ihm das Schwebende der Formen verliehen wird. Die Typografie hat immer ein integrierender Bestandteil der Konzeption zu sein, mit gleichberechtigter Wirkungsfülle.

Im Junifestwochen-Plakat 1960 versuchte ich mit einer Aufnahme von farbigen Lichtstäben, die in fünf verschieden proportionierten Teilen und in fünf Gruppen angeordnet waren, das Transparente und Transzendente der Musik optisch erfassbar zu machen. Hier sind alle positiven und negativen Räume proportional systematisiert und in eine Beziehung zum Plakatformat gebracht. Die letzten Plakate von 1960 bedeuten eine Abkehr von den formal sinnbildlichen Formen und eine bewusste Hinwendung zum typografisch gebauten Plakat. Die bisher den Formen überbundene Aufgabe, Dynamik, Rhythmus, Klangfarbe usw. darzustellen, wird jetzt von der Typografie übernommen. Mit ihr wird die Fläche gegliedert und rhythmisiert. Die wichtigen Namen des Konzertprogramms werden in auffällig grosser Type oder in besonders markierter Stellung gedruckt und in verschiedener Farbe gehalten. Das Plakat erfüllt demnach wieder ausschliesslich die der Information dienende Rolle. Aber zusätzlich zu den früheren typografischen Lösungen haben diese Plakate das Atmosphärisch-Beschwingte des musikalischen Anlasses als Bereicherung aufgenommen.

Concert posters for the Tonhalle Gesellschaft Zurich

Since 1951 the Tonhalle Gesellschaft Zurich has commissioned the author with the design of its concert posters through the offices of its enthusiastic secretary, Samuel Hirschi. The purpose of these posters – to inform the public of the time, place and programme of a concert, – was usually achieved by typographical means, the names of the composers, conductors and soloists appearing in letters that varied in size according to their importance.

The designs of my posters so far have been based on simple formal elements strictly linked together and a clear, constructive arrangement of mostly geometrical forms. This composition, for which I often used precisely proportioned subdivisions, was intended to be a symbolic expression of the conformity of music to its inner laws. The thematic, dynamic, rhythmic and metrical values of music are represented by suitable visual forms and series of forms. The tonal colour of the various works to be performed is illustrated through colours arranged as dictated by emotion or a particular visual effect and in a fixed sequence. The proportions of the formal elements and their intermediate spaces are almost always related to certain logical numerical progressions. The typographical arrangement reflects the composition of the pictorial division in order to eliminate everything fortuitous or unordered.

It must be remembered that it is always possible to keep any suggestion of the statically pictorial or “framed” out of the poster, and that a certain fluidity of form can be imparted to it. The typography must always be an integral part of the concept, with equivalent impact to the other elements.

In the poster for the 1960 June Festival Weeks I took a photograph of coloured lighting rods which were arranged in five groups and five differently proportioned parts and tried to capture visually the transparent and transcendental character of music. Here all the positive and negative spaces are proportionally systematized and related to the form of the poster.

In the last posters of 1960 formally symbolic forms were deliberately relinquished in favour of typographically constructed posters. The task of expressing dynamism, rhythm and tonal colour hitherto given to the formal elements is now left to typography. It organizes the space and imparts rhythm to it. The most important names in the programme are emphasized by strikingly large type or a particularly prominent position and are printed in a different colour. Thus the poster once again serves the purpose solely of information. But, unlike the earlier typographical solutions, these posters have been enriched with something of the uplifting atmosphere of the musical occasions they announce.

Affiches de concert pour la société de la «Tonhalle» de Zurich

Depuis 1951 l'auteur est chargé par l'actif secrétaire de la «Tonhalle», M. Samuel Hirschi, de la création des affiches de concerts de cette société. Ce problème d'information du public sur la date, le lieu et le programme d'un concert est résolu la plupart du temps par des moyens purement typographiques, tout en traduisant l'importance du compositeur, du chef d'orchestre, du soliste, par le corps du caractère choisi.
Jusqu'à présent j'ai résolu mes problèmes par l'emploi de formes élémentaires dans un ordre rigoureux et par une répartition géométrique des surfaces. Ces compositions, souvent construites selon des modules de stricte proportionalité, devaient exprimer symboliquement la structure intime de la composition musicale. Les valeurs thématiques, dynamiques et rythmiques de la musique y sont représentées par des formes et des séries de formes. La tonalité de certaines œuvres est illustrée par la couleur qui est distribuée intuitivement ou encore selon des effets optiques précis, dans un ordre détérmine. Les proportions des éléments formels et leurs intervalles sont presque toujours basées sur des séries numériques rigoureuses. L'ordonnance typographique s'appuie sur la composition générale, pour en exclure tout désordre et effet du hasard. Il faut porter une attention toute particulière au fait que l'affiche doit éviter le côté statique, «encadré» du tableau, et que ses formes, au contraire, doivent en quelque manière échapper à la pesanteur. La typographie est partie intégrante de la conception générale de l'affiche.
J'ai essayé dans l'affiche du festival 1960 de traduire par des moyens optiques le côté transparent et transcendant de la musique par une prise de vue de bâtons lumineux disposés en cinq groupes dont chacun était composé de cinq parties différemment proportionnées. Dans cette affiche, toutes les surfaces et leurs intervalles sont modulées proportionellement entre elles et par rapport au format de l'affiche.
Les dernières affiches de 1960 abandonnent l'expression symbolique et affirment une construction purement typographique. La typographie assume maintenant la tâche des éléments formels d'exprimer la dynamique, le rythme, la tonalité, etc. C'est elle qui divise et rythme la surface. Les noms les plus importants du programme figurent en gros caractères, ou sont placés de façon marquante, soutenus par la couleur. L'affiche redevient ainsi purement informative. Mail elle s'est enrichie de l'élément aérien, musical qui est son point de départ.

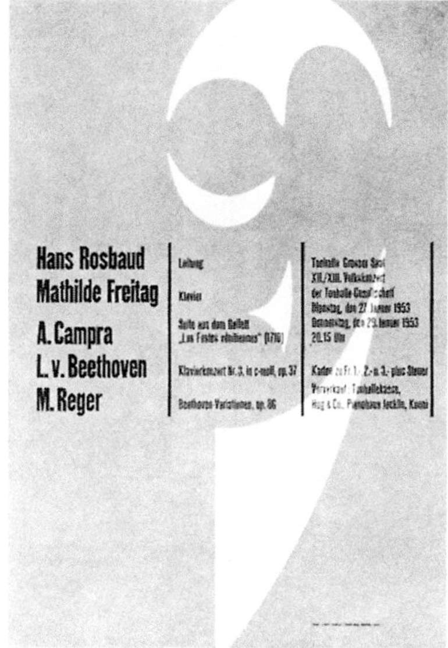

449

451

450

452

449–452
Plakate, posters, affiches
Tonhalle-Gesellschaft Zürich

Konzertplakate für die
Tonhalle-Gesellschaft Zürich

Concert posters for the
Tonhalle Gesellschaft Zurich

Affiches de concert pour la
société de la «Tonhalle» de Zurich

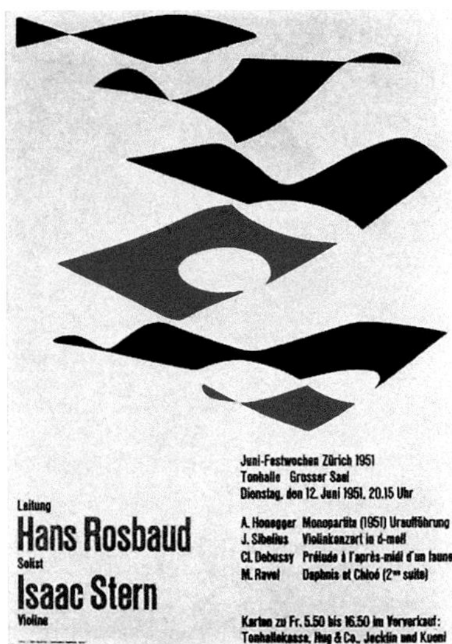

453

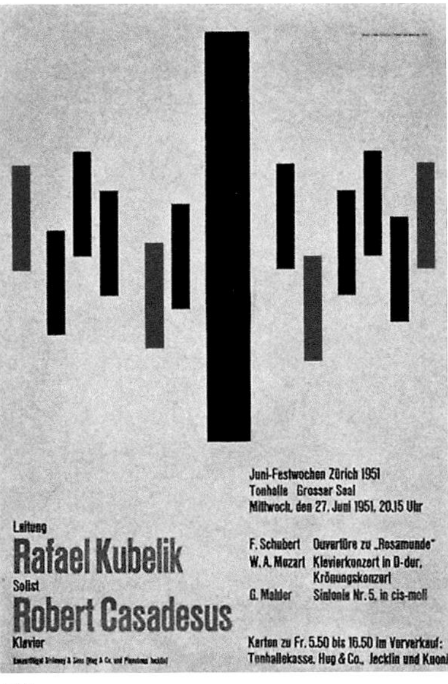

455

457

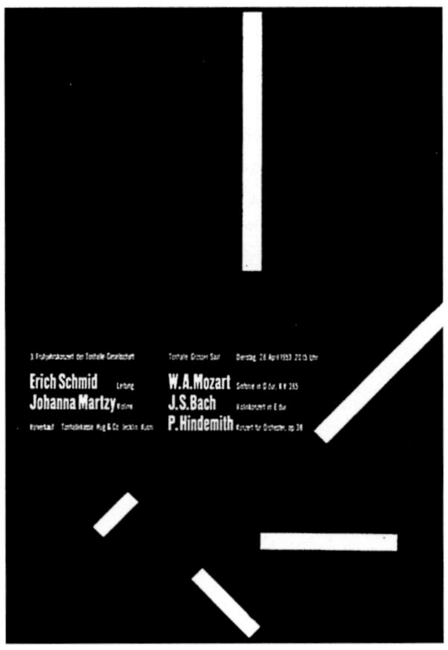

459

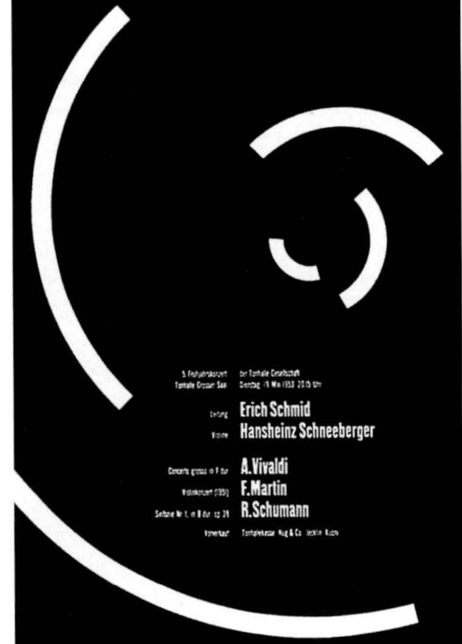

454

456

458

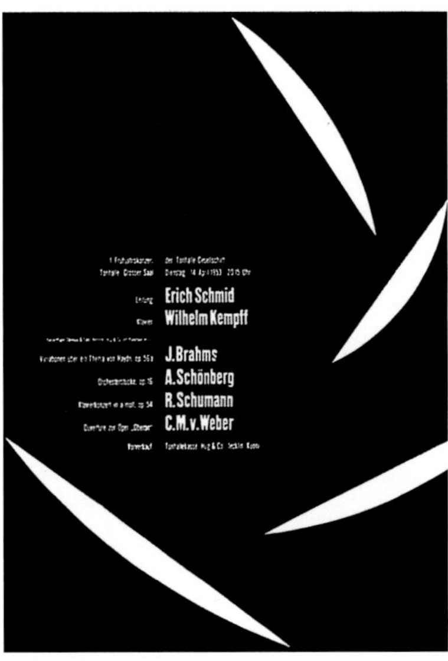

460

453–462
Plakate, posters, affiches
Tonhalle-Gesellschaft Zürich

Konzertplakate für die Tonhalle-Gesellschaft Zürich

Concert posters for the Tonhalle Gesellschaft Zurich

Affiches de concert pour la société de la «Tonhalle» de Zurich

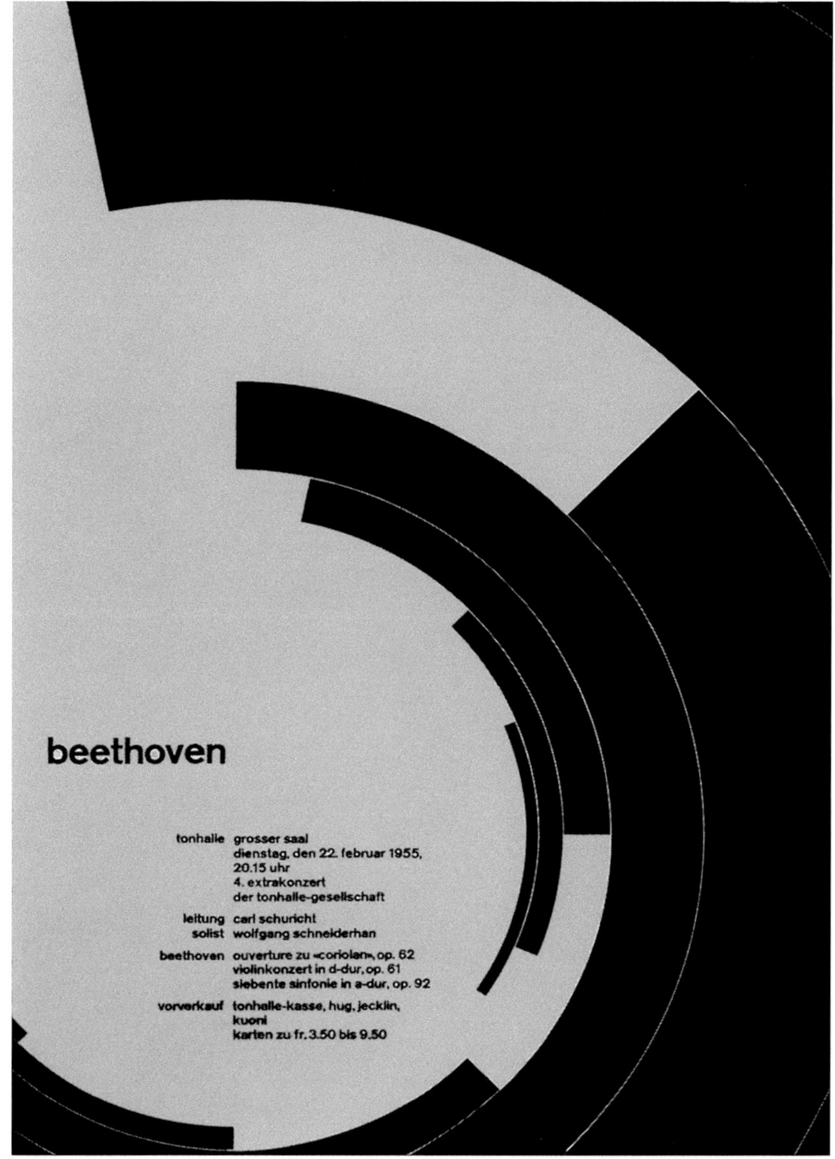

461

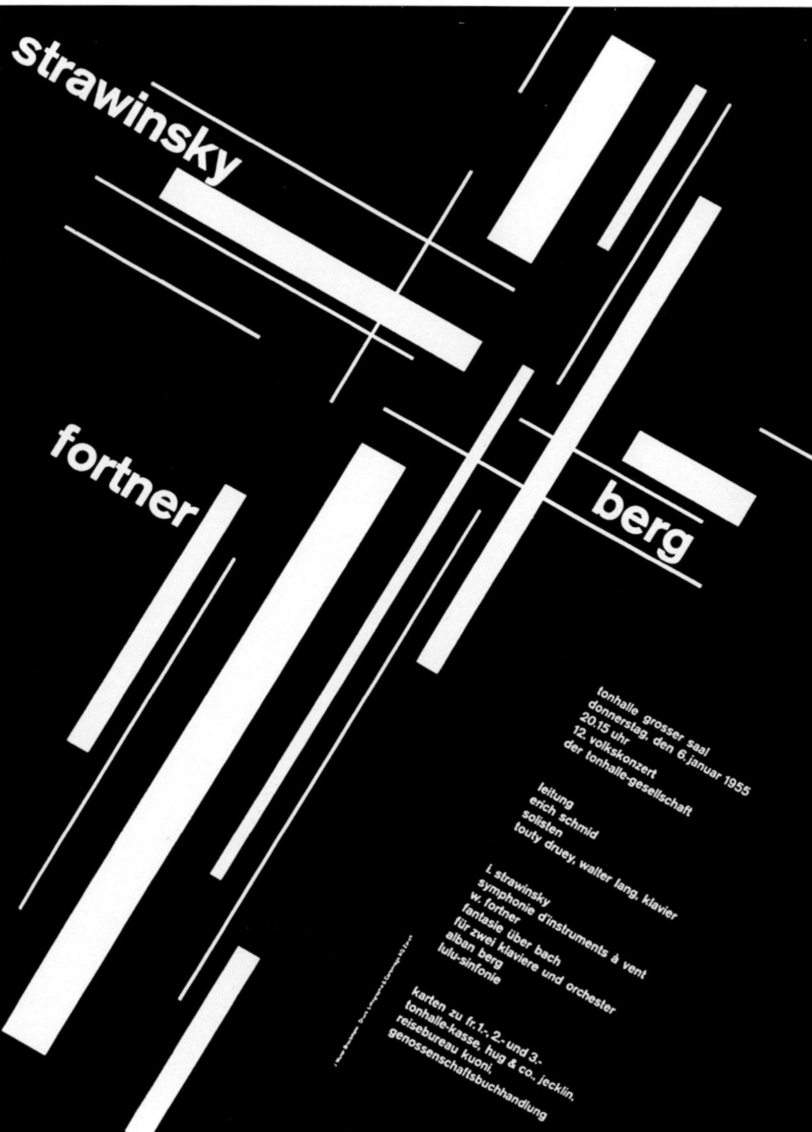

462

Konzertplakate für die Tonhalle-Gesellschaft Zürich

Concert posters for the Tonhalle Gesellschaft Zurich

Affiches de concert pour la société de la «Tonhalle» de Zurich

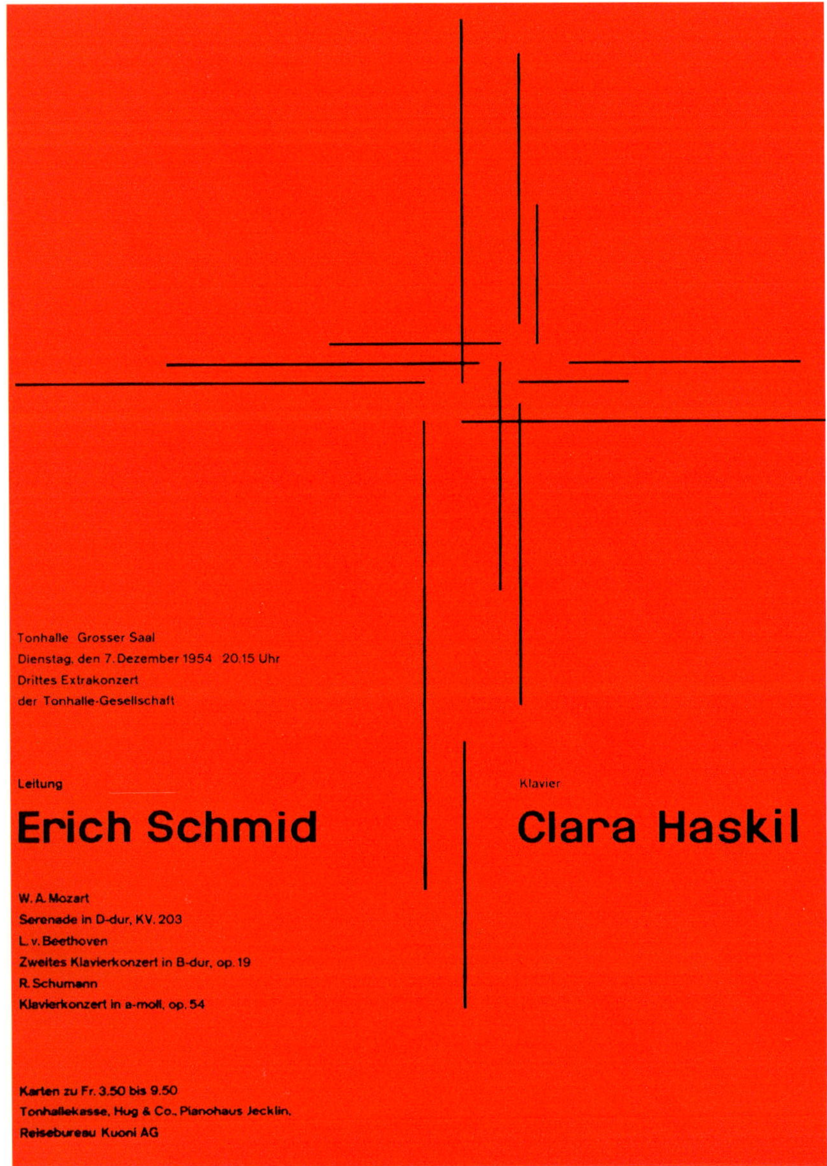

463

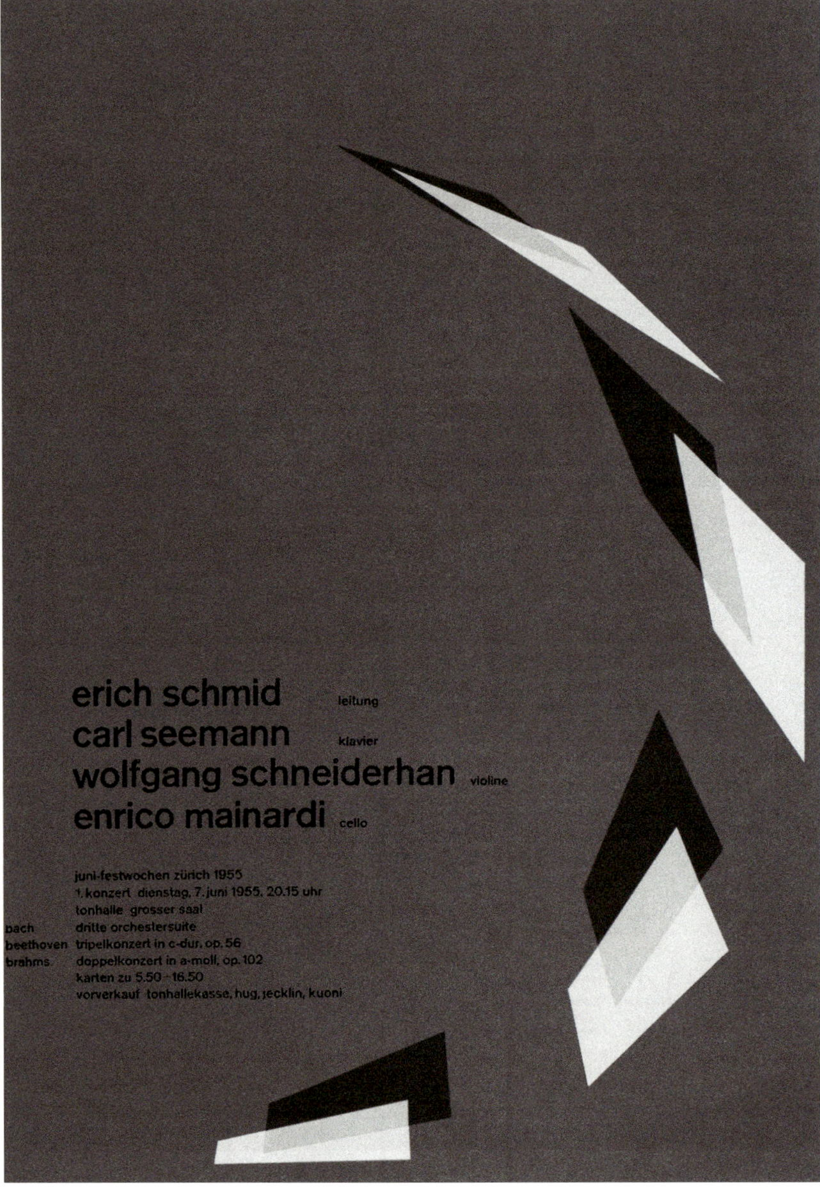

464

463–466
Plakat, posters, affiches
Tonhalle-Gesellschaft Zürich

Konzertplakate für die
Tonhalle-Gesellschaft Zürich

Concert posters for the
Tonhalle Gesellschaft Zurich

Affiches de concert pour la
société de la «Tonhalle» de Zurich

musica viva

grosser saal
tonhalle
donnerstag
17. januar 20.15 uhr
1957

tonhalle-
gesellschaft zürich

leitung
erich schmid
solisten
flore wend
lise de montmollin
hugues cuénod
gesang
heinz woester
sprecher

armin schibler
sinfonische
variationen op. 28
arthur honegger
‹könig david›
sinfonischer psalm
für
soli sprecher chor
und orchester
gemischter chor
zürich
tonhalle-orchester

vorverkauf
tonhalle hug jecklin
kuoni
genossenschafts-
buchhandlung
karten
fr. 1.10 – 3.30

465

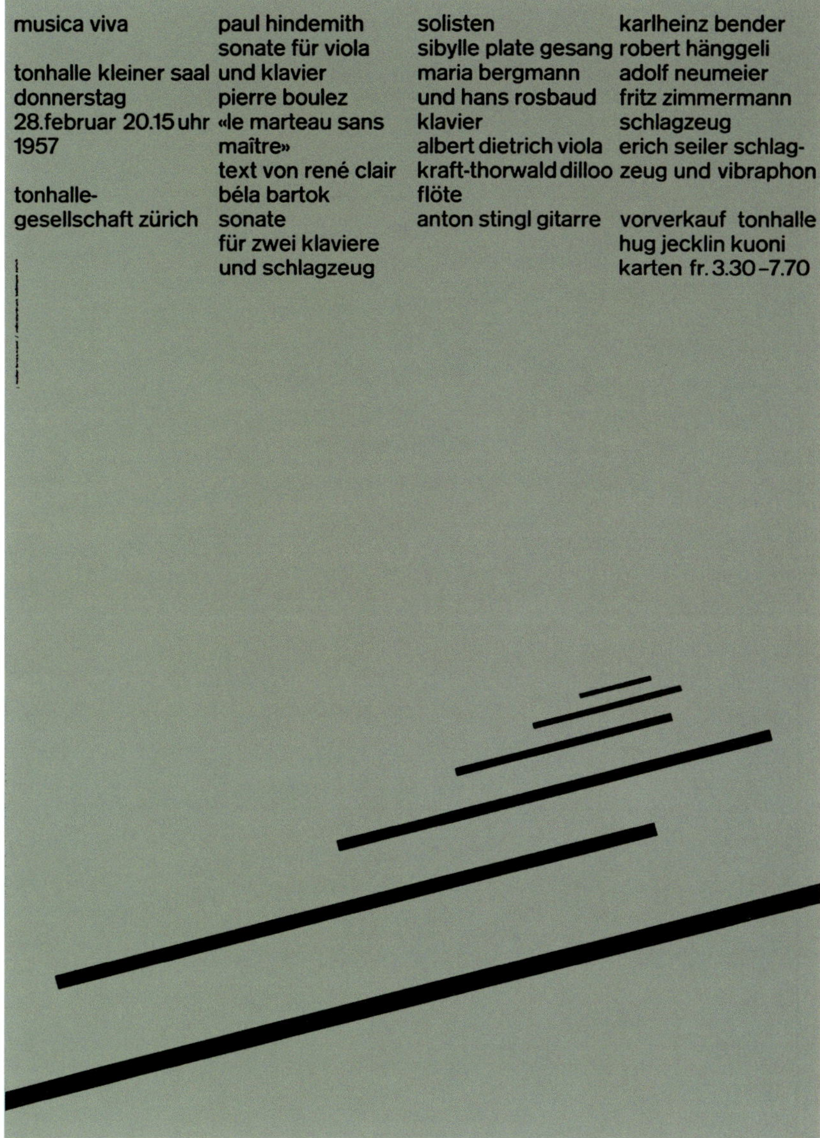

466

Konzertplakate für die Tonhalle-Gesellschaft Zürich

Concert posters for the Tonhalle Gesellschaft Zurich

Affiches de concert pour la société de la «Tonhalle» de Zurich

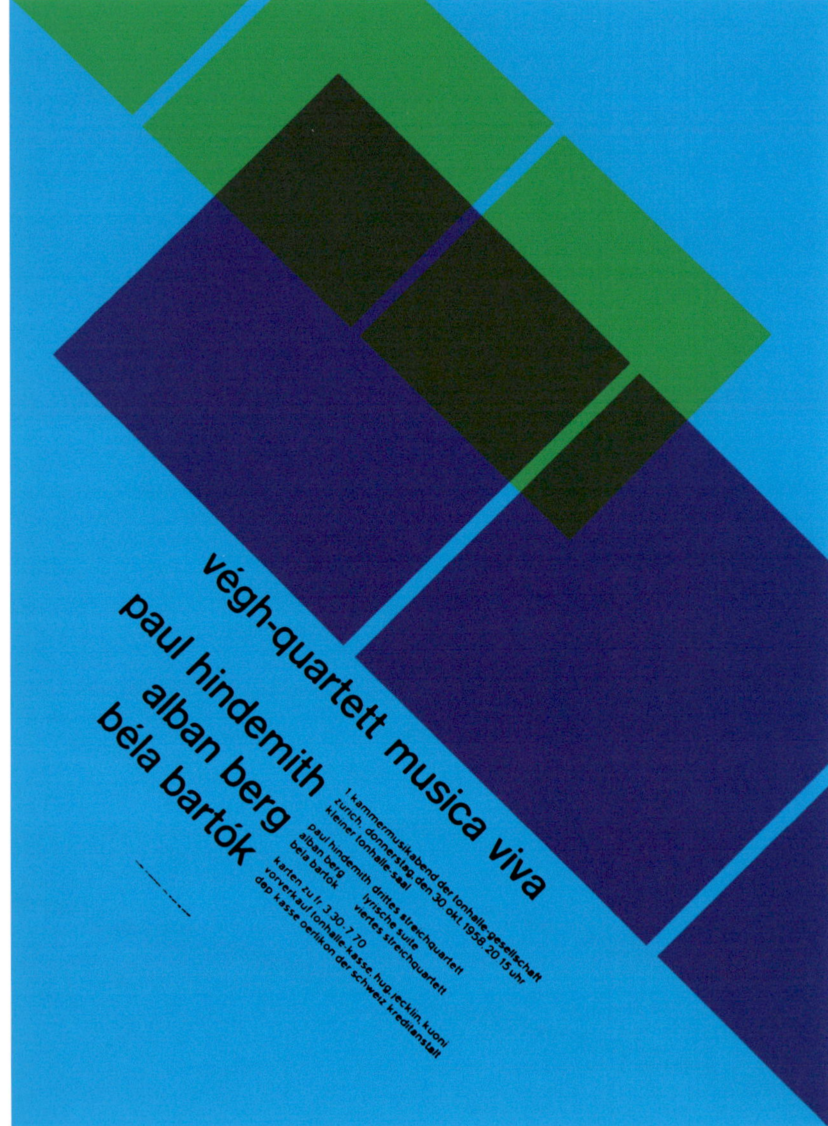

467

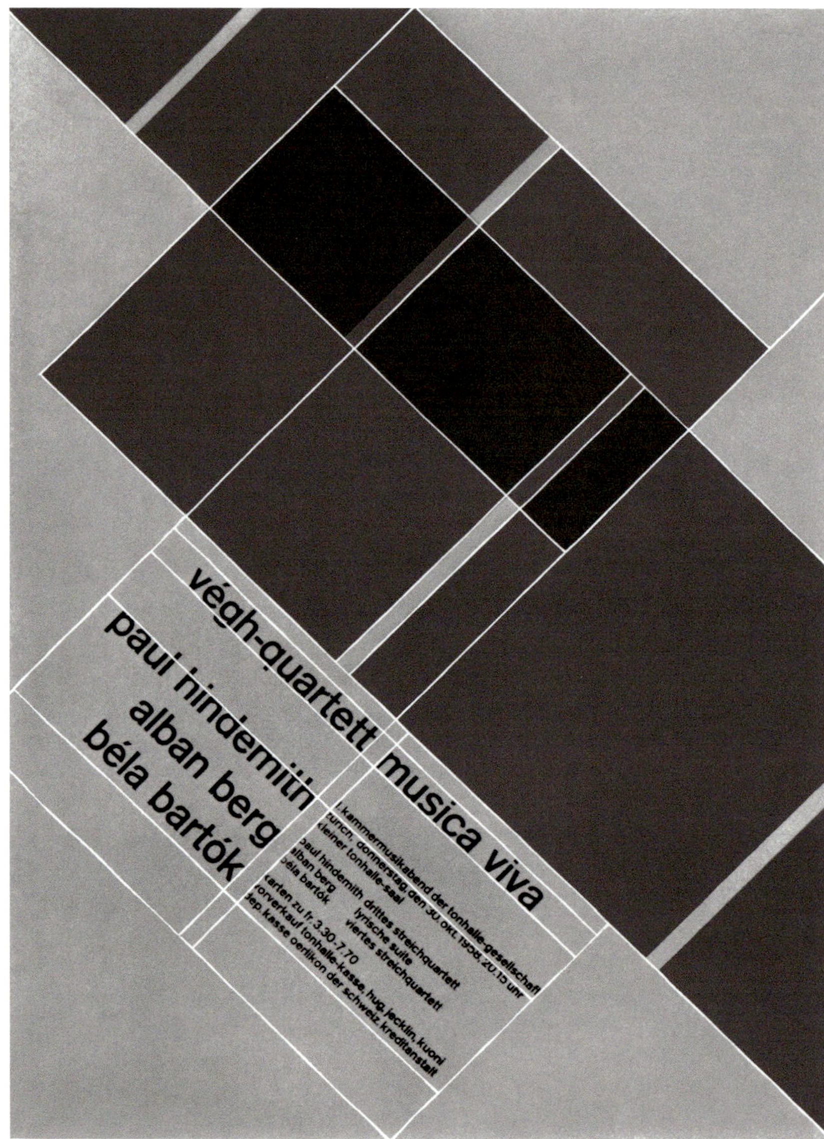

468

467, 468
Plakat und Schema, poster and scheme, affiche et schéma
Tonhalle-Gesellschaft Zürich

Konzertplakate für die Tonhalle-Gesellschaft Zürich

Concert posters for the Tonhalle Gesellschaft Zurich

Affiches de concert pour la société de la «Tonhalle» de Zurich

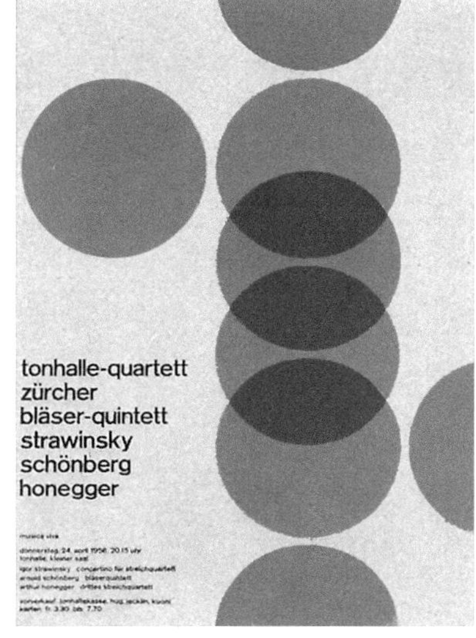

469

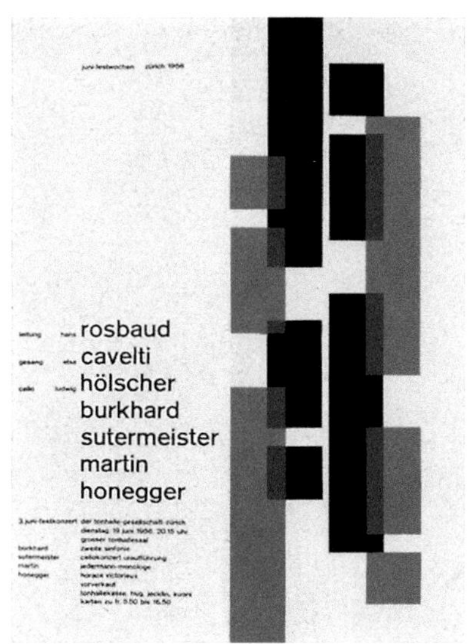

470

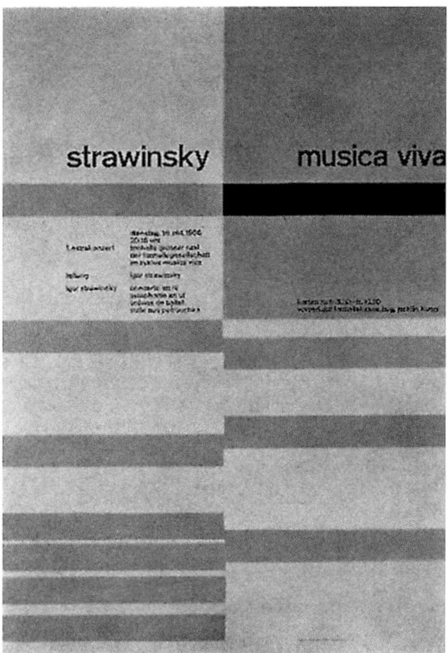

471

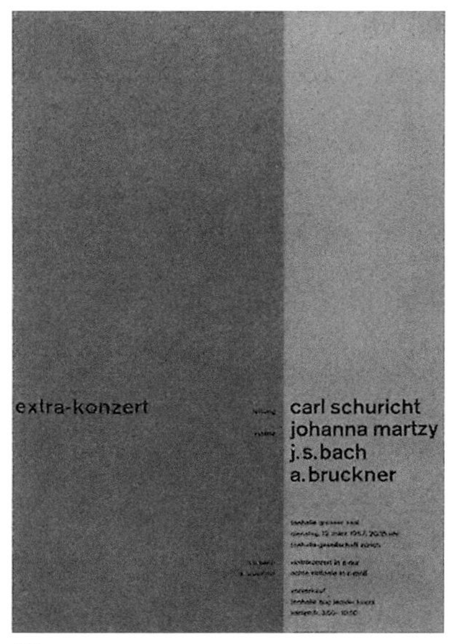

472

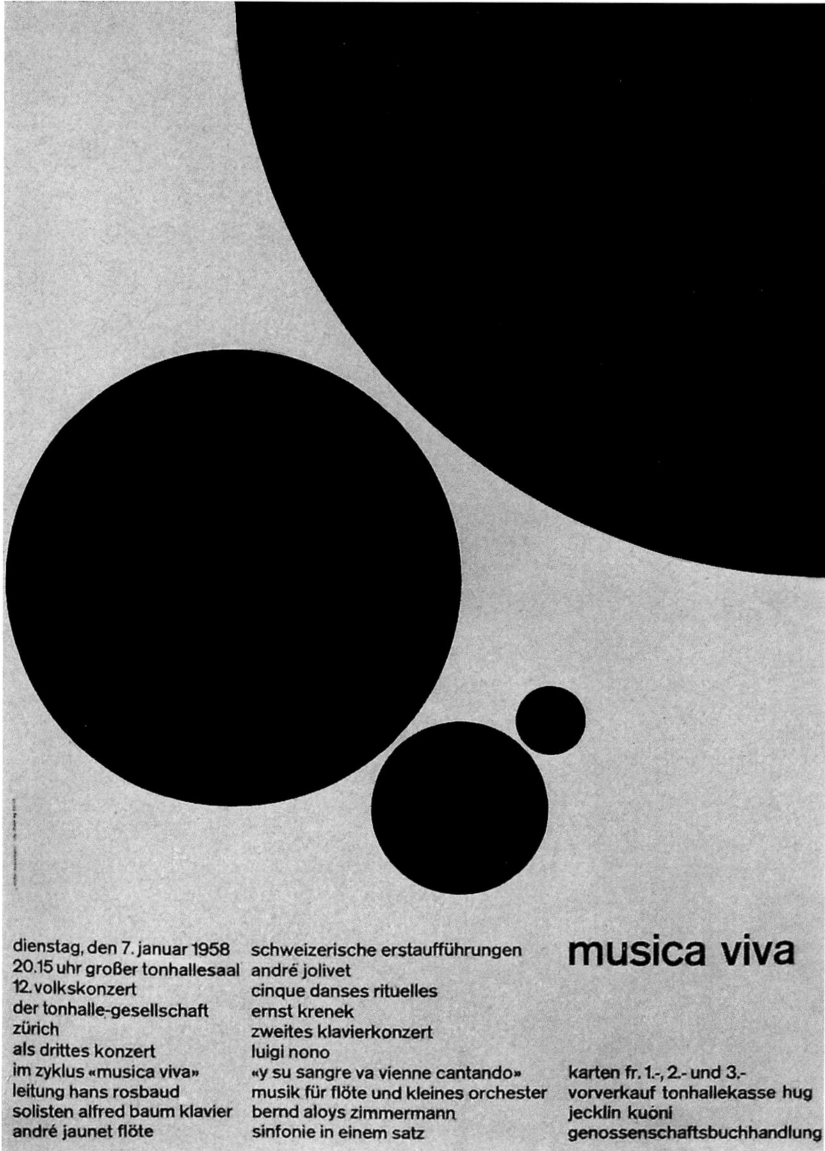

473

469–473
Plakate, posters, affiches
Tonhalle-Gesellschaft Zürich

Konzertplakate für die Tonhalle-Gesellschaft Zürich

Concert posters for the Tonhalle Gesellschaft Zurich

Affiches de concert pour la société de la «Tonhalle» de Zurich

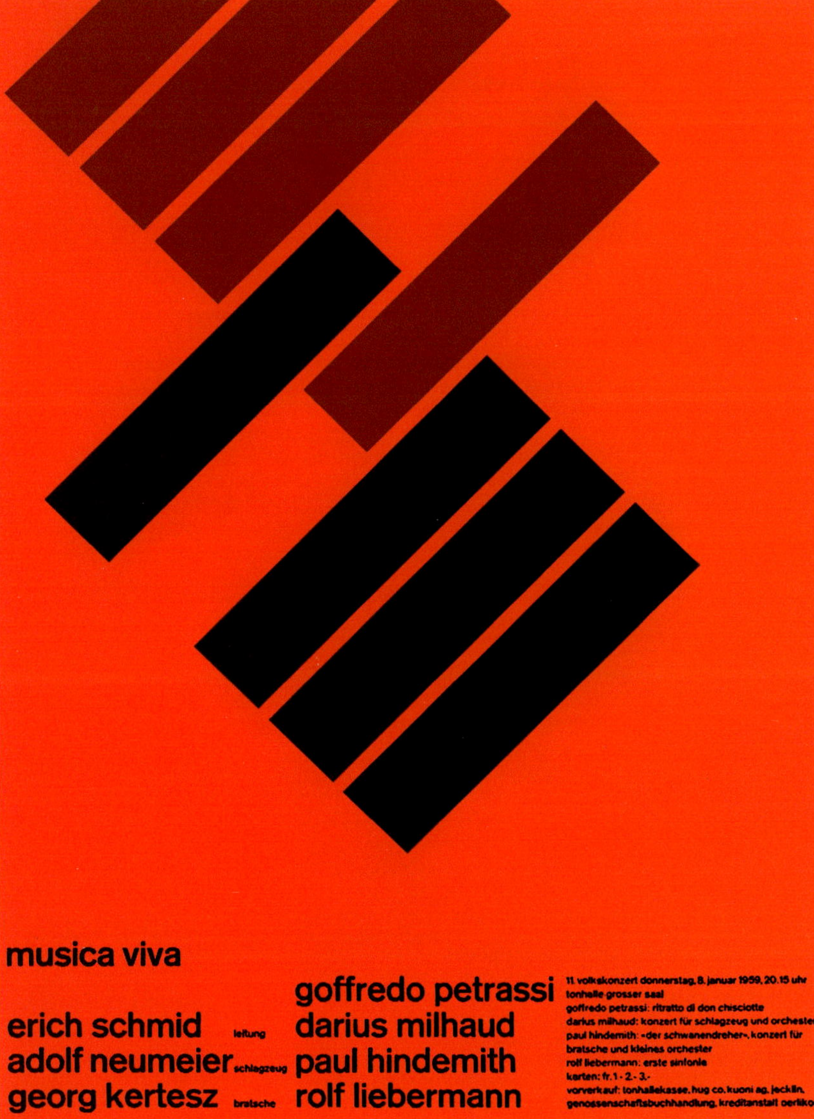

474

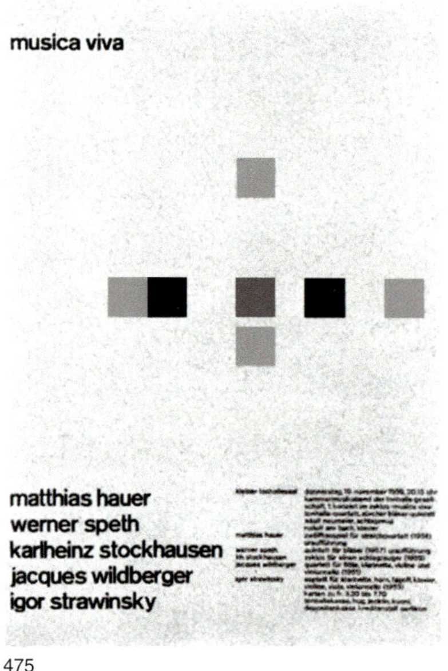

475

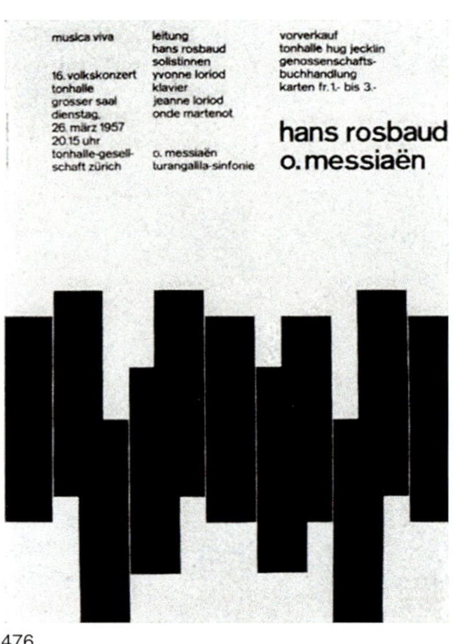

476

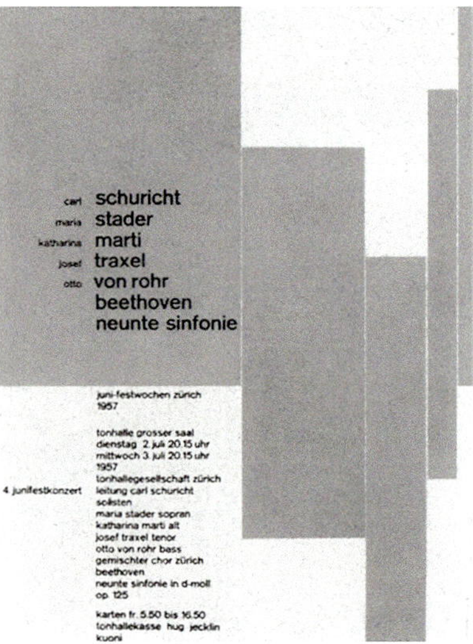

477

474–481
Plakate, posters, affiches
Tonhalle-Gesellschaft Zürich

Konzertplakate für die
Tonhalle-Gesellschaft Zürich

Concert posters for the
Tonhalle Gesellschaft Zurich

Affiches de concert pour la
société de la «Tonhalle» de Zurich

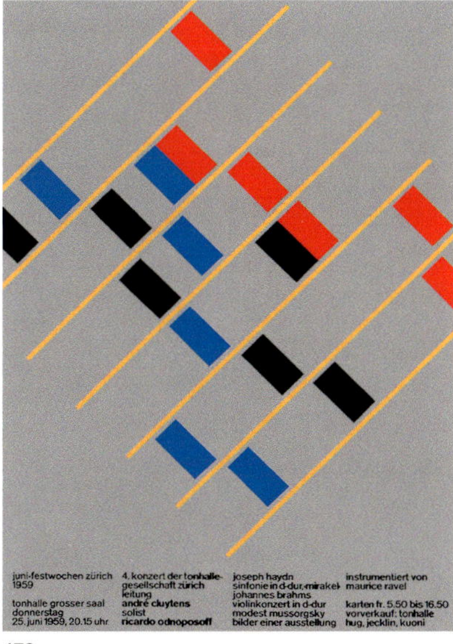

478

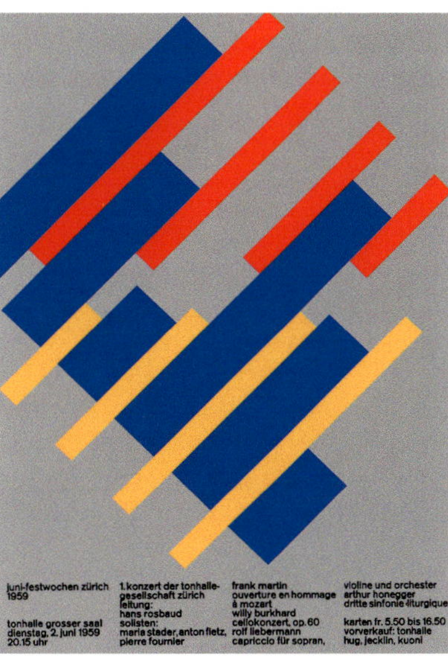

480

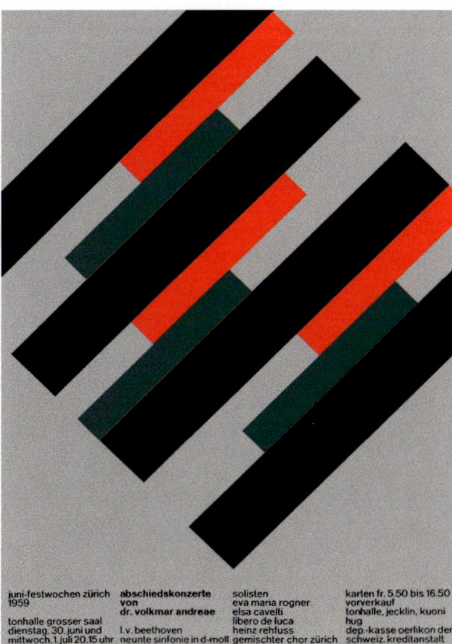

479

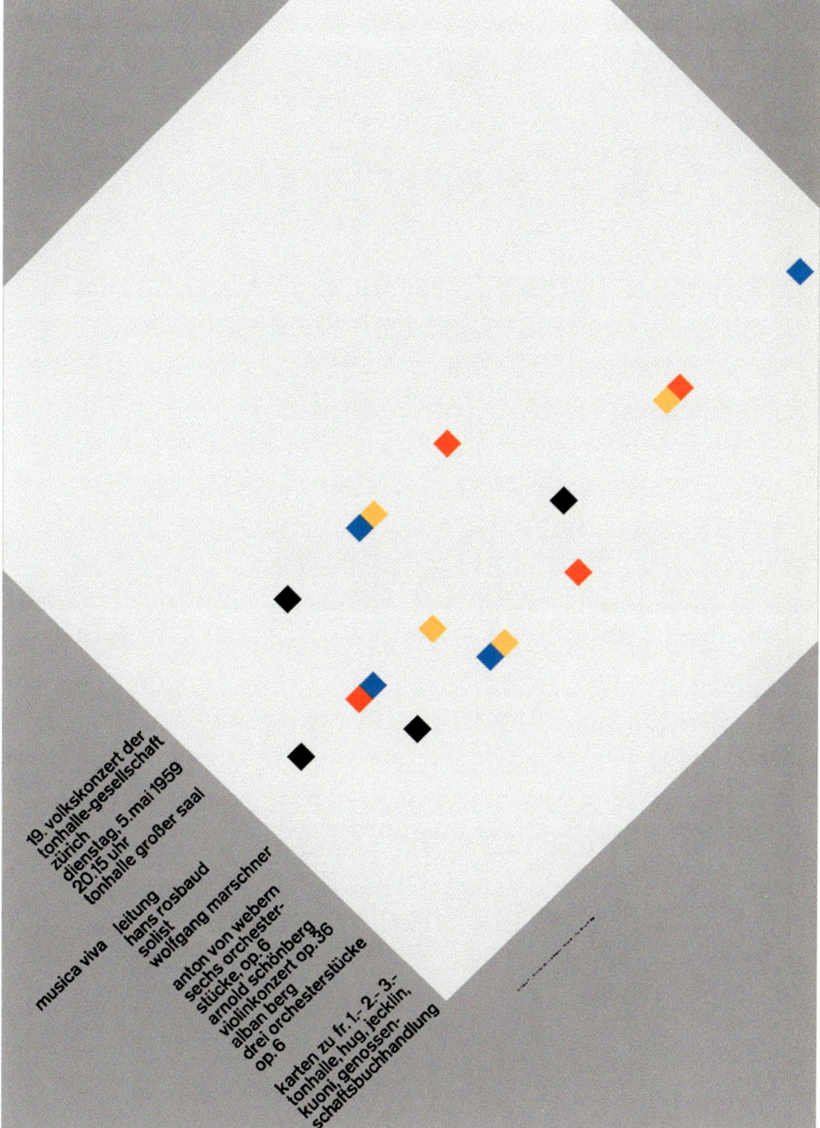

481

donnerstag, den 7. januar 1960, 20.15 uhr, grosser tonhallesaal, zehntes volkskonzert der tonhalle-gesellschaft zürich, als zweites konzert im musica viva-zyklus
leitung erich schmid, solisten kurt wolfgang senn, orgel, wilhelm walther dicks, bariton, kammersprechchor zürich, leitung ellen widmann und fred barth, tonhalle-orchester, st. galler kammerchor, leitung werner heim, zürcherische erstaufführungen klaus huber ‹litania instrumentalis› (1957) hans studer orgelkonzert (1951) wladimir vogel ‹jona ging doch nach ninive› erster teil des oratoriums für bariton, sprecher, kammersprechchor, chor und orchester (1957/58)
karten zu fr. 1.- 2.- 3.-, tonhallekasse, jecklin, hug, kuoni, genossenschaftsbuchhandlung depositenkasse oerlikon kreditanstalt

482

musica viva

tonhalle, grosser saal
donnerstag, 10. märz
20.15 uhr, 1960
16. volkskonzert der
tonhalle-gesellschaft
zürich
leitung
erich schmid
solisten
annie laffra
violoncello
eva maria rogner
sopran
hans werner henze
sonata per archi
luigi dallapiccola
‹concerto per la notte
di natale dall'anno
1956› für sopran und
kammerorchester
arthur honegger
konzert für violoncello
und orchester
henri dutilleux
erste sinfonie
karten zu fr. 1.-, 2.-, 3.-
tonhalle, hug, jecklin
kuoni, dep.kasse oer-
likon, kreditanstalt

483

482–485
Plakate, posters, affiches
Tonhalle-Gesellschaft Zürich

Konzertplakate für die
Tonhalle-Gesellschaft Zürich

Concert posters for the
Tonhalle Gesellschaft Zurich

Affiches de concert pour la
société de la «Tonhalle» de Zurich

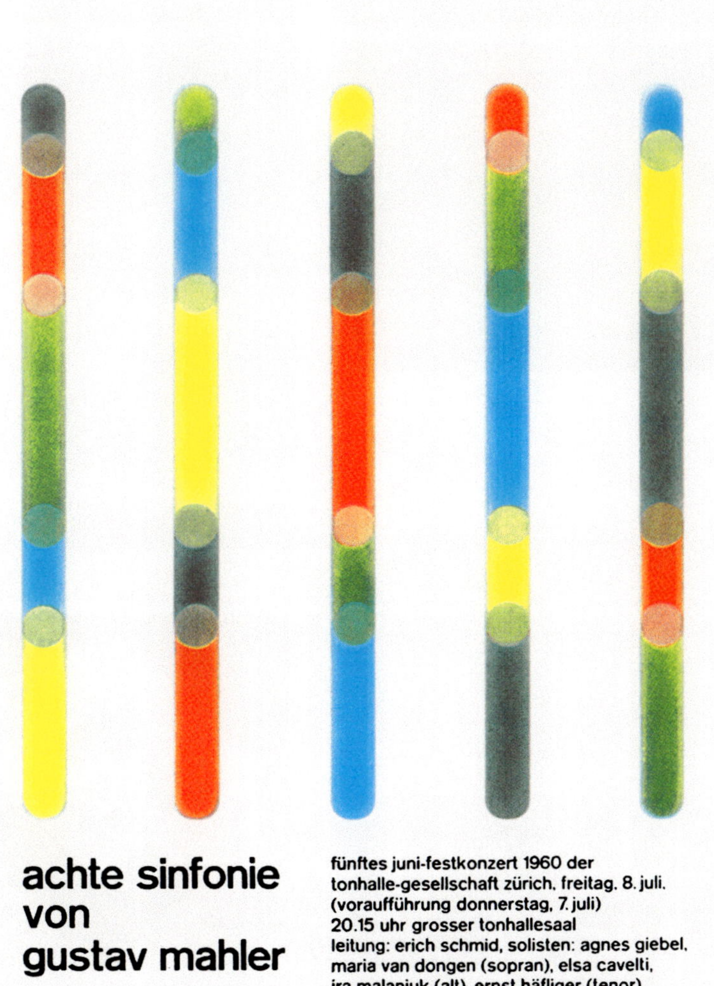

484

tonhalle, grosser saal
9. volkskonzert der tonhalle-
gesellschaft zürich,
zweites konzert im zyklus
musica viva
musica viva
freitag, den 6. januar 1961,
20.15 uhr
winfried zillig
konzert für orchester
winfried zillig
armin schibler
konzert für schlagzeug und
orchester, op. 63, scènes
fantastique, uraufführung
armin schibler
walther geiser
konzert für klavier
und orchester, op. 53
uraufführung
walther geiser
roberto gerhard
«tropos», uraufführung
roberto gerhard
leitung
hans rosbaud
solisten
adolf neumeier, schlagzeug
karl engel, klavier
vorverkauf
tonhalle-kasse, hug, jecklin,
kuoni, kreditanstalt
dep.kasse oerlikon
karten zu fr. 1-3

485

Konzertplakate für die Tonhalle-Gesellschaft Zürich

Concert posters for the Tonhalle Gesellschaft Zurich

Affiches de concert pour la société de la «Tonhalle» de Zurich

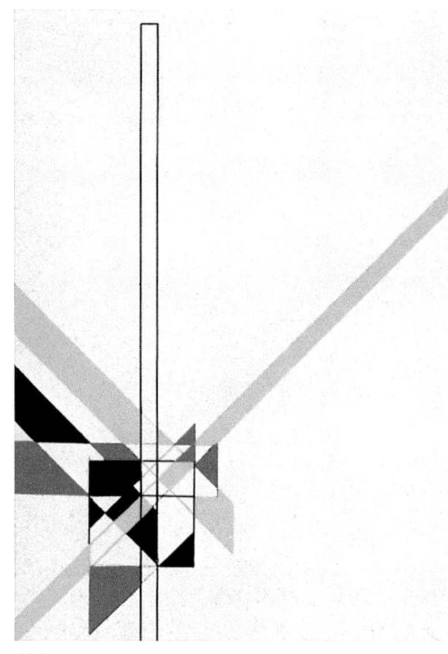

486

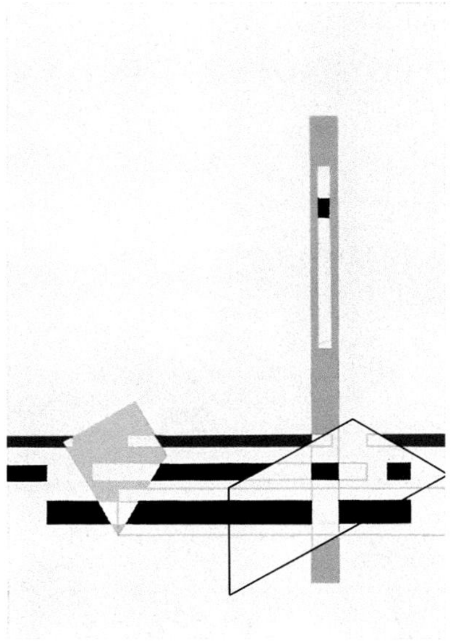

488

490

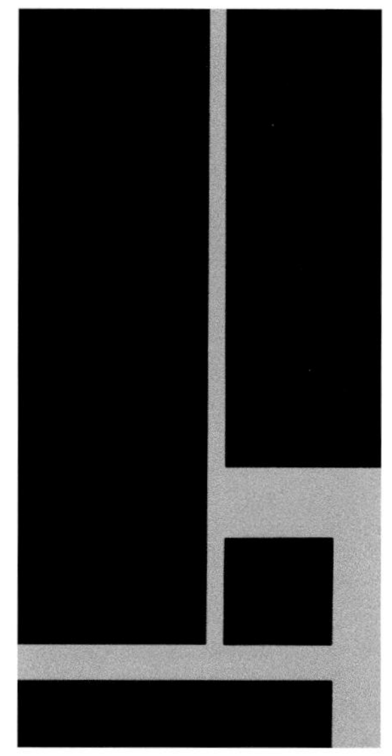

492

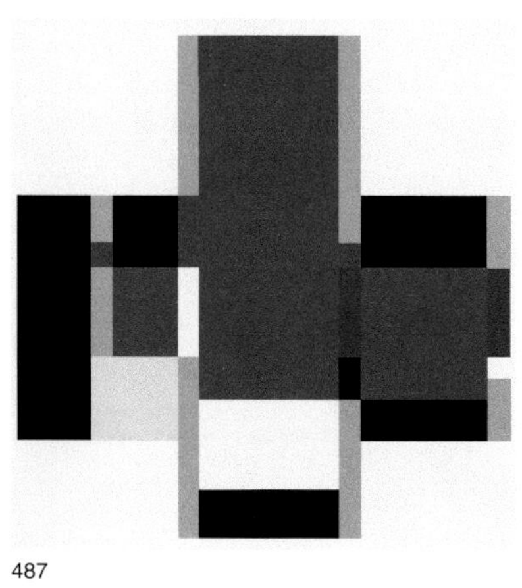

487

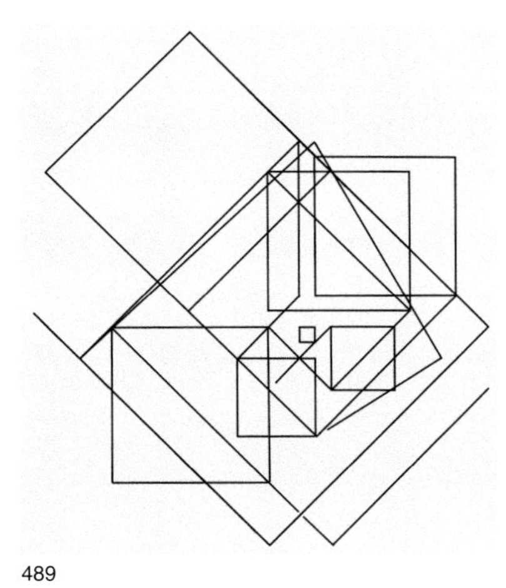

489

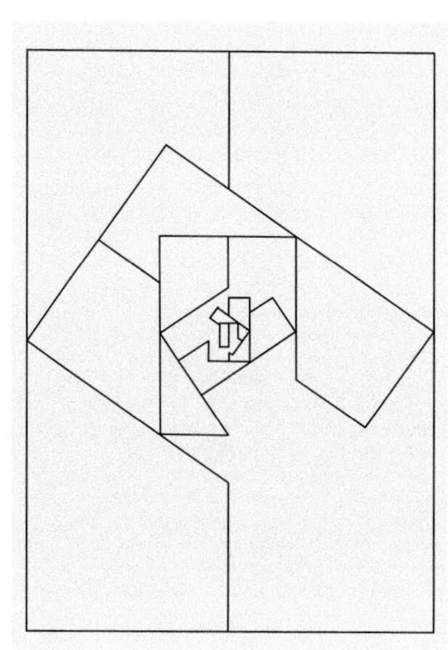

491

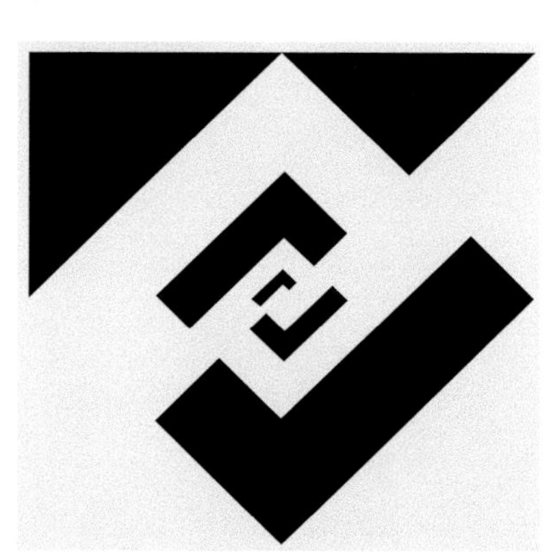

493

486–499
Konstruktionen, constructions, constructions

Konzertplakate für die Tonhalle-Gesellschaft Zürich

Concert posters for the Tonhalle Gesellschaft Zurich

Affiches de concert pour la société de la «Tonhalle» de Zurich

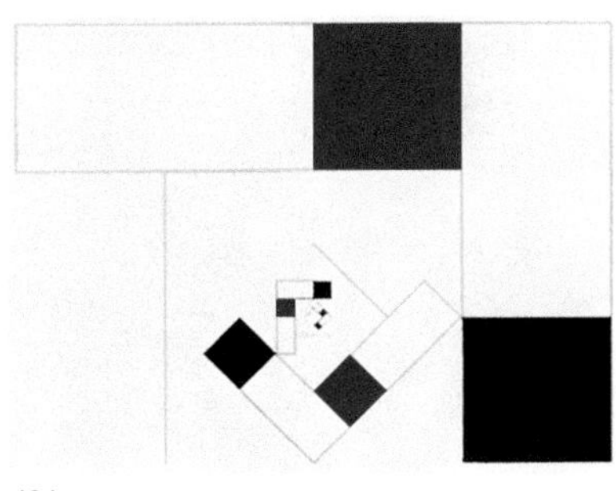
494

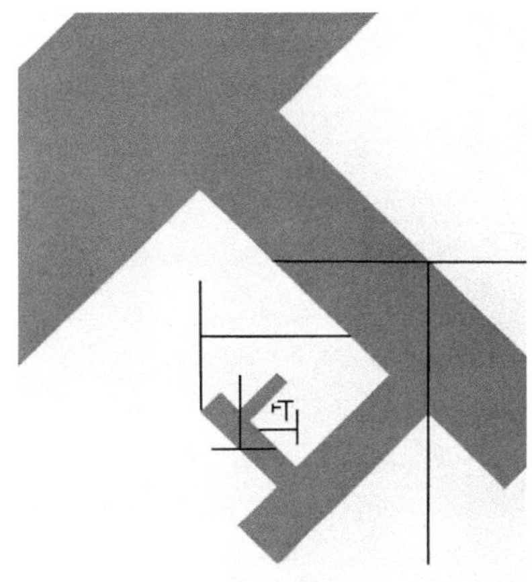

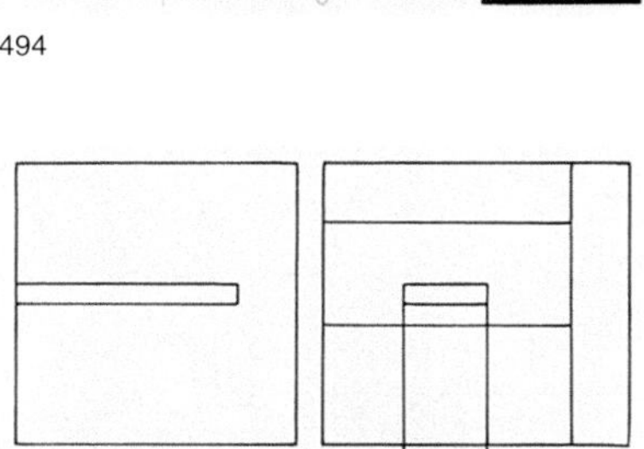
495

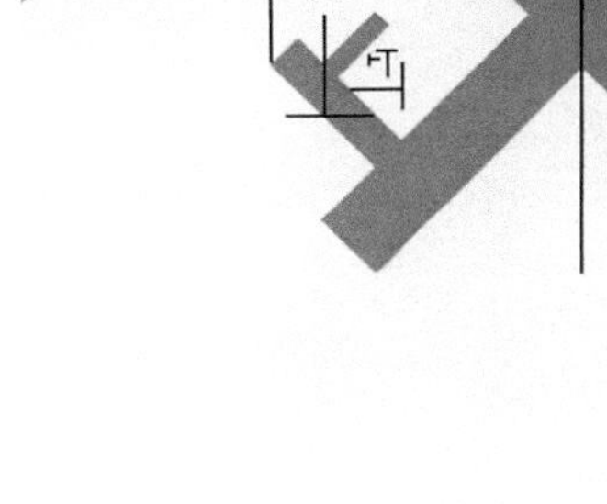
497

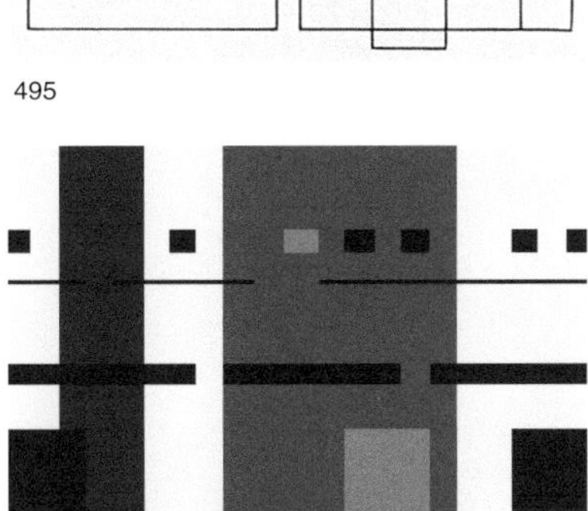
496

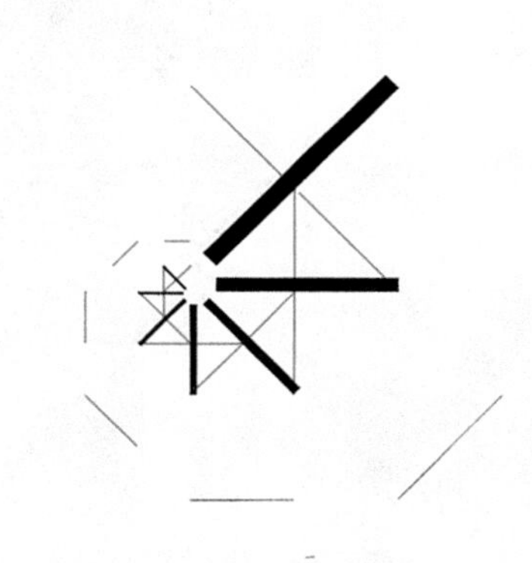
498

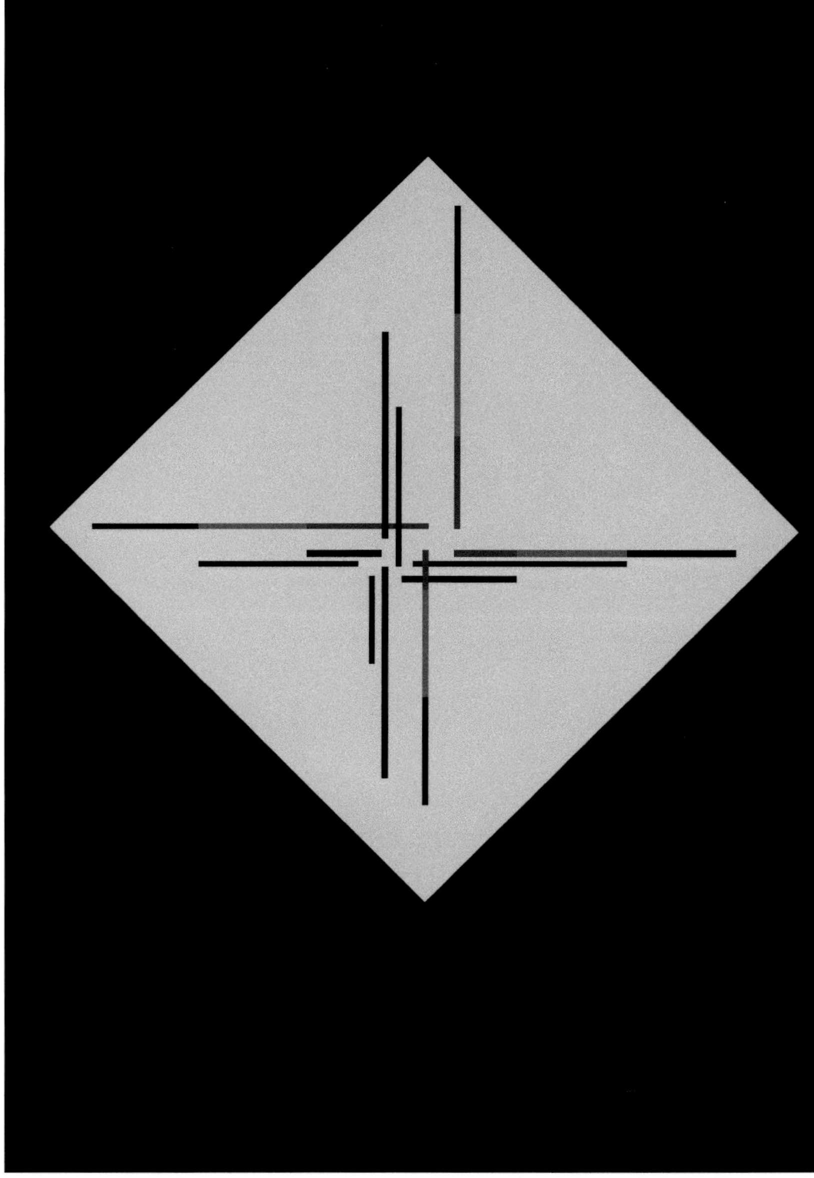
499

Konzertplakate für die
Tonhalle-Gesellschaft Zürich

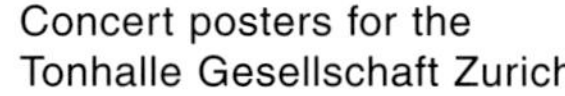

Concert posters for the
Tonhalle Gesellschaft Zurich

Affiches de concert pour la
société de la «Tonhalle» de Zurich

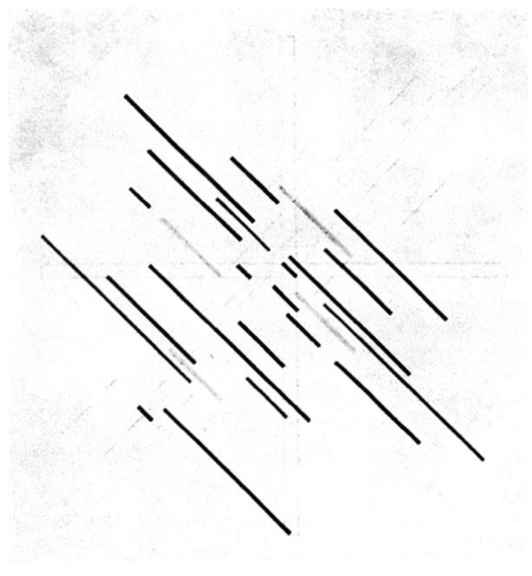

500

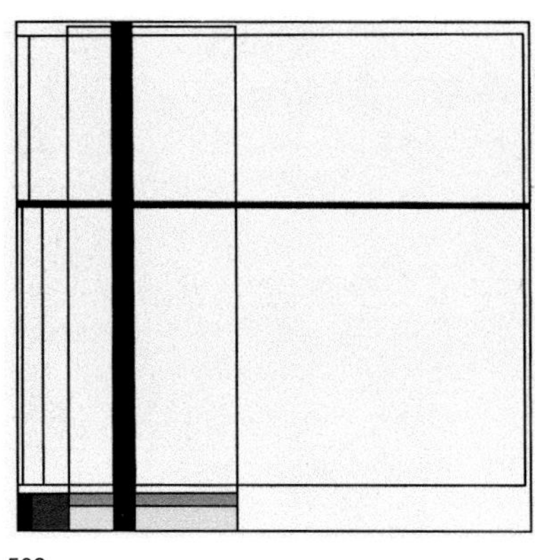

502

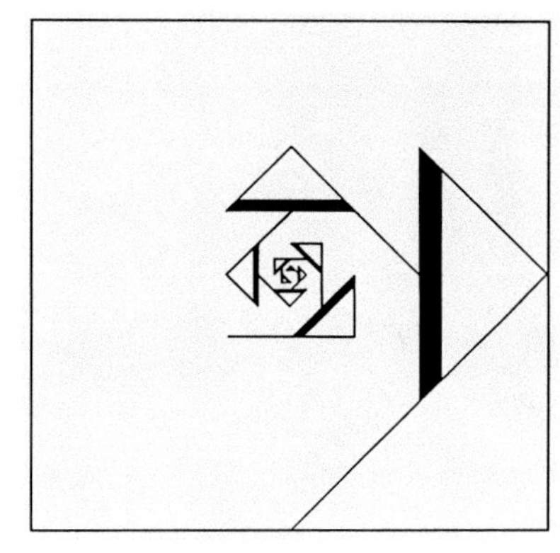

504

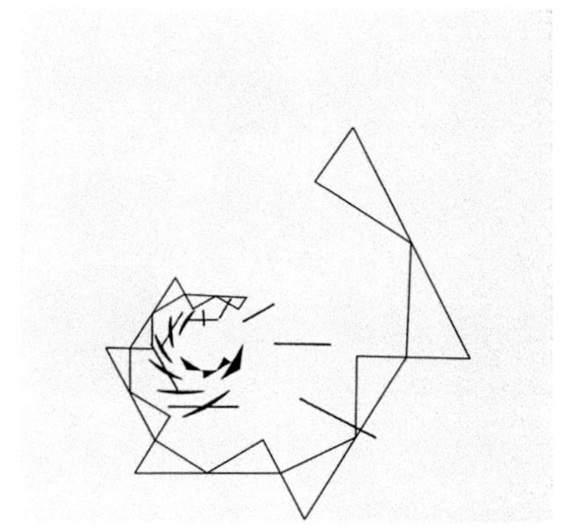

506

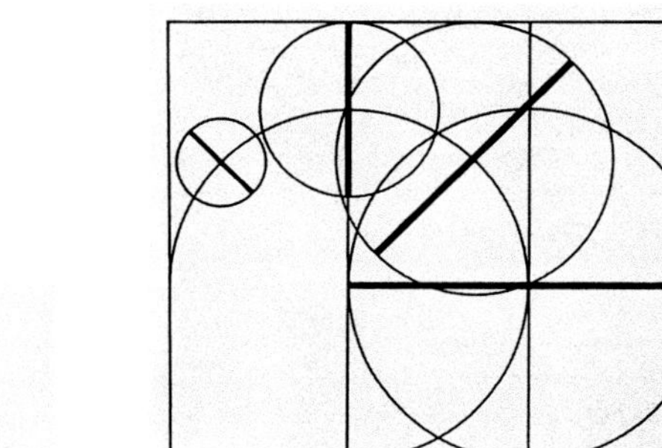

507

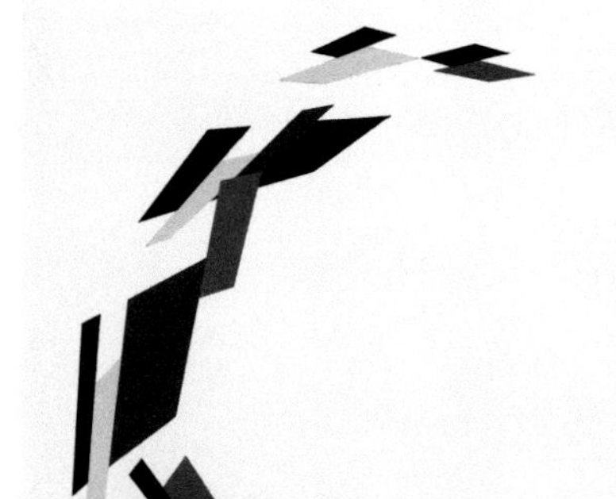

501

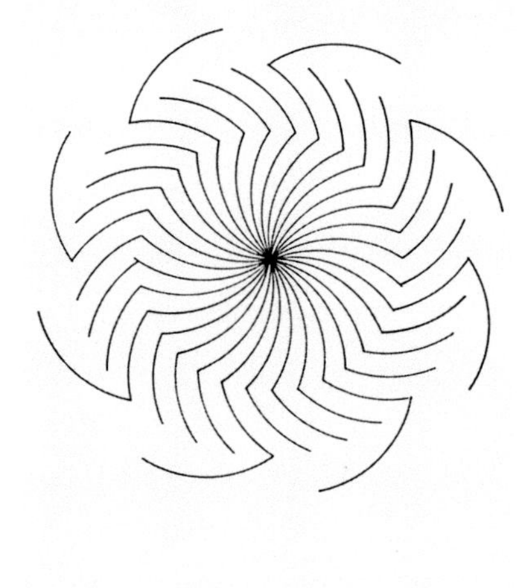

503

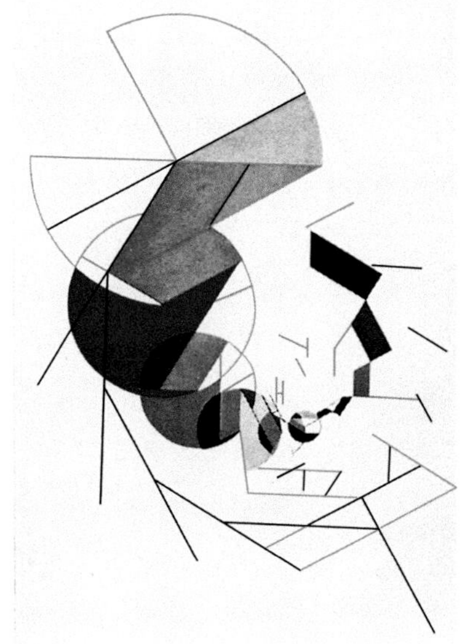

505

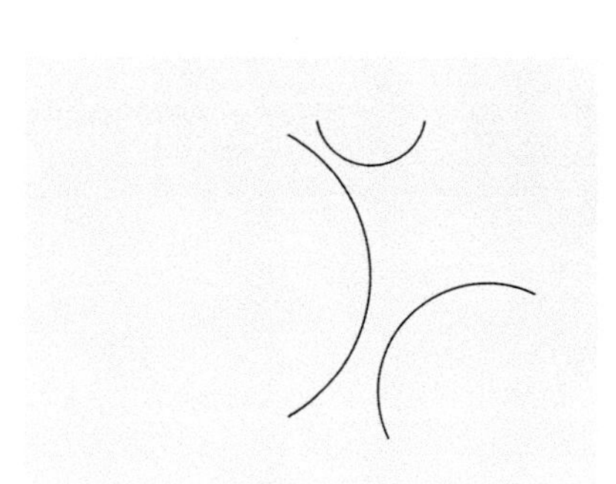

508

500–516
Konstruktionen, constructions, constructions

Konzertplakate für die
Tonhalle-Gesellschaft Zürich

Concert posters for the
Tonhalle Gesellschaft Zurich

Affiches de concert pour la
société de la «Tonhalle» de Zurich

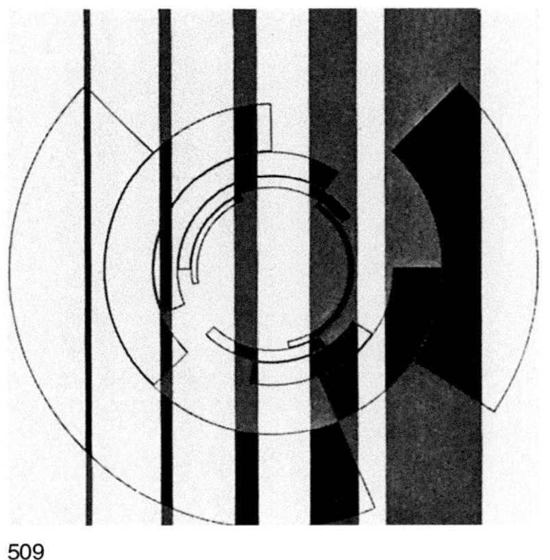
509

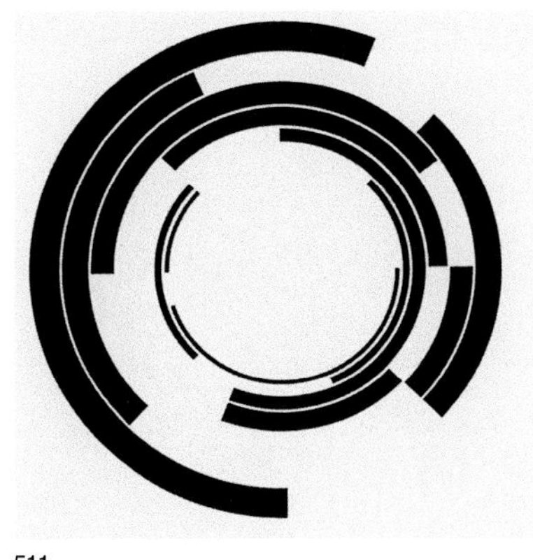
511

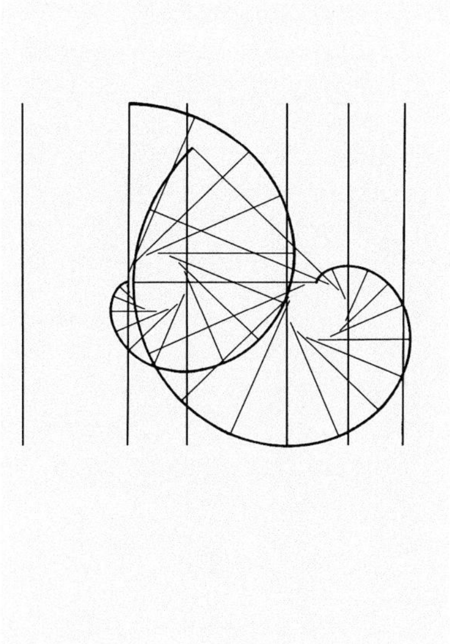
513

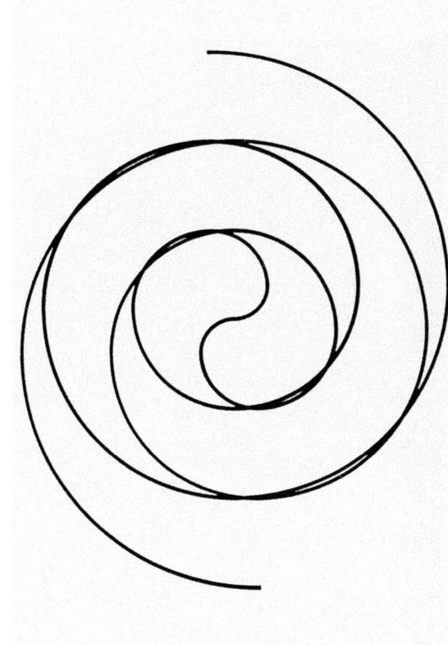
515

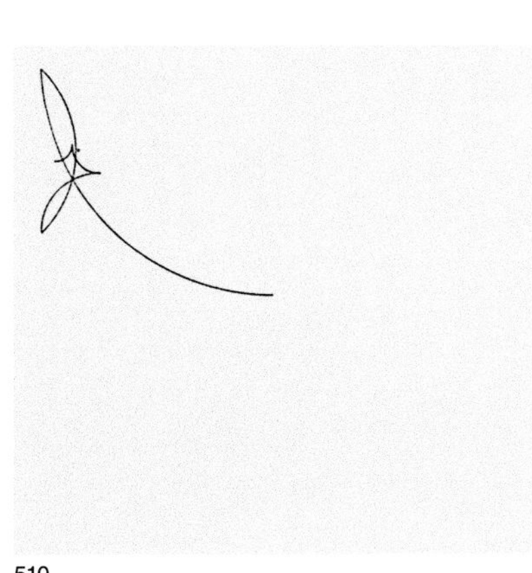
510

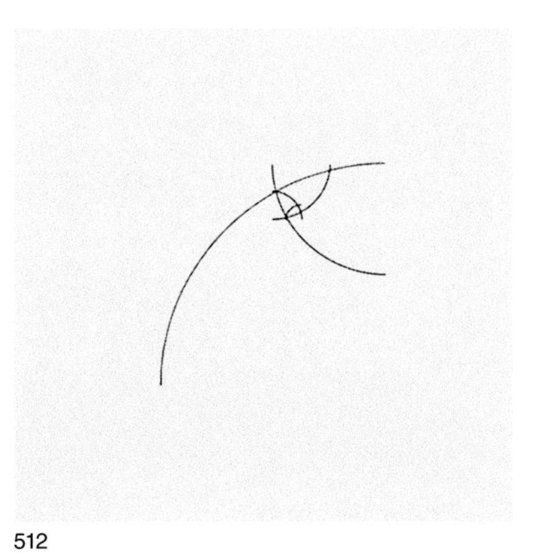
512

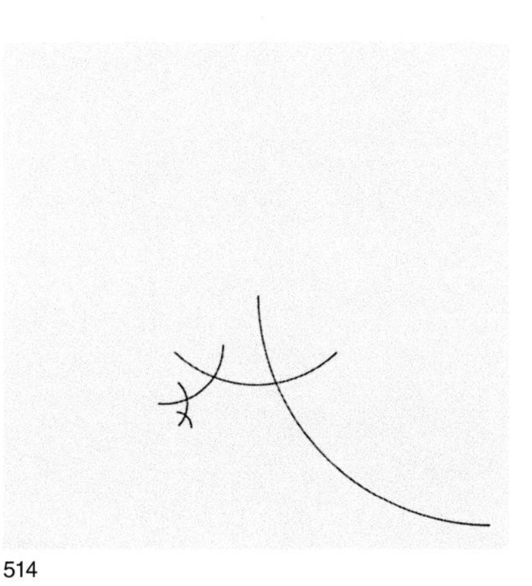
514

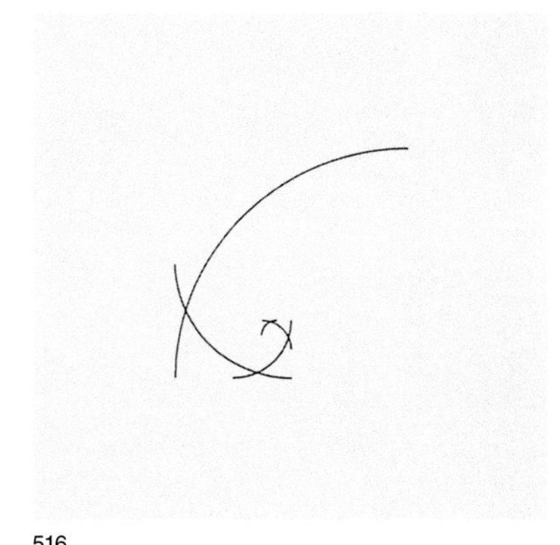
516

Konzertplakate für die
Tonhalle-Gesellschaft Zürich

Concert posters for the
Tonhalle Gesellschaft Zurich

Affiches de concert pour la
société de la «Tonhalle» de Zurich

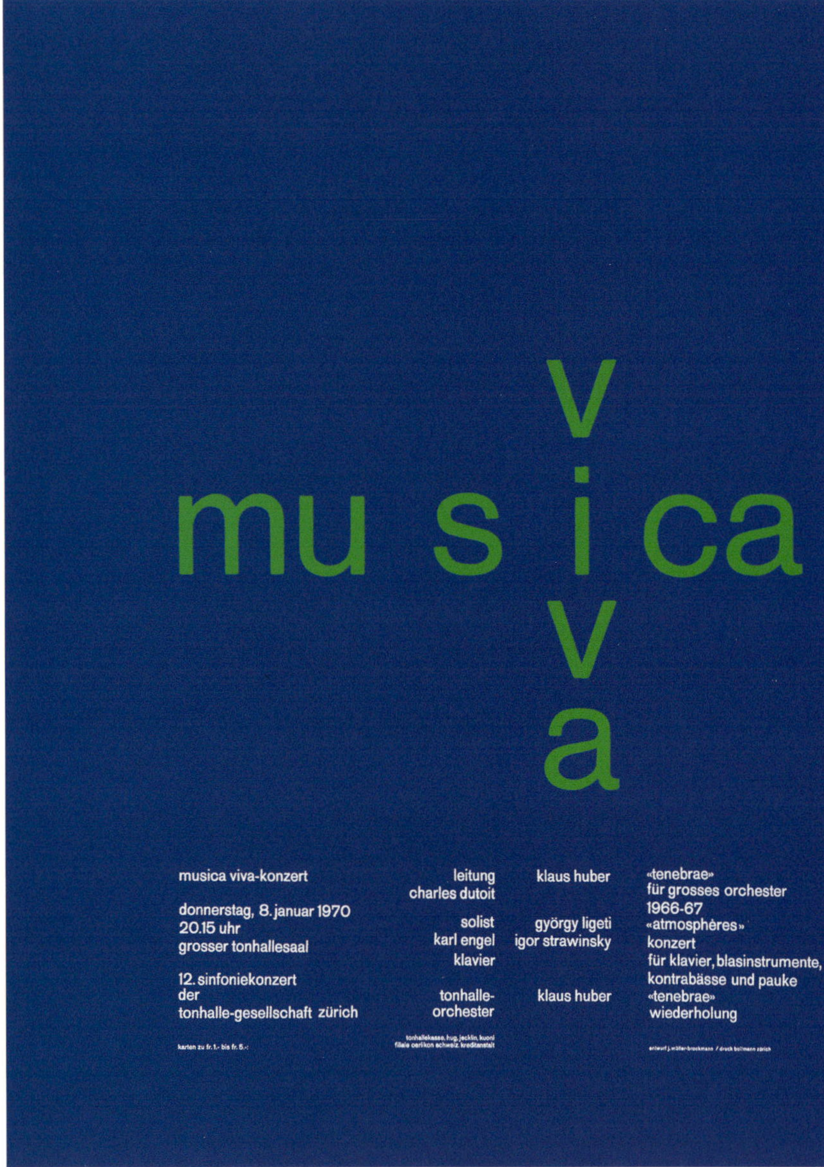

517

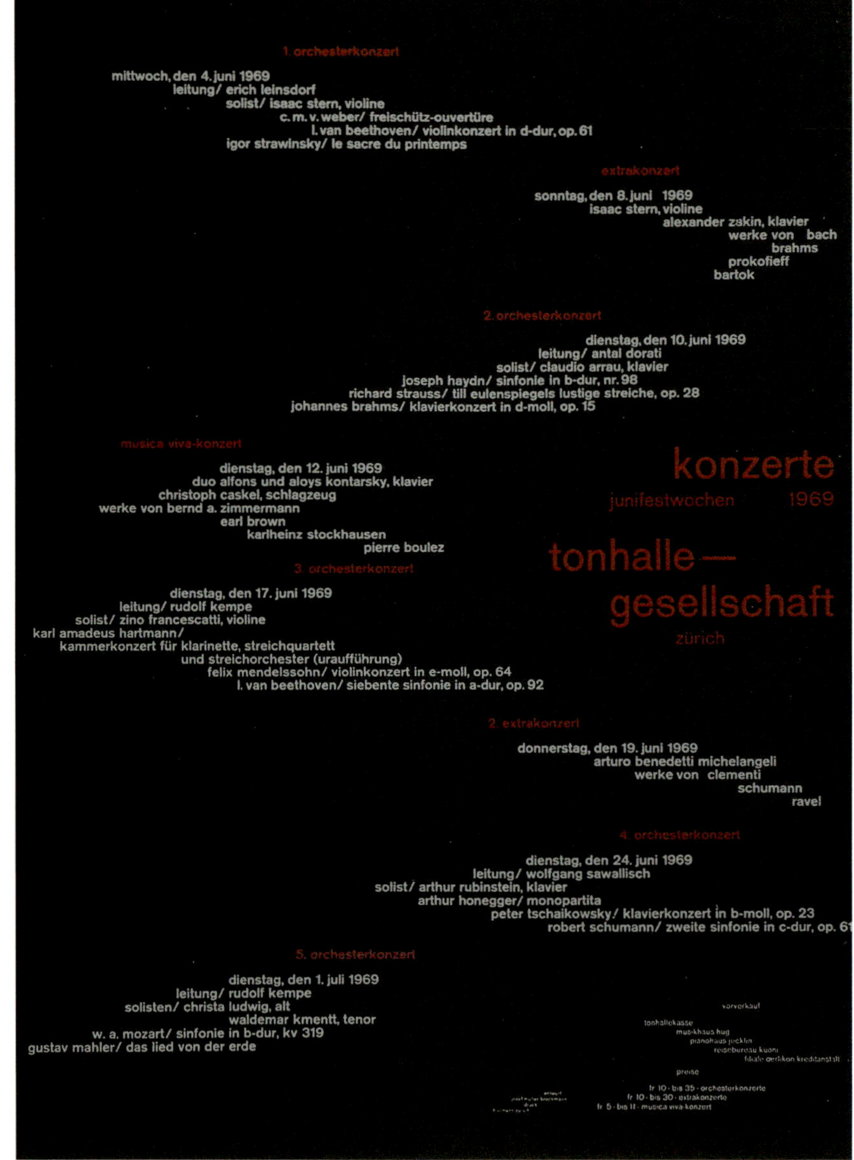

518

517, 518
Plakate, posters, affiches
Tonhalle-Gesellschaft Zürich

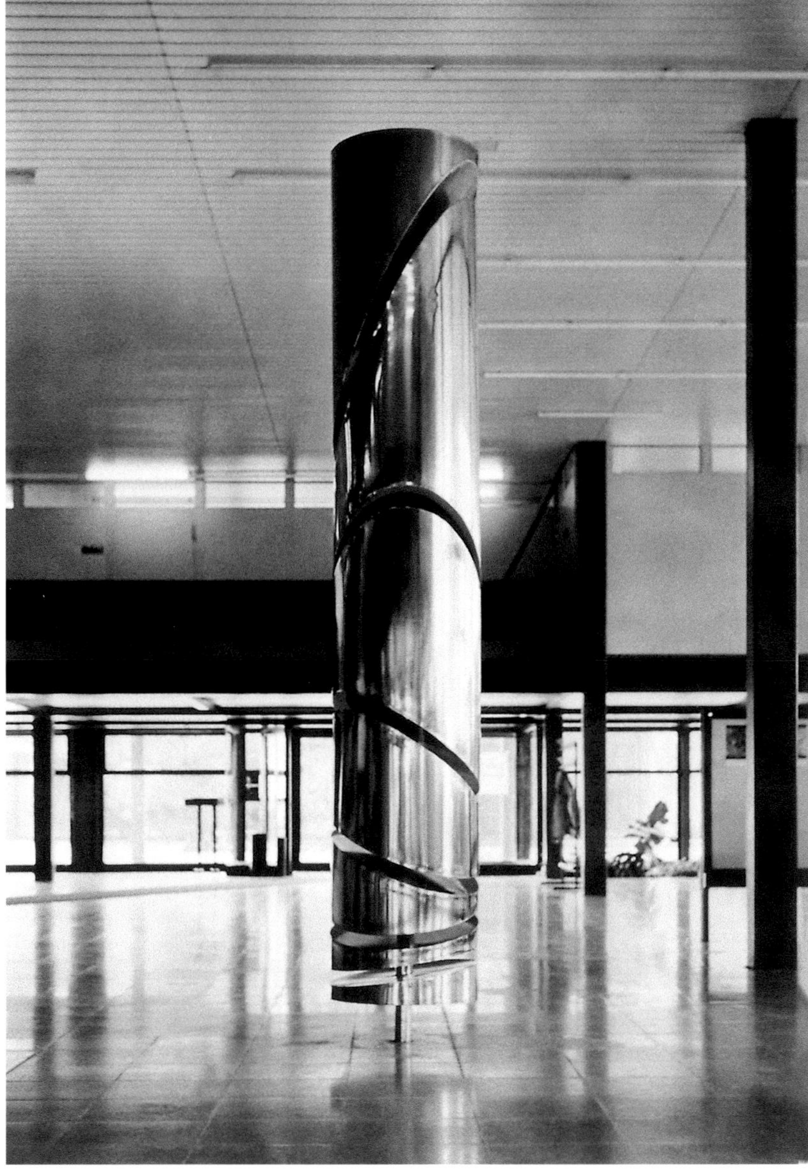

519

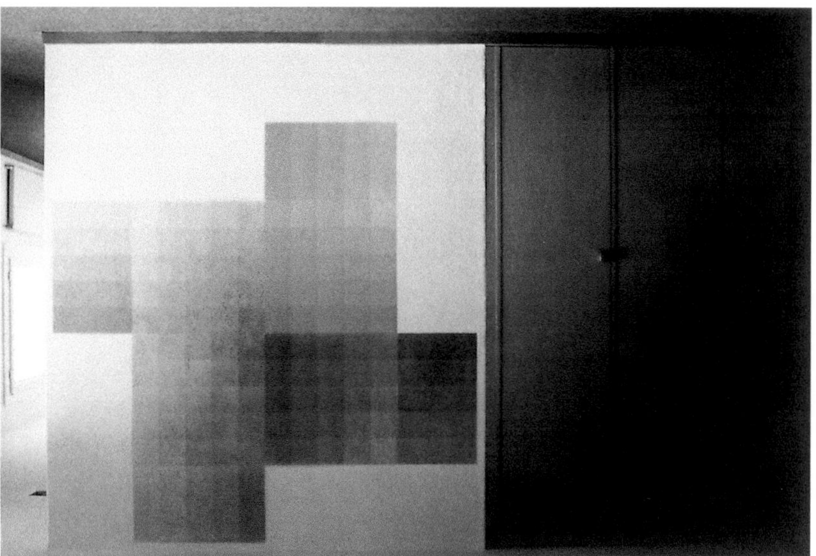

520

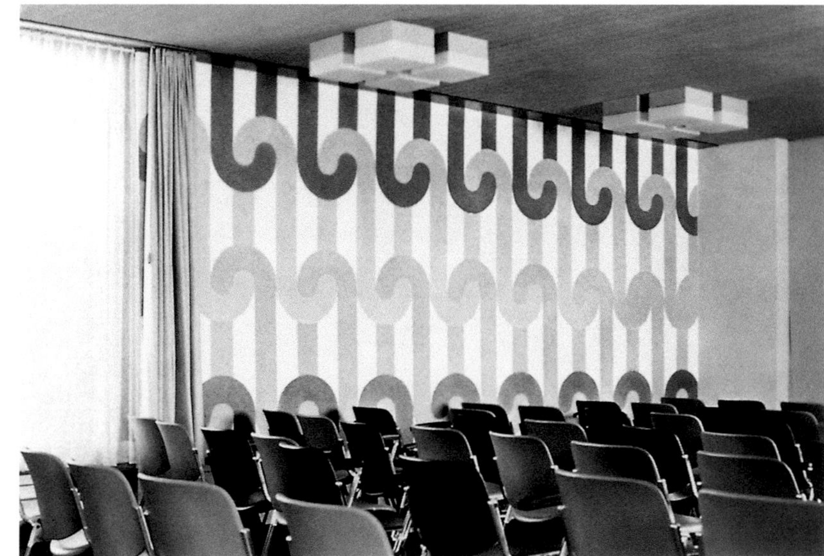

521

519
Plastik, Messing, 360/60cm; sculpture, brass; sculpture, laiton
Goldener Schnitt, medial section, le partage
Interkantonales Technikum, Rapperswil

520
Wandgestaltung, farbige Progressionen, wall decorations, décorations murales
Altersheim Uster
Hochbauamt der Stadt Zürich

521
Wandgestaltung, farbig; wall decoration in colours; décoration murale en couleurs
Vortragssaal Altersheim Uster
Hochbauamt der Stadt Zürich

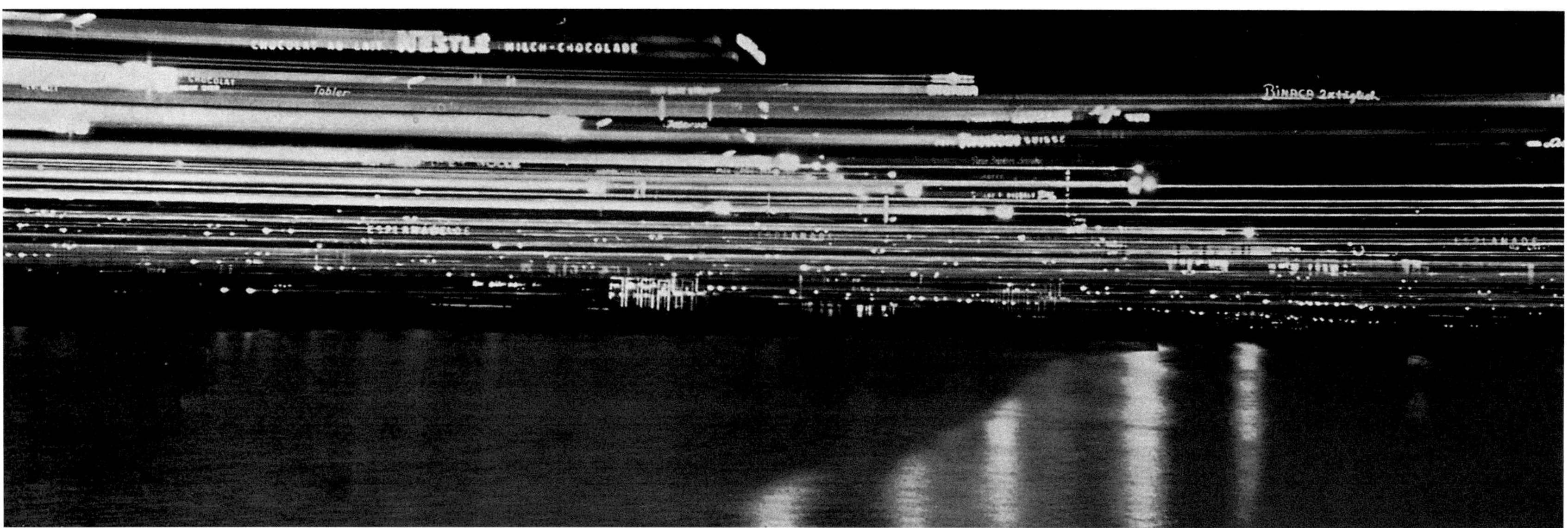

522

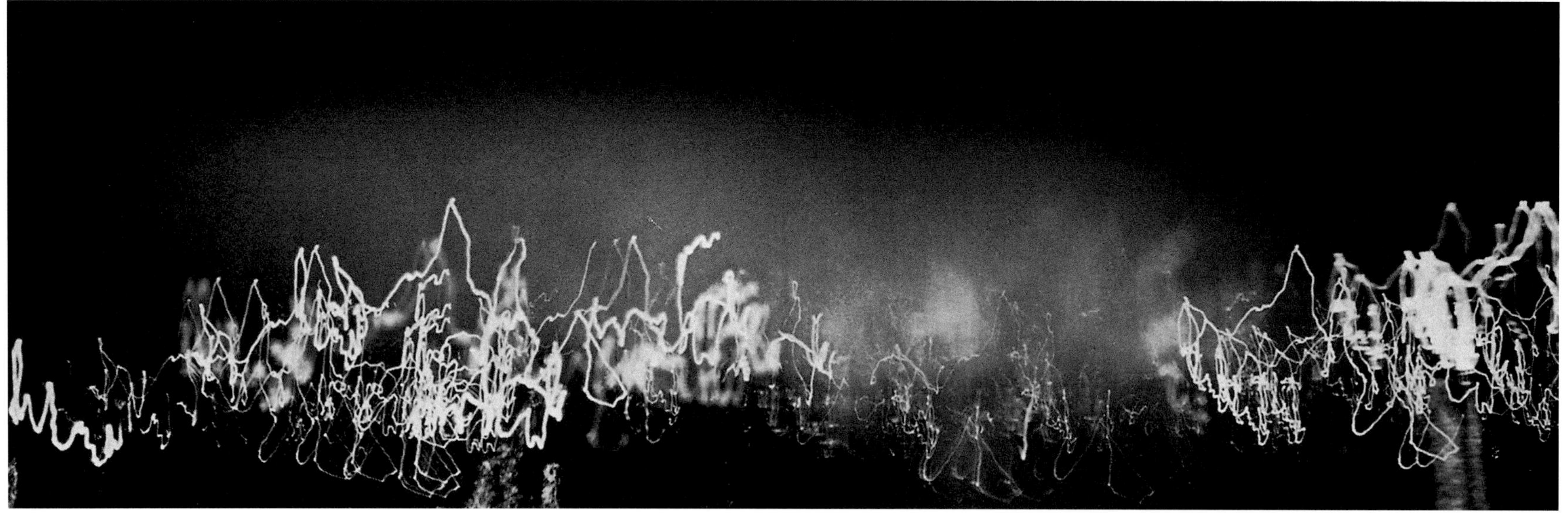

523

522–525
Fotoexperimente, photographic experiments,
expériments photographiques

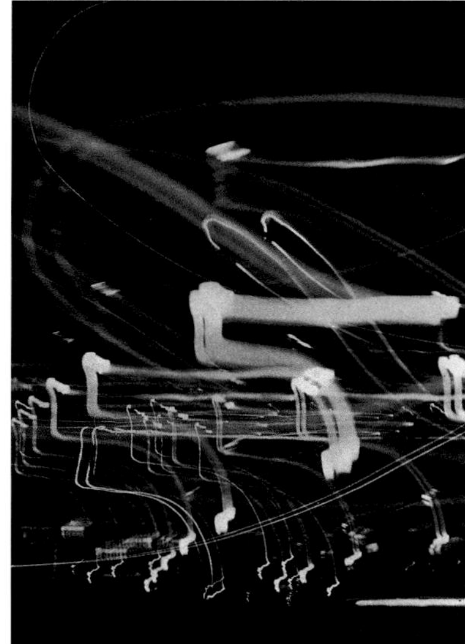

524

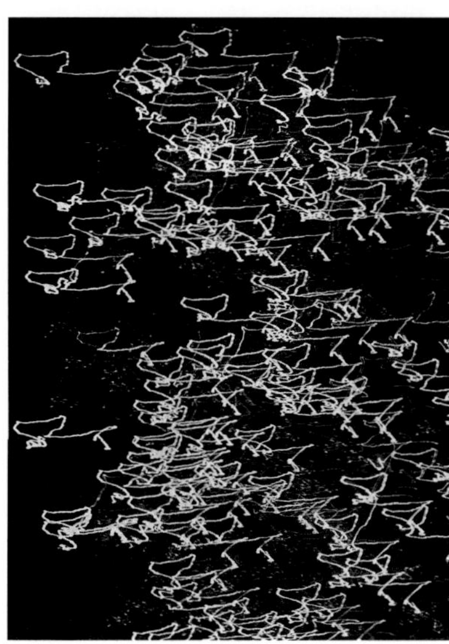

525

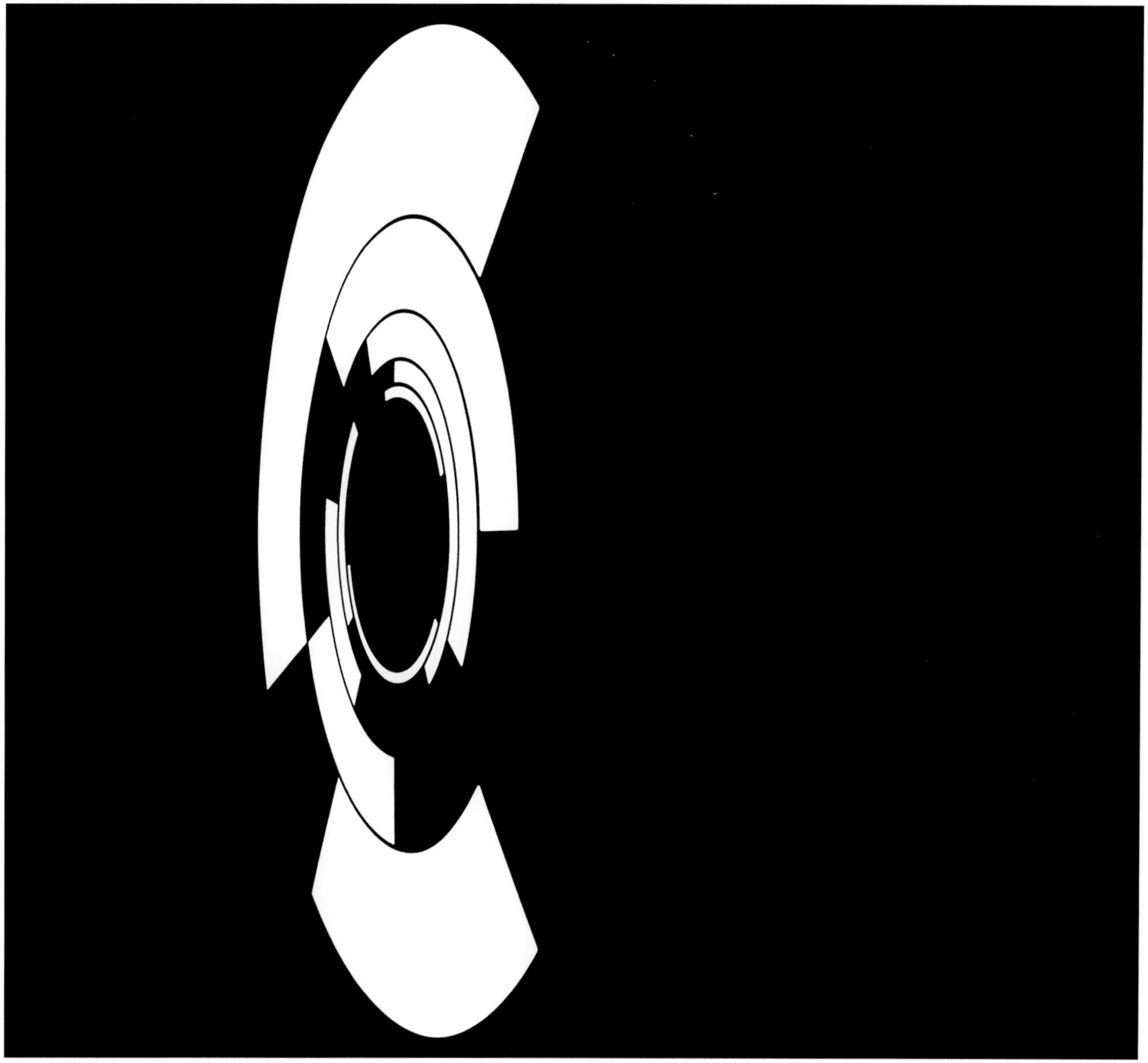

526

526
Fotogramm, photogram, photogramme

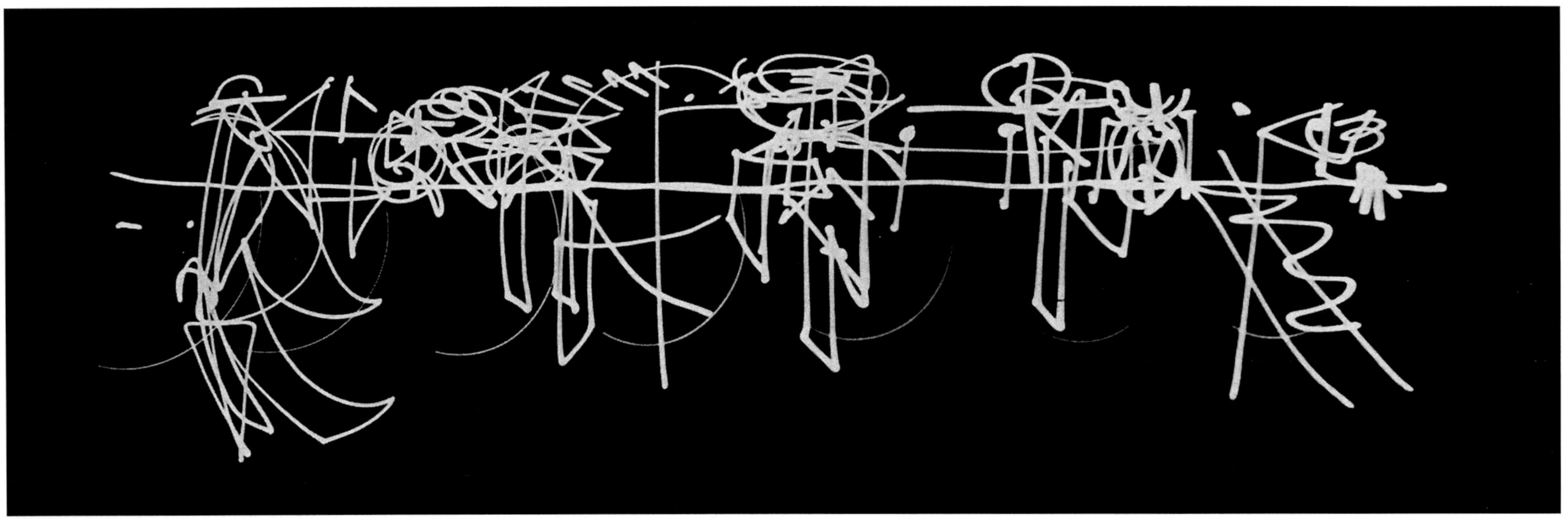

527

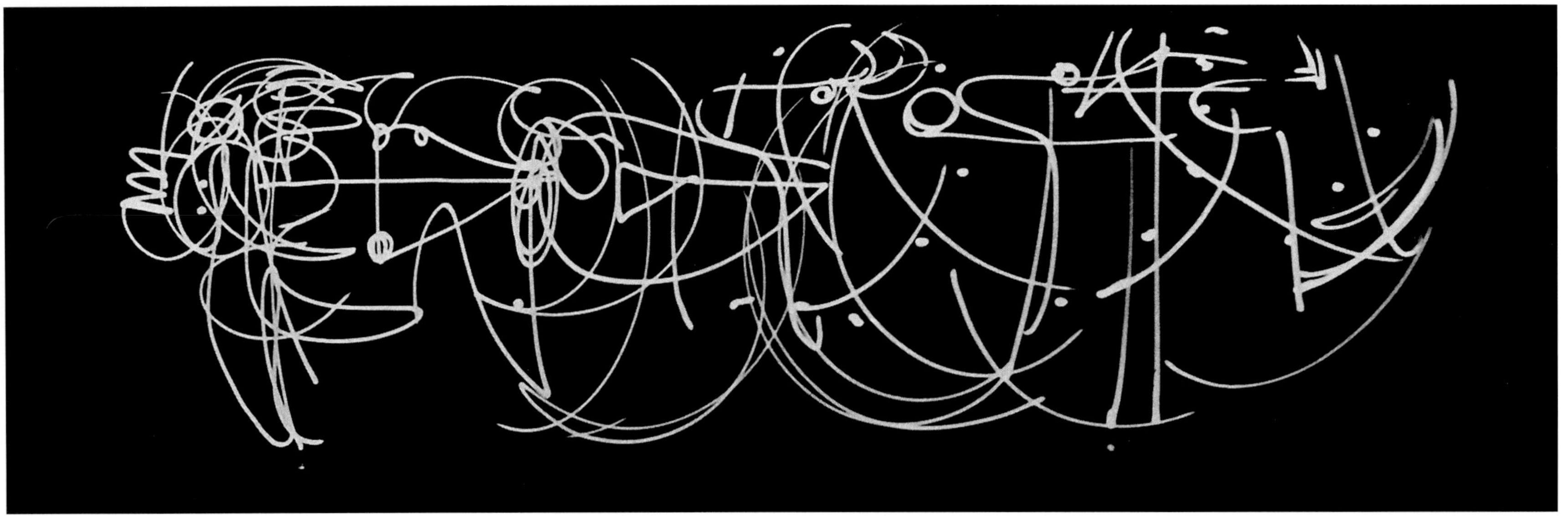

528

527–529
Fotogramme, photograms, photogrammes

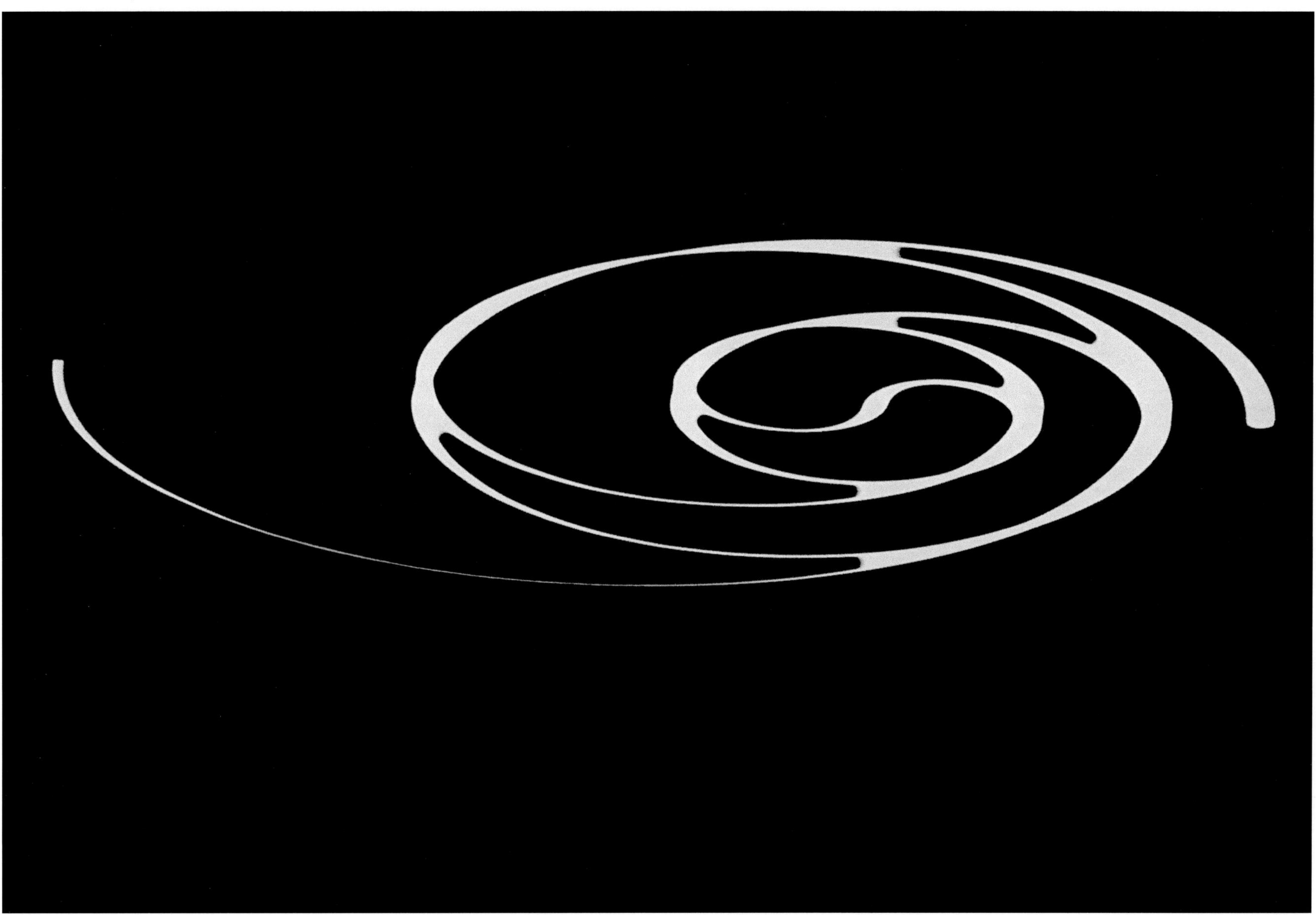

529

Eine Gemeinschaftsarbeit, bei der sich Grafiker, Fotograf und Texter über Sinn und Aufgabe der Werbung und über die Anwendung der Gestaltungselemente prinzipiell einig sind, kann sehr vorteilhaft sein:
a)
Die Überlegungen und Erfahrungen des Grafikers, des Fotografen und des Texters können für ein und dieselbe Arbeit gleichzeitig ausgewertet werden.
b)
Bei der gemeinsamen Diskussion werden gegenseitige Anregungen vermittelt und der Gesichtswinkel des Einzelnen wird dadurch erweitert.
c)
Das gemeinschaftliche Suchen nach der Lösung eines Problems ergibt mehr Möglichkeiten und die allgemein gültigen Gesichtspunkte werden eher gefunden, als wenn ein Einzelner das Problem allein zu lösen hat.
d)
Die sachliche, Thema bezogene Einheit von grafischer, fotografischer und textlicher Form entspricht der Forderung unserer Zeit nach einheitlicher Gestaltung eines Themas.

Da sinnvolle Wirken eines Teamworks hängt allerdings davon ab, dass die Mitarbeiter selbständig denken, planen und gestalten können.
In meinem Atelier habe ich seit 1953 eine Reihe hervorragender junger Grafiker und Fotografen als Mitarbeiter. Je nach Eignung, haben sie im Laufe der Jahre, nach gemeinsamer Besprechung und gegenseitiger Verständigung über das weitere Vorgehen, Arbeiten selbständig oder mit meiner Hilfe ausgeführt. In vielen Fällen haben sie direkt mit dem Auftraggeber verhandelt und mit ihm die nötigen Vereinbarungen über die Weiterentwicklung der Arbeit getroffen. Zu ihrem Arbeitsbereich gehörte dabei nicht nur die Gestaltung des Entwurfs, sondern auch die technische Ausführung: Offerteneinholung, Kontrolle der Clichéherstellung, Drucküberwachung, Beaufsichtigung der handwerklichen Arbeiten usw.
Bei dieser Arbeitsmethode ist bei jedem Mitarbeiter das Gefühl für volle Mitverantwortung, die Freude an den Problemen der Arbeit, die gegenseitige Achtung und die Bereitschaft zur offenen Kritik innerhalb des Teams eine Voraussetzung.

Teamwork

Teamwork in which the graphic artist, the photographer and the copywriter are basically in agreement as to the aim and purpose of the advertisements and the way the design elements are applied can produce valuable advantages:
a)
The ideas and experience contributed to the same job by the graphic artist, the photographer and the copywriter can be evaluated at the same time.
b)
In the course of joint discussion there is a free exchange of suggestions and in this way the individual's point of view is broadened.
c)
A joint search for the best answer to a problem will throw up more potential solutions and there is more likelihood of generally valid standpoints being discovered than when the individual must tackle the job unaided.
d)
The theme-related unity of graphic, photographic and textual form reflects the contemporary requirement for holistic design in the treatment of a theme.

However, for teamwork to produce the results hoped for, it is essential that each member of the team should be able to think, plan and design independently.
Since 1953 I have employed in my studio a number of outstanding young graphic artists and photographers as collaborators. According to their individual aptitudes, they have over the years carried out, independently or with my aid, a number of commissions.
These they have always discussed jointly beforehand so as to reach mutual understanding upon the procedure to be adopted. In many instances, they negotiated direct with the client and reached the agreement needed for the further progress of the work. Their responsibilities covered not only the design but also the technical execution of the job: obtaining tenders, supervision of the blockmaking and printing and other work.
This way of working requires that everyone has a sense of full and joint responsibility for the work, pleasure in solving the problems it presents, respect for their colleagues and willingness to offer and accept criticism within the team.

Travail d'equipe

Bien des avantages sont consubstantiels au travail d'equipe où le maquettiste, le photograph et le redacteur des textes s'entendent pour dégager les grandes lignes et les éléments de base d'une tâche publicitaire:
a)
La mise en commun de leurs expériences.
b)
La discussion dégage des suggestions mutuelles et élargit l'horizon de chacun.
c)
La recherche commune augmente le nombre des suggestions et dégage plus rapidement une solution valable.
d)
L'unité rationelle, pour un sujet donné, de formes graphiques, photographiques et typographiques correspond à l'exigence moderne de l'ordonnance rigoureuse d'un thème.

Toutefois l'efficacité d'un travail d'equipe exige des collaborateurs doués pour une pensée, une conception et une création responsables.
Depuis 1953, je collabore dans mon atelier avec quelques jeunes maquettiste et photographes remarquables. Au cours des années passées, après discussion et entente prèalables, ils ont éxécuté des travaux seuls ou avec mon aide, chacun selon ses dons particuliers. Dans bien des cas ils ont mené eux-mêmes les pourparlers avec les client, traitant directement avec lui les questions soulevées en cours de réalisation. Leur travail comprenait non seulement la conception des projets, mais aussi l'exécution des travaux: établissement des devis, contrôle de chantiers et des travaux artisanaux etc.
Un tel travail d'equipe, bien entendu exige de tout collaborateur le sens de la responsabilité, le goût pour les problèmes soulevés, l'estime mutuelle, et la disposition pour une critique ouverte et constructive.

Wissenschaft und visuelle Kommunikation

Mit der Entstehung der Wissenschaften, wie der Semiotik, der Kommunikationsforschung, der Informationstheorie usw., hat in der Werbung ein tiefgreifender Wandel stattgefunden. Während bisher individuelle künstlerische Entscheidungen die gestalterischen Überlegungen bestimmten, trat nun die wissenschaftliche Recherche, Planung und Organisation an ihre Stelle. Die Semiotik, als Wissenschaft von den Zeichenprozessen, erforscht und untersucht die unterschiedlichen Arten der Kommunikation und den Austausch von Informationen.
Während die vergleichende Semiotik mit einer einheitlichen Methodologie und Terminologie die Zeichenprozesse beschreibt, unternimmt die angewandte Semiotik den Versuch der praktischen Nutzung der Forschungsergebnisse.
Der visuelle Gestalter kann sich heute anhand einer bereits reichhaltigen Literatur über die vielfältigen Aspekte der Kommunikationsforschung informieren.
Im Rahmen dieses Buches soll stellvertretend für andere bedeutende Arbeiten, auf eine Schrift von Prof. Max Bense hingewiesen werden. In seinem Buch «Zeichen und Design, Semiotische Ästhetik»* beschreibt er das kommunikative und das kreative Schema in der Werbung.
Die werblichen Aktivitäten sind Kommunikationsprozesse, mit denen Mitteilungen und Botschaften vermittelt werden. Die Werbung wird wie ein konstruierbares und manipulierbares «Objekt» betrachtet, das schwach oder überhaupt nicht determiniert ist. Weil es keine Gesetzmässigkeit kennt, spielen Zufallsmomente eine Rolle.
Die kommunikativen Übermittlungs-, Vermittlungs- oder Übertragungsprozesse werden als Information bezeichnet. Unter Information wird alles, was Ergebnis einer nicht voll determinierten Übermittlung mittels Signalen und Zeichen ist, verstanden. Deshalb werden Information als «stochastische», oder auch «aleatorische» Prozesse, d.h. mehr oder weniger zufällige Prozesse, bezeichnet.

Der kommunikative Prozess in der Werbung basiert auf einem kreativen Prozess, der eine innovative Information übermittelt.
Die Werbung beruht auf den drei fundamentalen Aspekten: Kreation, Information und Kommunikation.

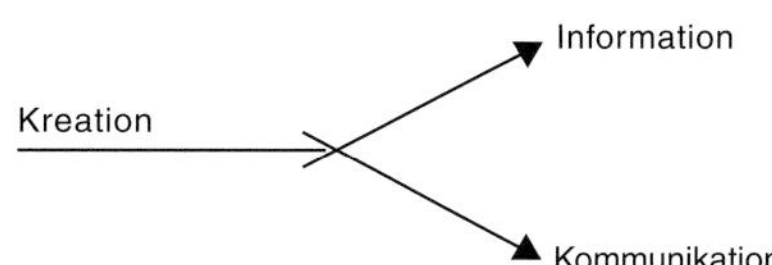

Werbung setzt demnach ein Kreativschema, ein Zeichenschema und ein Kommunikationsschema voraus. Ein Zeichen kann ein beliebiges Etwas sein, das manipulierbar ist, ein Objekt bezeichnet und ihm eine Bedeutung verleiht. Ein Zeichen ist eine Beziehung keine Objekt, ist aber als Mittel wirksam, hat einen Objektbezug und ist interpretierbar.

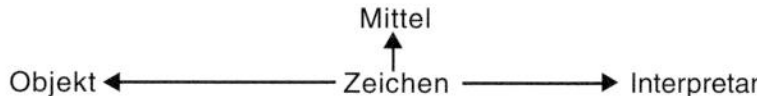

Im Aufbau einer Werbung können sprachliche, akustische, filmische und grafische Elemente einerseits, andererseits vorgeprägte Vorstellungen, Überzeugungen, Werte, Formen und Denkweisen enthalten sein.
Das kommunikative Schema der Werbung stellt die Beziehung zwischen dem Expendienten oder Sender, und dem Perzipienten, oder Empfänger, her. Im Kommunikationskanal zwischen beiden werden Signale vermittelt, die optisch-visueller oder (und) phonetisch-akustischer Art sein können. Damit die Kommunikation aber funktioniert, ist es notwendig, dass sich das Zeichen- und Signalrepertoire des Expendienten mit demjenigen des Perzipienten deckt, damit der Perzipient die empfangenen Signale auch zu identifizieren vermag.
Vor jedem Prozess der Übertragung von Zeichen müssen diese zunächst in Signale kodiert werden, die dann vom Empfänger wieder in Zeichen dekodiert werden müssen. In jeder Übermittlung können Störungen auftreten, die deshalb zum Vorneherein einkalkuliert werden müssen. Denn nicht immer kommen die Signale so an, wie sie abgesandt wurden, sondern verändert. Dadurch sind sie möglicherweise unverständlich geworden.

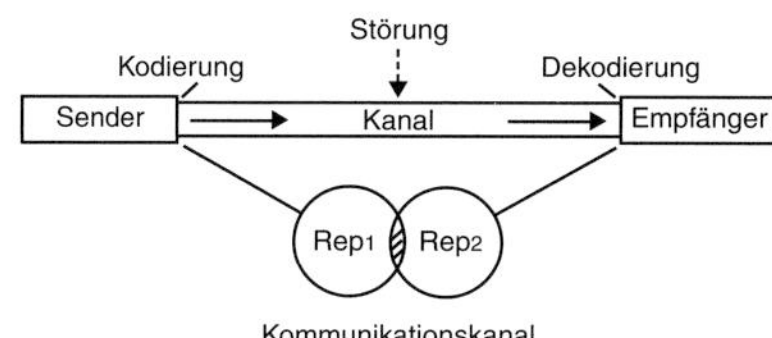

Im Kreationsschema wird die Beziehung zwischen dem Repertoire, aus dem sich die Werbung aufbaut, und der Werbung selbst hergestellt. Hier wählt der Gestalter aus dem Repertoir des semiotischen Materials grafischer oder textlicher Art aus, was ihm für den Erfolg notwendig erscheint.

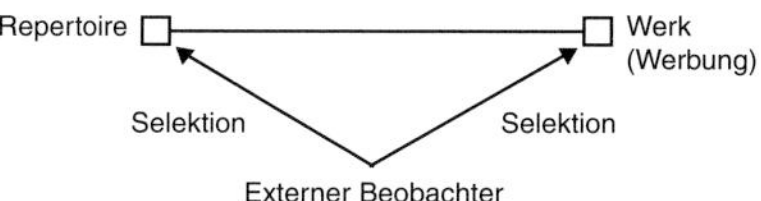

Der Prozess der Selektion verläuft, je nach Gestalter, unterschiedlich. Dieser Prozess ist nicht voraussehbar, nicht determinierbar, und deshalb zufallsbedingt. Der künstlerisch wirksame Zufall, mit überraschenden Momenten aber ist die Voraussetzung für eine innovative Information. In der erfolgreichen Werbung ist das Kreative, das Schöpferische die Grundlage der Gestaltung.
Der kreative Prozess unterliegt einer Dialektik zwischen Suchen und Finden in der planmässigen Lösung eines Problems. Das kreativ dialektische Verhältnis wird als Heuristik, als «Findekunst» bezeichnet.
Der kreative Zusammenhang zwischen Repertoire und Produkt wird als Invention verstanden, die sich im Bewusstseinsfeld abspielt und den Übergang von einem Inventar und einem Inventat umfasst. Die Invention ist der Vorgang (Prozess) des intellektuellen Findens des Inventats aus dem Inventar. Das Inventat umfasst das Repertoire vorausgehender Daten, Erkenntnisse, Vorstellungen, Bedeutungen, Zeichen etc. Das Inventat ist der «neue Gedanke», die Innovation, die überredende oder überzeugende werbefähige Zeichengestalt.
Heuristisches Kreationsschema:

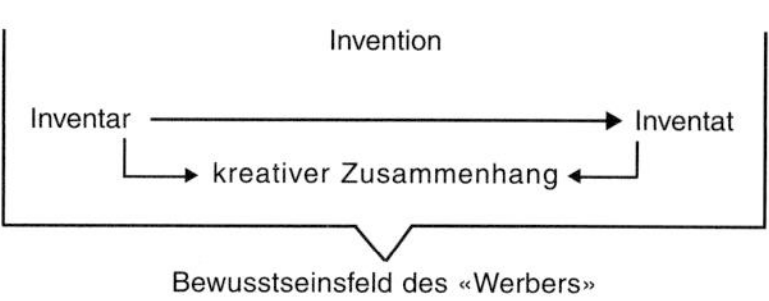

Der Gestalter muss sich über die Zeichengestalten, die er kreiert, bewusst sein.

Zeichen dienen zur
a) Information
b) Bewertung
c) Hervorrufung von Antworten, demzufolge zu einem Situationswechsel des Verhaltens, im geistigen wie im körperlichen Sinne.
d) Systematisierung und Organisation der Werbeinhalte.

Dieser Einteilung entsprechend spricht man auch von
a) Designatoren
b) Appraisoren (Bewerter)
c) Präskriptoren (Vorschrift, Verordnung)
d) Formatoren

Jedes Werbezeichen dient
1. zur Information, sofern es die Ware anzeigt
2. zur Bewertung dieser Ware, sofern die Anzeige auch deren Vorzug dokumentiert
3. zur Hervorrufung der Kaufsituation

Ob der Nichtkäufer auch zum Käufer wird, ist abhängig davon, dass die Zeichengestalt nicht nur Appraiser ist, sondern die Bewertung der Ware auch im Werbekanal effizient übertragen wird.
Voraussetzung für den Erfolg beim Perzipienten, dem angesprochenen potentiellen Käufer, ist, dass er das Bewertungsschema des Expendienten kennt. Ein Zeichengebilde, das in einem Werbekanal erfolgreich funktio-

niert, ist im Hinblick auf seine Pragmatik wie ein semiotisches Trägersystem aufgebaut, sofern der informative Zeichenaspekt (der Designator) die Bewertung (den Appraisor) und die Bewertung den situationsverändernden Aspekt (den Präskriptor) trägt.
Zusätzlich zu diesen Gebrauchsfunktionen kommt die ästhetische Gebrauchsform der Zeichen, die für semiotische Werbesysteme wichtig sein kann. Sie umschliesst alle ästhetisch wirksamen Anordnungsschemata der Ausgangsmaterialien, wie Strukturen, Gestalten, abstrakte oder konkrete Konfigurationen von grafischen und textlichen Elementen.
Jede grafische oder textliche Komposition in der Werbung ist aufgebaut auf einer ästhetischen und sinnvollen Anordnung und Verteilung von grafischen und textlichen Elementen und ihrer Zeichenfunktion. Auf dieser ästhetischen Dimension ruht das gesamte semiotische Werbesystem. Über ihren Wert entscheidet die kreative Fähigkeit des Gestalters.
In der Werbung dient der ästhetische Zustand als Vehikel, als Träger der semantischen und pragmatischen Intention. Er verdeutlicht die wechselseitige Beziehung und Bedeutung, die zwischen künstlerischer und technischer Produktion liegt. Damit das gestaltete Zeichensystem ästhetisch mit Erfolg vermittelt werden kann, soll es aber den ästhetischen Vorstellungen der Zeitgenossen entsprechen. Daher muss sich der Gestalter mit den künstlerischen Zeitströmungen auseinandersetzen, ihre Stilmerkmale studieren und die Erkenntnisse in seine Arbeit einfliessen lassen.
Die Kenntnis der Bedeutung und Wirkung semiotischer Überlegungen in der Werbung gibt dem visuellen Gestalter Hinweise darüber, wie er verbale und visuelle Zeichen überzeugender einsetzen kann.

The advent of new sciences such as semiotics, communications research, and information theory, etc. has brought about a radical change in advertising. Whereas, previously, features of design were determined by individual artistic decisions, these have now been replaced by scientific research, planning and organization.
As the science of signs and symbols, semiotics explores and investigates the most diverse types of communication and information exchange.
Whereas comparative semiotics describes the sign processes with the aid of a uniform methodology and terminology, applied semiotics makes an attempt to turn the results of research to practical account. Today the visual designer has at his disposal an already literature on the many aspects of communications research.
In this book reference will be made to a work by Prof. Max Bense, as a proxy for other important publications on the subject. In his book (Max Bense, "Zeichen und Design, Semiotische Ästhetik", Agis Verlag Baden-Baden 1971) he describes the communicative and creative schema in advertising.
Advertising is a communication process through which information and messages are conveyed. Advertising is regarded as an "object" that can be construed and manipulated, and that is determined weakly or not at all. As it is not subject to laws, chance factors play a part.
The communicative processes of transfer, conveyance and transmission are described as information. Information is defined as being everything that is the result of a not completely determined transmission by means of signals and signs. Hence information is regarded as a "stochastic" or "aleatory" process, i.e. a more or less fortuitous process.
The communicative process in advertising depends on a creative process which transmits innovative information. Advertising is based on the three fundamental factors: creation, information and communication.
Accordingly, advertising requires a creative schema, a sign schema and a

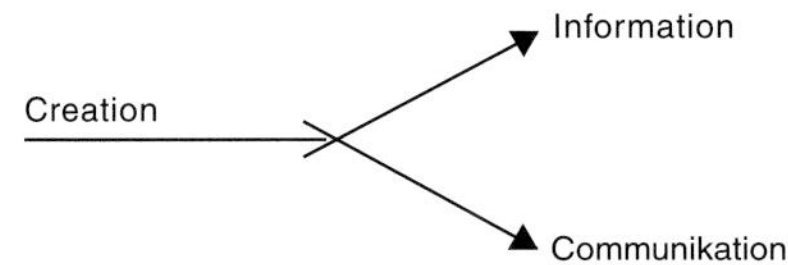

communications schema. A sign ca be anything that is manipulatable, designates an object, and gives it meaning. A sign is a relationship, not an object, but it is effective as a medium, refers to an object, and is interpretable.

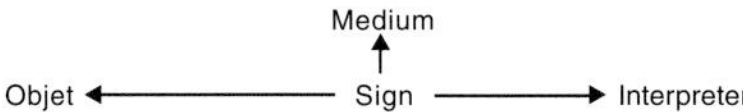

In the structure of advertising there may be linguistic, acoustic, film and graphic elements, as well as preformed notions, convictions, values, forms and ways of thinking. The communicative schema of advertising creates the relationship between the sender and the receiver. In the channel of communication between the two, signals are transmitted which may be optical (visual) and/or phonetic-acoustic in character. However, for communication to function the sender's repertoire of signs and signals must be coincident with that of the receiver so that he can also identify the signals received.
Prior to any process of transmission of signs the latter must first be coded in signals which are then in turn decoded into signs by the receiver. Any transmission may be subject to disturbances and these must be taken into account from the outset. For the signals do not always arrive in the form in which they were sent but are distorted. As a result they may have become incomprehensible.

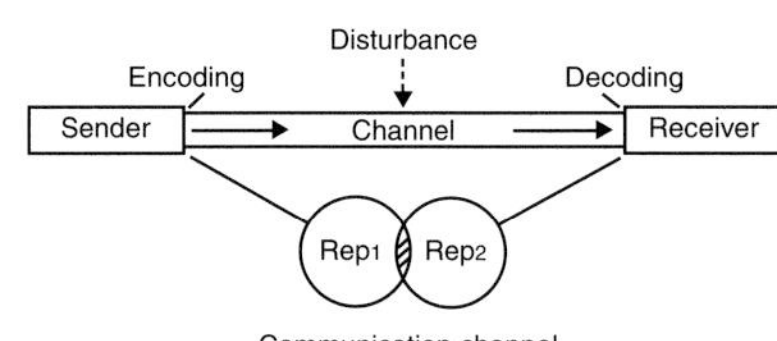

In the creative schema the relationship between the repertoire out of which the advertising is constructed and the advertising itself is produced. At this stage the designer chooses from the repertoire of semiotics material of a graphic ot textual nature what he deems to be necessary for success.

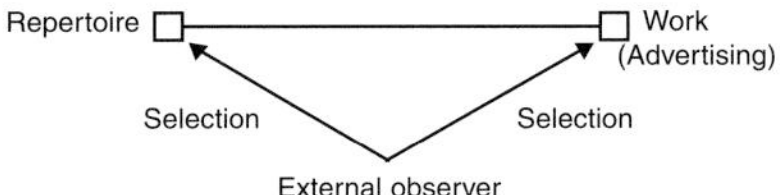

The process of selection may take different forms, depending on the designer. It is a process that cannot be foreseen, is not determinable, and is therefore fortuitous. But artistically effective chance, with its elements of surprise, is basic to innovative information. In successful advertising the creative is the basis of design.
Fundamental to the creative process is a dialectic between seeking and finding in the planned solution of a design problem. The creative dialectic relationship is known as heuristics, the "art of discovery". The creative nexus between repertoire and product is conceived as invention, which occurs in the conscious field and involves the transition from the inventory to the inventum.
Invention is the process of the intellectual elicitation of the inventum from the inventory. The inventum comprises the repertoire of preceding data, knowledge, notions, meanings, signs, etc. The inventum is the "new idea", the innovation, the persuasive or convincing sign configuration with advertising potential.
Heuristic creation schema:

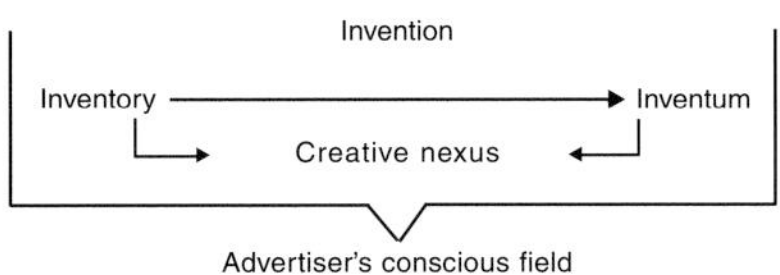

The designer must be alive to the implications of the design he creates.

Signs serve to
a) inform
b) evaluate
c) elicit responses, and consequently

to produce a situational change of behaviour, mentally as well as physically
d) systematize and organize the content of the advertising.

According to this classification, we also speak of
a) designators
b) appraisers (evaluators)
c) prescriptors (direction, regulation)
d) formators

Every advertising sign serves
1. to inform insofar as it advertises a product
2. to evaluate this product insofar as the advertisement documents its merit
3. to create a purchasing situation.

Whether the non-purchaser becomes a purchaser depends on the design not merely appraising but also efficiently transmitting the evaluation of the product via the advertising channel. Success with the receiver, the potential buyer to whom the advertising is addressed, depends on his familiarity with the sender's evaluation schema. A design which functions successfully in an advertising channel is, in pragmatic terms, structured like a semiotic bearer system if the informative sign aspect (the designator) bears the evaluation (the appraiser) and the evaluation bears the situation-changing aspects (the prescriptor). Besides these practical functions there is also the aesthetic form in which the signs are used, which may be important for semiotic advertising systems. This comprises all aesthetically effective schemata for the disposition of the primary materials such as structures, designs, and the abstract or concrete configurations of graphic and textual elements.
Every graphic and textual composition in advertising is built up on an aesthetic and meaningful arrangement and distribution of graphic and textual elements and their function as signs. It is on this aesthetic dimension that the whole semiotic advertising system rests. And its value is determined by the creative ability of the designer.

In advertising the aesthetic state serves as a vehicle, as the bearer of the semantic and pragmatic intentions. It clarifies the reciprocal relation and meaning existing between artistic and technical production. But, for the designed sign system to be mediated successfully, it must accord with contemporary aesthetic notions. The designer must therefore examine the artistic trends of his time, study their stylistic features, and allow this knowledge to be incorporated in his work.
Realization of the significance and effect of semiotic factors in advertising enables the graphic designer to achieve a more convincing use of verbal and visual signs.

La naissance de sciences nouvelles telles que la sémiotique, l'étude de la communication, la théorie de l'information etc. a provoqué un changement profond dans la publicité. A la place des décisions artistiques individuelles qui avaient jusque là dirigé les démarches de création, s'imposent maintenant la recherche scientifique, la planification et l'organisation.
La sémiotique en tant que science de la vie des signes recherche et analyse les différentes formes de la communication et d'échange d'informations.
Cependant que la sémiotique comparative analyse le phénomène des signes avec sa propre méthodologie et terminologie, la sémiotique appliquée entreprend l'essai d'application pratique des résultats des recherches.
Le réalisateur de communication visuelle dispose actuellement d'une littérature déja abondante pour s'informer des aspects multiples de l'étude de la communication.
Dans le cadre de ce livre la référence à un écrit du Prof. Max Bense* remplacera celle à d'autres ouvrages importants. Dans son livre «Signe et design, esthétique sémiotique» il décrit le schéma de communication et création dans la publicité.
Les activités publicitaires sont des processus de communication par lesquels il y a transmission d'informations et de messages. La publicité est considérée comme un objet élaborable et manipulable, peu ou pas du tout déterminé. Comme elle ne connait pas de régle, elle est soumise aux effets du hasard. Les procédés de communication par transmission, transfert ou liaison s'appellent information. On entend par information le résultat, non pleinement déterminé, d'une transmission par signaux et signes. Pour cela les informations sont qualifiées de processus «stochastiques» ou aussi «aléatoires» c. àd. plus ou moins hasardeux.
Le processus de communication dans la publicité est basé sur un processus de création qui transmet une information innovatrice. La publicité présente trois aspects fondamentaux: la création, l'information et la communication.

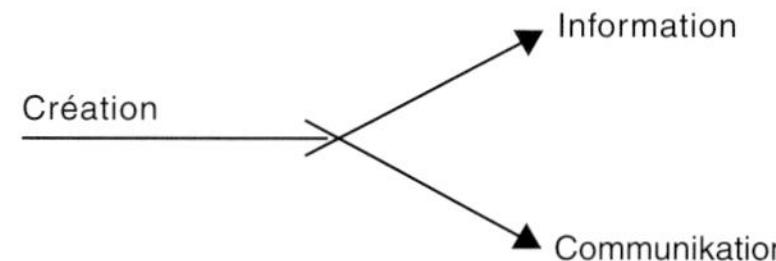

La publicité présume donc un schéma de création, un schéma de signes et un schéma de communication.
Le signe peut être une chose perçue quelconque, manipulable, désignant un objet et lui donnant une signification. Le signe est un lien, non pas un objet; efficace comme moyen il est lié à l'objet et sujet à interprétation.

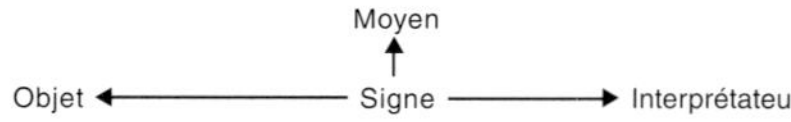

Dans l'élaboration d'une publicité peuvent intervenir d'une part des éléments linguistiques, acoustiques, cinématographiques et graphiques et d'autres part des stéréotypes de conceptions, de convictions, de valeurs, de formes et modes de penser.
Le schéma de communication de la publicité établit la relation entre l'expéditeur ou émetteur et le destinataire ou récepteur. Par le canal de communication qui les relie sont transmis des signaux qui peuvent être de nature optique-visuelle ou (et) phonétique-acoustique. Mais pour que la communication fonctionne il est indispensable que les répertoire de signes et signaux de l'émetteur de du récepteur se recouvrent afin que le destinataire soit à même d'indentifier les signaux reçus.
Avant tout processus de transmission de signes ceux-ci devront être préalablement codés en signaux que le destinataire devra décoder à nouveau en signes.
Toute transmission peut subir des perturbations qui devront être prévues dans une marge et tolérance. Car les signaux expédiés n'arrivent pas toujours tels quels mais modifiés. Ils pourraient en devenir incompréhensibles.
Le schéma de création établit la relation entre le répertoire d'élaboration de la publicité et la publicité elle même. C'est là que le réalisateur choisit dans

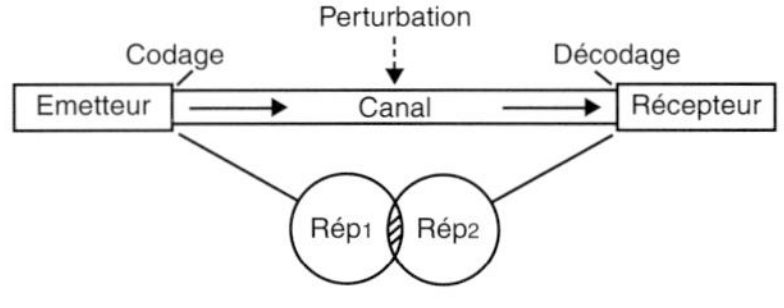

Canal de communication

le répertoire sémiotique graphique ou linguistique ce qui lui semble nécessaire à la réussite.

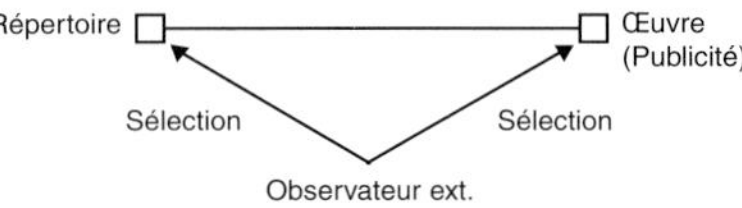

Le procédé de sélection se déroule différemment selon les réalisateurs. Ce procédé n'est pas prévisible, pas définissable, donc soumis au hasard. Le hasard heureux et artistiquement frappant, avec des effets de surprise est indispensable à une information innovatrice. La création, la nouveauté sont les bases de réalisation d'une publicité efficace.
Le processus de création est soumis à une dialectique entre chercher et trouver; il est la recherche méthodique de la solution d'un problème. La relation dialectique créative est appelée heuristique soit «art de la découverte». La relation créative entre le répertoire et le produit est comprise comme étant l'invention qui se passe dans le domaine du conscient et contient le passage d'un inventaire à un objet inventé. L'invention est le phénomène intellectuel de la découverte de l'objet inventé à partir de l'inventaire. L'objet inventé englobe le répertoire des données préalables, des découvertes, des représentations, des significations, des signes etc. L'objet inventé est «l'idée neuve», l'innovation, la forme publicitaire persuasive ou convaincante donnée au signe.
Schéma de création heuristique

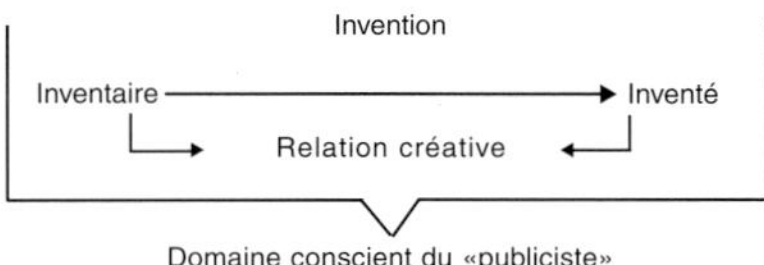

Le réalisateur doit être conscient des formes des signes qu'il crée.

Les signes servent à
a) L'information
b) La valorisation
c) La provocation de réponses, en conséquence d'un changement de situation dans le comportement psychique comme physique.
d) La systématisation et l'organisation du contenue de la publicité

En corresponcance avec cette classification on peut parler des
a) Informateurs
b) Valorisateurs
c) Prescripteurs (instruction, ordonnance)
d) Formateurs

Tout signe publicitaire sert à
1. L'information pour autant qu'il déclare la marchandise
2. La valorisation de cette marchandise pour autant que la déclaration en relève les avantages
3. La provocation du besoin d'achater

Que le non acheteur devienne effectivement acheteur dépend de la forme du signe qui ne doit pas seulement valoriser la marchandise mais faire franchir à cette valorisation le canal de la publicité.
Le succès auprès du destinataire, de l'acheteur potential interpellé, suppose que celui-ci ait connaissance du schéma de valorisation de l'expéditeur. Un ensemble de signes qui fonctionne avec succès dans le canal de la publicité est édifié pragmatiquement comme un systéme de vecteurs sémiotiques dans le sens que l'aspect informatif des signes (l'informateur) porte la valorisation (le valorisateur) et que la valorisation provoque le changement d'attitude (le prescripteur).
Ces fonctions utilitaires sont complétées par la forme esthétique fonctionnelle donnée aux signes, forme qui peut être de grande importance dans le système de publicité sémiotique. Elle englobe tous les schémas esthétiques efficaces de disposition du matériel premier, tels que structures, formes, configurations abstraites ou concrètes d'éléments de graphisme ou de texte.
Toute composition publicitaire de graphisme ou de texte est basée sur une disposition et une répartion ethétique et sensée d'éléments de graphisme ou de texte et de leur fonction significative. Tout le système de publicité sémiotique repose sur ce parti ethétique. Le talent créateur de l'auteur décide de sa valeur.
Dans la publicité le facteur ethétique sert de véhicule, de vecteur à l'intention sémantique et pragmatique. Il illustre les rapports et échanges réciproques entre production artistique et production technique. Afin que la forme donnée au système de signes puisse être transmise ethétiquement avec succès elle devra correspondre aux conceptions esthétiques des contemporains. Le réalisateur devra donc se mesurer avec les tendances artistiques actuelles, en étudier les caractéristiques stylistiques et laisser sont œuvre s'imprégner de ces connaissances.
La connaissance de l'importance et de l'effet de considérations sémiotiques dans la publicité donne au réalisateur de communication visuelle des directives sur les possibilités d'intégration convaincante des signes verbaux et visuels.

*Max Bense
«Zeichnen und Design, Semiotische Ästhetik»
Agis-Verlag Baden-Baden, 1971

Systematische Grafikerausbildung

Die heute dem Grafiker gestellten Aufgaben verlangen von ihm gründliche Kenntnis der Materie, ein waches Interesse für die Probleme der Produktion, Verständnis für die Fragen der Marktforschung und Planung in der Werbung. Er trägt die Mitverantwortung für den Erfolg der Werbemethoden und der Werbeform. Seine Arbeiten sollen durchdacht und klar gebaut sein, die darstellerischen Mittel haben ausschliesslich der Verdeutlichung des Themas zu dienen, die direkte Aussage hat den Bildausdruck zu bestimmen. Die in dieser Hinsicht konstruktive Grafik kennt die Gesetzlichkeit der gestalterischen Elemente, der Typografie, der Fotografie und der Zeichnung.
Nach diesen Gesichtspunkten habe ich den Aufbau der Schulungsmethoden an der Grafikerklasse der Kunstgewerbeschule Zürich festgelegt. Die Ausbildung erstreckt sich auf vier Jahre. Sie umfasst die Gebiete der Schriftkunde, der Typografie, der Fotografie, des grafischen Gestaltens, der figürlichen Zeichnung, der Reproduktionsverfahren und der Ausstellungsgestaltung. Während der Ausbildung werden auch Aufgaben gelöst, die in den Bereich der industriellen Formgebung fallen.
Das erste Lehrjahr dient dem Erkennen der formalen Grundprobleme, der typografischen Regeln und der fotografischen Elemtarbegriffe; anschliessend daran folgt die Auseinandersetzung mit einer einfachen praktischen Aufgabe, die ganz aus dem Wesen des gestellten Problems heraus gelöst werden soll. Im zweiten und dritten Lehrjahr wird die Lösung konkreter Aufgaben verlangt, die der Schule vielfach aus den Kreisen der Wirtschaft, der Industrie und kultureller Organisationen übertragen werden. Dabei sind grundsätzlich nur jene Aufgaben zu behandeln, die nach Thema und Gestaltungsmöglichkeit den Ausbildungszielen entsprechen. Im direkten Kontakt mit dem Auftraggeber lernt der Schüler Produktions- und Absatzprobleme kenne, auf denen seine Überlegungen basieren müssen. Im Umgang mit Clicheuren und Druckern, die seine Entwürfe ausführen, vertieft er sich in die technischen Fragen dieser Arbeitsvorgänge. Während des vierten Lehrjahres wird die Summe der bisherigen praktischen und gestalterischen Erfahrungen in zwei Semesterarbeiten gezogen. Jeder Schüler erhält die Aufgabe zugewiesen, für eine Firma sämtliche Drucksachen des internen und externen Verkehrs, alle Werbedrucksachen, die Beschriftung der Hausfassade, des Lieferwagens, der Neonbeleuchtung und eine kleine Ausstellung zu entwerfen. In der zweiten Hälfte des vierten Lehrjahres hat er eine ähnliche Aufgabe, aber für eine andere Firma, zu übernehmen. Dabei ist ihm Gelegenheit geboten, Fehler und Versäumnisse der ersten Arbeit zu korrigieren und seine Erfahrung nutzbringend zu verwerten.
Geschäftsformulare, Prospekte usw., die der Schüler für die ihm zugeteilte Firma zu entwerfen hat, sind ihm vorgeschrieben. Er muss sich mit dem Geschäfts- oder Werbeleiter des Unternehmens in Verbindung setzen. Um sich über das Wesen der Firma gut zu informieren, wird der Schüler angewiesen, Aussen- und Innenarchitektur zu studieren, sich über Einzelheiten, wie Möbel, Vorhänge, Farben usw., sowie über die formale Gestaltung der Produkte Rechenschaft abzulegen. Auf diese Weise lernen die Schüler ihren künftigen Beruf richtig einzuschätzen und sich von weltfremden Ideen zu distanzieren.
Die abgebildeten Beispiele sind typische Arbeiten der vier Lehrjahre, wobei die Gliederung nicht streng chronologisch, sondern mehr oder weniger nach Sachgebieten vorgenommen wurde.
Die erste wichtige Übung der neu in die Grafikerklasse eintretenden Schüler besteht darin, formale und körperliche Proportionen zu bestimmen, zu erfassen und richtig anzuwenden. Die Aufgabestellung, wie sie sich anhand der Zeichnungen und Fotos von ausgeführten Modellen darbietet, weist folgende wesentliche Einzelprobleme auf:
a)
Acht Kreisflächen sind verschieden gross, jedoch in einer bestimmten Proportion zueinander zu zeichnen. Die Proportionen müssen einem logischen Prinzip entsprechen und einen optisch ästhetischen Eindruck ergeben.
b)
Die acht Kreisflächen sollen in je eine quadratische Grundfläche gestellt werden. Die acht quadratischen Flächen sind so auf dem Zeichenblatt anzuordnen, dass Abstände, Quadrate und Randfelder ebenfalls in einer bestimmten Proportion gehalten sind.
c)
Mit den acht Kreisflächen ist eine Komposition zu bilden. Diese Komposition soll logisch, d.h. formal begründbar und ästhetisch sein. Die Abstände zwischen den Kreisformen müssen bestimmte Proportionen einhalten.
d)
Die Komposition mit den acht Kreisflächen ist als Grundriss-Projektion von acht dreidimensionalen Körpern zu betrachten. Form und Grösse dieser Körper sind zu bestimmen. Jede Dimension soll wieder ein logisches Proportionsmass haben.
e)
Die dreidimensionale Komposition ist in einem, vom Schüler zu wählenden Material (Holz, Metall, Kunststoff usw.) nach Möglichkeit von ihm selbst auszuführen. Die Herstellung der Plastik verlangt vom Schüler eine sehr sorgfältige und präzise Behandlung des Materials. Das Gefühl für die Eigenart des Materials und für den Gebrauch der Werkzeuge wird geweckt und gefördert.

Um zu zeigen, auf welche Faktoren und Voraussetzungen bei der Lösung dieser Aufgaben Wert gelegt wird, sei auf die Massverhältnisse und Formbeziehung der Modellplastiken hingewiesen. Ein Beispiel zeigt, wie acht verschieden grosse metallene Kreiselemente auf einer quadratischen Grundfläche angeordnet sind. Die vier grösseren Elemente haben die gleiche Ordnung wie die vier kleinen, der Durchmesser der grössten Kreisscheibe entspricht der Höhe der längsten Säule, der Durchmesser der zweitgrössten Kreisscheibe der Höhe der zweitlängsten Säule.
Eine zweite Plastik zeigt andere Proportionen der Kreisform. Hier durchdringen alle Kreiselemente die Wandfläche, der grösste Kreis um $^{1}/_{10}$ der Wanddicke, der zweitgrösste um $^{2}/_{10}$, der drittgrösste um $^{3}/_{10}$ usw. Die Kreiselemente haben dieselbe Dicke wie die Wandfläche. Auf diese Weise entstehen auf der Rückseite der Wand Vertiefungen, die gleich dimensioniert sind wie die Erhöhungen auf der Vorderseite. Die Stellung der Wandfläche zur Grundfläche ergab sich aus optischen Überlegungen. Die Rückseite mit den vertieften Stellen lässt eine Betrachtung aus der Nähe zu, sie benötigt relativ wenig Raum, während die Vorderseite mit den vorstehenden Elementen eine grössere Sichtdistanz und damit mehr Raum verlangt.
Die weiteren Bilder zeigen andere Lösungen der prinzipiell gleichen Aufgabe. Diese Übungen verfolgen den Zweck, die Schüler mit den gestalterischen Möglichkeiten vertraut zu machen.
Nach diesen Übungen werden Probleme der Flächenaufteilung, der Schriftformen und der Komposition behandelt. Auf einfache typografische Gestaltungen folgen Aufgaben mit der Anwendung der Fotografie und Zeichnung.
Die abgebildeten plastischen Modelle sind Ergebnisse dieser Schulungsart. Sie zeigen einen engen Zusammenhang mit den Bedürfnissen der Praxis. Es mag andere Methoden der Grafikerausbildung geben; die hier geschilderten haben sich bewährt. Es erschien uns wichtig, die Vielseitigkeit eines Schulungssystems zu dokumentieren, dem nur bis zu einem bestimmten Grad Experimentelles anhaftet. Die meisten Arbeiten sind auf die Bedürfnisse der Auftraggeber abgestimmt.

A training system for the graphic designer

The problems with which the graphic designer of today is faced demand an exhaustive knowledge of his materials, keen interest in the problems of production and understanding of the questions of market research and advertising. The designer must carry part of the responsibility for the success of the form and method of the advertising. His work should be well thought out and clearly designed, the sole purpose of the medium being to clarify the idea, the direct statement of which should determine the character of the imagery. All graphic work based on these principles presupposes some understanding of the rules governing design, typography, photography and illustration. The method of training which I have established in the graphic design faculty of the Zurich School of Applied Arts has been built up in accordance with these views. The course takes four years and the curriculum includes lettering, typography, photography, graphic design, life drawing, methods of reproduction and exhibition design. During the course industrial design problems are also tackled. The first year is devoted to the study of basic questions of form, the rules of typography and the rudiments of photography. The knowledge acquired is then put into practice by means of a simple exercise, the solution to which is to be found in the nature of the problem itself. A number of actual commissions which have been assigned to the school by various industrial and cultural organizations are carried out during the second and third years. It is, however, a matter of principle that no piece of work should be attempted which does not conform to the aims of the training course in terms of scope and subject. Such tasks enable the student to judge whether his work is in accordance with current practice. At the same time through direct contact with the client he becomes acquainted with those problems of production and marketing upon which his considerations must be based, and his knowledge of the technical processes is fostered by his association with the blockmakers and printers who carry out his design. During the fourth year all the experience the student has gained both practically and as an artist is summed up in two pieces of work each occupying one term. Each student is given the task of designing all the printed matter required by a specific firm for both internal and external use, all the advertising matter, the lettering on the facade of the building and on the delivery van, the neon sign and a small exhibition. In the second half of the fourth year he has to do a similar piece of work, though for a different firm. This gives him an opportunity to correct any mistakes and omissions he may have made in the first exercise and to profit from his experience.
The student has no choice in the kind of leaflets, prospectuses, etc., which he has to design for the firm assigned to him. He must get in touch with the manager or head of the advertising department; in order to be well informed as to the character of the firm the student is advised to study the style of the building both inside and outside and to make himself familiar with details such as the furniture, hangings, colour schemes, etc., as well as with the form and design of the products.
In this way the students learn to emancipate themselves from ideas which are too remote from life and to arrive at a proper evaluation of their future profession. The examples reproduced are typical products of the four-years course. The grouping is not strictly chronological but has been arranged more or less according to subject.
The first important exercise for the student who has just joined the graphic design faculty requires him to grasp and define the laws of proportion both theoretically and concretely, and to apply them. This exercise, which is illustrated by drawings and photographs of completed models involves the following important individual problems:

a)
Eight circles of varying size are to be drawn in proportion to one another. These proportions must correspond to a logical principle and must also make a visual aesthetic impact.

b)
Each of the eight circles must be placed within a square field. The eight squares must be so arranged on the sheet of drawing paper that they themselves, the intervals between them and the margins are all determined by a defined unit of proportion.

c)
A composition is to be built up from the eight circles and this composition must have a logical or formal basis and must be aesthetically satisfying. The intervals between the circular shapes must follow defined proportions.

d)
The composition with the eight circles is to be regarded as the ground plan of eight three-dimensional bodies. The shape and size of these bodies are to be defined. Each dimension again must conform to a logical system of proportion.

e)
The student is to carry out the three-dimensional composition unaided in a material of his own choice (wood, metal, synthetic material, etc.) in so far as this is possible. In order to carry out this work the student must be extremly careful and precise in handling the material. This stimulates his feeling for its nature and for the use of his tools.

In order to emphasise the factors and conditions that are considered valuable in these exercises, some of the models have been specially singled out for their proportions and formal relationships. One example shows how eight different large metal discs have been arranged on a square ground. The four larger forms are organised in the same way as the four small ones, the diameter of the largest disc corresponds to the height of the tallest pillar, the diameter of the next largest equals the height of the second tallest pillar.
In a second model the proportions of the discs are differently ordered from those of the model already described. Here all the circular components penetrate the upright members, the largest disc by about $1/10$ of the wall thickness, the second largest by about $2/10$ of the wall thickness, the third largest by $3/10$, etc. The circular forms are of the same thickness as the upright members. In this way depressions occur at the back of the wall which are the same dimensions as the projections on the front. The position of the upright in relation to the ground area was determined optically. The depressions at the back make a closer approach possible. The space required is relatively small, whereas the front with its projections demands to be looked at from a distance and consequently takes up more space. The other illustrations show other solutions to basically similar tasks. The object of these exercises is to make the student familiar with the range of formal design possibilities.
Exercises such as these are followed by problems relating to surface division, letter forms and composition. Simple typographical exercises are succeeded by design problems that include the use of photography and illustration. The models illustrated show the results of this method of training. They reveal a close connection with the requirements of practical graphic design.
There may be other methods for training the graphic designer but those described here have proven their worth. It seemed to us important to document the wide scope of a training system which is only experimental to a certain degree. Most of the work reflects the requirements of the clients.

Formation méthodique des graphistes

Les devoirs imposés au graphiste d'aujourd'hui sont les suivantes: connaissance approfondie de la matière, intérêt constant pour les problèmes de la production, expérience de l'étude du marché et de la planification en publicité. Le graphiste endosse une lourde responsabilité, celle du succès des méthodes et des formes de la publicité. Ses travaux demandent à être étudiés et solidement construits. Les moyens mis au service de la présentation doivent profiter uniquement au sujet à mettre en évidence et l'expression directe définir la forme de la présentation. C'est bien pour ces raisons que le graphisme constructif subit les lois créatrices régissent la typographie, la photographie et le dessin. Ces considérations m'ont inspiré dans la conception d'un plan méthodique qui devait aboutir à la création d'une classe de graphistes à l'Ecole des arts et métiers de Zurich. Notre formation de graphiste porte sur les disciplines suivantes: écriture, typographie, photographie, création graphique, dessin figuratif, procédés de reproduction et présentation d'expositions. Durant l'enseignement, nous abordons aussi certaines tâches qui touchent au domaine de la création industrielle.
La première année donne l'occasion de connaître les problèmes essentiels des formes, des règles typographiques et les rudiments de la photographie. Suit un devoir de pratique qui doit être résolu dans son entier en fonction du caractère du problème posé.
Pendant les deuxième et troisième années, les élèves sont aux prises avec des cas concrets qui sont souvent examinés par les classes de l'économie, de l'industrie et de l'art culturel de l'Ecole. En principe, il convient de traiter uniquement des sujets ayant trait à des thèmes et à des procédés de création utiles à la formation du graphiste. Le futur graphiste apprend à connaître, par le contact direct avec le commettant, les exigences de la production et de la vente, et en tire d'utiles réflexions. D'autre part, en traitant avec les photograveurs et les imprimeurs qui exécutent ses projets, il se familiarise avec les techniques de reproduction. Durant la quatrième année, scindée en deux semestres, on récapitule, en quelque sorte, les connaissances accumulées et l'on tire les conclusions pratiques et artistiques des expériences acquises précédemment. Chacun des élèves reçoit pour tâche de créer, pour une maison, tous ses imprimés, internes et externes, ses imprimés publicitaires, de même que l'inscription qui doit figurer sur la façade de la maison et sur la camionnette, ses enseignes lumineuses et, enfin, une petite exposition. Au cours du deuxième semestre de la quatrième année, l'élève reprendra les mêmes devoirs, mais pour une autre entreprise. Ainsi lui sera offerte la possibilité de corriger les erreurs et de combler les lacunes des son premier travail à la lumière de son expérience.
Les formules, prospectus, etc. que l'étudiant doit créer sont imposés. Après avoir pris contact avec le directeur ou le chef de publicité, il s'informe du caractère de l'entreprise pour laquelle il va travailler; il lui est recommandé d'étudier sa structure extérieure et intérieure, de prendre note de ses particularités: meubles, rideaux, couleurs, etc., ainsi que de la forme des produits qu'elle vend, de même que leur présentation.
De cette façon les élèves apprennent à ne pas se laisser distraire par des idées qui ne sont pas en rapport direct avec la pratique et prennent conscience de leur futur métier. Les exemples représentés sont des travaux caractéristiques exécutés durant les quatre ans d'apprentissage. Leur présentation n'emprunte rien à la chronologie, mais elle est divisée selon les différentes disciplines.
Le premier essai important confié à l'élève qui entre dans la classe de graphisme ne constitue nullement un travail très attrayant et qui exige néanmoins une attention soutenue: il consiste en la définition des propositions de formes et de volume afin d'en trouver une application pratique. Telle qu'elle se présente, à l'aide de dessins et de photos de modèles, la tâche comprehend les problèmes essentiels suivants:

a)
Huit surfaces en forme de cercle doivent être trouvées dans des grandeurs différentes, mais ayant une proportion réciproque entre elles. Ces proportions doivent répondre à un principe logique et satisfaire l'esthétique.

b)
Ces huit hercles sont posés chacun sur une surface carrée. Les huit surfaces carrées ainsi obtenues sont disposées sur la feuille de dessin de telle façons que les espaces, les carés et les marges constituent également une proportion bien définie.

c)
Avec les huit cercles, il convient de créer une composition. Cette composition ne doit pas choquer la logique, c'est-à-dire qu'elle devra se conformer à la forme et à l'esthétique. Les distances qui séparent les cercles seront conformes à des proportions définies.

d)
La composition avec les huit cercles est assujettie à une projection de plan. Parmi les huit corps à trois dimensions, in convient de définir la forme et la grandeur. Chaque dimension doit donner une mesure logique de proportion.

e)
La composition des trois dimensions est exécutée dans une matière que l'élève choisira lui-même si possible (bois ou métal, matière plastique, etc.).

Le façonnement de la sculpture exige de l'élève un traitement attentif et précis de la matière. Il est donc indiqué d'éveiller et d'encourager chez lui la connaissance des particularités propres à chaque matière.
Pour montrer la valeur que nous donnons à ces exercices, nous insistons sur les proportions et les rapports de forme en nous inspirant de quelques modèles de sculpture. Un exemple indique la façon dont les huit cercles en métal de grandeurs différentes sont disposés sur une surface carrée. Les quatre plus grands obéissent au même ordre que les quatre petits; le diamètre du plus grand disque correspond à la hauteur de la plus longue colonne; le diamètre du disque de deuxième grandeur à la hauteur de la colonne de deuxième longeur.
Une seconde sculpture montre d'autres proportions, dans ses formes de cercle. Tous les cercles pénètrent ici dans la surface de la paroi, le plus grand cercle pour 1/10 d'épaisseur, celui de deuxième grandeur de 2/10, celui de troisième grandeur de 3/10, etc. Les éléments de cercle ont la même gandeur que la surface de la paroi. De cette façon, il se forme des creux, à l'envers de la paroi, qui sont de la même dimension que les renflements de la partie avant. La position de la surface de la paroi par rapport à la surface est donnée par évaluation visuelle, les creux de l'envers permettent le rapprochement, car l'encombrement est relativement restreint, tandis que les renflements de la partie avant exigent, pour voir, l'éloignement.
Les autres illustrations montrent d'autres solutions, mais le principe demeure le même. Ces exercises visent à familiariser l'élève avec les possibilités de création.
Après ces exercices, sont traités des problèmes de division de la surface, de la valeur des gris, des formes, des caractères et des compositions. A des créations typographiques simples succèdent d'autres devoir que demandent l'emploi de la photographie et du dessin.
Les travaux présentés d'après des modèles plastiques constituent le résultat de cette formation. Ils demeurent étroitement liés aux exigences de la pratique.
Il existe sans doute d'autres méthodes pour la formation des graphistes. Celle que nous avons présentée ici a fait ses preuves. Il nous a paru intéressant de montrer la grande variété d'un système de formation qui n'est que jusqu'à un certain degré de caractère experimental. La plupart des travaux obéissent aux exigences du commettant.

Plastische Proportionsarbeiten
Exercises in three dimensions
Les proportions dans les travaux

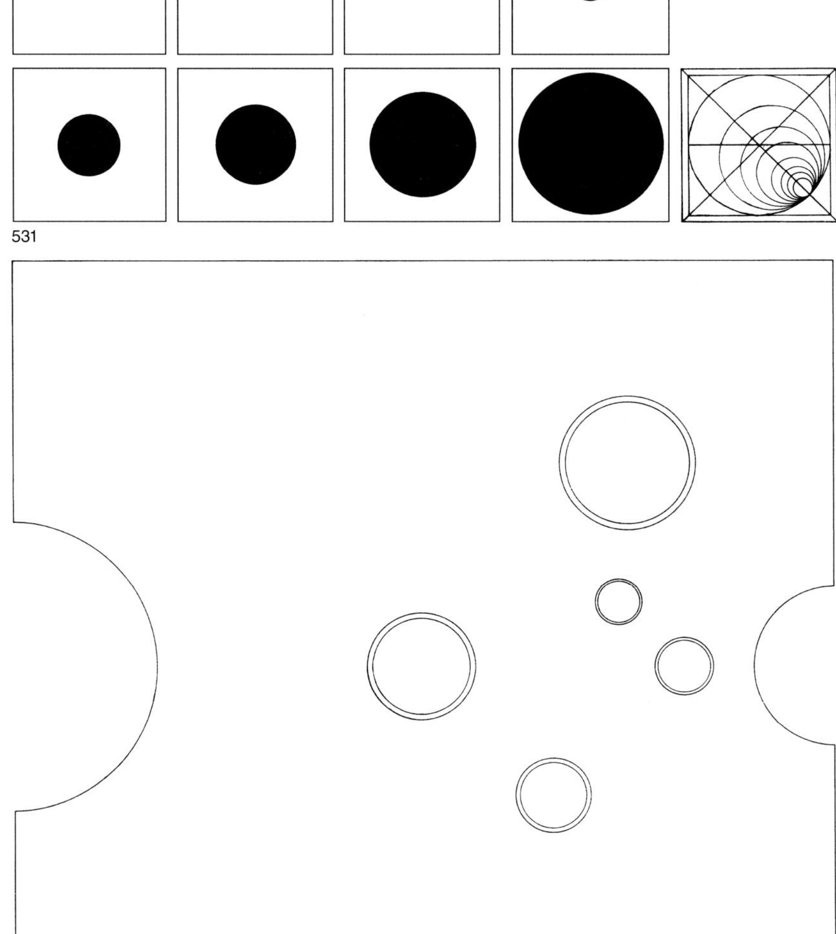

531

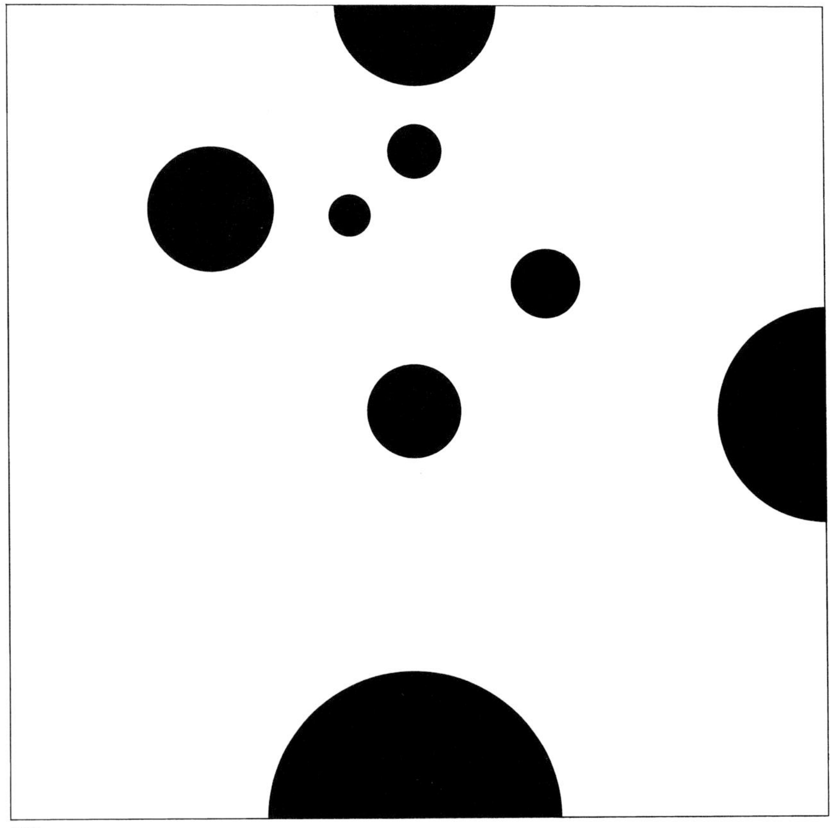

530

532

530
Gianfranco Verna
Die Kreisflächen sind auf einem Quadrat nach einem bestimmten Proportionsnenner angeordnet. The circles are arranged in a square according to a defined unit of proportion. Les surfaces des disques sont ordonnées sur un carré d'après une proportion donnée.

531
Gianfranco Verna
Rechts die Konstruktionszeichnung zur Bestimmung der Kreisflächen-Formate; links die zur optischen Beurteilung nebeneinander aufgereihten Kreisflächen. On the right the construction determining the size and proportions of the circles; on the left the circles arranged next to each other for critical consideration. A droite, le dessin de construction qui détermine les formats des surfaces des disques; à gauche, disques alignés pour l'appréciation optique.

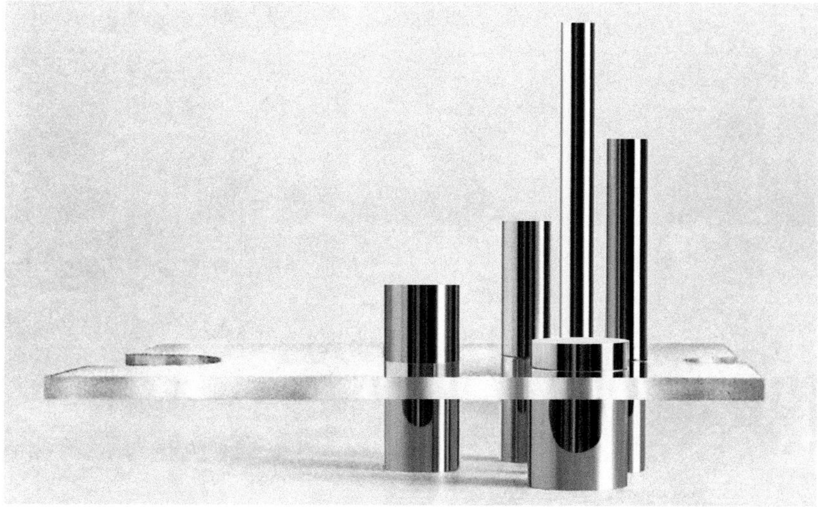

534

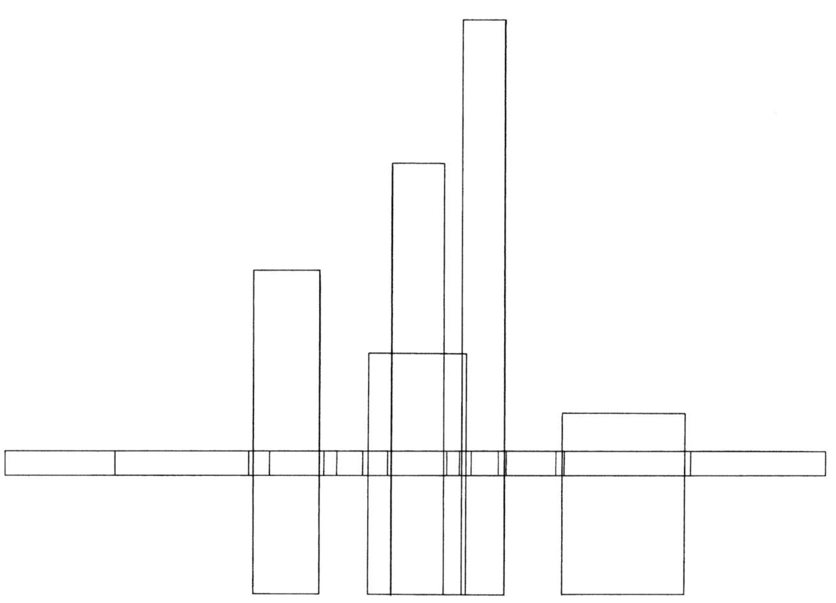

533

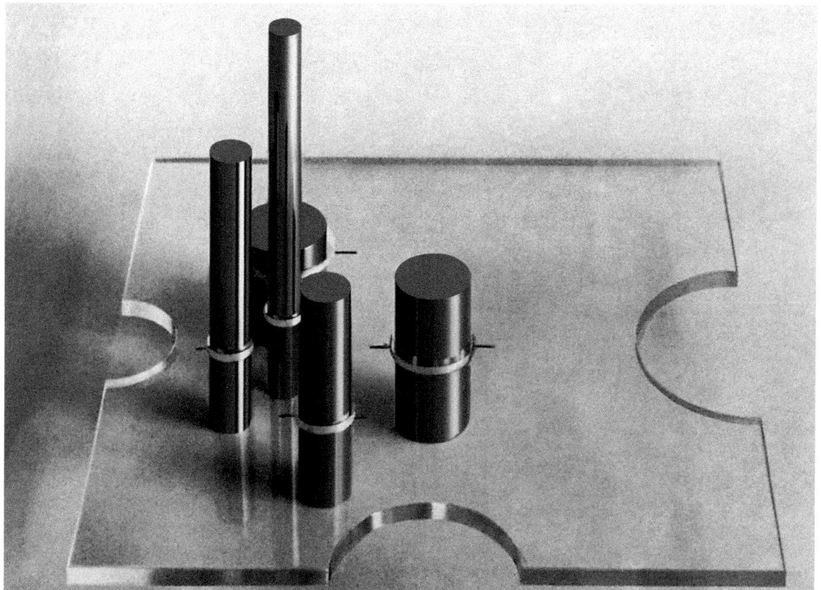

535

532, 533
Gianfranco Verna
Grundrisszeichnung und Aufriss, ground plan and sketch, schéma de base et croquis.

534, 535
Gianfranco Verna
Modell nach den Konstruktionszeichnungen in Plexiglas und Metall ausgeführt, model in plexiglass and metal carried out from the construction, modèle exécuté en plexiglas et métal d'après les dessins de construction.

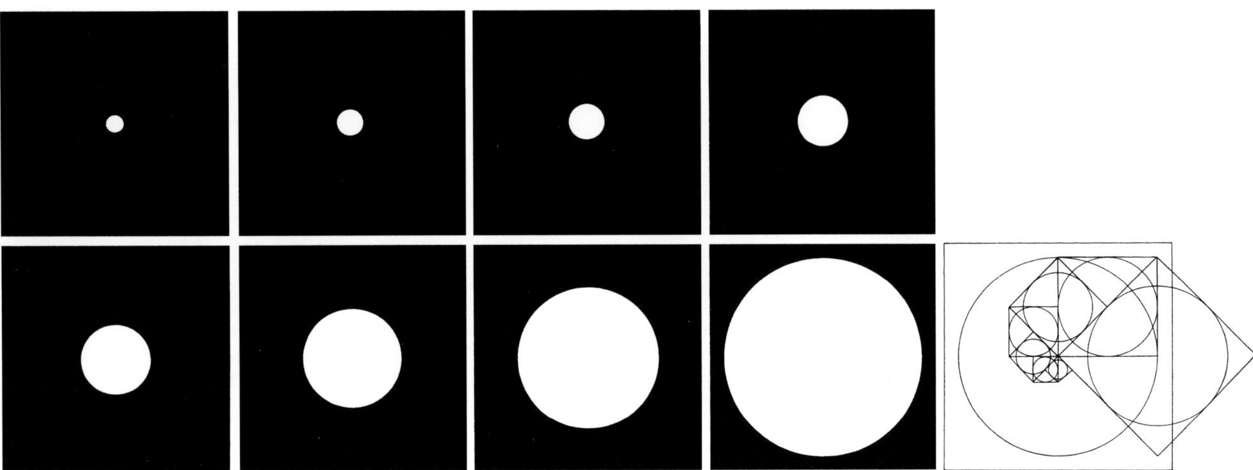

536

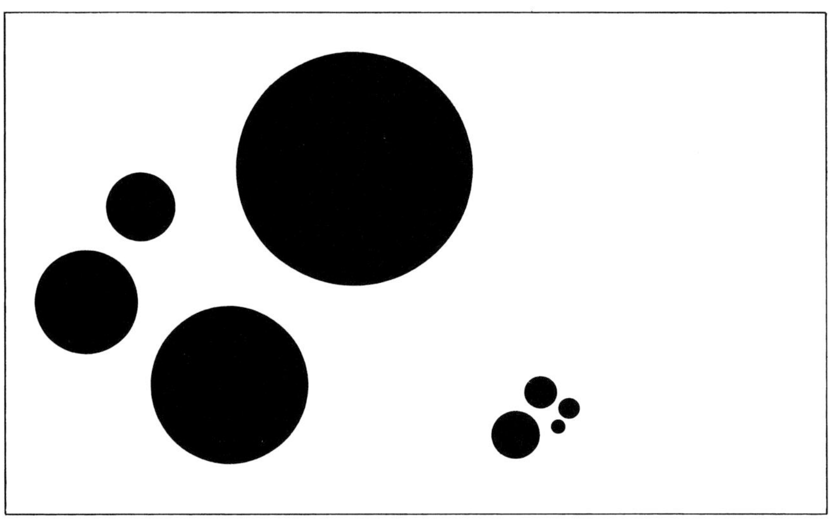

537

536
Christine Kohler
Konstruktionszeichnungen und 8 entsprechende Kreisflächen, construction and 8 corresponding circles, dessin de construction et 8 disques correspondants

537
Christine Kohler
Anordnung der 8 Kreisflächen im Rechteck, arrangement of the 8 circles in the rectangle, arrangement des 8 disques dans le rectangle

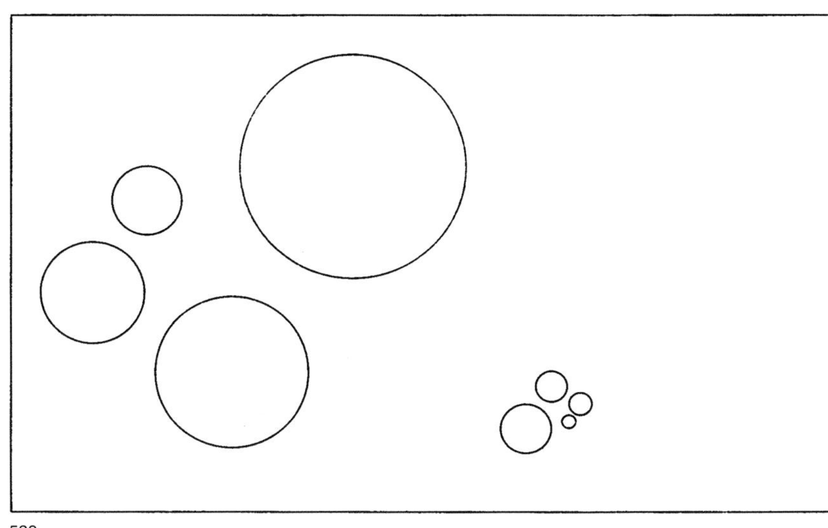

538

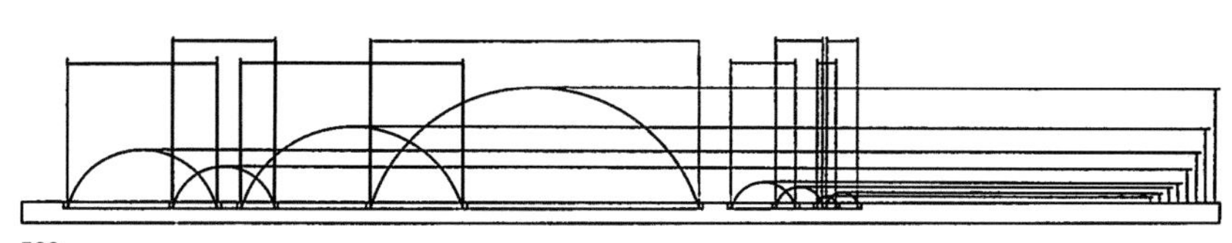

539

540

538, 539
Christine Kohler
Grundrisszeichnung und Aufriss, ground plan and sketch, schéma de base et croquis

540
Christine Kohler
Modell nach diesen Zeichnungen, model made according to illustrations, modèle exécuté d'après ces dessins

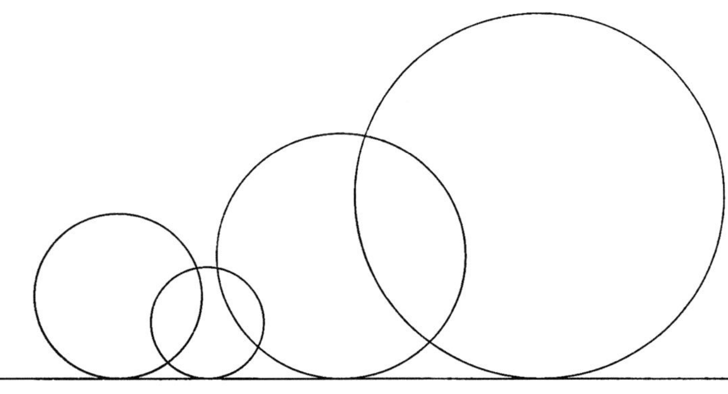

541

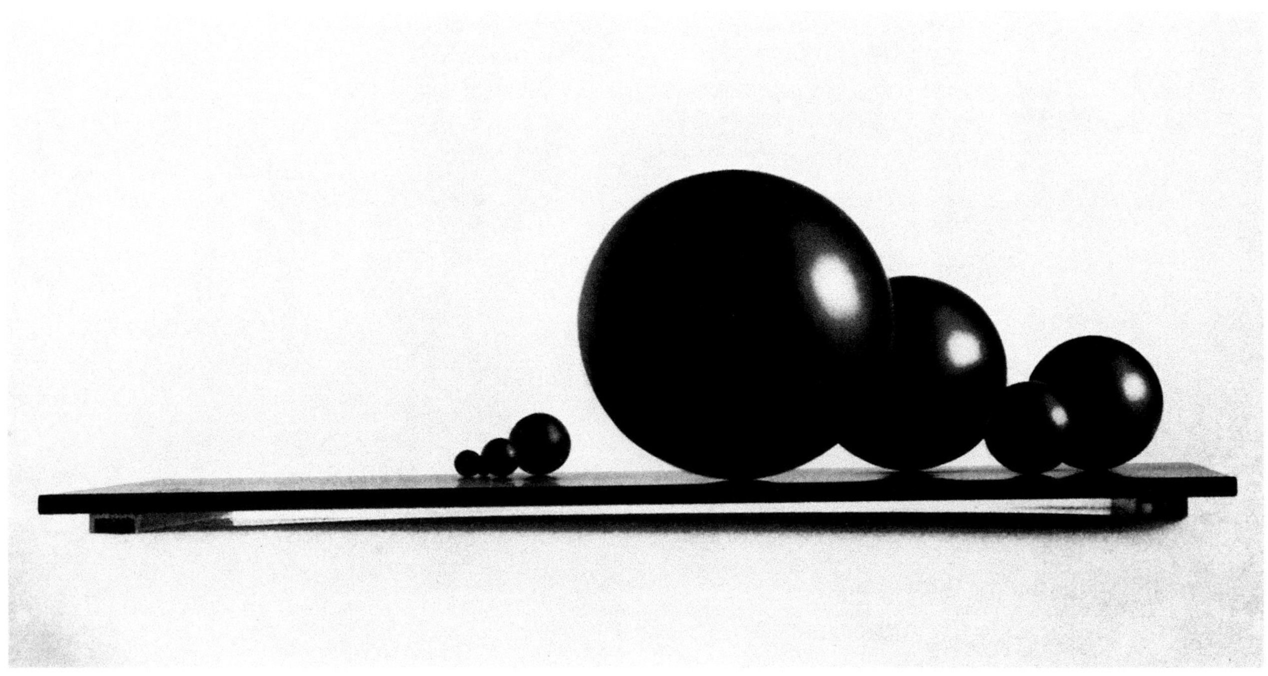

542

541
Christine Kohler
Aufrisszeichnung zur Herstellung des folgenden Modells, sketch for setting up the following model, croquis pour la construction du modèle suivant

542
Christine Kohler
Modell, model, modèle

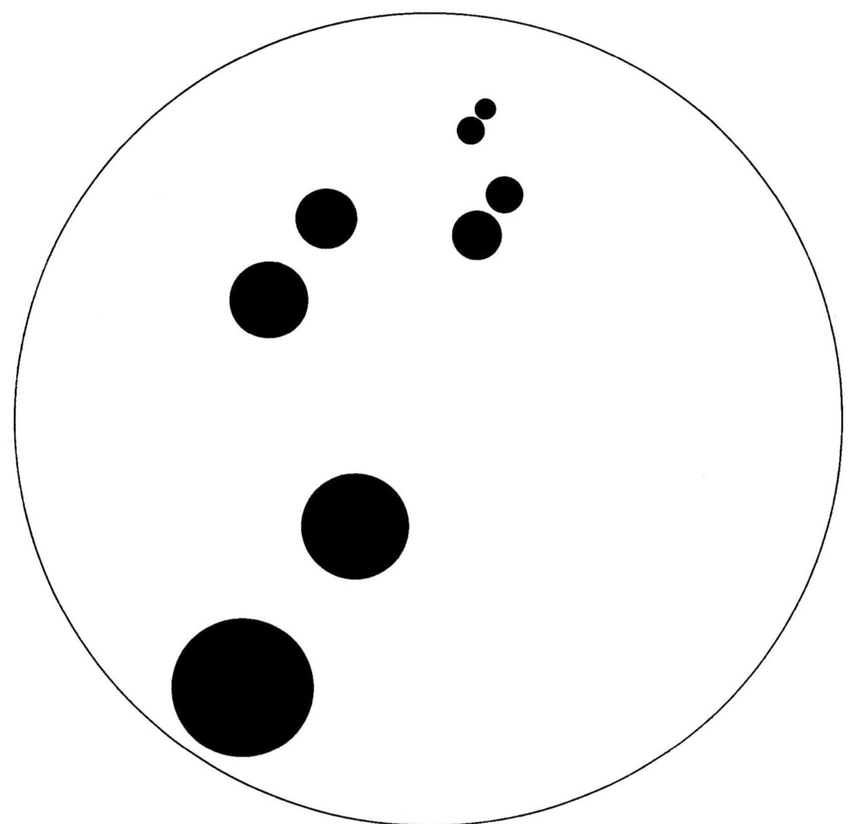

543

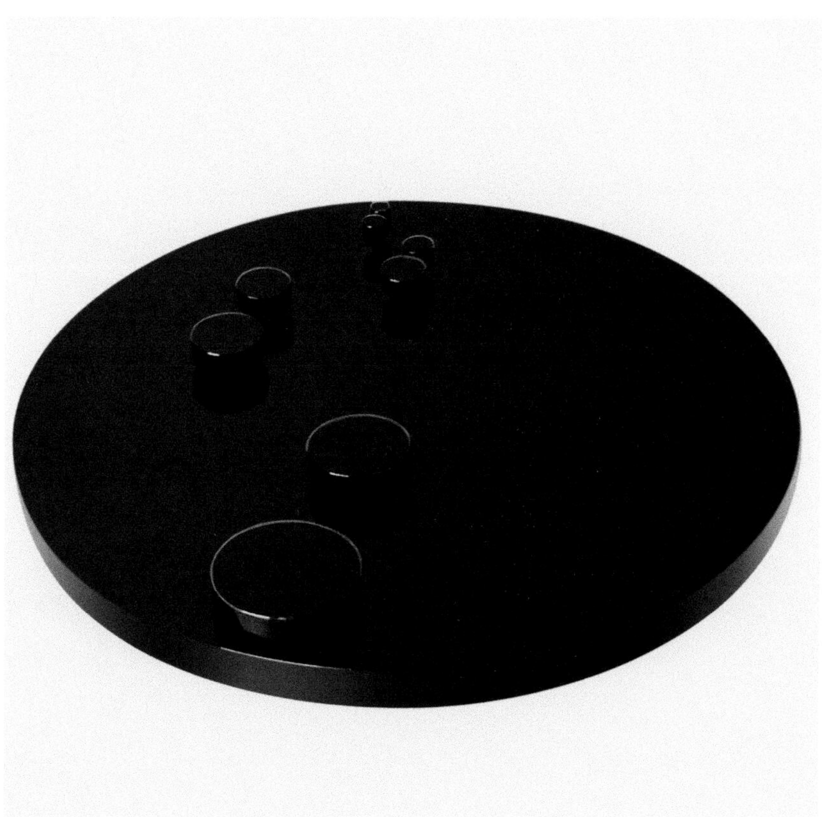

544

543
Alois Märchy
Zeichnung einer nach dem System des Schülers gefundenen Proportion der Kreisflächen und Anordnung im grossen Kreis der Grundfläche. Illustration of the circles arranged on a large circular ground according to a scale of proportion evolved by the student. Dessin d'une proportion de la superficie, trouvée d'après le système de l'élève et son ordonnance dans le grand cercle de la surface de base.

544
Alois Märchy
Modell nach dieser Zeichnung, model made according to illustration, modèle d'après ce dessin

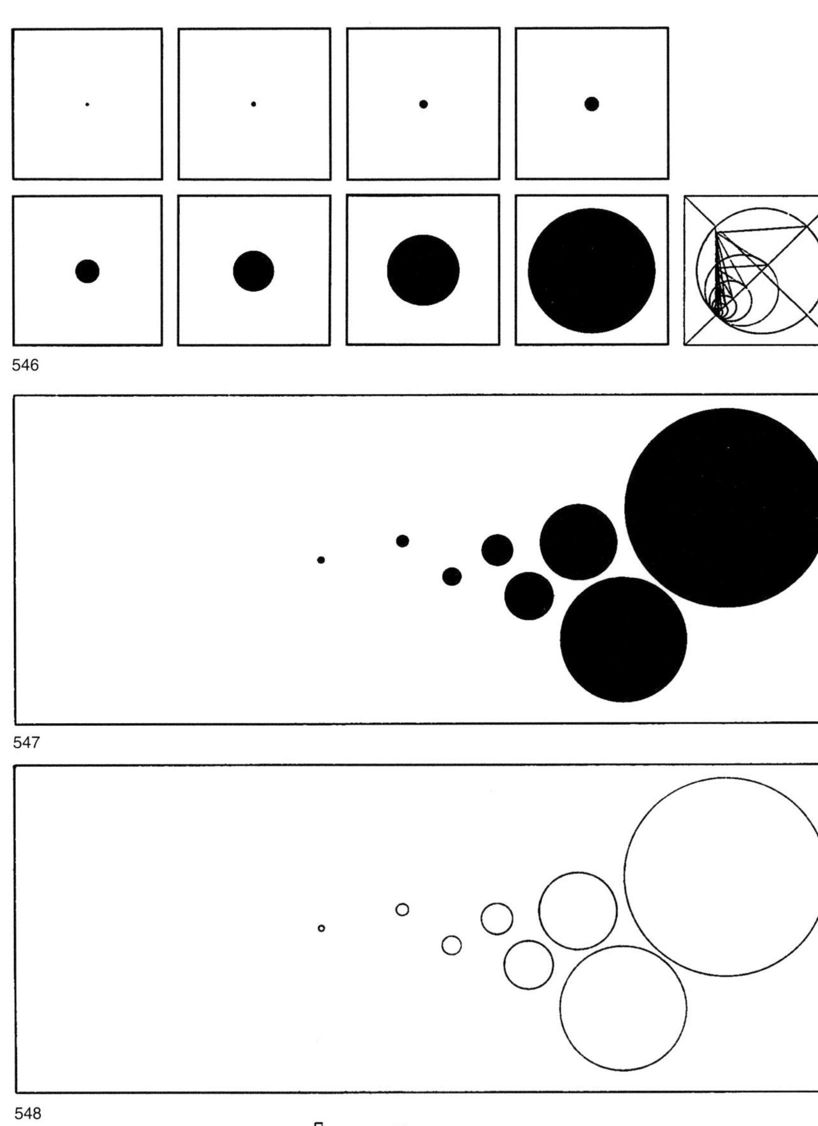
546

547

548

549

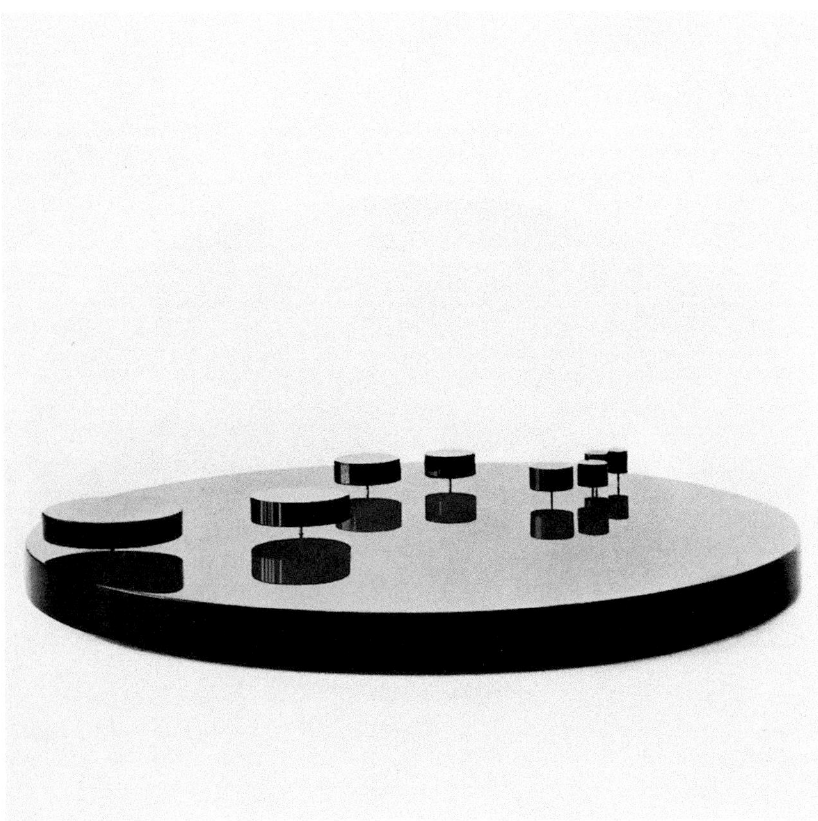
545

545
Alois Märchy
Modell nach dieser Zeichnung, model made according to illustration, modèle d'après ce dessin

546–551
Felix Ramspeck
Diese Model ist von Anfang an zur Vertikalaufstellung konzipiert worden. Die auf der Vorderseite reliefartig vorstossenden Kreisflächen entsprechen den auf der Rückseite in denselben Proportionen und in der gleichen Position angeordneten kreisflächigen Vertiefungen, so dass sich der Eindruck einer Durchdringung ergibt. Die Proportionen der Kreisflächen zueinander, des Kreisflächensystems zur Rechteckfläche, der Modelldicke und Abhebung von der Fläche sowie das Verhältnis der vertikalen Wand zur Grundplatte, sie alle sind nach ganz bestimmten Gesetzen ausgewogen und entsprechen den konstruktiven und emotionell sich ergebenden

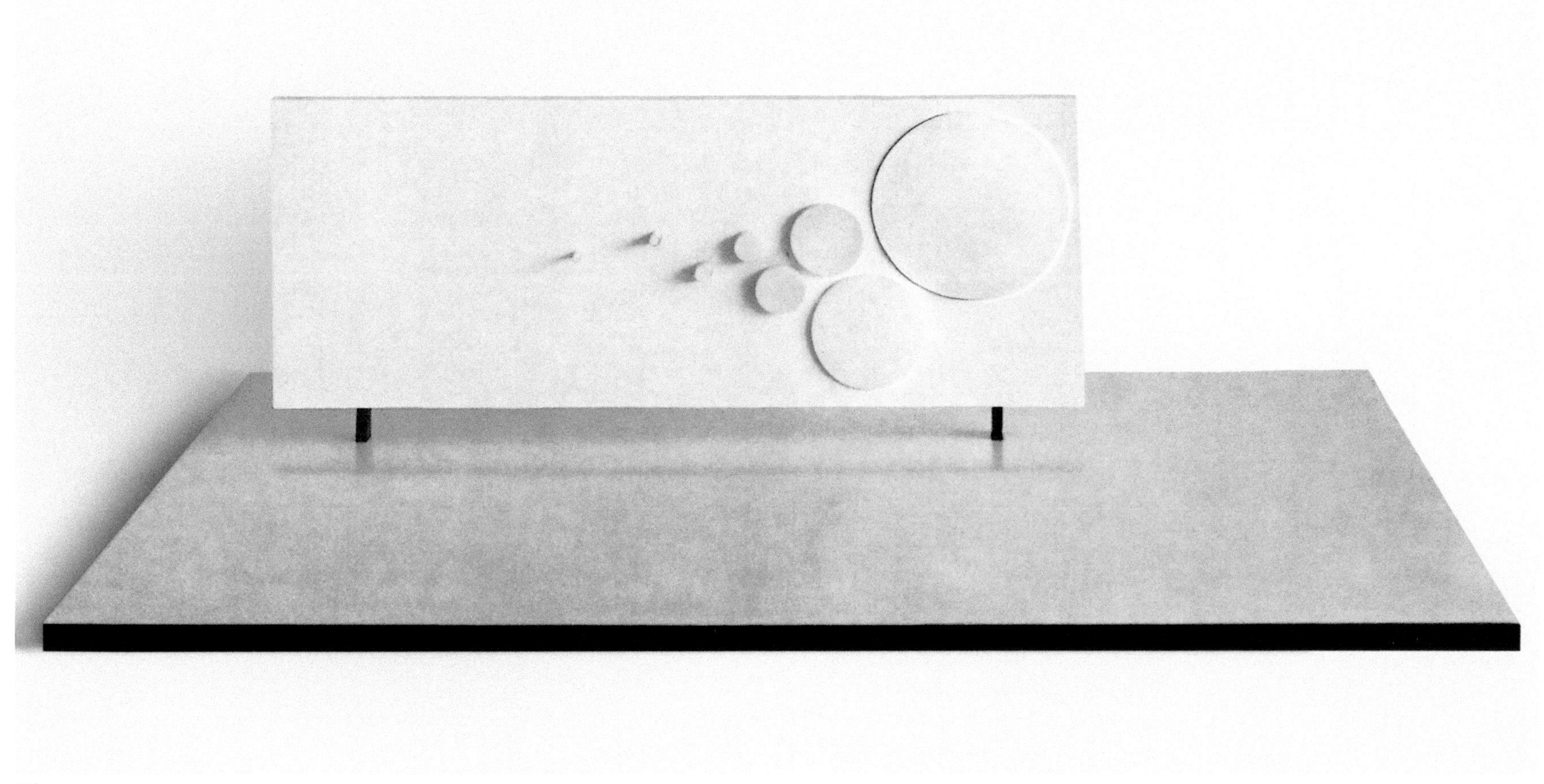

550

formalen und dreidimensionalen Werten. This model was conceived as a vertical structure from the outset. The circular relieflike projections on the front correspond to the circular depressions on the back, which occupy the same position and are of the same proportions, thus giving the impression of passing right through the wall of the model. The proportions of the circular areas to each other, and of the combined circles to the rectangular area, of the width of the model and its elevation from the ground area, as well as the relation of the vertical wall to the base, all follow defined, carefully thought out rules, and both constructively and emotionally are expressive of formal three-dimensional values. Ce modèle avait été conçu primitivement pour être placé à la verticale. Les surfaces en relief sur la partie devant correspondant, sur l'envers, dans les mêmes proportions et dans la même position, à des creux ordonnés en forme de cercle de telle sorte que cela crée une impression de pénétration. Les proportions des superficies les unes par rapport aux autres, du système des surfaces des cercles aux surfaces des rectangles, de l'épaisseur du modèle contrastant avec la surface, ainsi que le rapport de la paroi verticale avec la plaque du fond, tout est régi par des lois tout à fait équilibrées et correspondant aux valeurs qui s'expriment par la forme et l'espace.

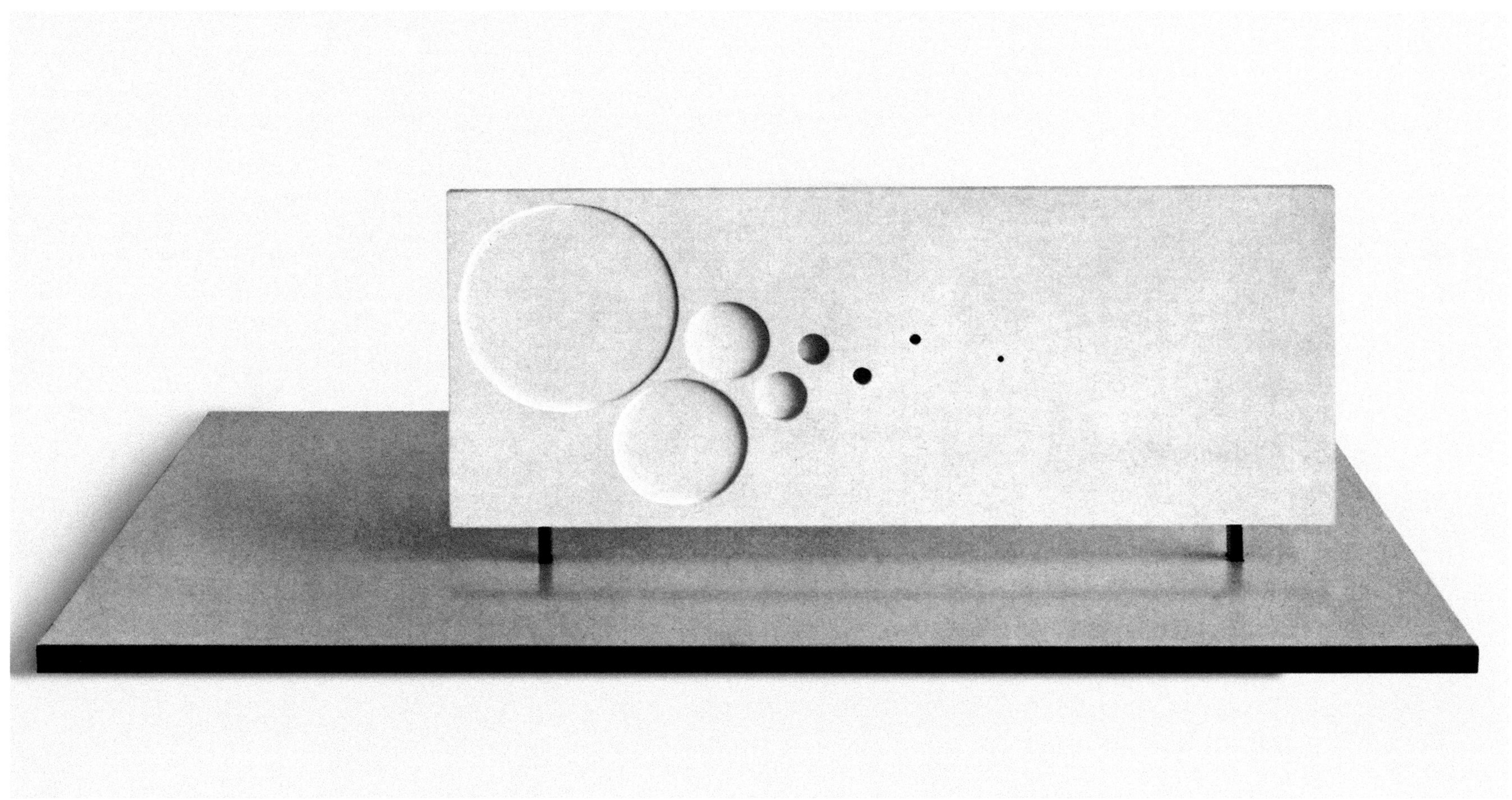

551

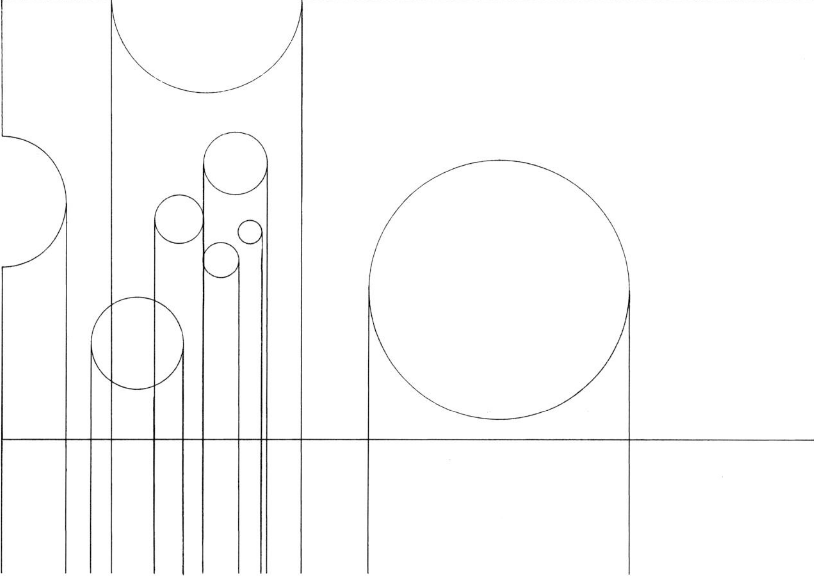

553

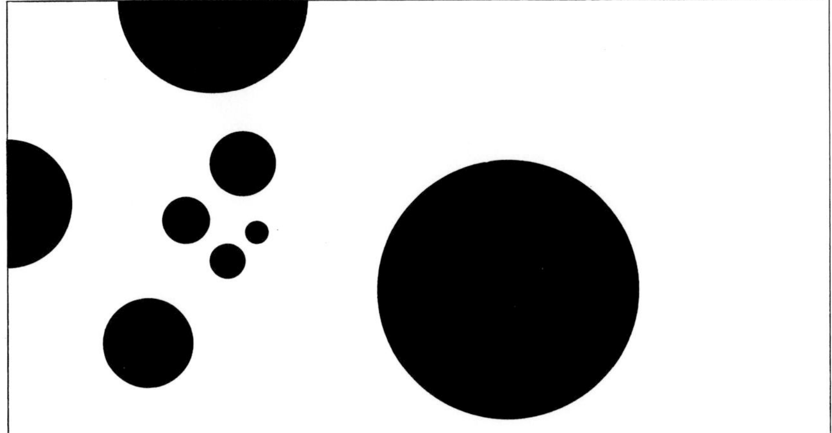

552

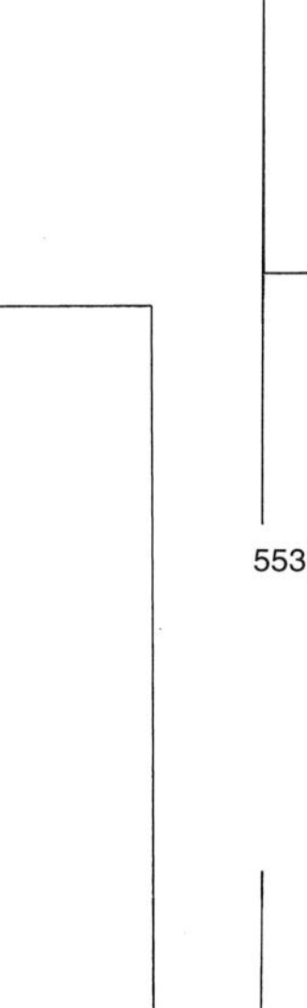

554

552
Eduard Müller
Die Kreisflächen sind so in die Rechteckfläche gesetzt, dass sich eine spannungsvolle Beziehung ergibt. The circles are arranged within the rectangle according to a specific constructive unit resulting in a taut design. Les disques sont placés dans la surface rectangulaire de façon à créer un jeu optique intéressant.

553, 554
Eduard Müller
Grundrisszeichnung und Aufriss, ground plan and sketch, schéma de base et croquis

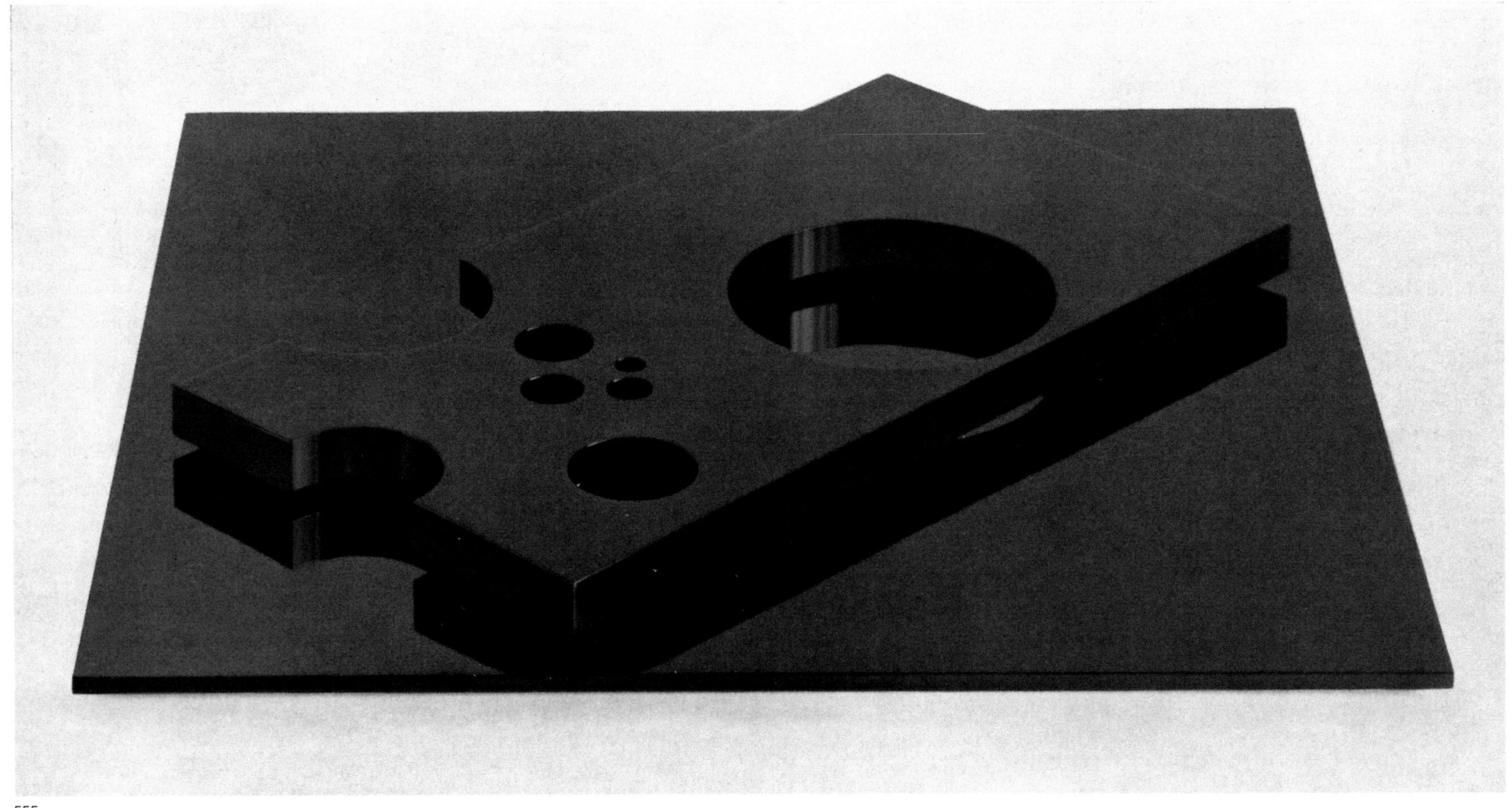

555

555
Eduard Müller
Plastisches Modell, ausgeführt nach den Zeichnungen. Plastic model carried out in accordance with the illustrations. Modèle plastique exécuté d'après les dessins.

Systematische Grafikerausbildung

A training system for the graphic designer

Formation méthodique des graphistes

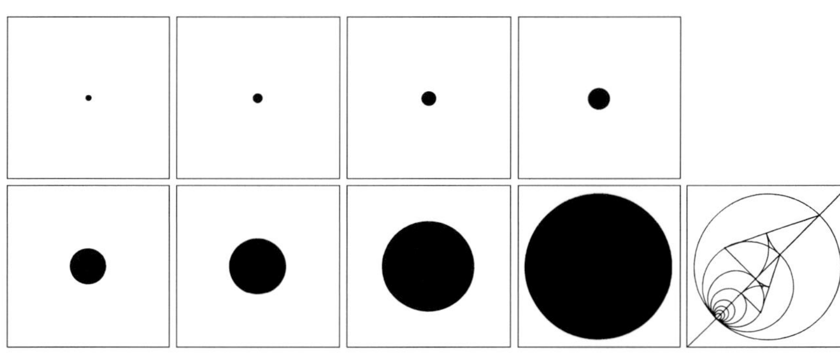

556

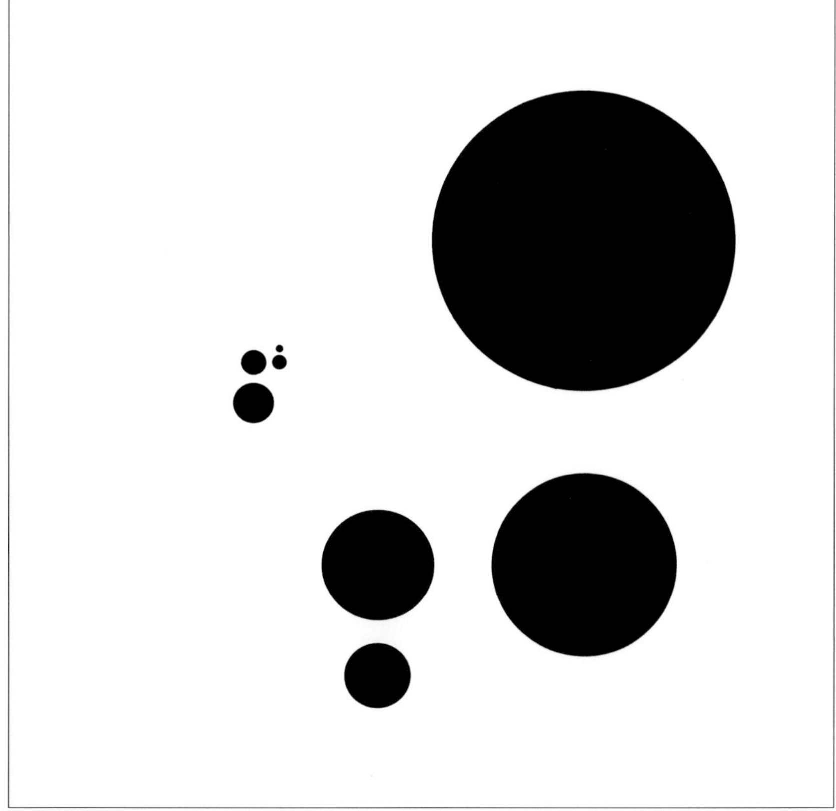

557

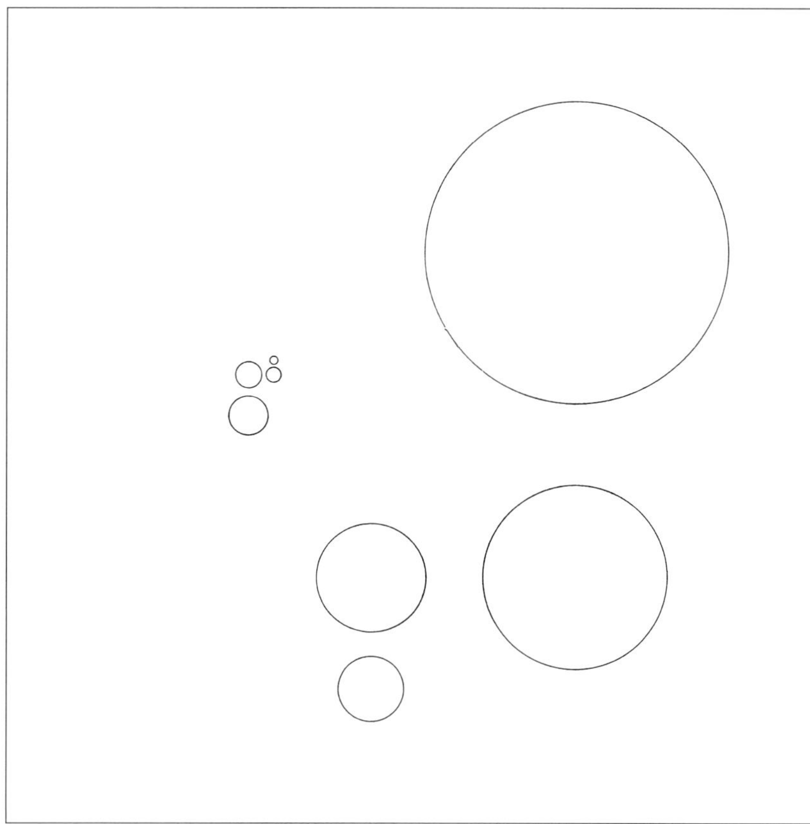

558

559

556
Piroska Kovàcs
Rechts Konstruktion zur Bestimmung der Kreisflächen, links die nebeneinander aufgereihten Kreisflächen. On the right the construction to determine the circles, on the left the corresponding circles. A droite dessins de construction pour déterminer les disques, à gauche les disques correspondants.

557
Piroska Kovàcs
Die Kreisflächen sind in einer bestimmten Proportion angeordnet. The circles are placed in the ground in order of proportion. Les disques sont places sur le fond dans un ordre proportionnel.

558, 559
Piroska Kovàcs
Grundrisszeichnung und Aufriss, ground plan and sketch, schéma de base et croquis

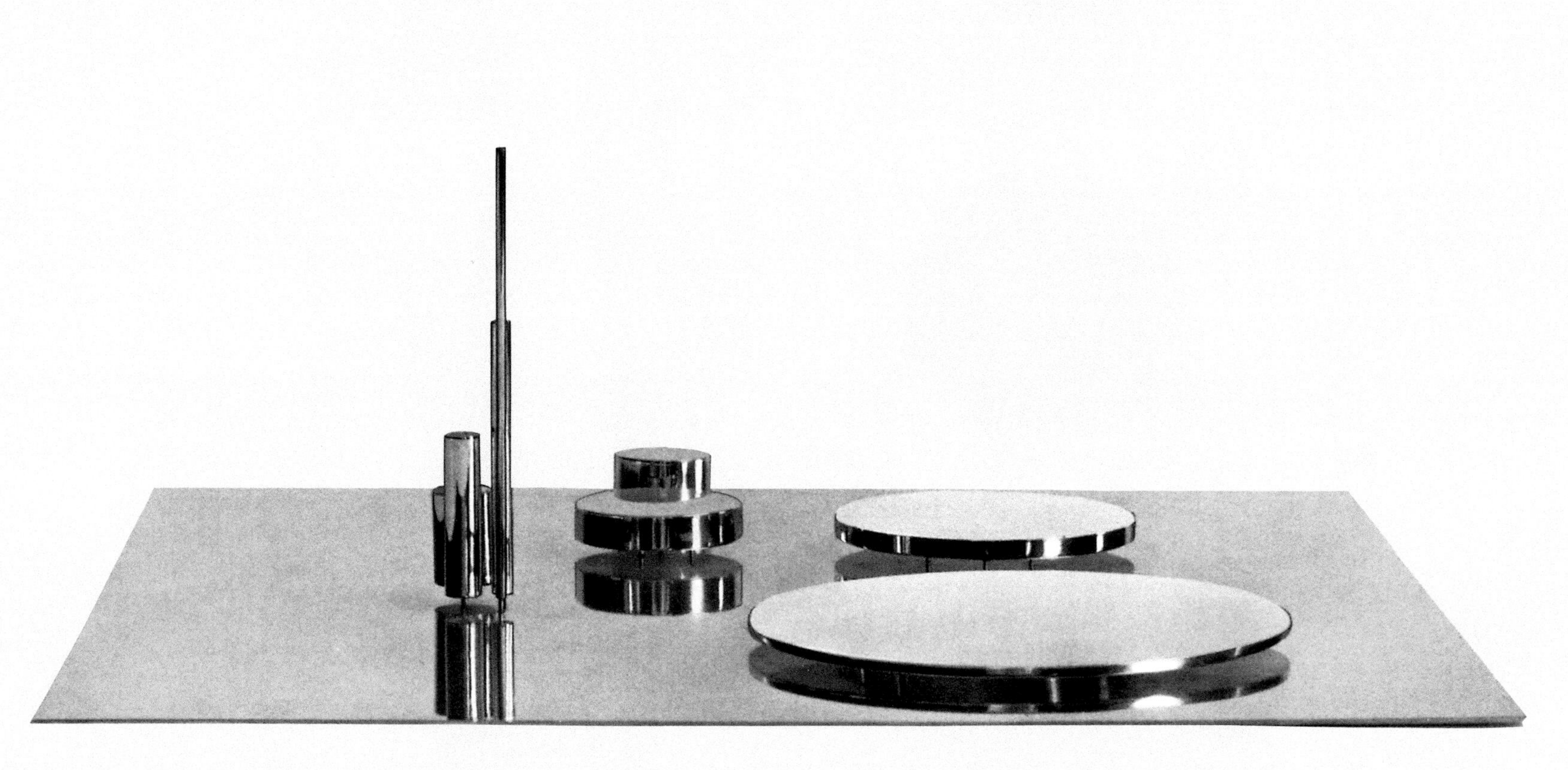

560

560, 561
Piroska Kovàcs
Plastisches Modell, plastic model, modèle plastique

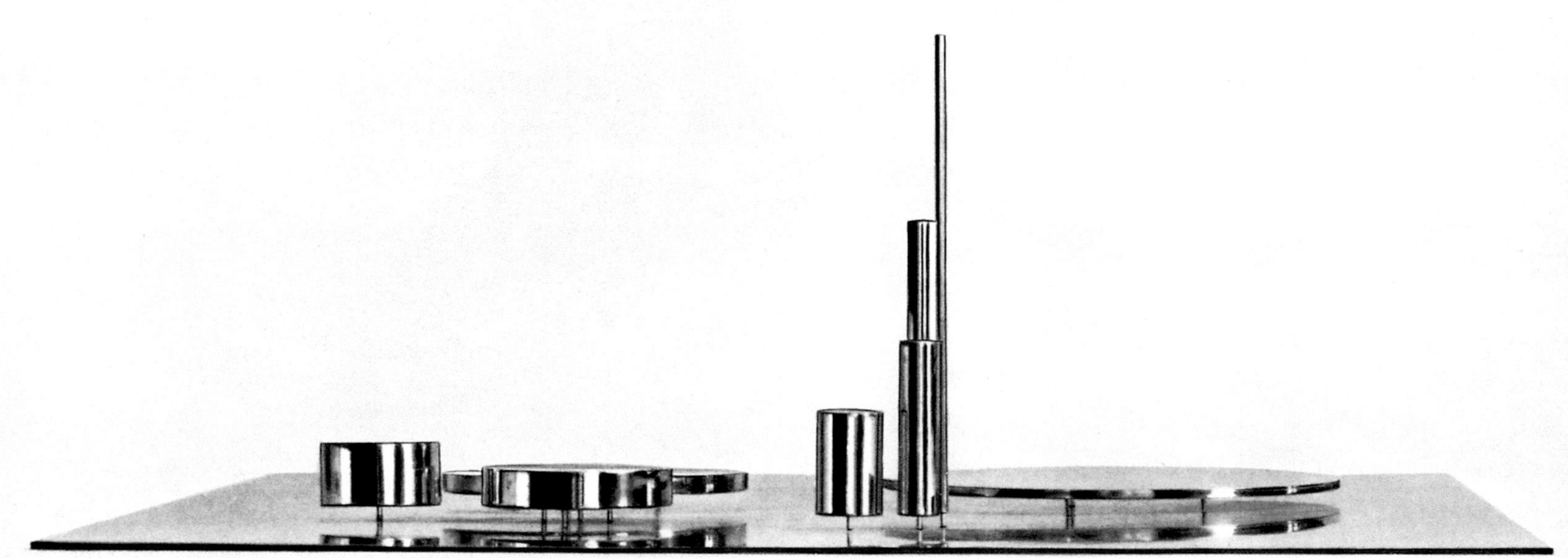

561

Zeichnerische Übungen
Drawing exercises
Essais de dessin

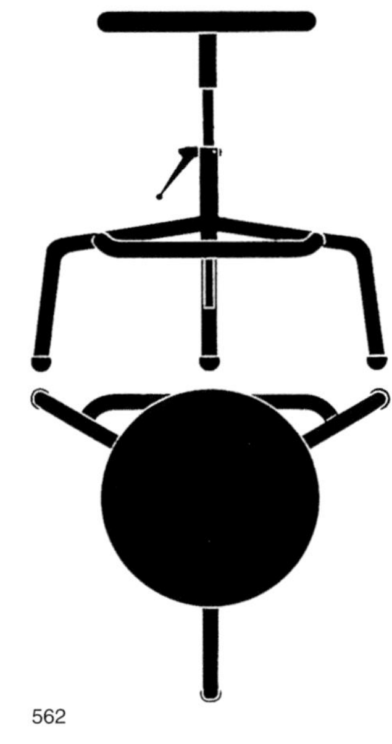

562

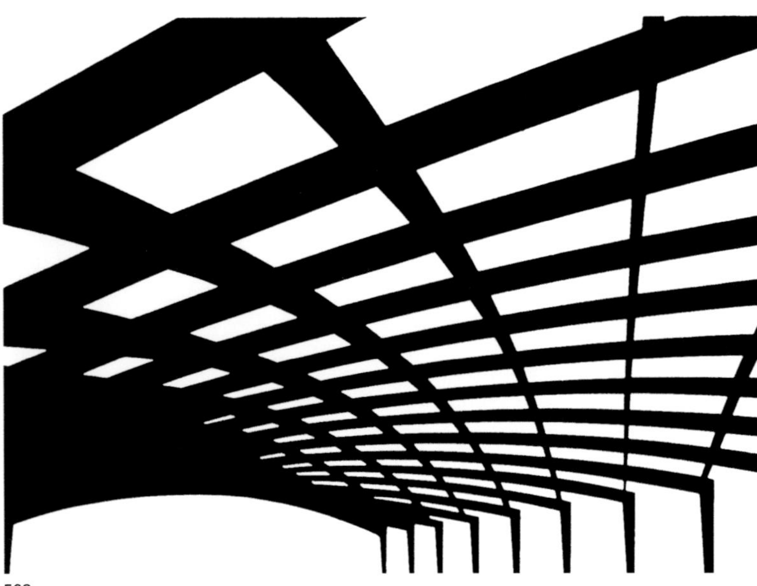

563

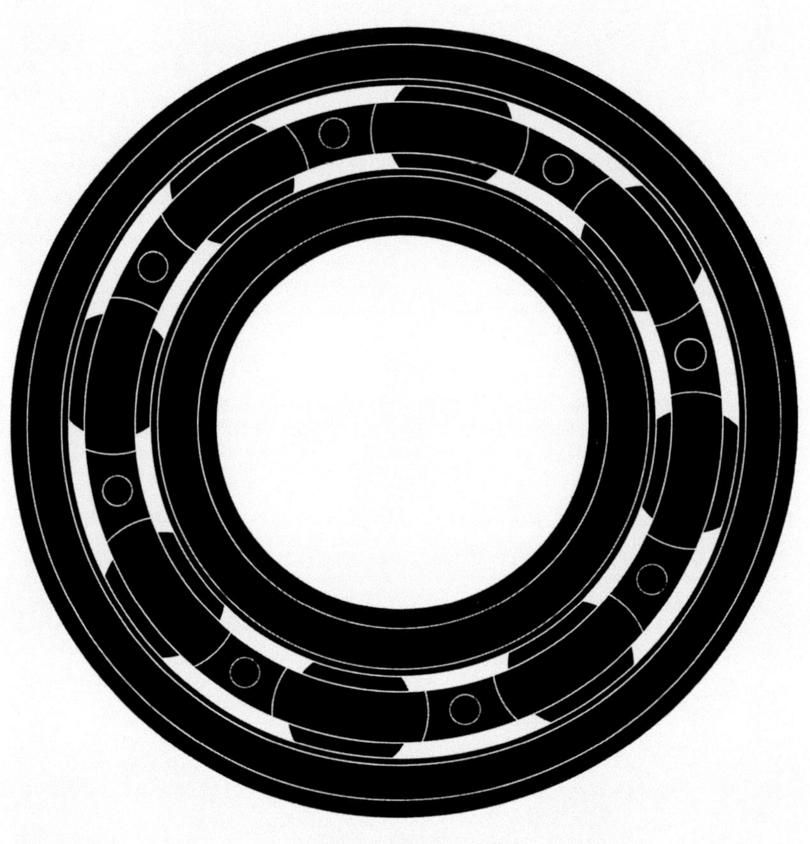

564

562
Gianfranco Verna
Konstruktionszeichnung eines Stuhles, construction of a chair, dessin de construction d'une chaise

563
Alois Märchy
Zeichnerische Formulierung einer Hallenkonstruktion, illustration for the construction of a hall, construction d'une halle figurée par le dessin

564
Eduard Müller
Diese Werkzeichnung symbolisiert die Präzision eines Kugellagers. This drawing symbolizes the precision of ball bearings. Ce dessin d'usine symbolise la précision des roulements à billes.

Typografische Übungen
Typographical exercises
Essais typographiques

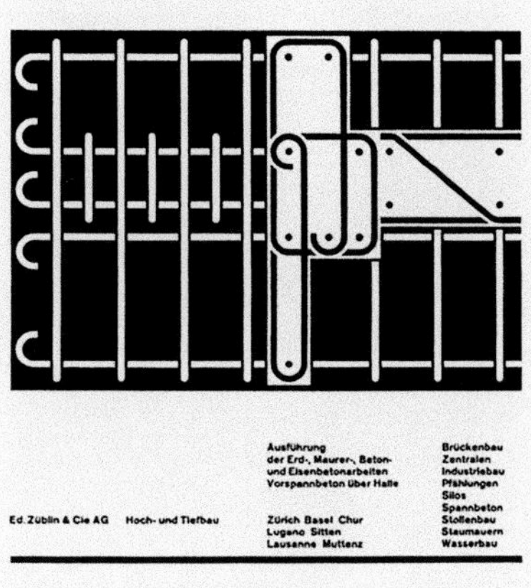

566

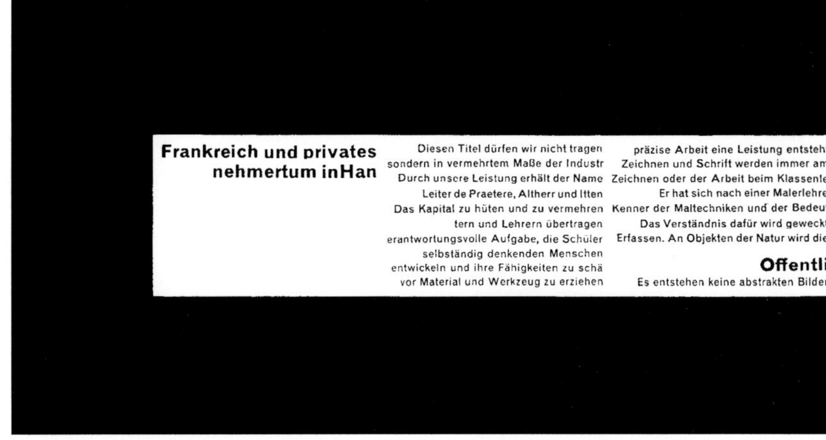

568

565

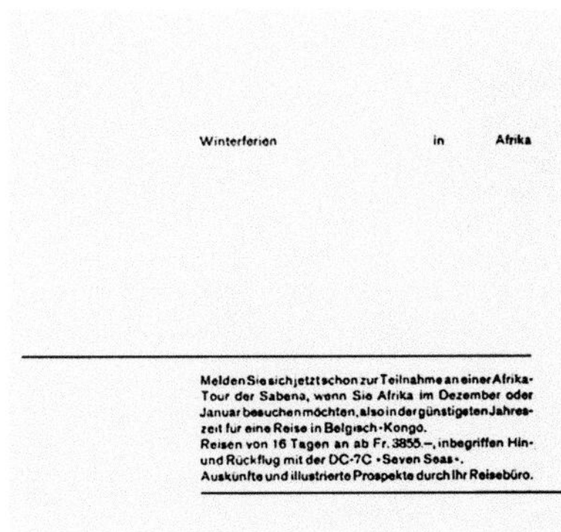

567

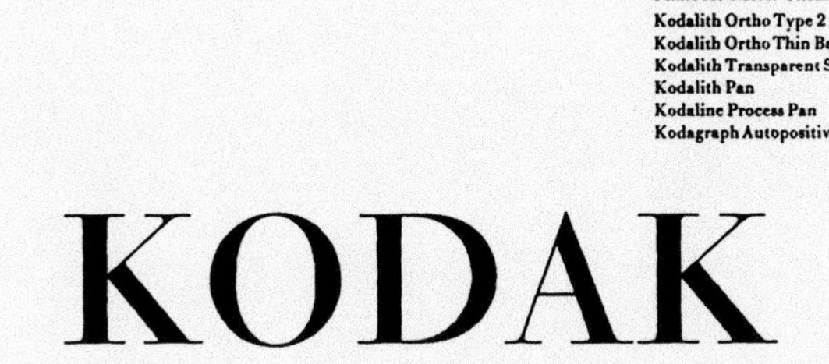

569

Gegenwart
Introduction
in
bildendeKünste

Druckstöcke aus Linol oder
Holz und erlernen
stellungen und werden eing
die Arbeit der Vorbilder.
Tendenzen vorhanden sind
steigende oder sinkende
obachtet. Sie setzen
sich ins Gewachshaus. in de
Sie besuchen mit ihrem
Klassenlehrer anregende

Werkzeug spurbildend
der spurtragende Grund Eig
Der Lehrer hat das Recht
Einsicht zu nehmen
In ihrem Klassenraum wird
Skizzenhefte mit Reisenotiz
sung; sie füllen ihre
der Wachstumsprozeß be-
tscheidend. Durch
Urteil des Klassenlehrers en

schaften enthält, die subtil
Graphiker und Maler
Ernst Gubler, Bildhauer und
den Kontakt mit
zu beachten sind, um eine
denen Ausbildungsklassen
gruppe
die Berufsmöglichkeiten kei

570

565
Marianne Hunziker
Satzspiegel-Schema, scheme of a type area, schéma de surface de la plage

566
Robert Flury
Inseratentwurf, design for an advertisement, projet d'annonce
567
Thomas Horvath
Inserateentwurf, design for an advertisement, projet d'annonce

568
Hanspeter Schneider
Inseratentwurf, design for an advertisement, projet d'annonce
569
Julie Baumann
Inseratentwurf, design for an advertisement, projet d'annonce

570
Ueli Schenker
Inseratentwurf, design for an advertisement, projet d'annonce

Systematische Grafikerausbildung

A training system for the graphic designer

Formation méthodique des graphistes

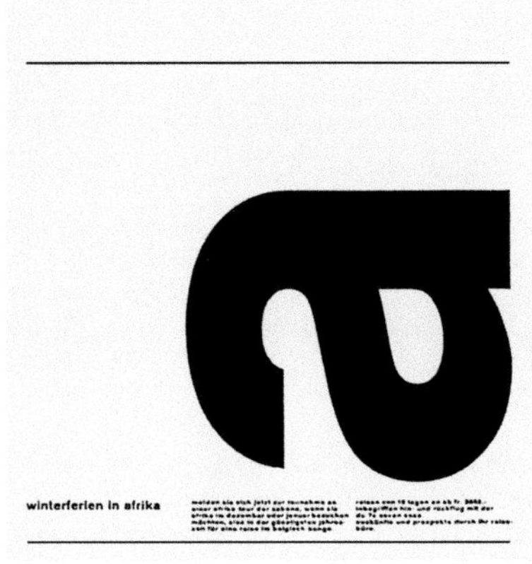

571

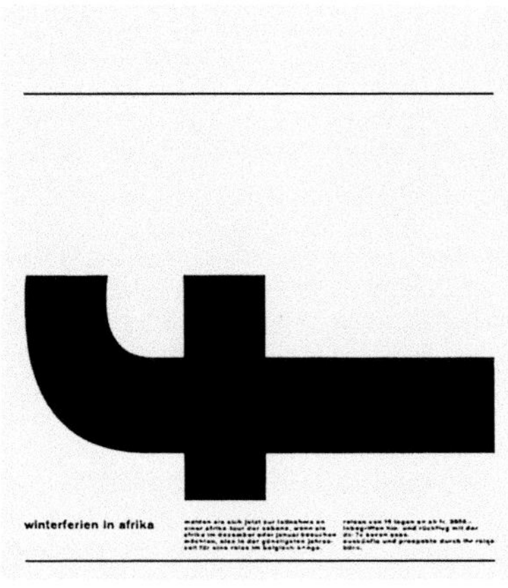

573

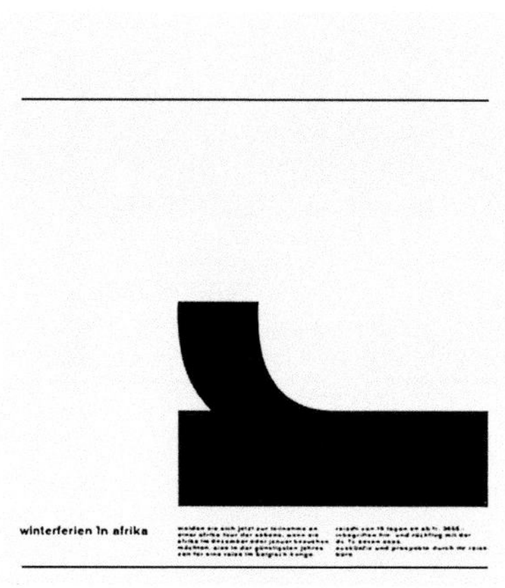

575

572

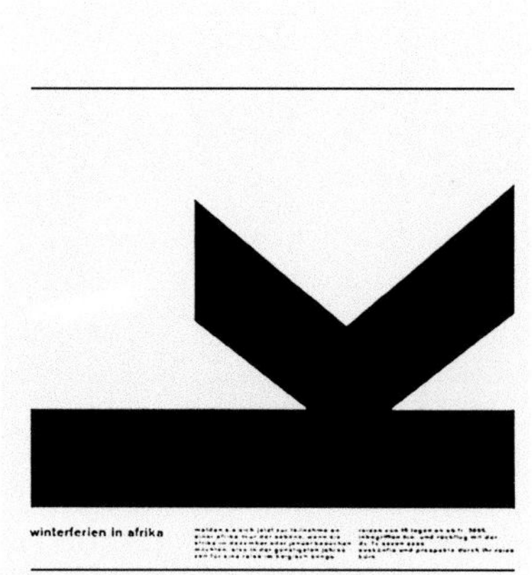

574

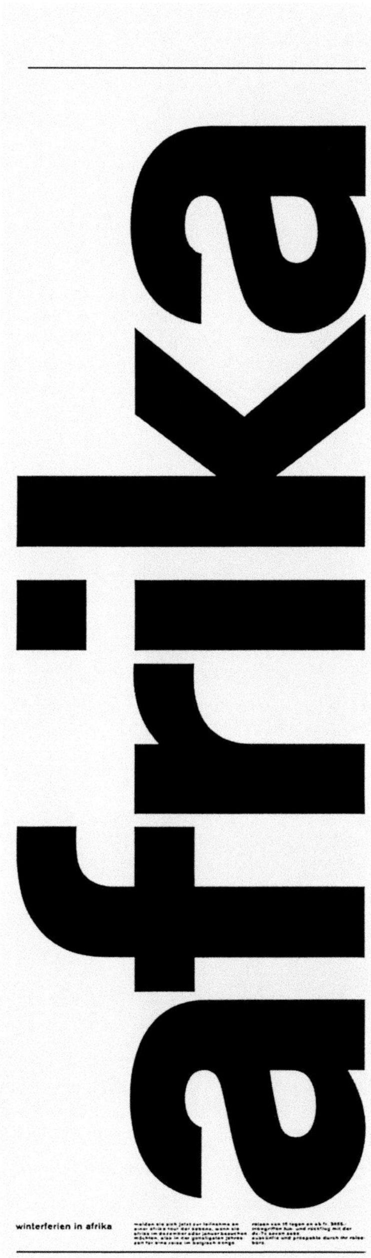

576

571–576
Christof Gassner
Entwürfe für eine Inseratenserie, designs for a series of advertisement, projets pour une série d'annonces

THEATER AM HECHTPLATZ

Wir lieferten und versetzten
Treppen und Bodenbeläge in Granitin-Hartkunststein
OTTO GAMMA ZÜRICH 38
Kommanditgesellschaft

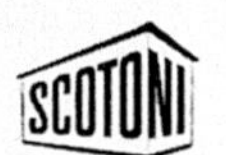

AUSFÜHRUNG DER ERD-, MAURER- UND EISENBETONARBEITEN
EUGEN SCOTONI AG
BAUUNTERNEHMUNG
ZÜRICH 11 OERLIKONERSTRASSE 45

Natursteine
roh oder behauen
von J. und A. Kuster, Steinbrüche AG, Bäch

BESTUHLUNG
ENTWURF UND AUSFÜHRUNG
ROLAND SCHMUTZ, INNENARCHITEKT VSI
ER-ESS-MÖBEL ZOFINGEN

Eugen Hechler Sohn, Zürich 8

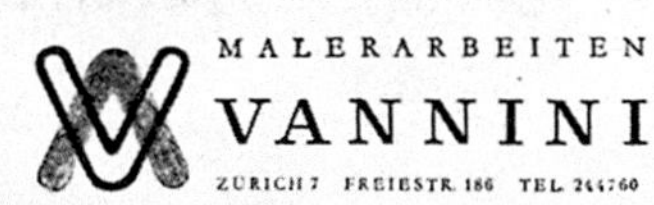

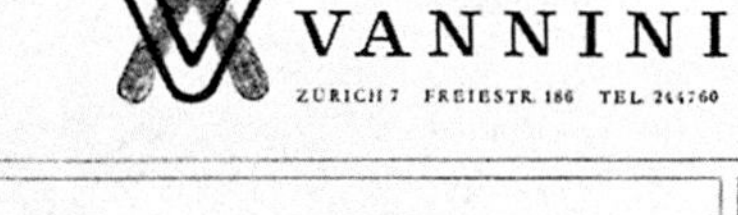

MALERARBEITEN
VANNINI
ZÜRICH 7 FREIESTR. 186 TEL. 244760

BAUSCHREINERARBEITEN
KNUCHEL & KAHL, ZÜRICH
Holz- und Polstermöbel – Vorhänge – Teppiche
Rämistraße 17

ERNST WYSS & CO.
Bühnenbau
Mühlehorn am Walensee

Ausführung der sanitären Installationen

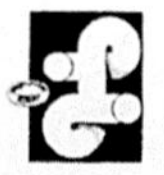

LEHMANN & CIE. AG
Florastraße 47, Zürich 8

Wasserdichte Isolierung
MEYNADIER + CIE AG

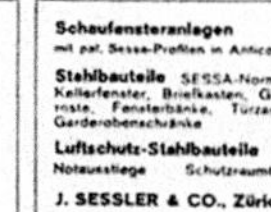

ELEKTR. INSTALLATIONEN
KOWNER
SCHALT- & VERTEILANLAGEN

Schaufensteranlagen
Stahlbauteile
Luftschutz-Stahlbauteile
J. SESSLER & CO., Zürich

Heruntergehängte Decken
Ventilationskanäle

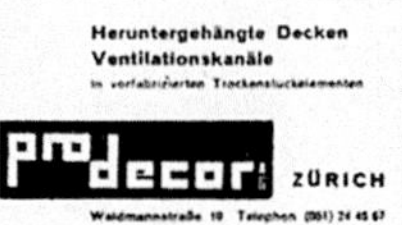

Prodecor ZÜRICH

577

Theater am Hechtplatz

Eugen Scotoni AG

J. & A. Kuster

Kowner

Knuchel & Kahl

Eugen Hechler Sohn

Vannini

Otto Gamma

Ernst Wyss & Co.

Lehmann & Cie. AG

Sessler & Co.

Meynadier & Cie. AG

ER ESS Möbel

Prodecor AG

578

577, 578
Christof Gassner
Sammelinserat und Verbesserungsvorschlag,
collective advertisement and improved version,
annonce collective et version améliorée

579

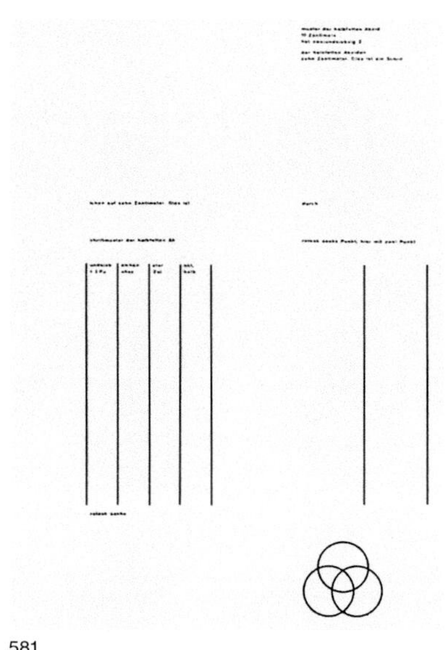
581

583

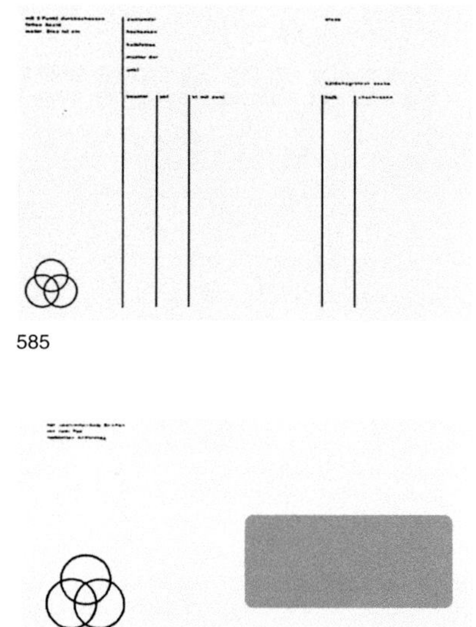
585

586

580

582

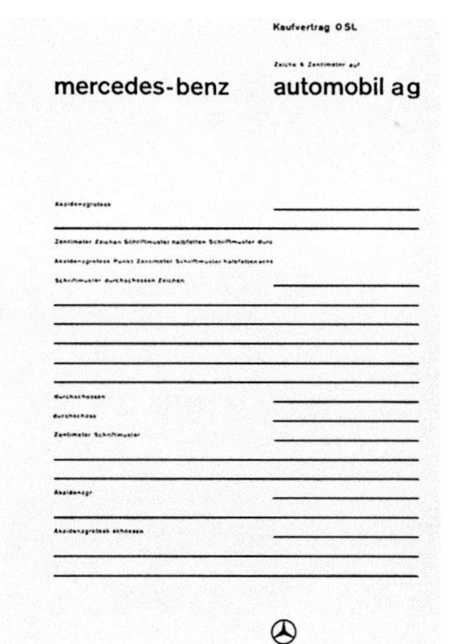

584

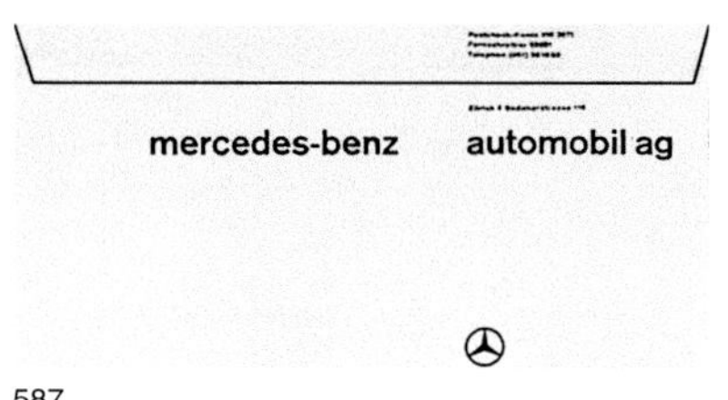

587

579, 581, 583, 585, 586
Hansheini Pidoux
Entwurf für Geschäftsformulare mit neuem Signet, design for business stationery with a new logo, projet de formules d'affaires avec une nouvelle marque-image

580, 582, 584, 587
Annalouise Wintzer
Entwurf für Geschäftsformulare, design for business stationery, projet de formules d'affaires

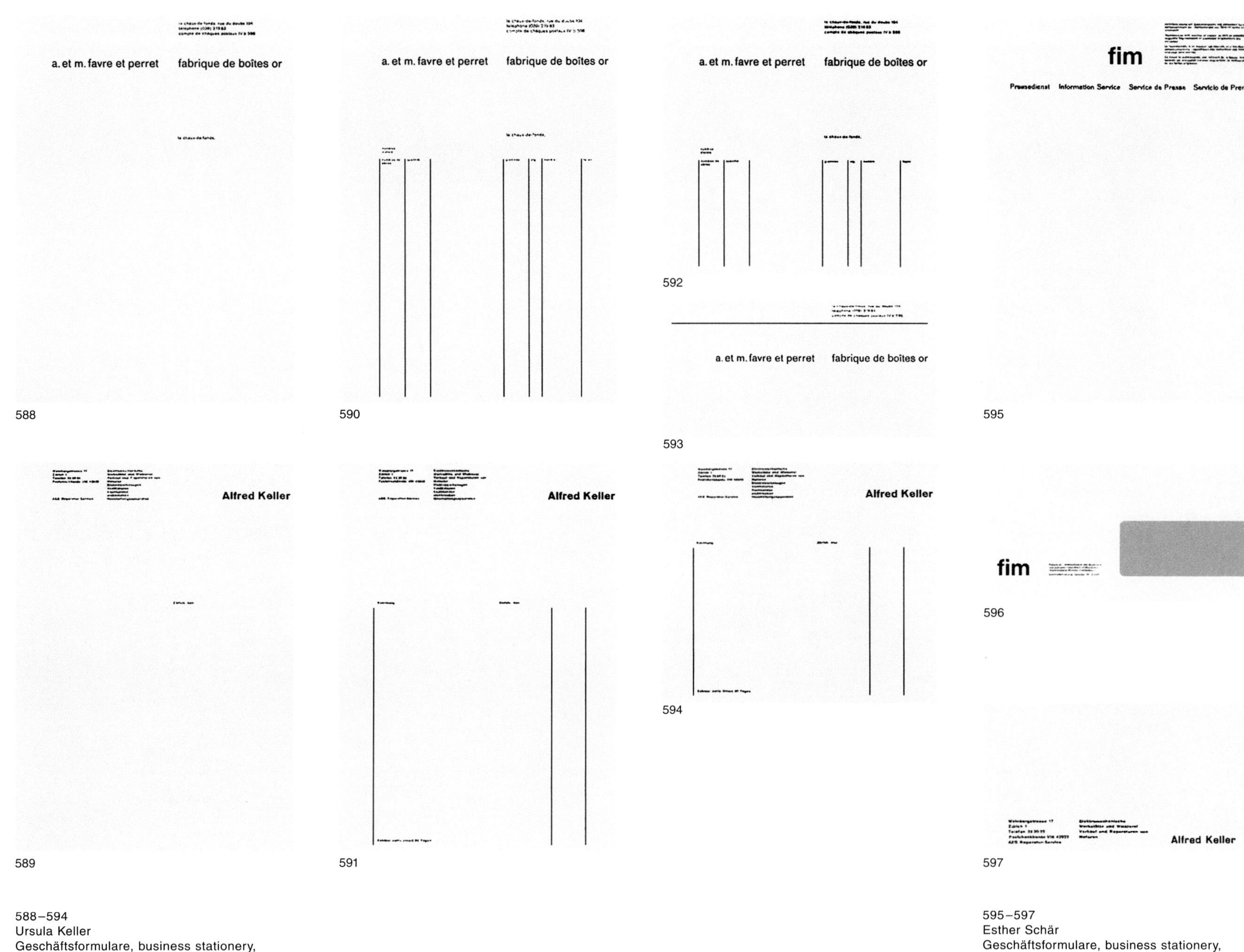

588 589 590 591 592 593 594 595 596 597

588–594
Ursula Keller
Geschäftsformulare, business stationery,
formules d'affaires

595–597
Esther Schär
Geschäftsformulare, business stationery,
formules d'affaires

vss unes
bon voyage 60

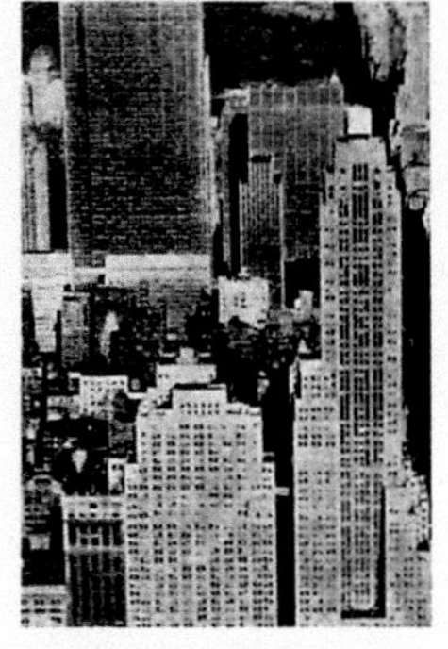

598

winterferienaerateur

Schriftmuster der mager

600

USA

Individuelle Rundreise
48 60 Tage
Preis: Fr. 2 000.–/2 220.–

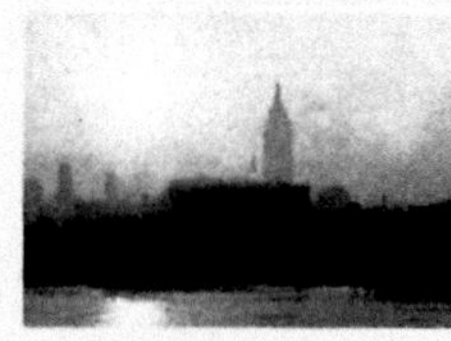

Aufenthalt in den Staaten aus verschiedenen Varianten selbst zusammenstellen können.

Tour 20 16. 6. – 6. 8. Tour 21 25. 7. – 24. 9.
Anmeldeschluss: 3 Wochen vor Abfahrt (Büro Zürich)
Deposit: Fr. 100.– auf PC VIII 11603
Im Preise inbegriffen: Schiffstransport (ohne Hafentaxen), Bustransport in USA, Unterkunft und volle Verpflegung, 60 bis 84 Dollars für Sightseeing, ISIS-Versicherung

Fahrten mit VW-Bus

Als wir vor gut einem Jahr unseren VW-Plexibus kauften, mussten zuerst mancherlei Schwierigkeiten und Vorurteile überwunden werden. «Lohnt es sich überhaupt, Reisen für nur 8 Personen durchzuführen?» «Sind die Unterhaltskosten nicht zu hoch?» So und ähnlich lauteten die Fragen der besorgten Mitarbeiter. Doch heute ist unser roter Kleinbus bereits so populär, dass man sich das VSS-Auslandamt ohne ihn gar nicht mehr vorstellen kann. Dieses kleine Gefährt erlaubt uns nun endlich in Gebiete zu reisen, die normalerweise nur von Kennern und Liebhabern aufgesucht werden. Die familiäre Teilnehmerzahl ist dabei geeignet, das Gespenst des Massentourismus völlig zu verbannen.

Kurzreisen Paris
7 Tage Preis: Fr. 80.–

Unsere beliebten Kurzreisen nach Paris werden auch im Sommer durchgeführt, wenn auch in kleinerem Rahmen als im Winter/Frühling. Der Preis liegt zwar etwas höher als der für die grossen Busfahrten, doch bietet der VW-Bus auch Gewähr für bequemeres Reisen und eine familiäre Atmosphäre.

Tour 22 14. 7. – 21. 7. Tour 23 18. 9. – 25. 9.
Tour 24 2. 10. – 9. 10.
Anmeldeschluss: 2 Wochen vor Abfahrt (Büro Zürich)
Deposit: Fr. 10.– auf PC VIII 11603
Im Preise inbegriffen: Fahrt ab Basel (ab Zürich Fr. 6.– Zuschlag), Hotelunterkunft, Reiseleiter, ISIS-Versicherung

Provence (Camargue)
11 Tage Preis: Fr. 120.–

Diese Tour wird den Kunstliebhaber und Naturfreund besonders begeistern, führt sie doch durch eine der schönsten Gegenden Frankreichs, die Provence, und gibt ihm Gelegenheit, die historischen Kunstschätze und die wilde, romantische Landschaft zu bewundern. Den Höhepunkt wird die Fahrt durch die Camargue bilden, einer von Teichen und Sümpfen durchzogenen flachen Ebene, wo Schafe

601

Studien- und Ferienreisen

England

Familienaufenthalte Croydon/London
14 Tage Preis: Fr. 395.–

Eigentlich sollte es überflüssig sein, dieses seit Jahren erfolgreiche Programm anzupreisen. Jahr für Jahr kehren nämlich die Teilnehmer begeistert aus Croydon, einem Vorort Londons, nach dem Kontinent zurück. Kein Wunder, erleben doch diese Studenten im Kreise einer englischen Familie Ferien auf eine so herzliche Art und Weise, wie es in Studentenheimen oder Hotels nie möglich wäre.

Tour 1 18. 7. – 1. 8. Tour 2 1. 8. – 15. 8.
Tour 3 15. 8. – 29. 8. Tour 4 29. 8. – 12. 9.
Anmeldeschluss: 4 Wochen vor Kursbeginn (Büro Zürich)
Deposit: Fr. 60.– auf PC VIII 11603
Im Preise inbegriffen: Unterkunft und volle Verpflegung, 5 Ganztagsausflüge, ISIS-Versicherung
Für den Transport nach England empfehlen wir unsere Studenten-Charterflüge ab Basel!

Finnland

Grosse Rundreise
16 Tage Preis: Fr. 748.–

Finnland ist das östlichste unter den nordischen Ländern, es ist das Land der zahllosen Seen, der weiten Wälder und der märchenhaften, hellen Sommernächte. Hier findet man heute noch die wohltuende Atmosphäre der überall nahestehenden Natur und des angenehmen, harmonischen Lebens und entdeckt Seite an Seite der historischen Sehenswürdigkeiten die anerkannten Leistungen der modernen Zivilisation. Da Finnland ausserdem durch seine moderne Architektur weltbekannt geworden ist, wird diese Reise die Architekten besonders anziehen, aber auch alle anderen Teilnehmer werden in jeder Beziehung auf ihre Rechnung kommen.

Tour 5 13. 7. – 27. 7.
Route: Basel – Kopenhagen (Flugzeug) – Helsinki (Schiff 1. Klasse) – Seurasaari – Suomenlinna – Punkaharju – Savonlinna – Jyväskylä – Tampere – Turku – Stockholm (Schiff) – Kopenhagen (Schlafwagen) – Basel (Studenten-Charterflug)
Anmeldeschluss: 13. 6. (Büro Zürich)
Deposit: Fr. 60.– auf PC VIII 11603

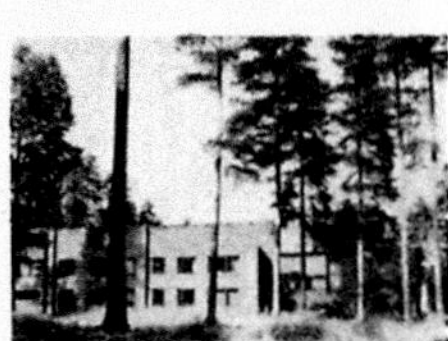

Im Preise inbegriffen: Flug Basel – Kopenhagen – Basel, Schiffahrt Kopenhagen – Helsinki 1. Klasse, Schlafwagen Stockholm – Kopenhagen, Unterkunft in Studentenheimen und Hotels, volle Verpflegung ab Basel bis Stockholm, Reiseleiter, ISIS-Versicherung

Frankreich

Studienaufenthalte Paris
3/4 Wochen
Preis: Fr. 298.–/370.–

Diese Kurse sind speziell für Kommilitonen gedacht, die einen längeren Aufenthalt in Frankreich machen möchten und natürlich Paris wählen, um dieses Land noch besser kennenzulernen. Jeder Teilnehmer hat die Möglichkeit, vormittags Vorlesungen über Literatur, Kunst und Wirtschaft zu besuchen. Selbstverständlich wird auch über die Pariser Eleganz sowie die berühmte französische Küche und die Weine gesprochen.

Tour 6 31. 7. – 21. 8. Tour 7 28. 8. – 18. 9.
Tour 8 31. 7. – 28. 8. Tour 9 28. 8. – 25. 9.
Anmeldeschluss: 4 Wochen vor Kursbeginn (Büro Genf)
Deposit: Fr. 50.– auf PC I 14341
Im Preise inbegriffen: Unterkunft und Verpflegung ohne Nachtessen, Kursgebühr, Vorlesungen, diverse Veranstaltungen

599

Anmeldeformular

Der Unterzeichnete
Name | Vorname(n) | Geschlecht
Alter | Nationalität
Akademische Stellung | Universität
Adresse | Telephon

602

auslandamt
eth 47a

service du tourisme
universitaire

vss kurzreisen
paris berlin
wien

paris

tour 3 – 6
28. 2. – 5./ 6. 3.
8. 3. – 14./15. 3.
27. 3. – 2./ 3. 4.
14. 4. – 20./21. 4.
3. 6. – 9./10. 6.
preis fr. 70.–
(reise, unterkunft, isis)

berlin

tour 7 13. 4. – 19. 4.
preis fr. 175.–
(alles inbegriffen)

wien

tour 8 14. 4. – 18. 4.
preis fr. 150.–
tour 9 14. 4. – 20. 4.
preis fr. 185.–
(alles inbegriffen)

603

598–602
Christof Gassner
Broschüren, brochures, brochures

603
Christof Gassner
Plakat, poster, affiche

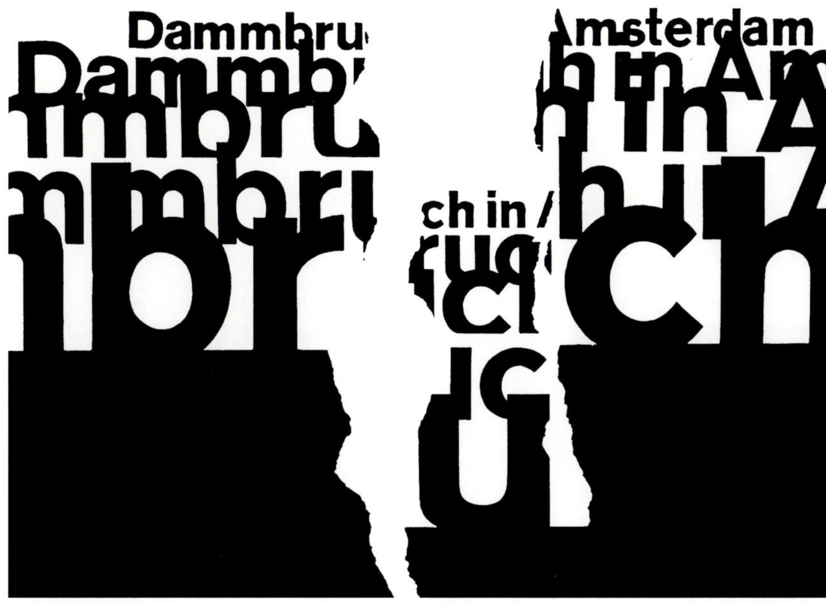

604

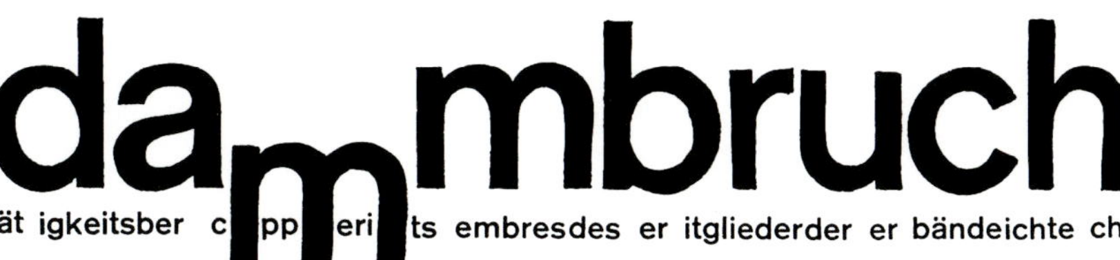

605

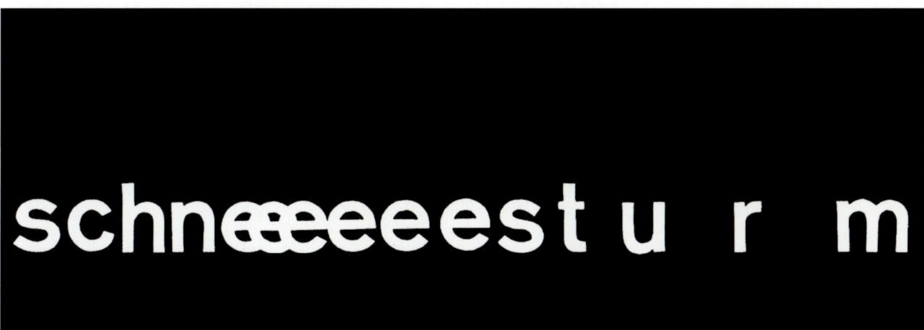

606

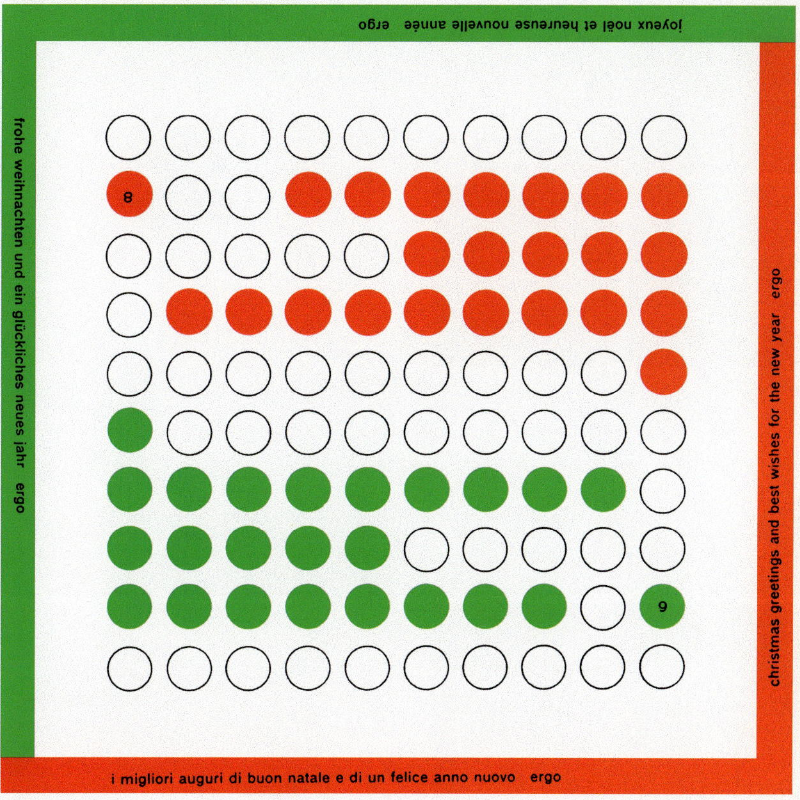

607

604
Ruedi Rüegg
Typografischer Montageversuch, um dem Begriff des «Dammbruch» Ausdruck zu geben. The designer discovered entirely new ways of expressing the idea of a burst dyke (Dammbruch) by using typography and montage. Par un montage typographique, de graphiste a trouvé une forme expressive pour le mot «Dammbruch» (barrage rompu)

605
Esther Schär
Typografischer Versuch, dem Wort «Dammbruch» expressive Gestalt zu verleihen. An attempt to make an expressive typographical design of the same word (bursting of a dyke). Essai typographique pour donner au même mot (barrage rompu) une valeur expressive.

606
Esther Schär
Der Letternrhythmus soll die Gewalt des «Schneesturms» versinnbildlichen. The rhythm of the letters is intended to symbolise the force of the snow storm (Schneesturm). Le rythme des caractères symbolise la puissance de la tempête de neige (Schneesturm).

607
Nicoletta Baroni
Entwurf für ein Halstuch als Weihnachtsgeschenk. Design for a scarf intended as a Christmas present. Projet d'un foulard destiné à un cadeau de Noël.

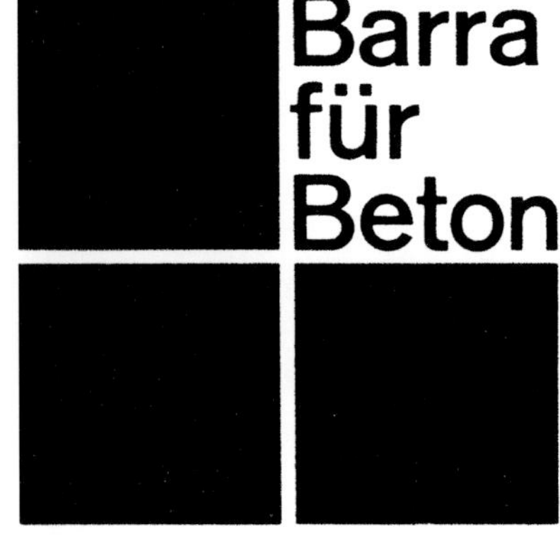

608

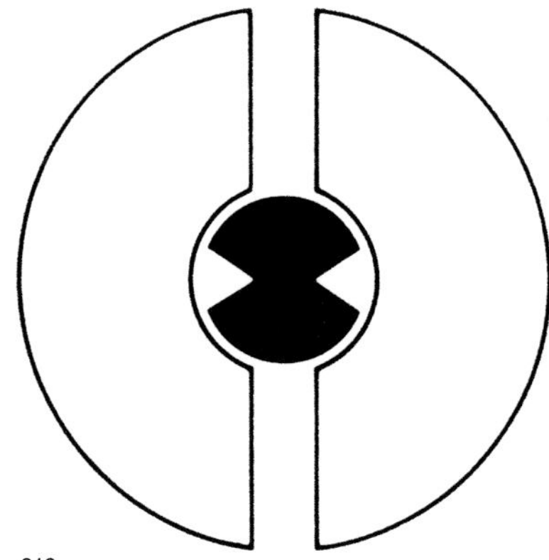

610

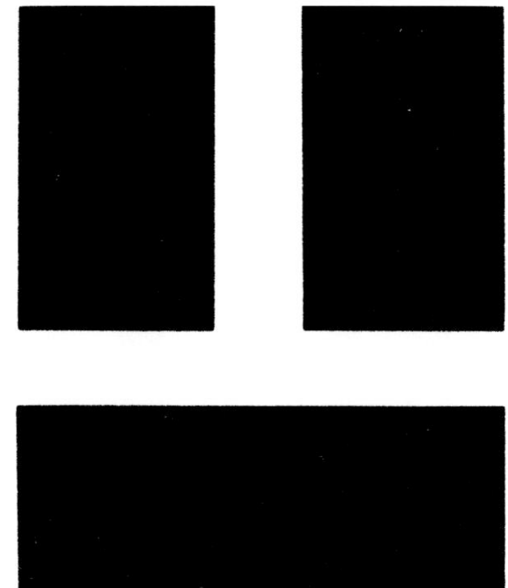

612

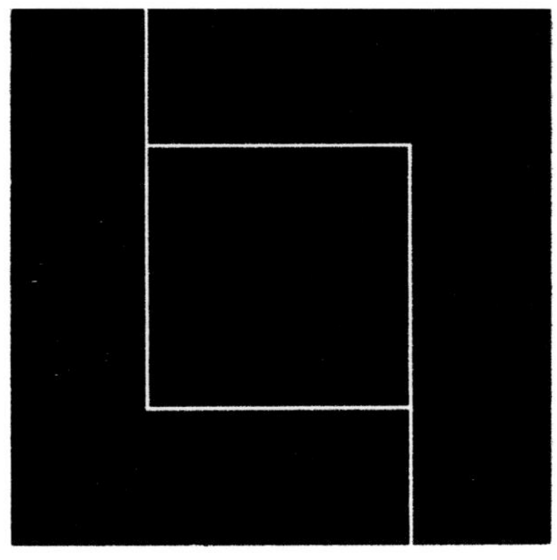

614

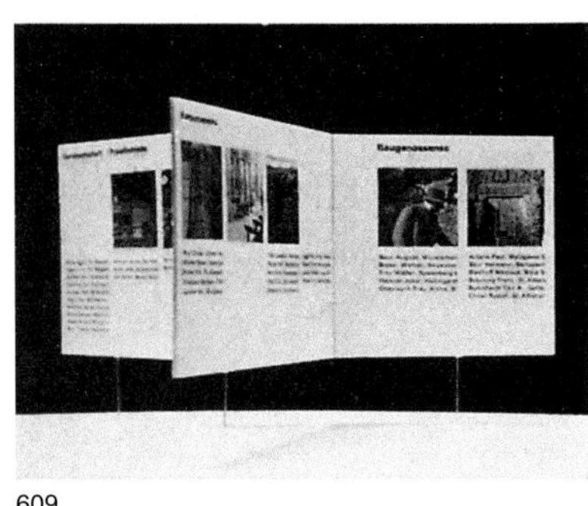

609

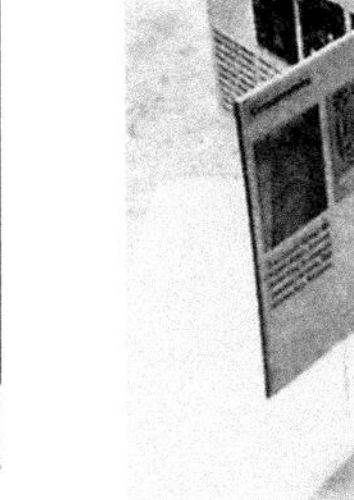

611

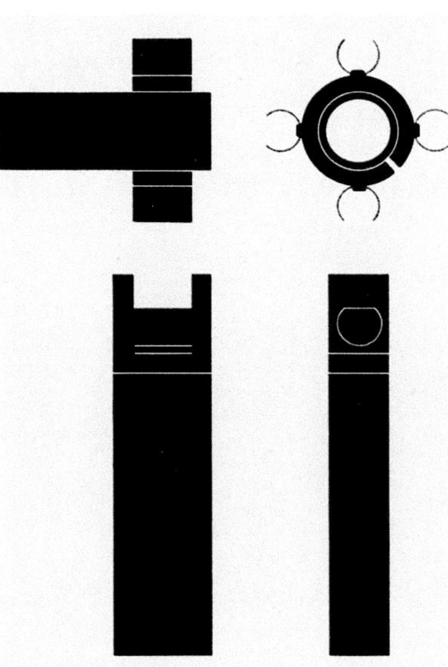

613

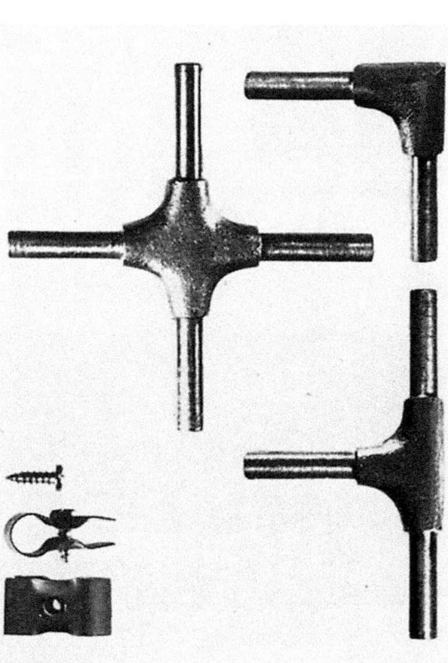

615

608
Nicoletta Baroni
Signet, logo, marque-image

609, 611
Ruedi Rüegg
Konstruktion von selbstragenden Ausstellungselementen. Construction of self supporting exhibition parts. Construction d'éléments d'exposition.

610
Ruedi Rüegg
Signetentwurf, design for a logo, projet de marque-image
612
Nicoletta Baroni
Signet, logo, marque-image

613, 615
Ruedi Rüegg
Konstruktion von Ausstellungselementen, construction of exhibition parts, construction d'éléments d'exposition
614
Peter Andermatt
Signet, logo, marque-image

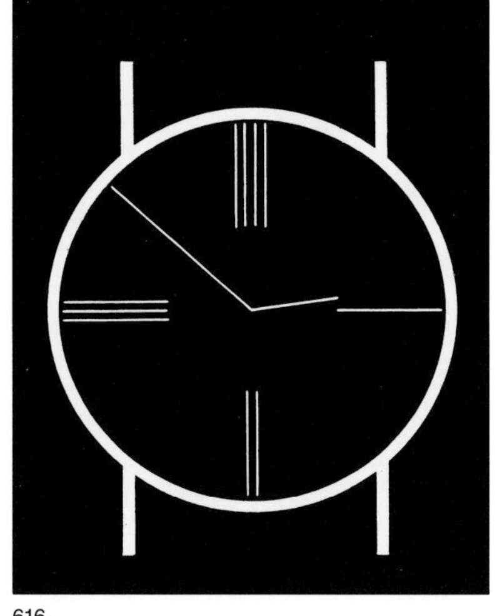
616

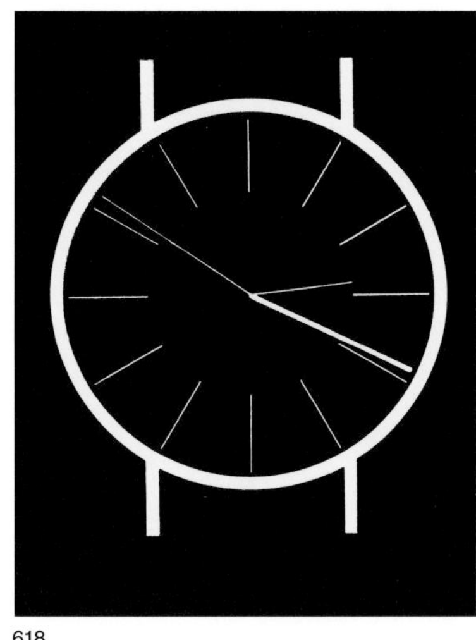
618

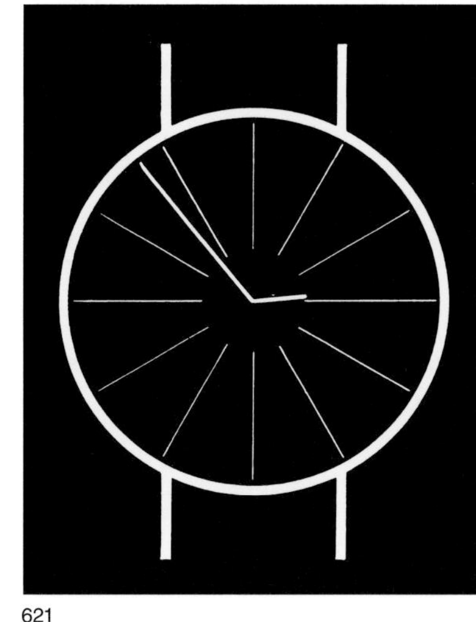
621

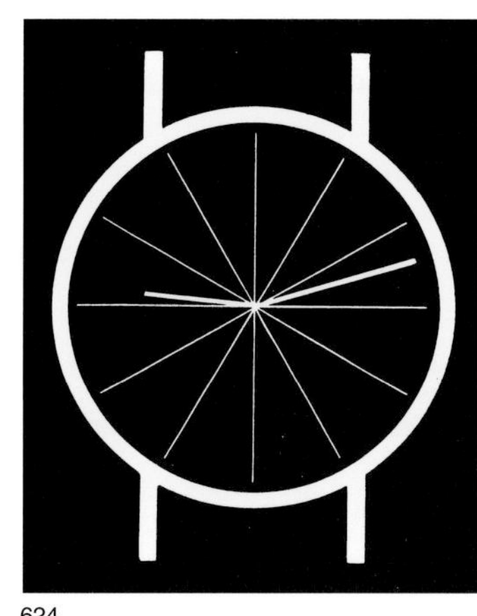
624

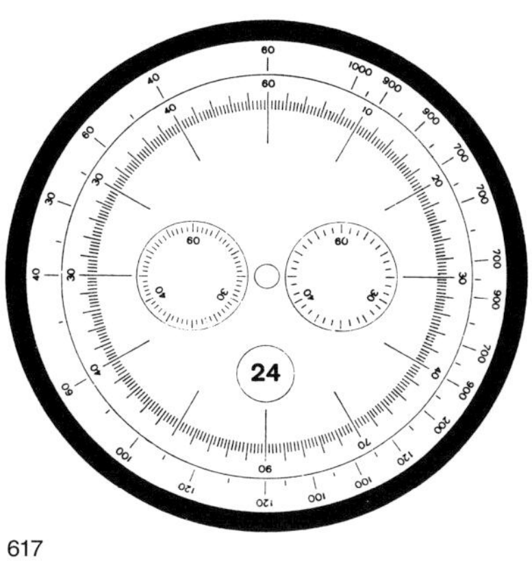

617

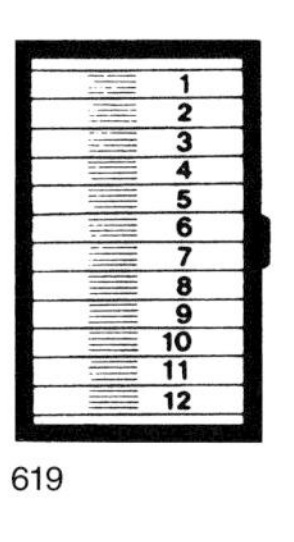

619

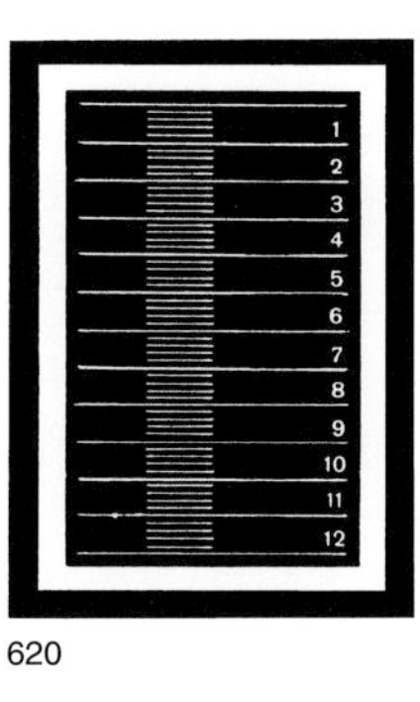

620

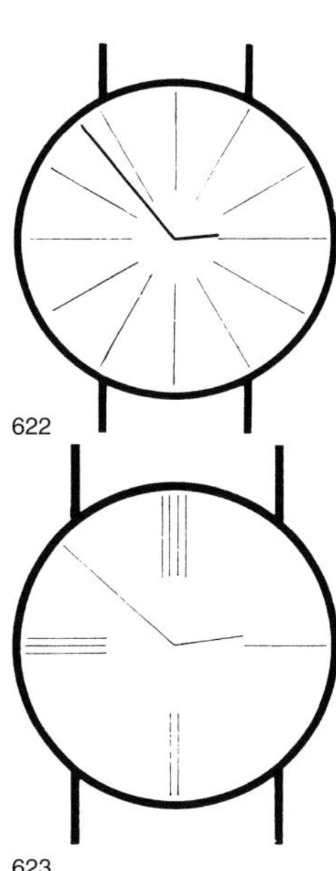
622

623

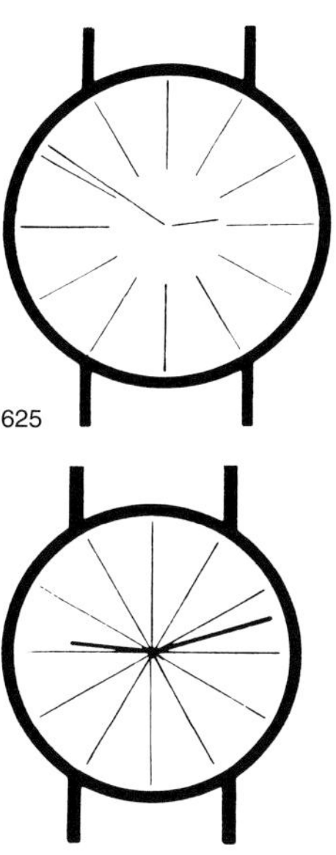
625

626

616, 618, 621–626
André Stehlé
Versuche für stilistische Vereinfachung von Uhren-Zifferblättern. Attemps to simplify the style of clock faces. Présentations stylisées d'un cadran de montre.

617, 619, 620
Ruedi Rüegg
Auf das funktionelle abgestimmte grafische Neubearbeitung von Uhren- und Chronometer-Zifferblättern. A new graphic version of clock faces and chronometer faces aiming at the purely functional. Graphisme fonctionnel appliqué aux cadrans de montre et de chronomètres.

Die Berthold-Akzidenz-Grotesk, um 1900 in der Schriftgiesserei Wien/Berlin gegossen, ist dank ihres ruhigen und klaren Schriftbildes besonders geeignet für die sachliche Werbung. Die Mehrzahl der zeitgemässen Gestalter benützen deshalb fast ausschliesslich die formschöne, bis in den kleinsten Schriftgrad gut lesbare Berthold-Akzidenz-Grotesk.
City-Druck AG, St. Peterstrasse 10, Zürich 1, Telephon (051) 234634

Entwurf: G Steffen Grafikklasse KGSZ

City	Druck	Corps 60·
City	Druck	Corps 48·
City	Druck	Corps 36·
City	Druck	Corps 28·
City	Druck	Corps 24·
City	Druck	Corps 20·
City	Druck	Corps 16·
City	Druck	Corps 14·
City	Druck	Corps 12·
City	Druck	Corps 10·
City	Druck	Corps 8·
City	Druck	Corps 6·

627

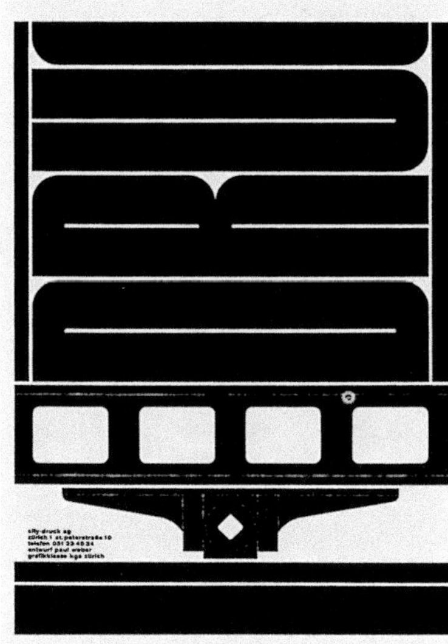

628

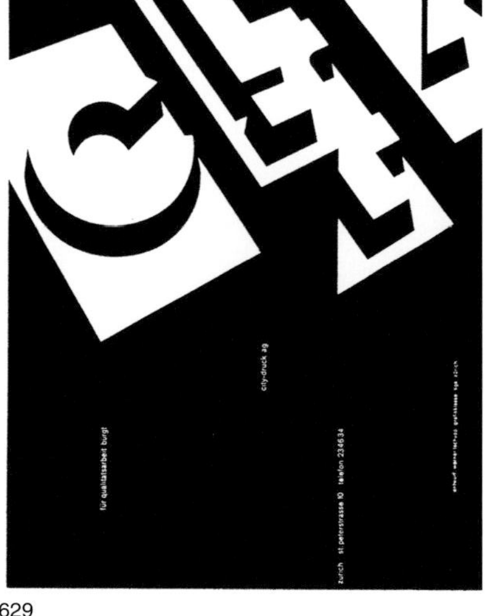

629

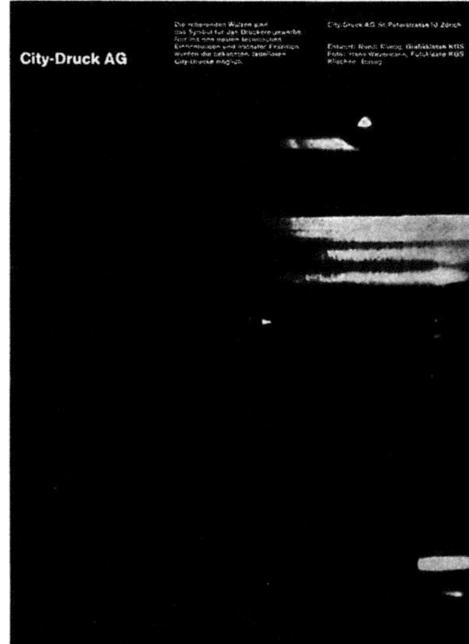

630

627
Gaby Steffen
Inserat, advertisement, annonce

628
Paul Weber
Inserat, advertisement, annonce

629
Werner Tschupp
Inserat, advertisement, annonce
630
Ruedi Rüegg
Inseratentwurf, design for an advertisement, projet d'annonce

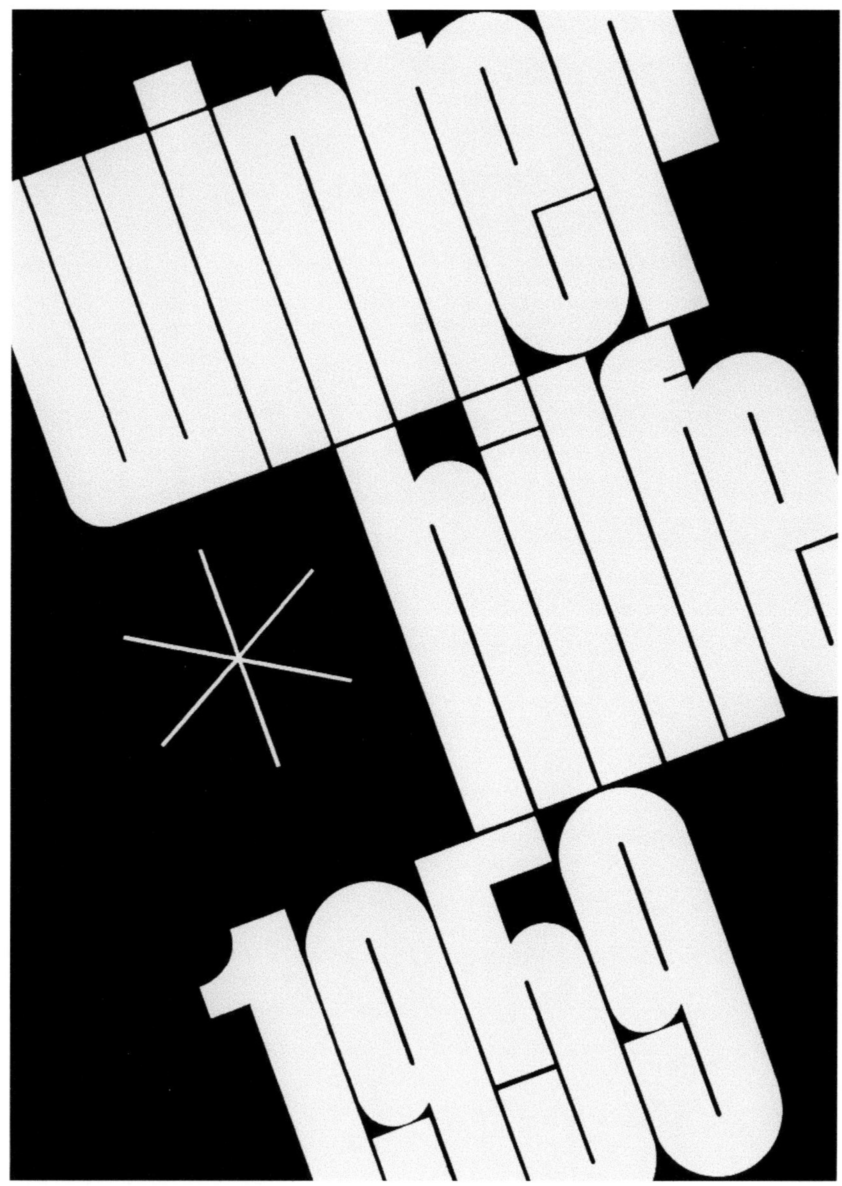

631

Kunstgewerbemuseum

Lehrlingswettbewerb Zürich

Veranstaltet von der Städt. Berufsberatung. Arbeiten aus 125 Berufen.
Ausstellung 25. Januar bis 22. Februar 1959.
Geöffnet: 10-12 und 14-18 Uhr, vom 29. Januar an 10-12, 14-18 und
20-22 Uhr. Samstag, Sonntag bis 17 Uhr, Montag geschlossen. Eintritt frei.

632

631
André Stehlé
Plakatentwurf, design for a poster, projet d'affiche

632
Peter Andermatt
Signet als plakatdominierende Form, logo dominating a poster, marque-image, qui domine une affiche

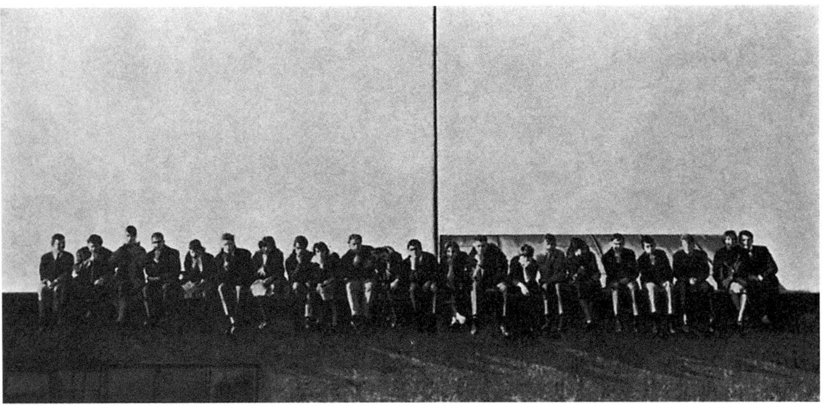

633

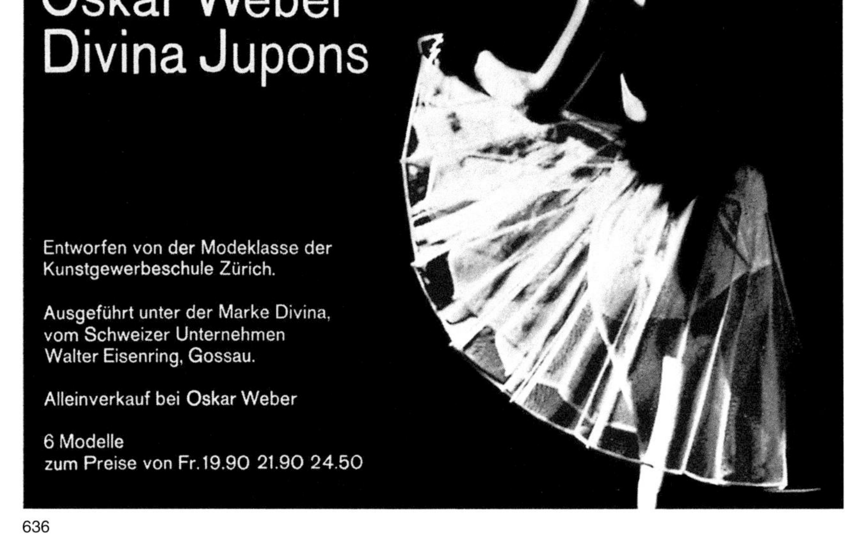

636

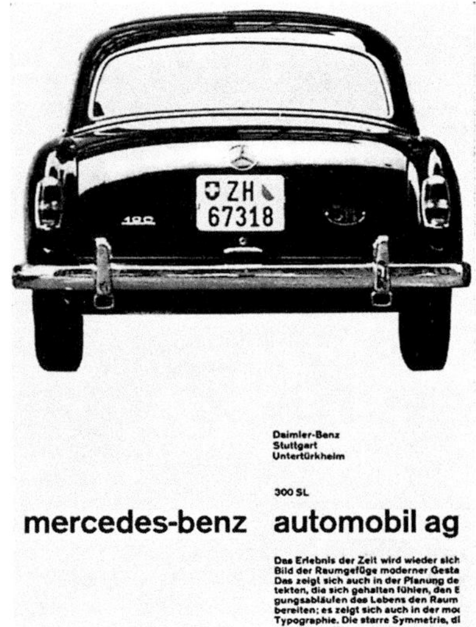

634

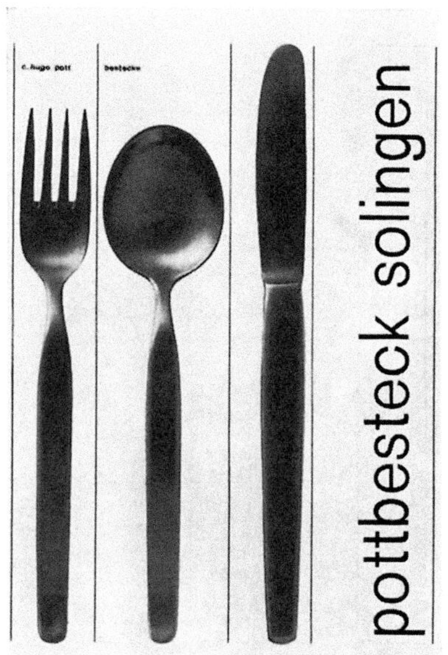

635

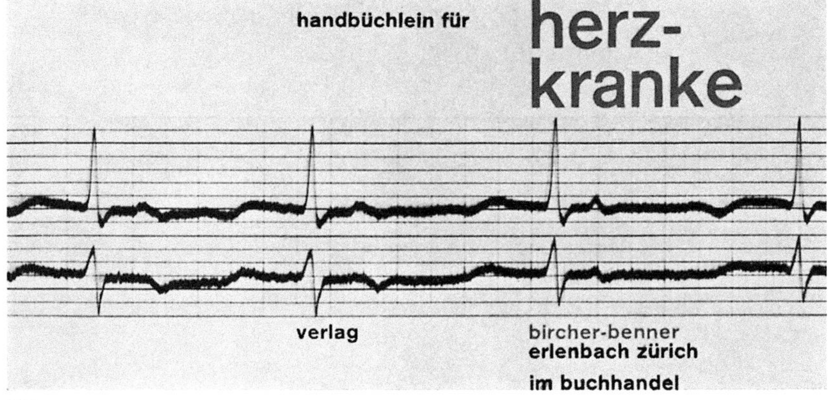

637

633
Neujahrskarte mit der Grafikklasse, New Year's congratulation of the graphic design class, vœux de bonne année de la classe graphique
634
Annalouise Wintzer
Inseratentwurf, design for an advertisement, projet d'annonce

635
Ursula Keller
Inseratentwurf, design for an advertisement, projet d'annonce

636
Ursula Kissling
Typografisch-fotografisches Plakat, typographic and photographic poster, affiche typophotographique

637
André Stehlé
Entwurf für die Broschüre einer Kuranstalt, design for the brochure of a sanatorium, projet d'une brochure pour un établissement de cure

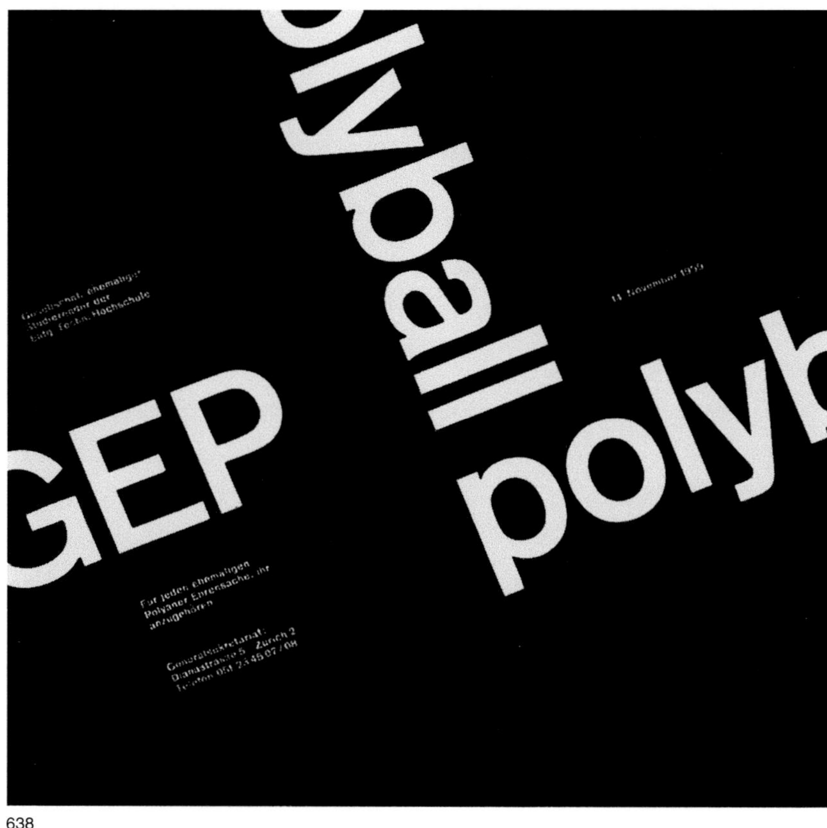

638

modeschauer

irgendeinmal
hinter weihnachten
oder hundert jahre vor dem krieg
muss das gewesen sein
da sie die mode erfanden
weil der liebe gott am sechsten
schöpfungstage möglicherweise
schon etwas müde gewesen sein mag
und er sich aus industrial design
nicht viel zu machen schien
hub ein genialer spielmann
welch mohaariger gedanke
gili-gili girl
die venus zu gestalten an
kopulierte einen prince de galles
mit madame de satin duchesse
pflückte eisblumen von den fenstern
taupe helio mauve auf sechseläuten
bravem grund und boden
fragonnard fragile engel gleiten
seither dem blickleser gehört die
welt über unsere laufstege
naschwerk aus tüll mit rosinafarbenen
ziernähten ängstlich bedacht
nicht über den eigenen schatten
zu straucheln während
zu den gedämpften klängen eines
pas de passepoil unter
leitung von maestro martin gale
damen biberpelze auf den zähnen
annabellend metrostationgeländergrün
im gesicht zuckerzarte berichte
schreiben
unser herz jedoch verlangte urlaub
bat um einen beutel schustersroppen
non olet nihil obstat
entblösste und entfernte sich
unter echten zuckersternen
unterm dach juhee
traf es auf einen gespielen
brauchten kein décolleté
sahen sich ja in die augen
und dann tauschten sie unbesonnen
einen der mode enthobenen
kuss
die modeschau «modella-girl» findet um 23.30 uhr
in der haupthalle statt

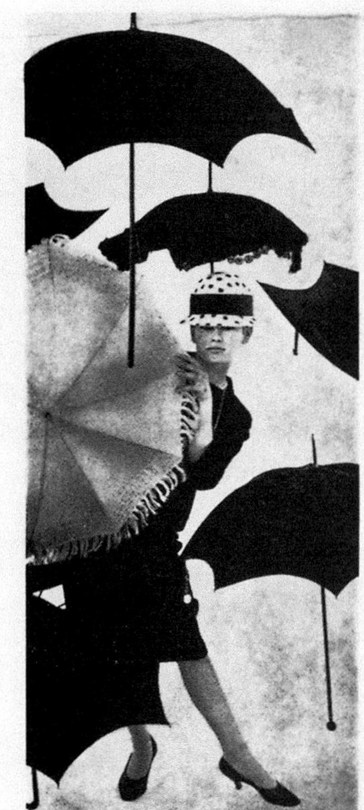

640

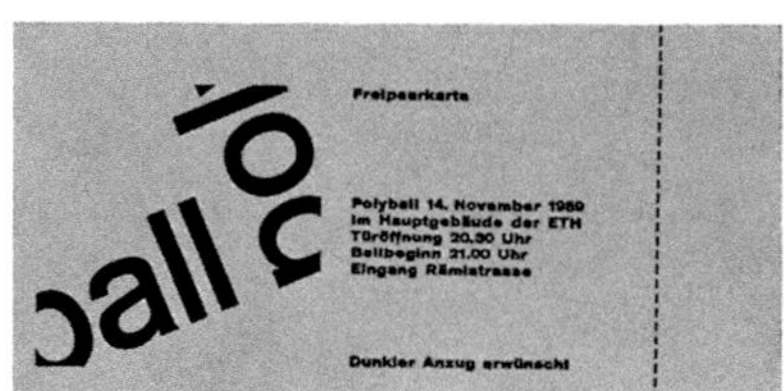

639

638
Ruedi Rüegg
Programmumschlag für einen Akademiker-Ball, programme cover for an academic ball, couverture de programme pour un bal distingué

639
Ruedi Rüegg
Eintrittskarte, ticket of admission, carte d'entrée

640
Ruedi Rüegg
Zwei Innenseiten des Programms, two inside pages of the programme, deux pages intérieurs du programme

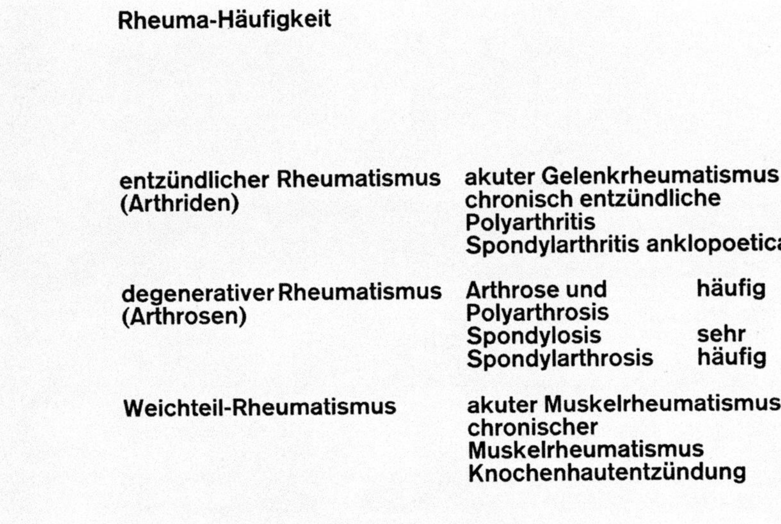

641

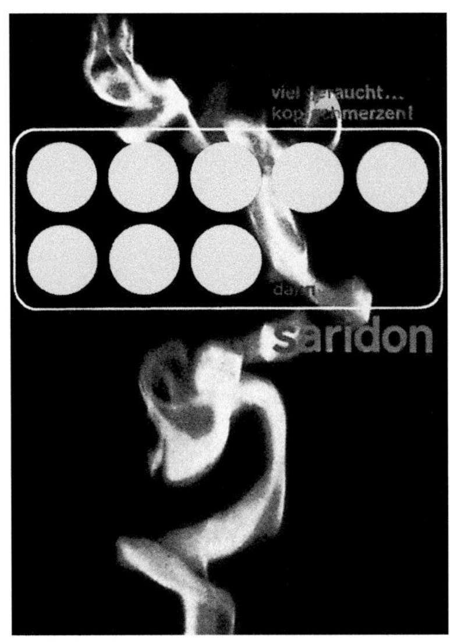

643

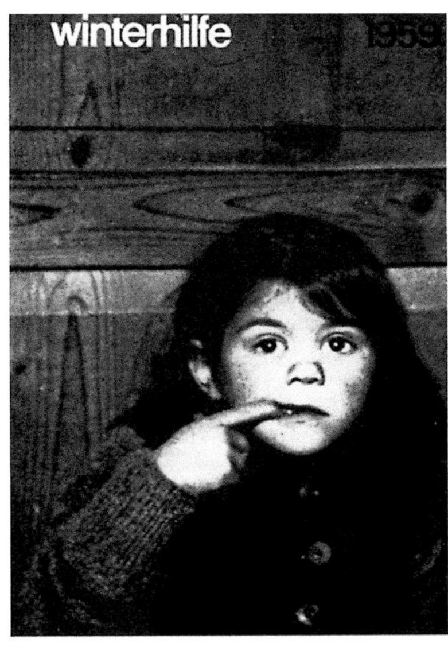

644

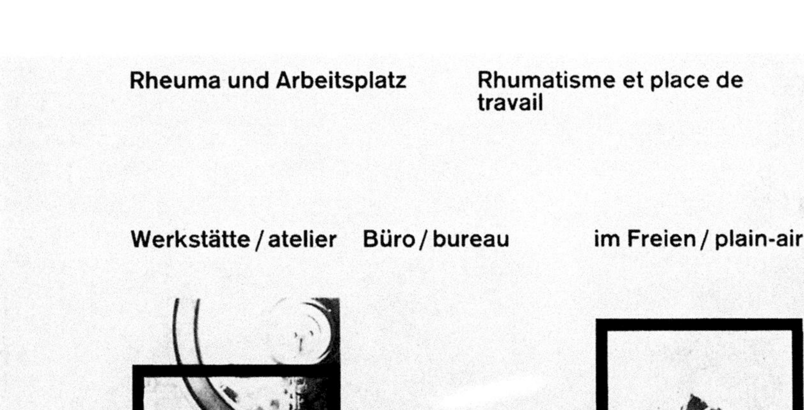

642

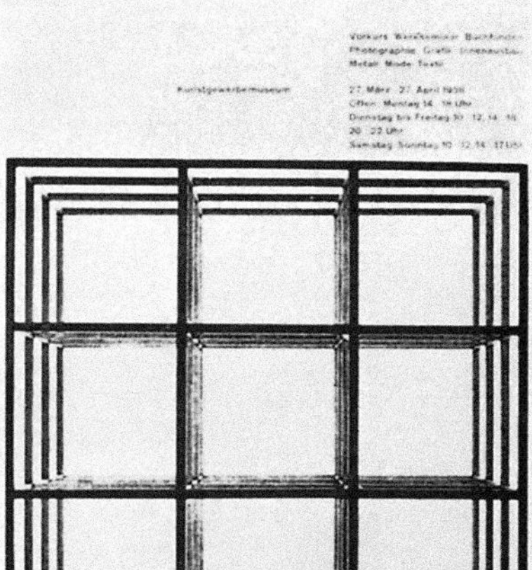

645

641, 642
Christof Gassner
Zwei Diapositive, nach strengen Normen aufgebaut. Two diapositives based strictly on modules. Deux diapositives montrant l'application stricte des données du cours.

643
Christine Kohler
Plakatentwurf, design for a poster, projet d'affiche
644
Christof Gassner
Plakatentwurf, design for a poster, projet d'affiche

645
Gemeinschaftsarbeit der Grafikklasse, Plakat für die Schule. Teamwork by the graphic design class, poster for the school. Travail en commun de la classe graphique, affiche pour l'école.

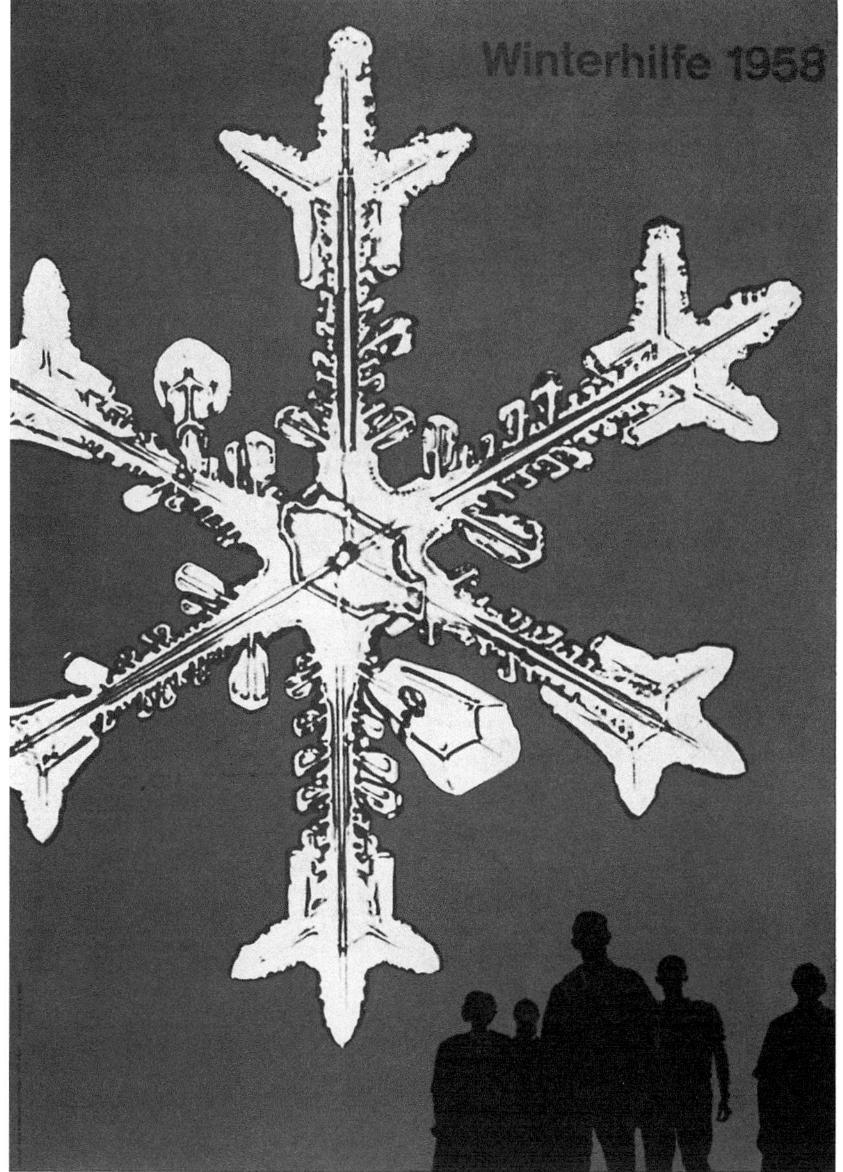

646

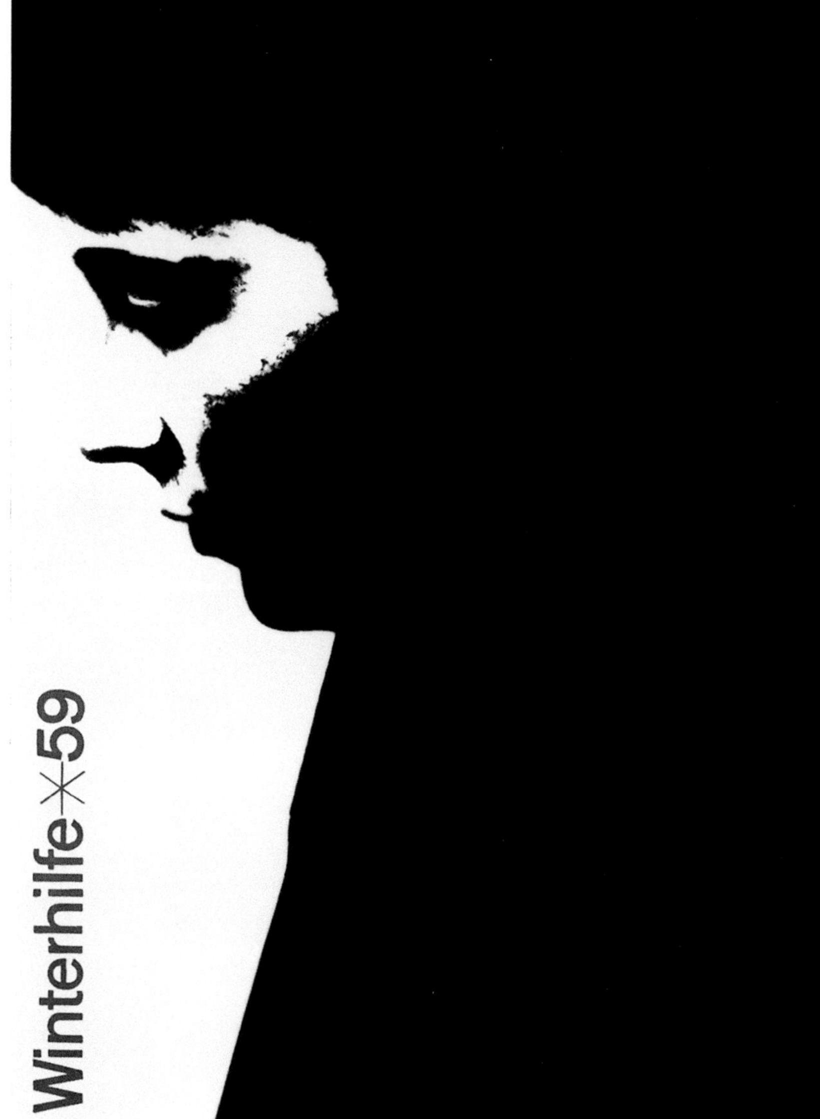

647

646, 647
Peter Andermatt
Plakate (preisgekrönte Arbeiten bei einem Wettbewerb), posters (prize-winning pieces of work for a competition), affiches (travaux primés lors d'un concours)

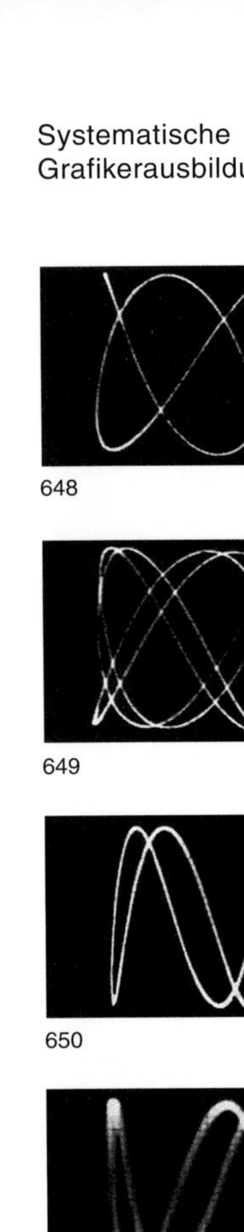

648

649

650

651

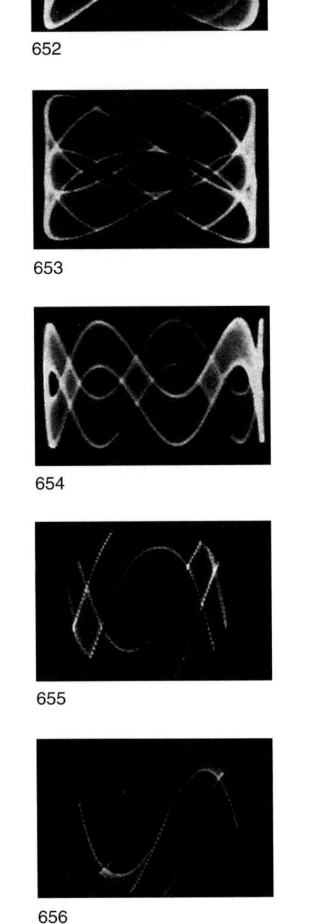

652

653

654

655

656

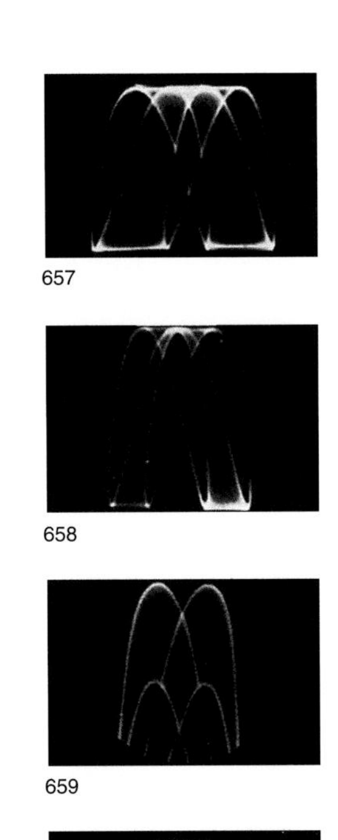

657

658

659

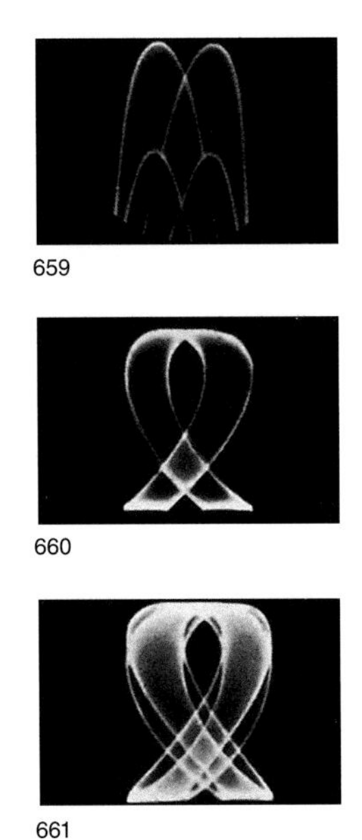

660

661

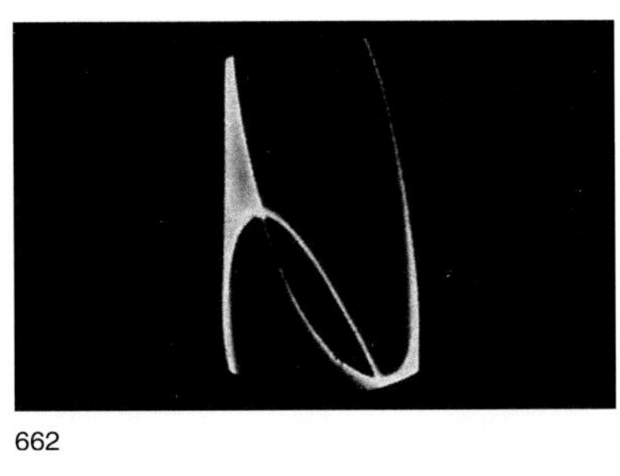

662

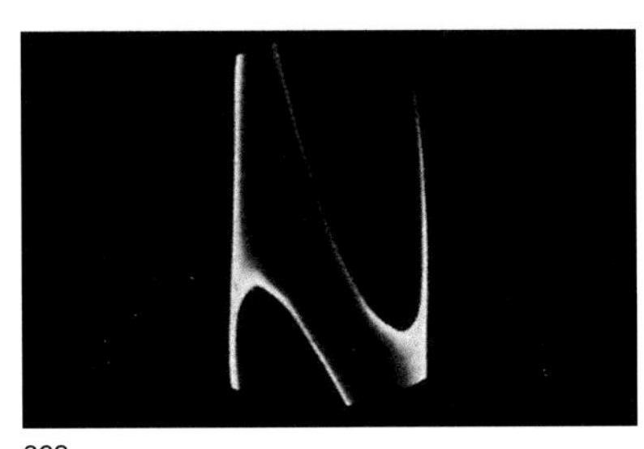

663

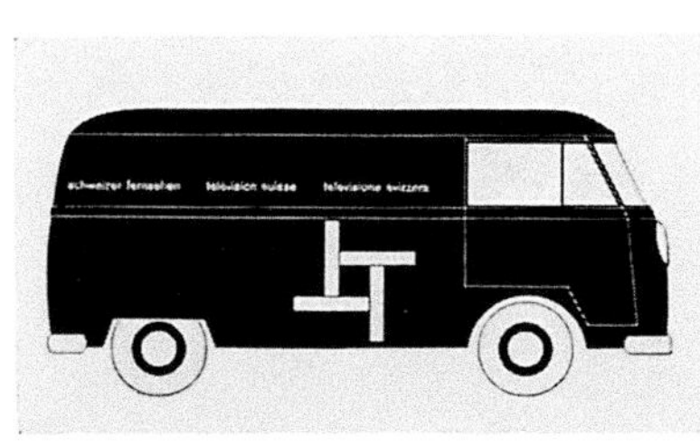

664

648–663
Kuno Wirz, Peter Freiburghaus
Signet-Wettbewerb für das Schweizer Fernsehen – Experimente, logo-competition for the Swiss television – experiments, concours de marques-images pour la Télévision suisse – expériments

664
Esther Schär
Entwurf des Lieferwagens für das Schweizer Fernsehen, design for the delivery van of the Swiss television, projet de camionnette de la Télévision suisse

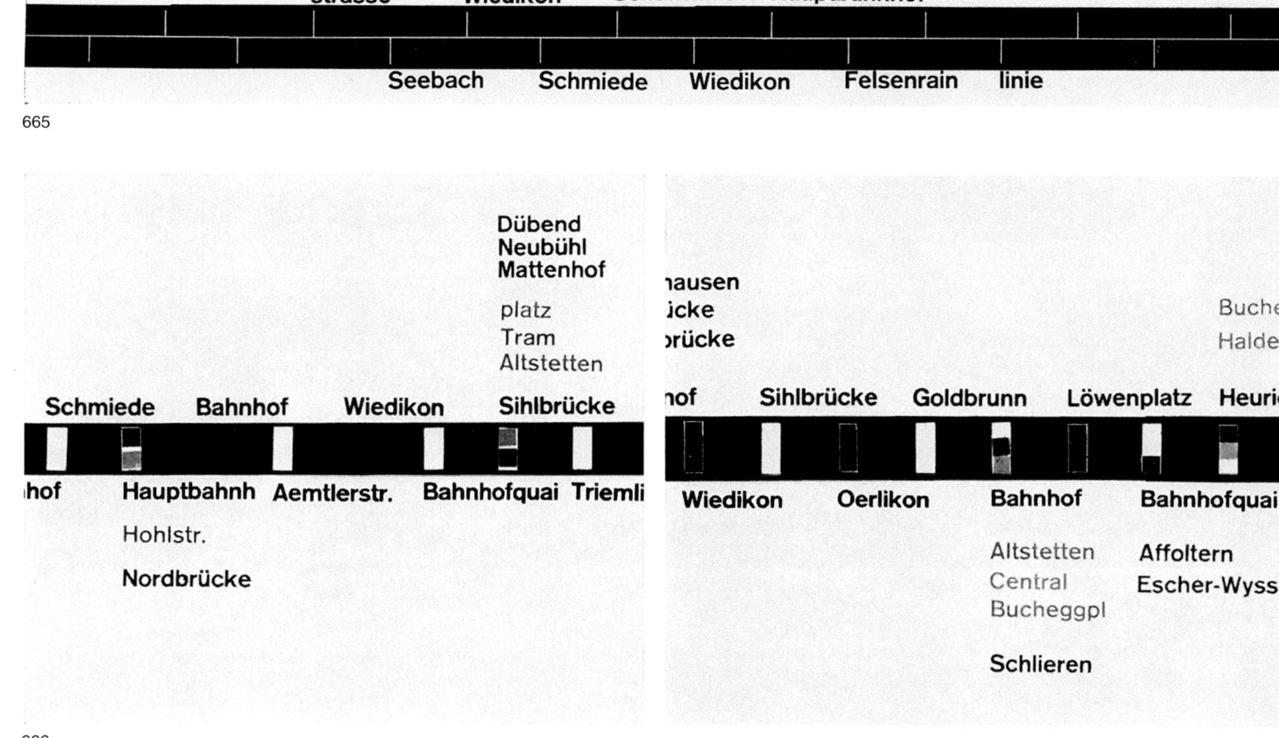

665

666

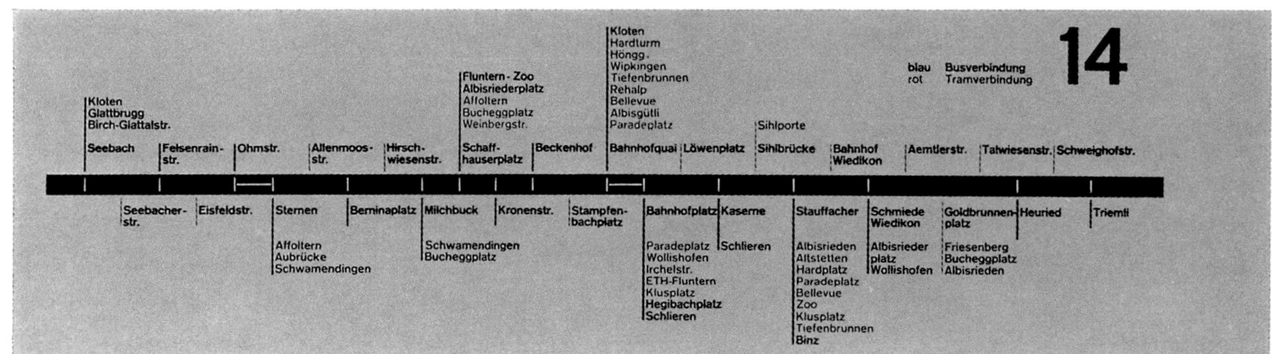

667

665, 666
Ursula Kissling
Entwürfe für den Streckenplan der Strassenbahn der Stadt Zürich. Designs for the street plan of the Zurich tramway. Projet pour un plan de parcours des trams de la ville de Zurich.

667
Definitive Lösung, definitive solution, solution définitive

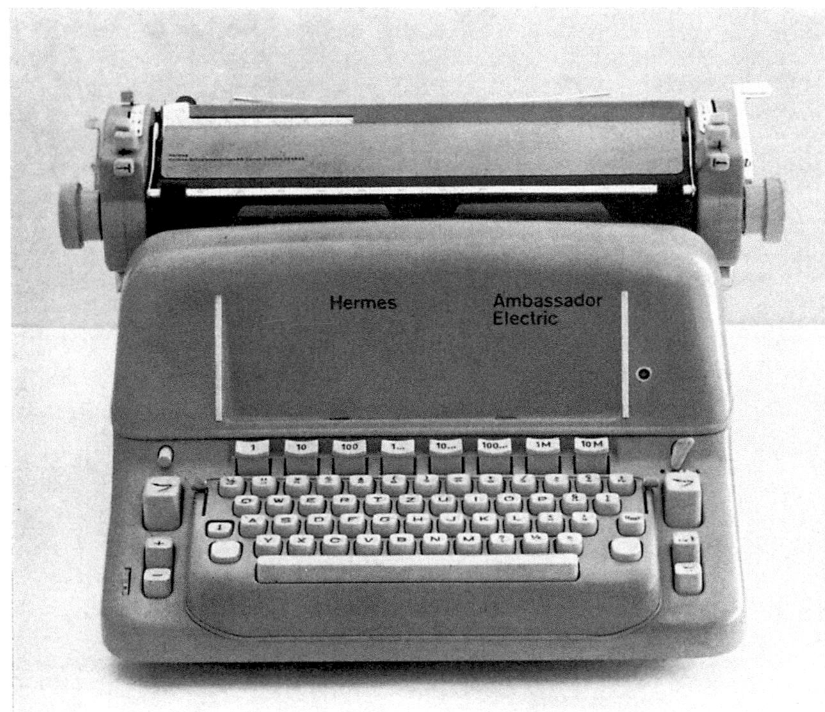

668

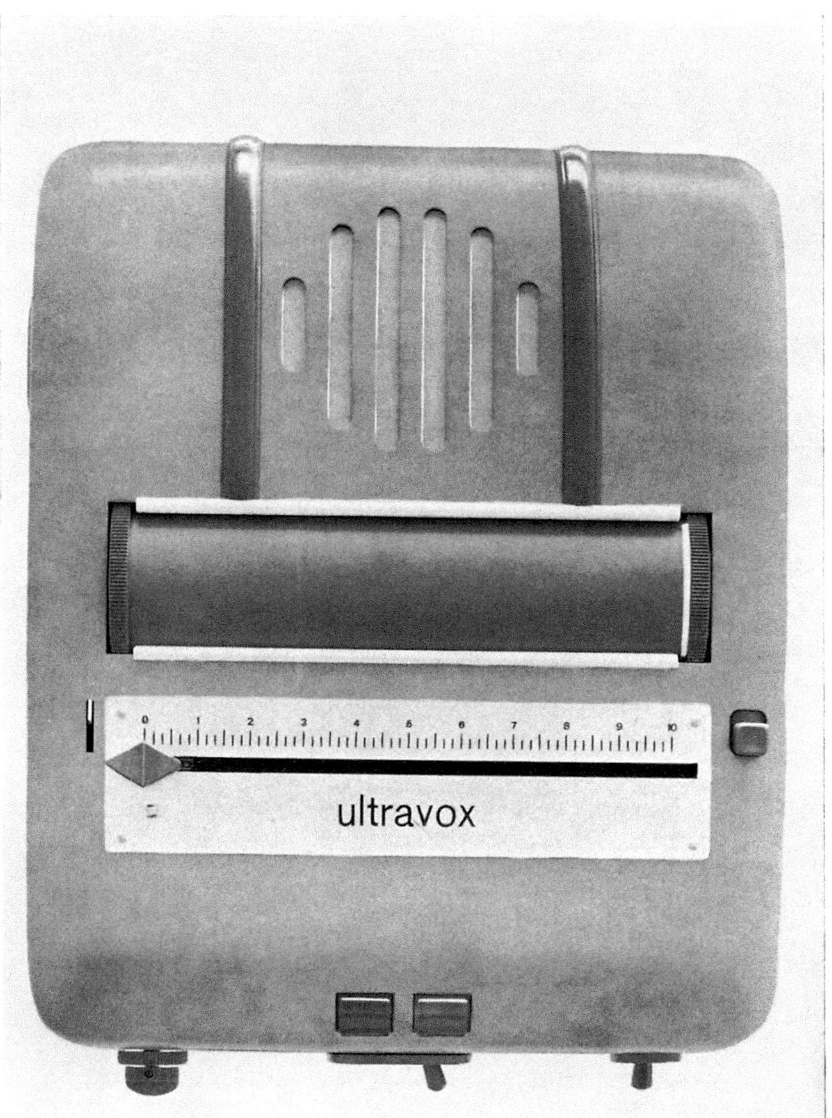

669

668
Eric Bucher
Beschriftung, lettering, inscription

669
Thomas Horvath
Beschriftung, lettering, inscription

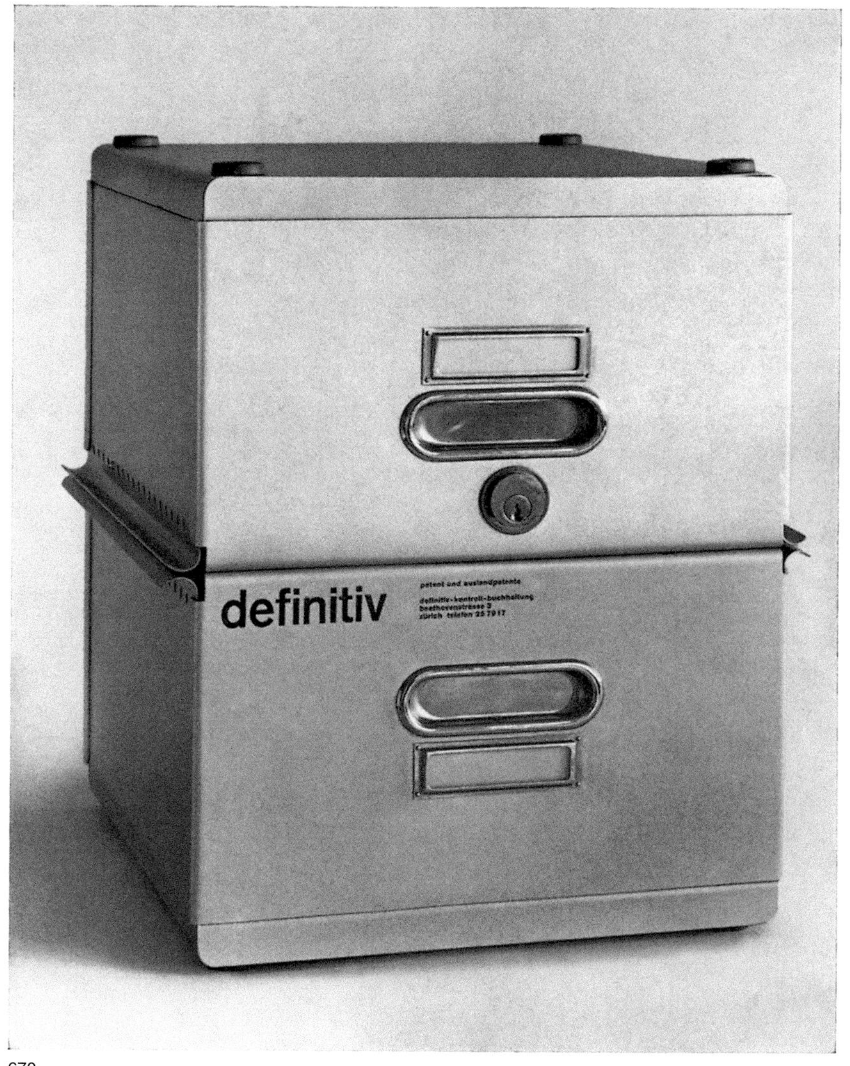

670

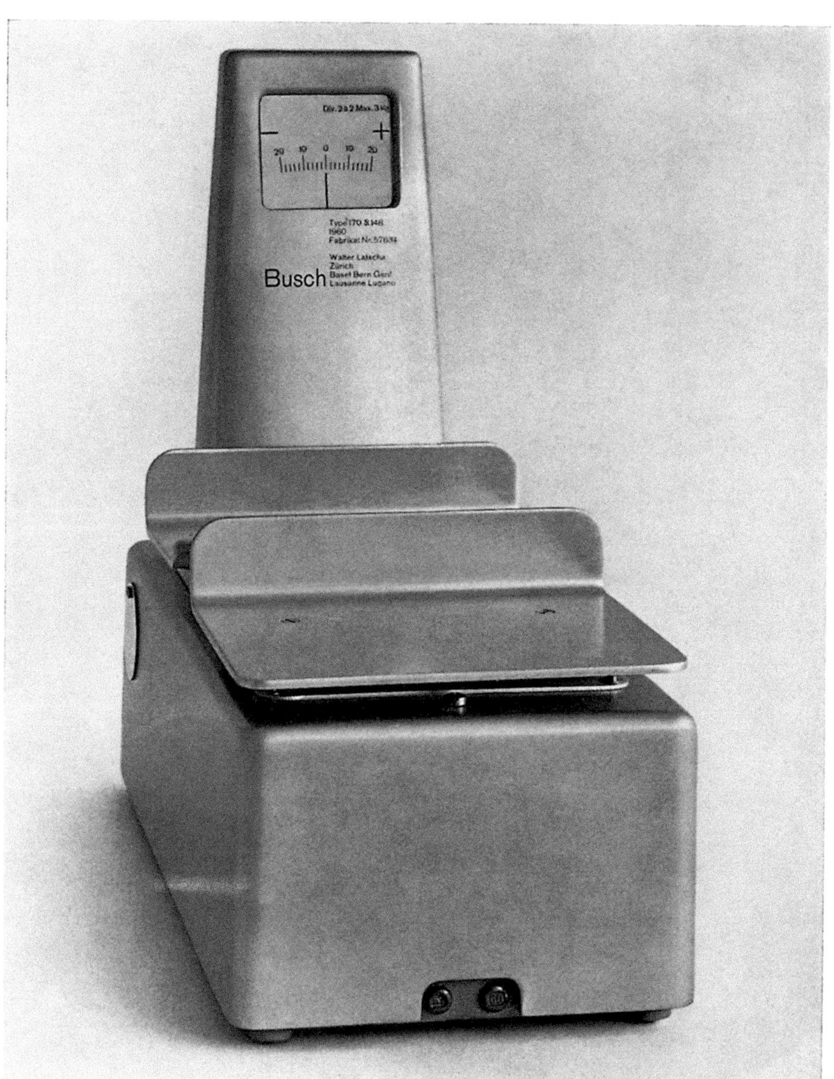

671

670
Alois Märchy
Beschriftung, lettering, inscription

671
Julie Baumann
Beschriftung, lettering, inscription

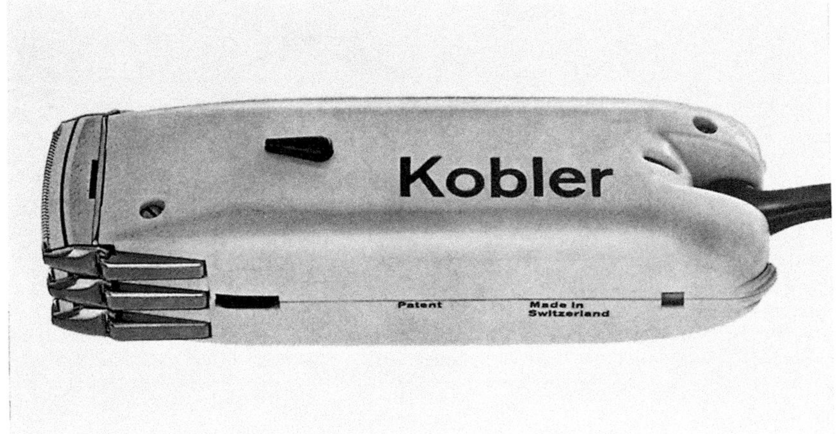

673

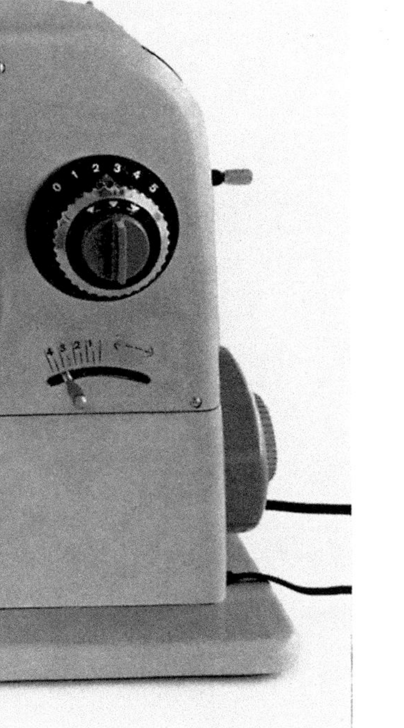

672

672, 673
Christof Gassner
Beschriftung, lettering, inscription

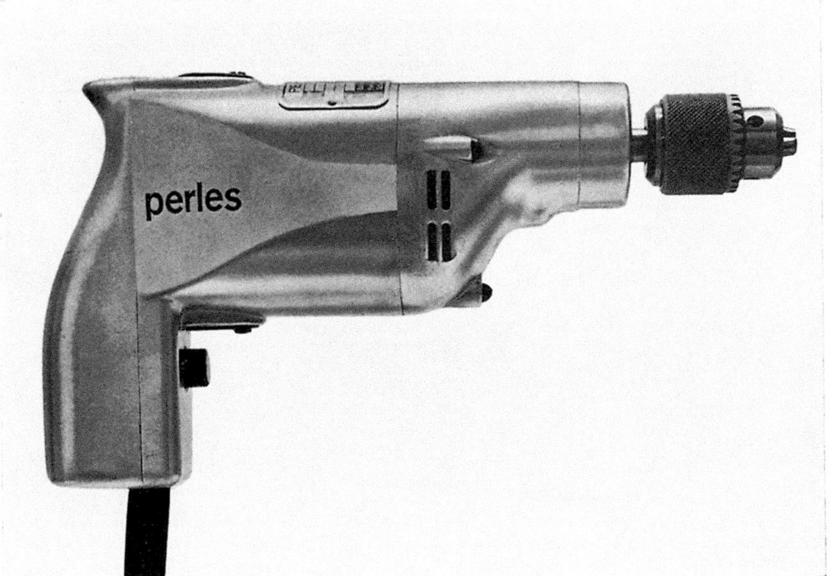

674

674, 675
Gianfranco Verna
Beschriftung, lettering, inscription

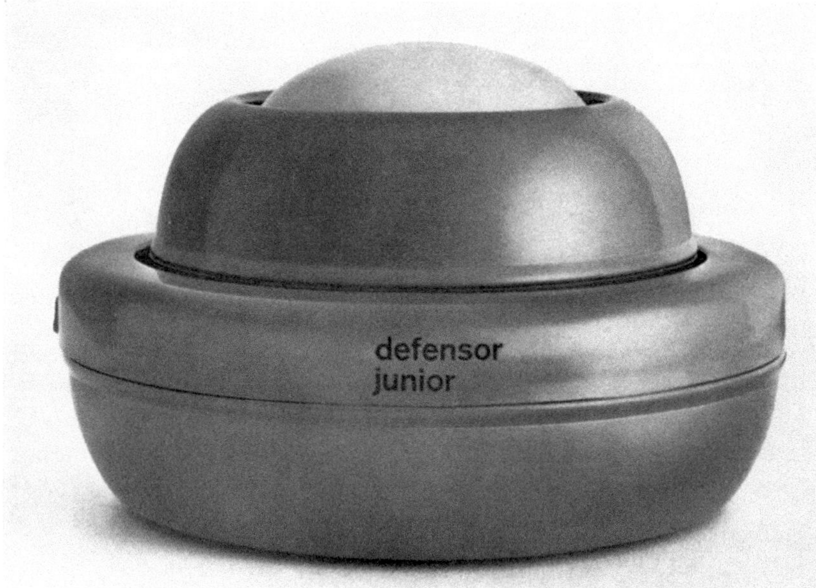

675

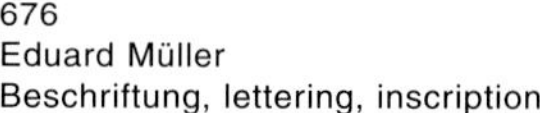
676
Eduard Müller
Beschriftung, lettering, inscription

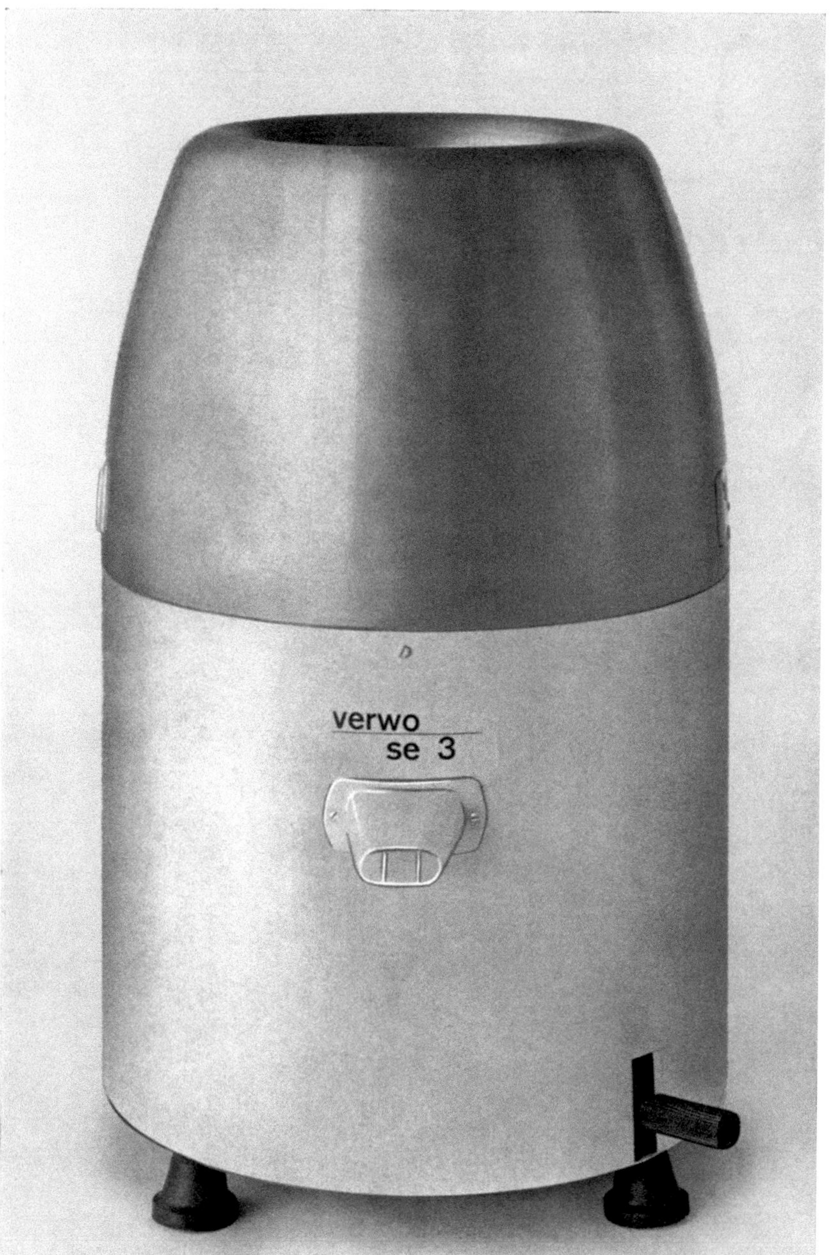

676

Redaktionelle und grafische Arbeiten für eine Schülerzeitung

677–682
Ursula Keller
Auf Initiative des Klassenlehrers, Josef Müller-Brockmann, wurden anlässlich einer einwöchigen Schulreise durch den südlichen Teil Westdeutschlands von sämtlichen Schülerinnen und Schülern Notizen, Zeichnungen und Fotos gemacht, die für eine Schulzeitung vorgesehen waren. Das Ergebnis war erfreulich, denn es kam ein reichhaltiges und lebendiges Material zusammen, das die Schülerin Ursula Keller redaktionell verarbeitete. Sie redigierte die Texte, schrieb einen grösseren Teil davon selbst und fand für die Zeitung (Format 31,5/33,5 cm) einen passenden Satzspiegel und eine angenehme Spaltengliederung. Für die Bebilderung wurde in der Horizontalen ein Quadratraster gewählt, d.h. die Höhe einer Spalte musste mit den notwendigen Bildzwischenräumen genau vier quadratische Bilder aufnehmen können. Trotz dieser Norm ergab sich ein freier, abwechslungsreicher Seitenrhythmus dieses 12 Seiten umfassenden Heftes, das gedruckt werden konnte, indem eine Reihe von Clichéanstalten, eine Papierfabrik und eine Buchdruckerei ihre Arbeiten und Lieferungen kostenlos zur Verfügung stellten.
Die Reise hatte den Zweck, die Kunstgewerbeschüler der Grafikklasse auf formale und künstlerische Werte von aussergewöhnlicher Qualität aufmerksam zu machen und die Zusammenhänge zwischen klassischen und neuzeitlichen Formen nachzuweisen. Den Abschluss der Reise bildete der Besuch der Musiktage in Donaueschingen. Die Schüler hatten Gelegenheit, die optischen mit den akustischen Formgesetzen zu vergleichen.

Editorial and graphic work for a student's magazine

677–682
Ursula Keller
On the occasion of a week's journey through the southern part of West Germany the teacher, Josef Müller-Brockmann, suggested that all the students should make notes, drawings and photographs for use in a student's magazine. The results were most rewarding, consisting of a mass of rich, lively material which was edited by Ursula Keller. She edited the texts, wrote a great deal herself, and evolved a suitable type area for the magazine (format $12\frac{3}{4} \times 13\frac{1}{2}$ ins.) and an attractive layout. For the illustrations a quadratic grid was selected as the basic unit so that four square pictures with the necessary intervals between them could be fitted into the length of a column. In spite of this standardization the rhythm of the pages of the 12-page book was full of variety. It was possible to print the book as a number of block makers, a paper factory and a printer offered their services free of charge.
The object of the excursion was to draw the students' attention to works of outstanding formal and aesthetic value and make them aware of the connection between classical and modern forms. The trip concluded with a visit to the music festival at Donaueschingen, where the students had the opportunity of comparing the laws governing visual form and acoustics.

Travaux rédactionnels et graphiques pour un journal scolaire

677–682
Ursula Keller
Sur l'initiative du maître de classe, Josef Müller-Brockmann, tous les élèves ont pris des notes, des croquis et des photos – en vue d'en faire un journal – à l'occasion d'un voyage scolaire d'une semaine au sud de l'Allemagne de l'Ouest. Le résultat fut réjouissant, car un matériel riche et vivant fut réuni. Ursula Keller en assura la rédaction. Elle rédigea les textes, en composa une grande partie et trouva pour le journal (format 31,5/33,5 cm) un miroir de la page imprimée qui convenait parfaitement et une division des colonnes agréable. Pour l'illustration, on a choisi un gabarit carré, disposé à la horizontale, c'est-à-dire que la hauteur d'une colonne devait comporter, avec les espaces nécessaires entre les images, exactement quatre illustrations carrées. En dépit de cette normalisation, on a obtenu, dans ce cahier de 12 pages, un rythme alterné très libre. Ce travail a pu être réalisé grâce à la générosité de diverses clicheries, d'une fabrique de papier et d'une imprimerie.
Le voyage avait pour but de rendre attentifs les élèves de la classe graphique de l'Ecole des arts et métiers aux valeurs artistiques d'une qualité extraordinaire et de démontrer l'interdépendance qui existe entre les formes classiques et contemporaines. Les élèves terminèrent leur voyage en assistant au festival de musique de Donaueschingen. Ils eurent ainsi la possibilité de comparer les lois régissant les formes visuelles et acoustiques.

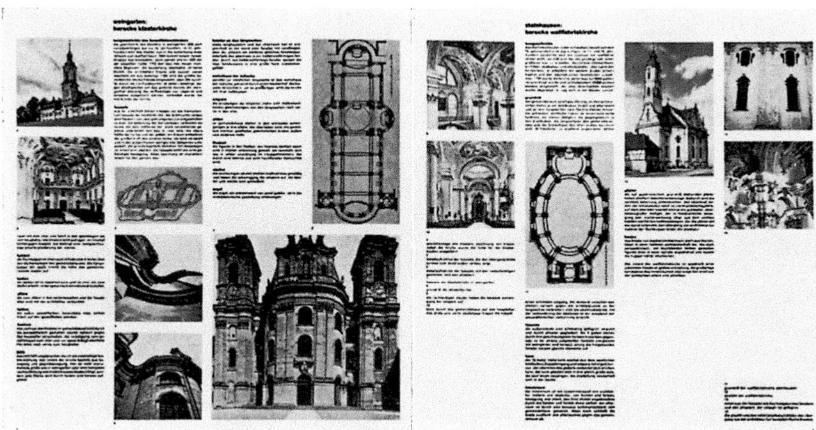

677

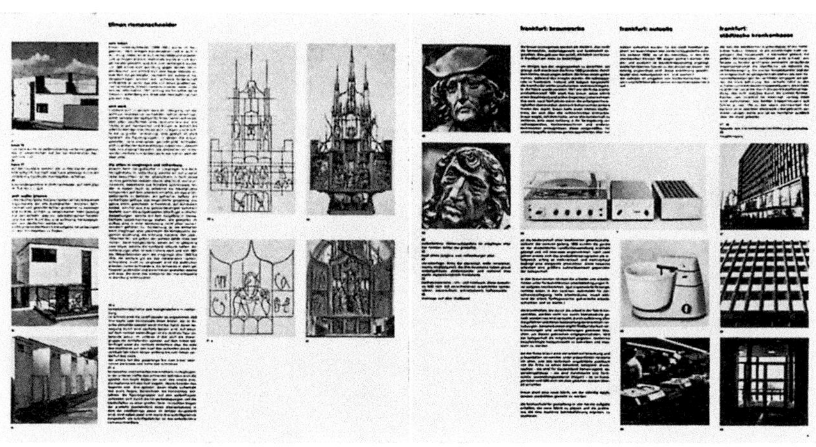

678

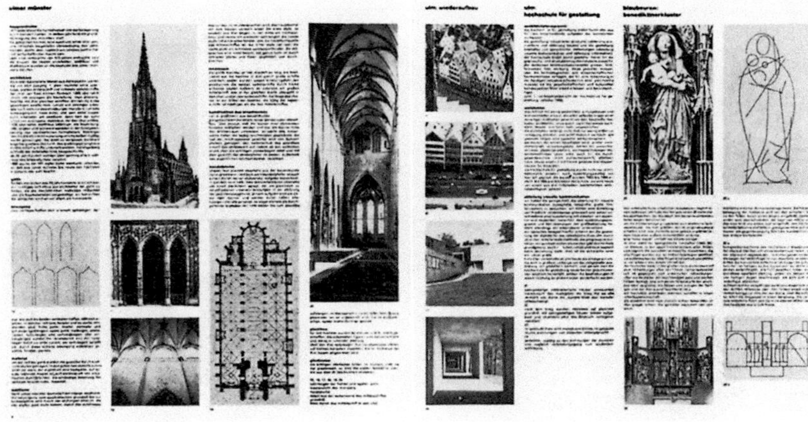

679

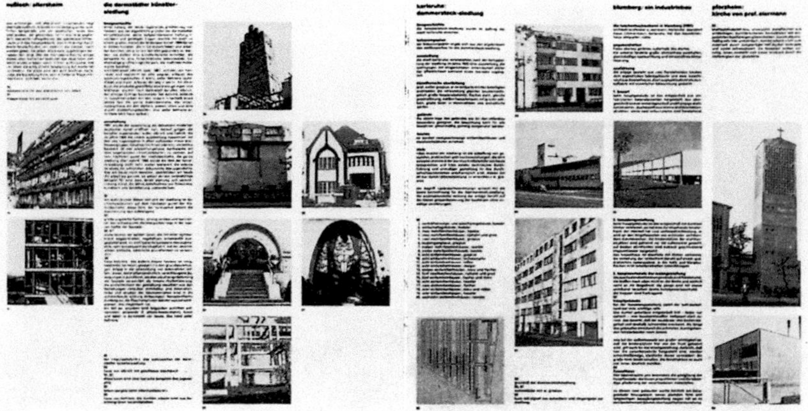

681

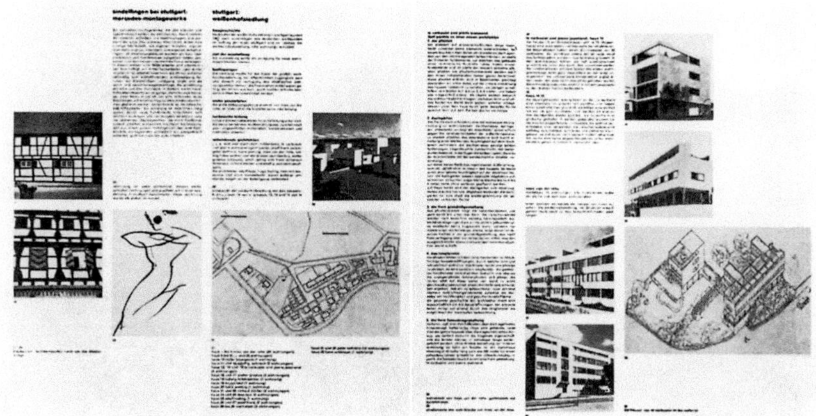

680

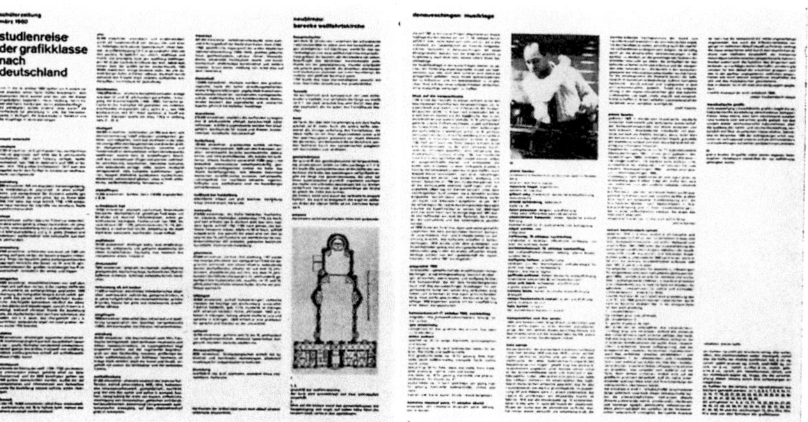

682

682
Titelseite und letzte Seite, title page and last page, frontispice et dernière page

683

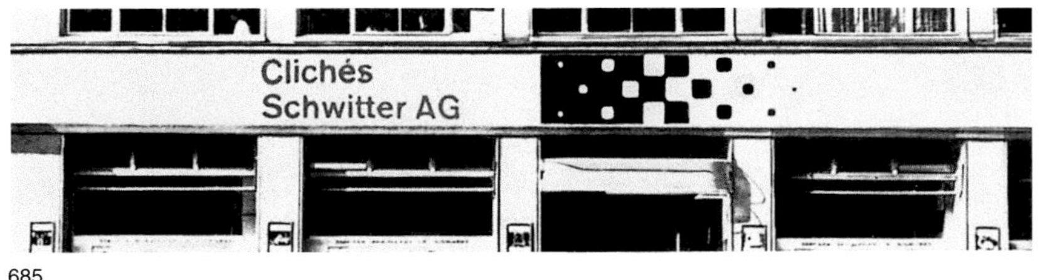

685

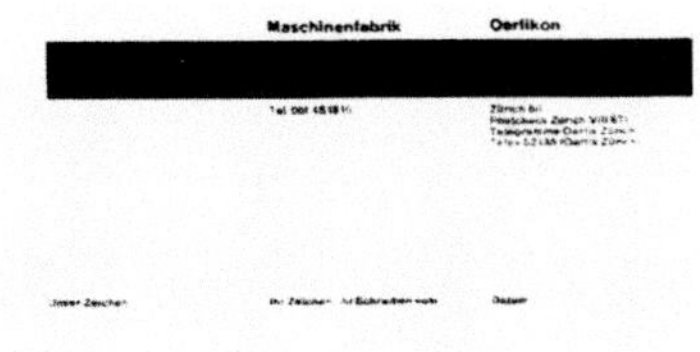

687

689

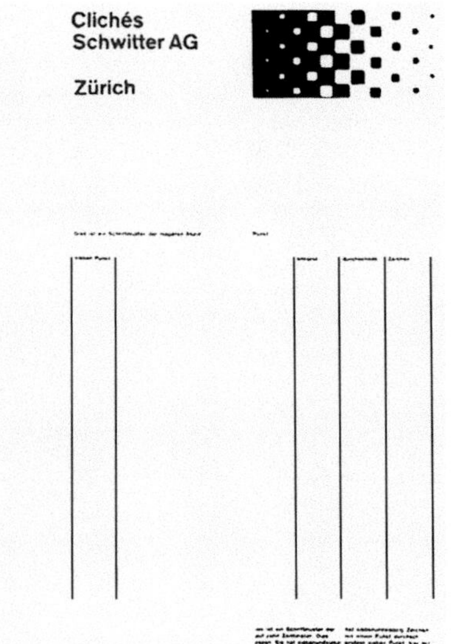

684

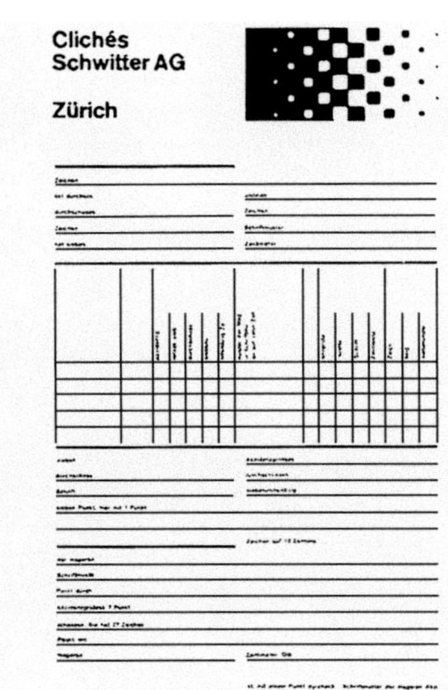

686

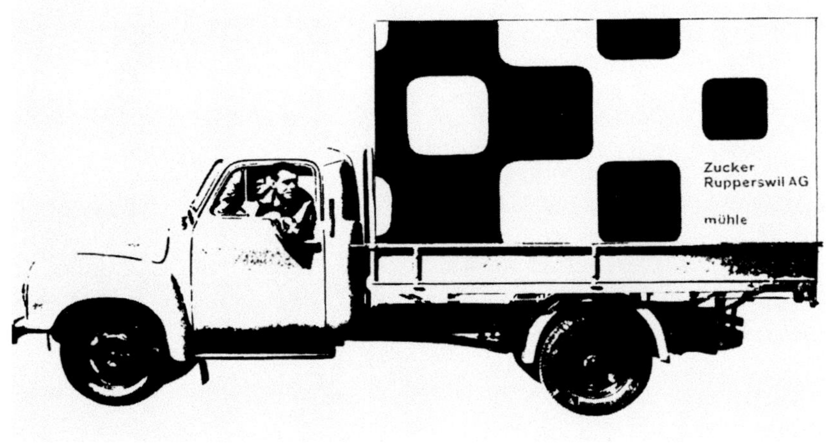

688

683–686, 688
Peter Andermatt
Versuch einer einheitlichen Gestaltung von Geschäftsformularen, Fassadenbeschriftung und Lieferwagen. Attempt at coordinated forms, of business stationery, inscription on the façade and delivery van. Essai pour une unité dans la création des formules d'affaires, d'enseigne et de l'auto.

687, 689–693
Hansheini Pidoux
Der Balken gibt der Gestaltung dieser Formulare, der Titelseite des Bulletins und den zwei Schaufenster-Entwürfen eine eigene Note. The bar gives this conception an individual note: the business stationery, the title page of the bulletin and the two designs for a showcase. Le filet donne à cette conception une note particulière: à ces formules, au titre du bulletin, à ces deux projets de vitrines.

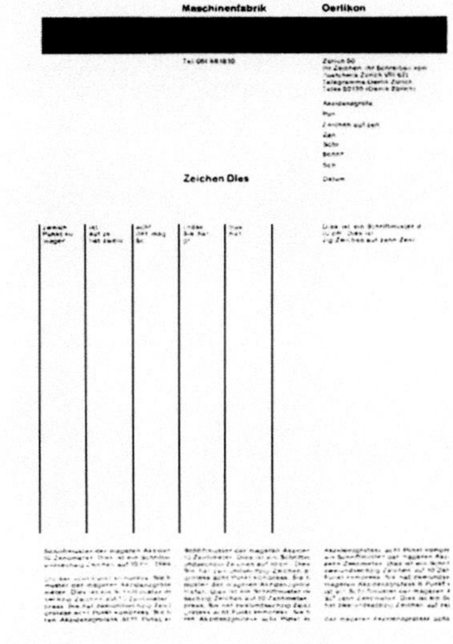

690

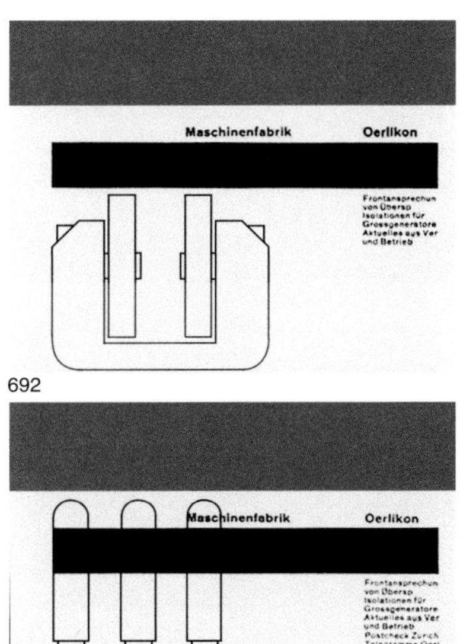

692

693

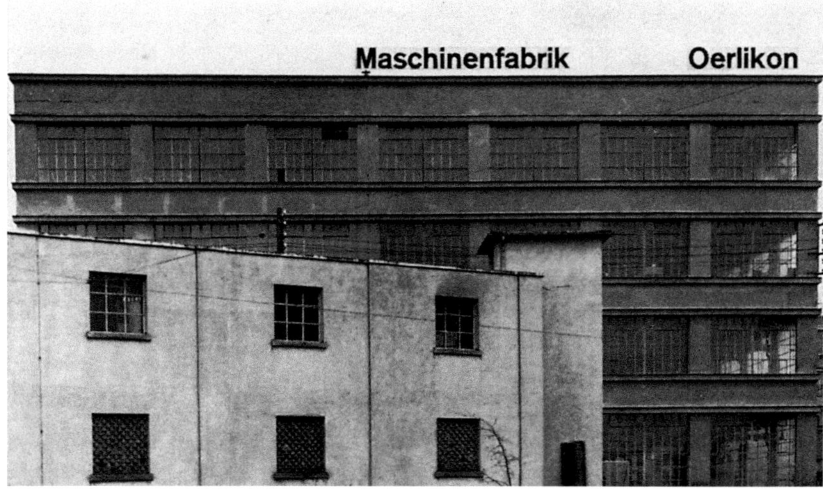

695

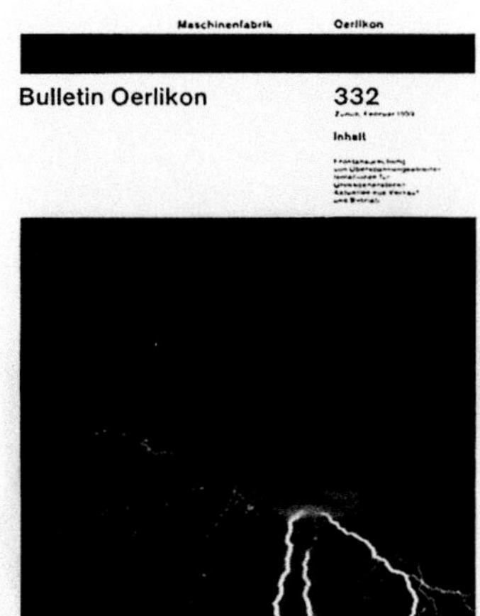

691

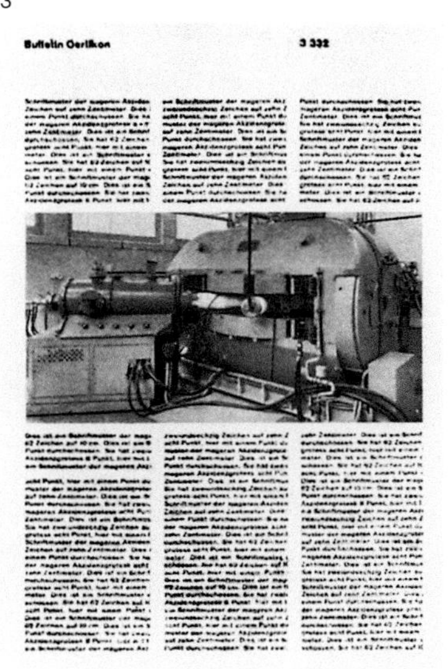

694

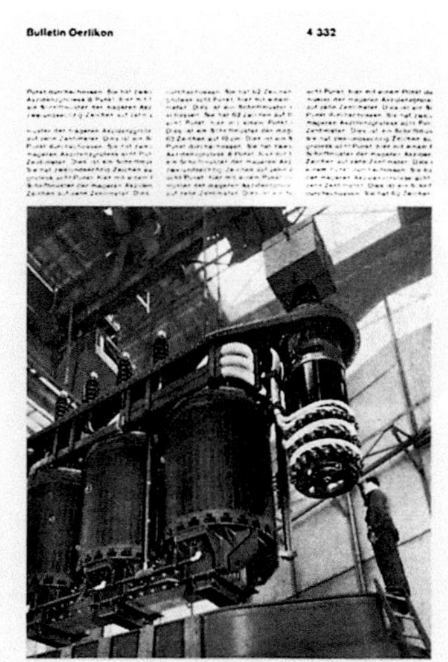

696

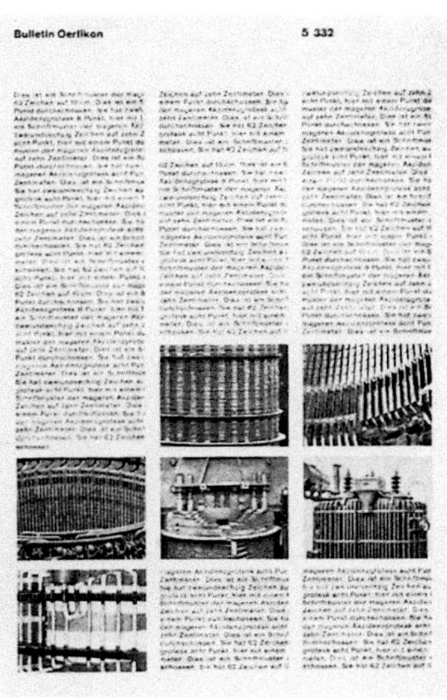

697

694, 696, 697
Hansheini Pidoux
Innenseiten des Bulletins, inside pages of the bulletin, pages intérieures du bulletin

695
Hansheini Pidoux
Versuch einer einfachen Anordnung der Fabrikbeschriftung. Attempt to a simple design for the factory insigna. Disposition simple d'une enseigne pour la fabrique.

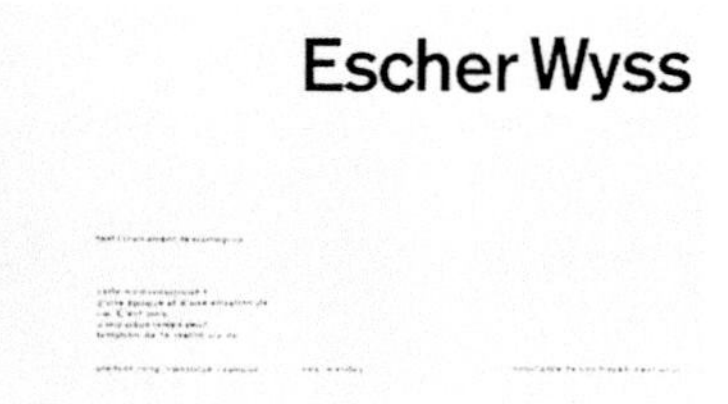

698

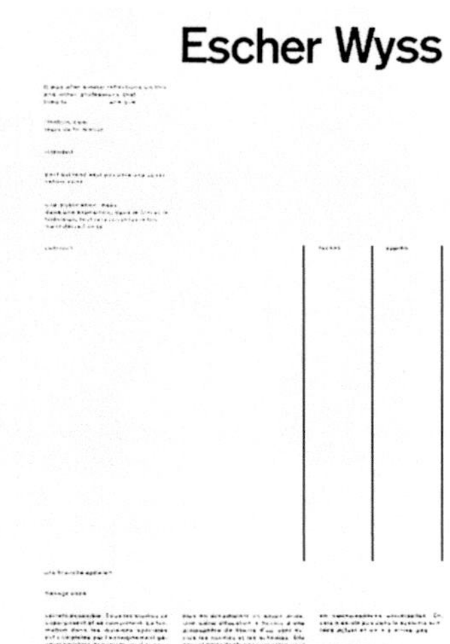

700

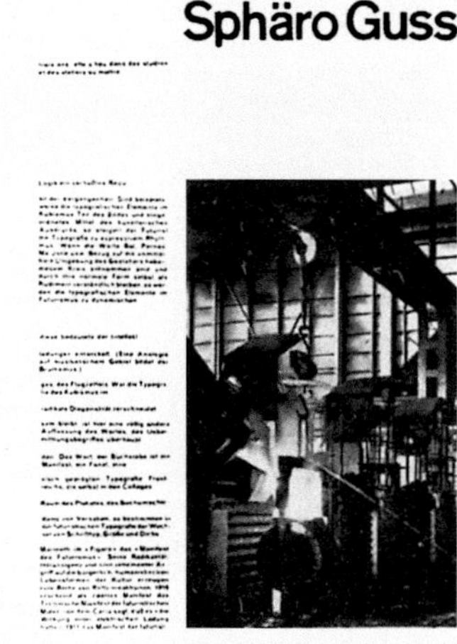

702

Ein kranker kostet watch
So an Haushalt-Zirkulare
Incabloc pro mehr koste
the Sie die Frauen

704

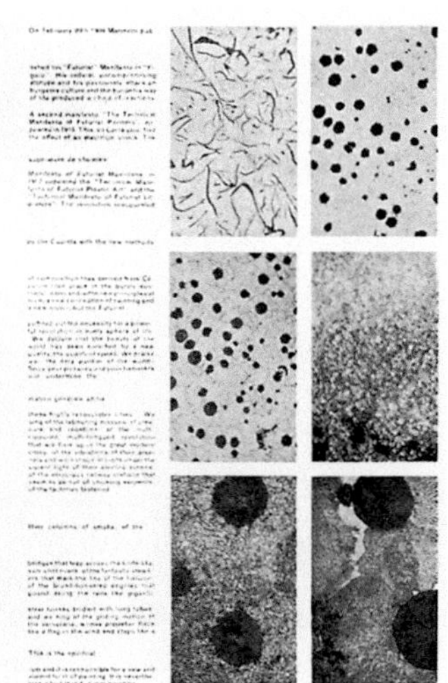

699

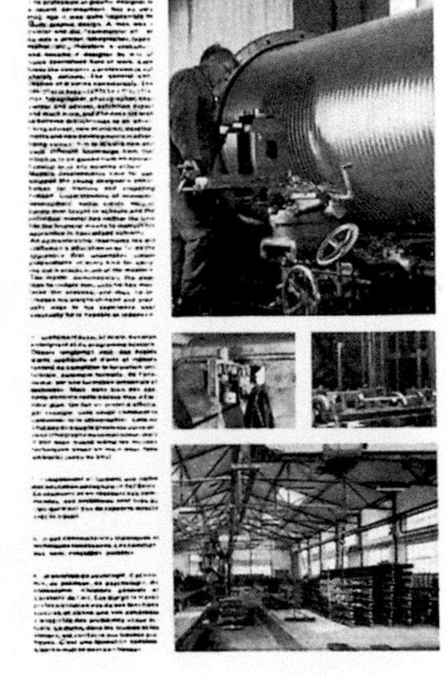

701

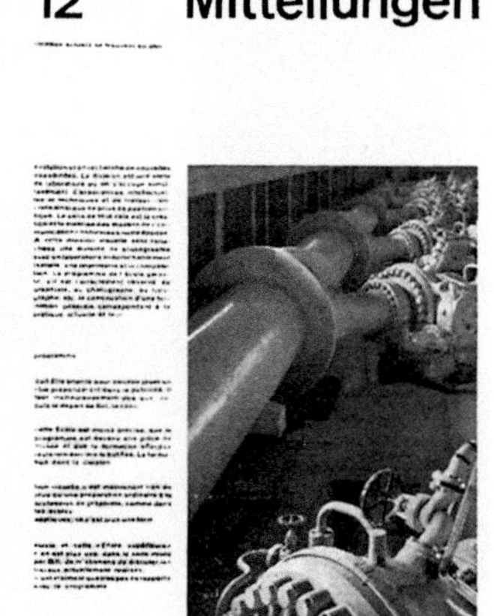

703

705

698, 700
Peter Andermatt
Geschäftsformulare, die als Grundlage für die Einleitung der Hauszeitung, der Agenda und der Inserate dienen. These two forms serve as the basis for the organization of the house magazine, the almanac and the advertisements.

Ces deux formules définissent la structure du journal d'entreprise, de l'agenda et des annonces.

699, 701–705
Peter Andermatt
Verschiedene Seiten der Hauszeitung, different pages of the house magazine, pages diverses du journal d'entreprise

Systematische Grafikerausbildung

A training system for the graphic designer

Formation méthodique des graphistes

Escher Wyss
Kalender 60

706

Escher Wyss
Januar

1 2 3 4
5 6 7 8
9 10 11 12
13 14 15 16
17 18 19 20
21 22 23 24
25 26 27 28
29 30 31

708

710

Escher Wyss
November

1 2 3 4
5 6 7 8
9 10 11 12
13 14 15 16
17 18 19 20
21 22 23 24
25 26 27 28
29 30

712

Klemmo 12

707

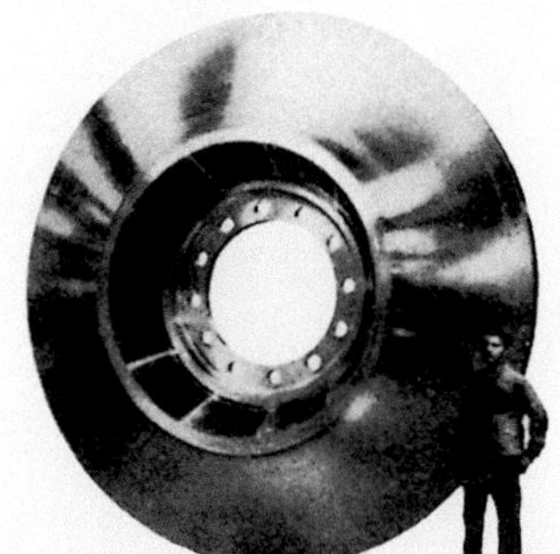

709

Escher Wyss

711

Escher Wyss

713

706–708, 710, 712
Peter Andermatt
Seiten der Agenda, pages of the almanac, pages de l'agenda
709, 711, 713
Peter Andermatt
Inserate, advertisements, annonces

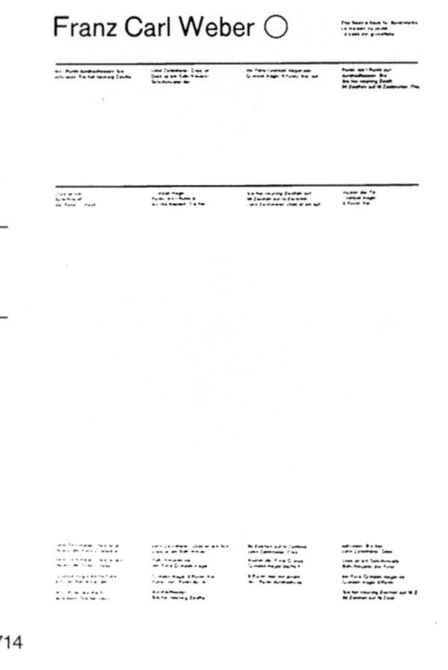

714

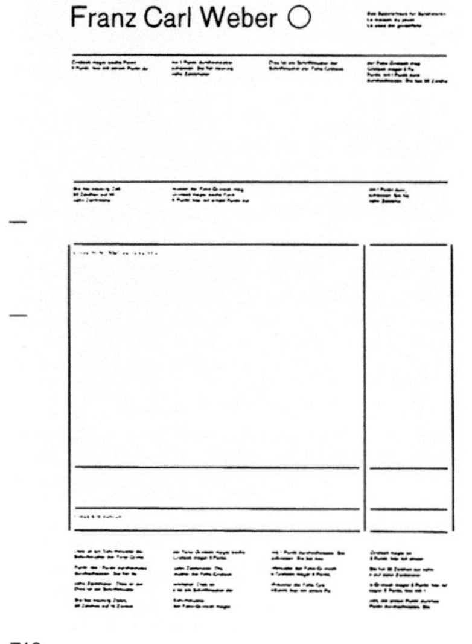

716

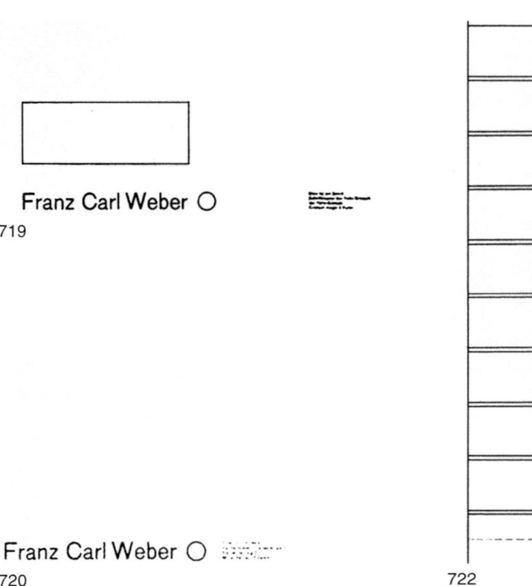

719

720

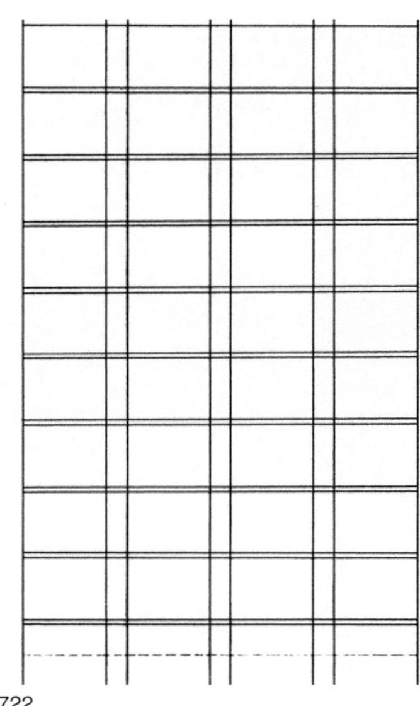

722

Franz Carl Weber

715

Franz Carl Weber

717

Franz Carl Weber

718

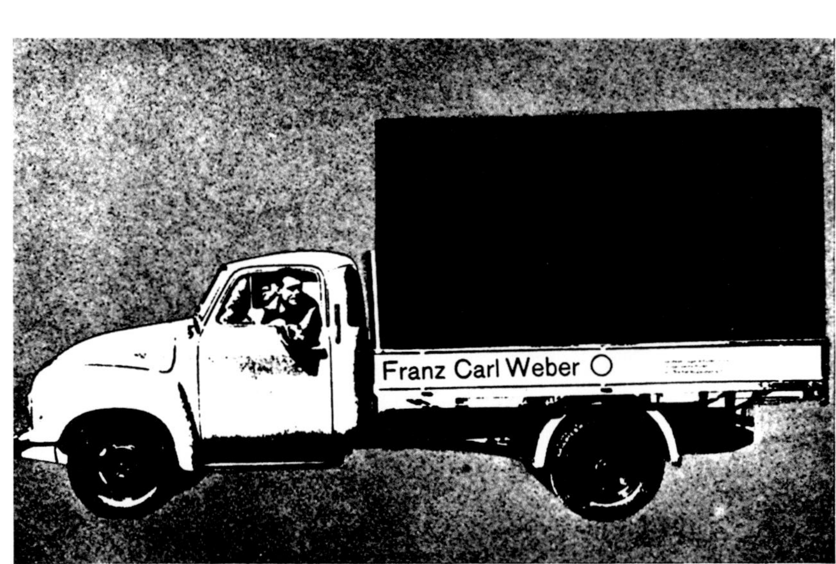

721

714–720
Ruedi Rüegg
Einheitliche Gestaltung von Geschäftsformularen. Coordinated forms of business stationery. L'unité dans la création des formules d'affaires.

721
Ruedi Rüegg
Lieferwagen mit derselben Anordung von Schrift und Signet. Motor van with the same arrangement of lettering and logo. Livreuse avec le même arrangement des caractères et de la marque-image.

722
Ruedi Rüegg
Der Raster als Grundlage. The grid as a basis. Les gabarits de base.

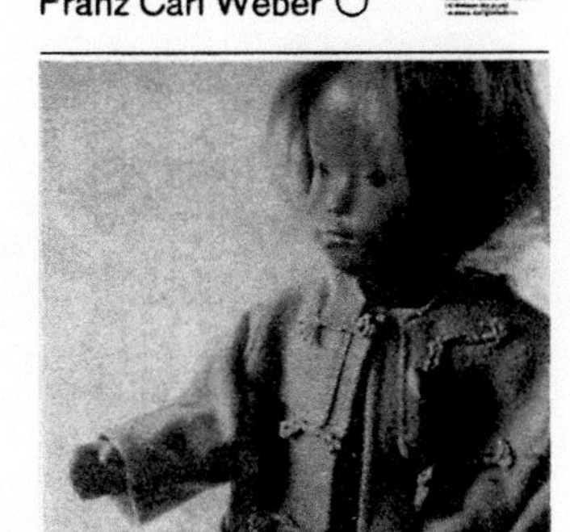

723

725

727

729

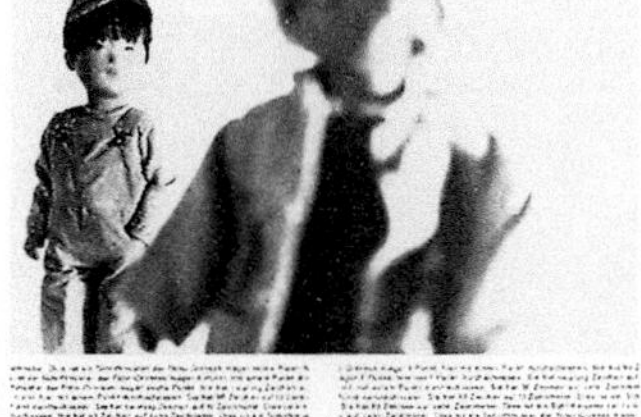

724

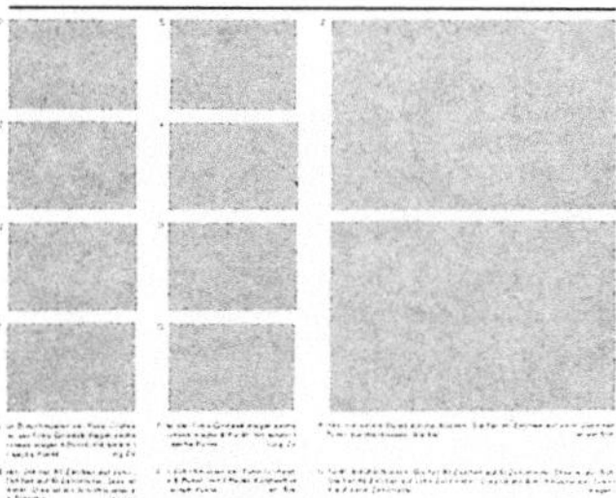

726

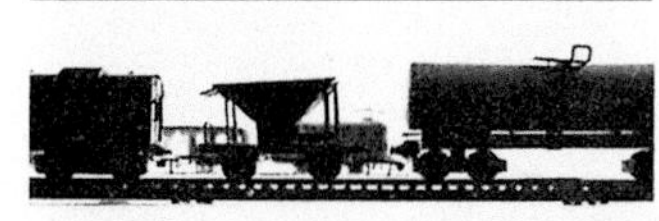

728

730

723–730
Ruedi Rüegg
Geschäftsformulare mit demselben Raster als Grundlage. Business stationery with the same grid as a basis. Des formules d'affaires avec les mêmes trames de base.

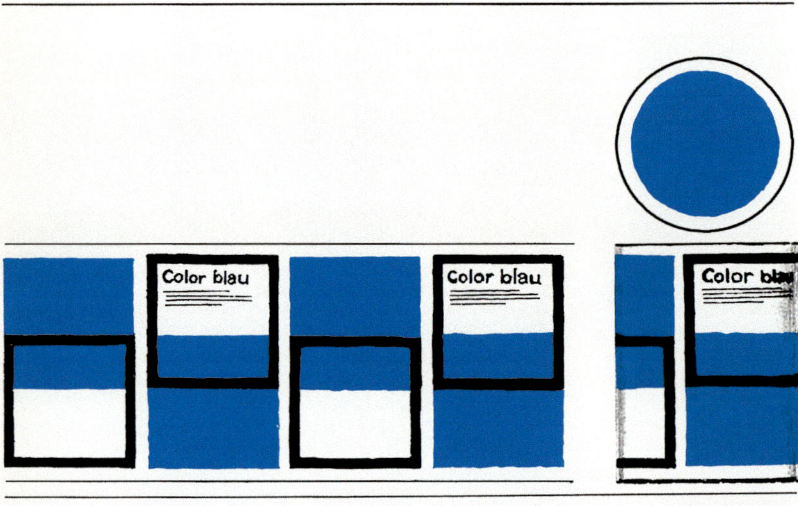

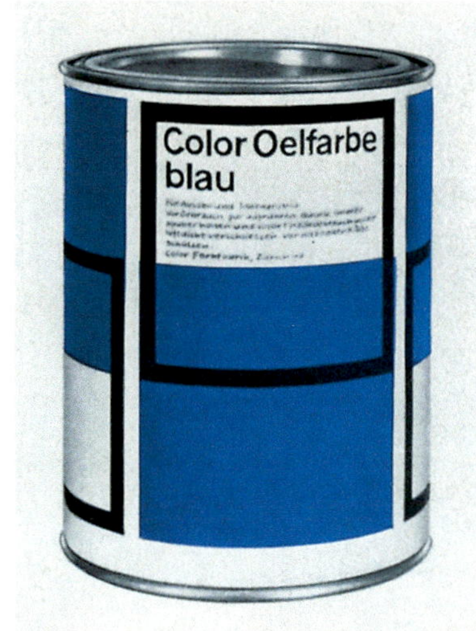

732

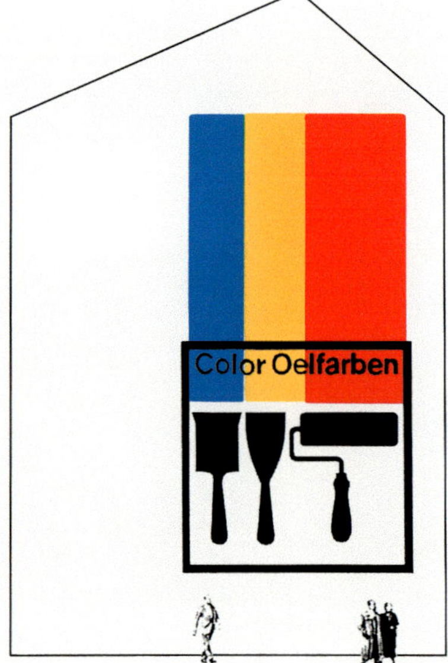

733

734

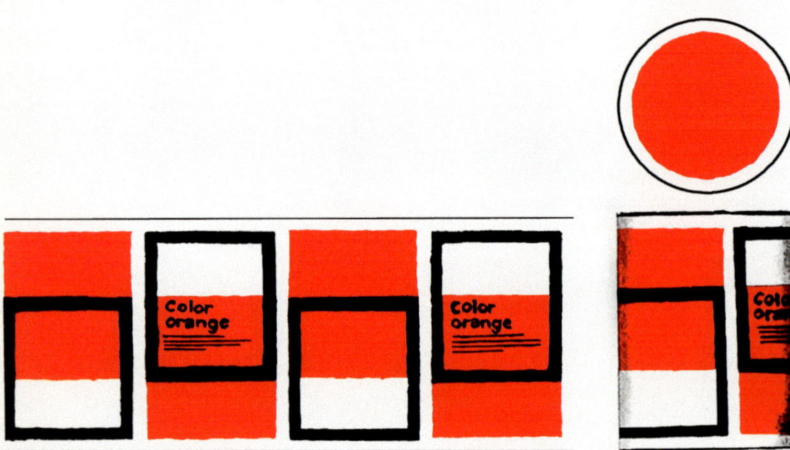

731

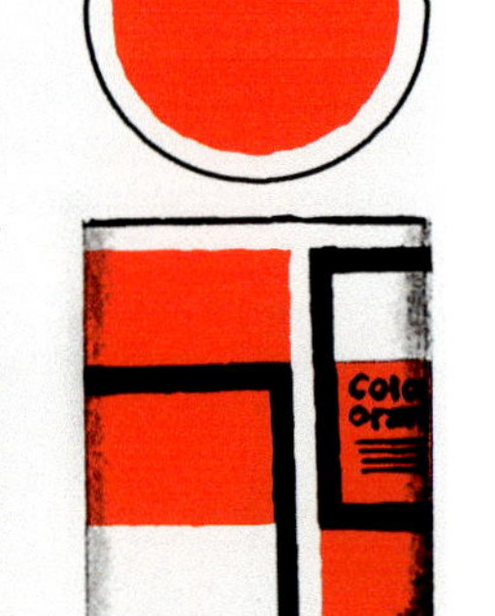

731
Anlässlich der Abschlussprüfung wurde die Aufgabe gestellt, für eine Farbenfabrik Dosenetiketten zu entwerfen, deren Elemente sich auch für andere Zwecke und Werbemittel verwenden liessen. One of the problems set in the final examination was to design box labels for a colour manufacturer, the parts of which could be used for other purposes and other advertisements. Lors de l'examen final, le problème a été posé des étiquettes pour une fabrique d'encres. Les éléments employés ici devaient servir pour d'autres imprimés.

732
Peter Andermatt
Etikette auf einer Dose. Label on a colour box. Etiquette sur une boîte d'encre.

733
Peter Andermatt
Briefbogen, letter head, en-tête
734
Peter Andermatt
Hausfassade, house façade, façade

Josef Müller-Brockmann

Geboren am 9. Mai 1914 in Rapperswil. Kindheit in Rapperswil, Schmerikon und Uznach. 1930 Beginn einer Lehre als Grafiker in Zürich. Zwei Jahre später Lehrabbruch und Hospitanz bei den Lehrern Ernst Keller und Alfred Williman an der Kunstgewerbeschule Zürich. Ab 1934 Arbeit als freier Gestalter und Illustrator in Zürich. 1937 Mitglied des Schweizerischen Werkbundes, 1938 Mitglied des Verbandes Schweizer Grafiker.
1939 Gestaltung des Ehrenpavillons der Schweizer Universitäten und der Sektoren «Physik und Medizin» und «Kunstgeschichte der Schweiz» an der Landesausstellung 1939. 1939–1945 Aktivdienst als Leutnant der Schweizer Armee. 1943 Heirat mit der Violonistin Verena Brockmann. J. M. nennt sich fortan Müller-Brockmann; 1944 Geburt des Sohnes Andreas.
Nach Kriegsende Fortsetzung der gestalterischen Tätigkeit mit den Schwerpunkten Ausstellungsgestaltung und Illustration. Tätigkeit als Bühnenbildner für verschiedene Bühnen in der Schweiz, München und Kopenhagen. Ab 1950 kontinuierliche Abkehr von der Illustration hin zu einer sachlich-konstruktiven Gestaltung. Erste Plakatserie für die Tonhalle-Gesellschaft Zürich. Erste Wettbewerbserfolge mit Juni-Festwochen-Plakaten für fünf öffentliche Institutionen in Zürich. Die Bekanntschaft mit Samuel Hirschi, Sekretär der Tonhalle-Gesellschaft Zürich, führt zu einer langjährigen Zusammenarbeit (bis 1972). 1951 Mitglied der Alliance Graphique Internationale. 1952/53 Abschied vom Theater und Konzentration auf die Tätigkeit als Grafiker; Ausbau des Ateliers Müller-Brockmann. Gesamtschweizerische Wettbewerbserfolge mit Plakaten für den Automobil-Club der Schweiz (1953 «Schützt das Kind!», 1954 «das freundliche Handzeichen», 1955 «Überholen? Im Zweifel nie!», 1958 «Radfahrer–Achtung, Achtung–Radfahrer») und für das Schweizerische Komitee für Lärmbekämpfung (1960 erster Preis mit «weniger Lärm»).
1956 Referent an der International Design Conference in Aspen/Colorado. Reise nach Mexico, Aufenthalt in New York. 1957 Berufung als Fachlehrer an die Grafikklasse der Kunstgewerbeschule Zürich, als Nachfolger von Ernst Keller. 1958 Initiant und Mitbegründer der Zeitschrift «Neue Grafik», zusammen mit Richard Paul Lohse, Hans Neuburg und Carlo Vivarelli (erscheint bis 1965 dreisprachig in 18 Nummern im Verlag Otto Walter, Olten).
Auszeichnung der fotografischen Plakate an der Internationalen Photo- und Kino-Ausstellung, Köln.
1960 Beendigung der Lehrtätigkeit an der Kunstgewerbeschule Zürich. Teilnahme als Referent an der World Design Conference in Tokio. Seereise nach Europa.
1961 Buchveröffentlichung «Gestaltungsprobleme des Grafikers». Gastdozent an der Osaka Art University und am Nippon Design College in Tokio.
1962 Berater und Gestalter für die Rosenthal-Porzellanwerke Selb/Deutschland sowie Berater und Gestalter der Weishaupt GmbH, Schwendi/Deutschland.
1962/63 Gastdozent an der Hochschule für Gestaltung in Ulm.
1964 verunglückt Verena Brockmann tödlich. Ihr zu Ehren erteilt Müller-Brockmann mehrerer Kompositionsaufträge (u. a. an Luigi Nono, Ivo Malek, Johannes Fritsch, Giacomo Manzoni) für neue Musik. Gestaltung des Sektors «Erziehung, Wissenschaft und Forschung» an der Schweizerischen Landesausstellung 1964.
1965 Gründung der «Galerie 58» in Rapperswil, zusammen mit Eugen und Kurt Federer (1974 Umbenennung in «galerie seestrasse» und alleinige Führung der Galerie bis 1990).
1967 Berufung als Design-Berater für IBM Europa (bis 1988). Gründung der Werbeagentur Müller-Brockmann & Co. mit drei weiteren Partnern. Werbe- und Gestaltungsaufträge für Industrie, Verwaltung und Kultur. Heirat mit der Künstlerin Shizuko Yoshikawa.
1968 «Special Prize» an der zweiten Internationalen Poster Biennale in Warschau.
1970 Gastdozent an der Osaka Art University.
1971 Buchveröffentlichungen «Geschichte der visuellen Kommunikation» und «Geschichte des Plakates» (Co-Autorin Shizuko Yoshikawa).
1972 Honorable Consultant an der Carlton University in Ottawa.
1974 Ausführung einer Skulptur für das Interkantonale Technikum Rapperswil.
1975 Gastdozent an der Osaka Art University.
1976 trennen sich die Partner der Müller Brockmann & Co. Müller-Brockmann führt die Agentur bis 1984 weiter. Beratungs- und Gestaltungstätigkeit u.a. für Olivetti, Schweizerische Bundesbahnen (SBB), Zeitschrift Transatlantik, Schweizerisches Institut für Kunstwissenschaft, Kunsthaus Zürich.
1978–83 Jurymitglied des deutschen Bundespreises «Gute Form», Darmstadt.
1981 Buchveröffentlichung «Rastersysteme für die visuelle Gestaltung». Mitarbeit an der Ausstellung «Sprache der Geometrie heute – Suprematismus, De Stijl und Umkreis» im Kunstmuseum Bern.
1985/87/94 Verleihung des Brunel-Awards für das CI der SBB, London/Wien/Washington D.C.
1986–93 Wanderausstellung der Plakate in Nord-, Mittel- und Südamerika.
1988 Nomination als «Honourable Royal Designer for Industry» der Royal Academy of Art, London.
1989 Buchveröffentlichung «Fotoplakate – Von den Anfängen bis zur Gegenwart» (Co-Autor Karl Wobmann). Gastdozent an der University of Arizona, Tucson.
1990 Verleihung des Middleton-Awards des American Center for Design, Chicago.
1990/91 Vorlesungsreise durch die USA und Kolumbien. Gastdozent an der Universidad Nacional de Colombia, Bogotà.
1993 Tod des Sohnes Andreas. Auszeichnung des SBB-Projektes mit dem Design-Preis Schweiz. Reisen nach Japan und Israel.
1994 Autobiografie «Mein Leben – spielerischer Ernst und ernsthaftes Spiel». Wanderausstellung der Plakate durch die neuen Bundesländer Deutschlands, gemeinsam mit Werken von Shikuzo Yoshikawa. Euro-Design-Award, Ostende/Belgien.
1995 Reise durch die Seidenstrasse. Vortrag am Design Congress in Cancun/Mexico, anschliessend Mexico-Reise. Publikation der Monografie «Pioneer of Swiss Graphic Design».
1996 Vortrag am Royal Institute for British Architecture, London. «Honorary Fellow of the STD», London. «Honorary Membership of the Brno Biennale», «Honorary Member of the Russian Academy of Graphic Design», Moskau.
Josef Müller-Brockmann stirbt am 30. August 1996 in Zürich.
Ausstellung «Josef Müller-Brockmann, ein Pionier des Graphic Design» im Haus für konstruktive und konkrete Kunst, Zürich.

Born in Rapperswil on 9 May 1914. Childhood in Rapperswil, Schmerikon and Uznach. 1930 began apprenticeship as graphic designer in Zurich. Two years later, discontinued apprenticeship; internship with Ernst Keller and Alfred Willimann, teachers at the Kunstgewerbeschule Zürich. From 1934 work as freelance designer and illustrator in Zurich. 1937 member of the Schweizerische Werkbund, 1938 member of the Verband Schweizer Grafiker.
1939 design of the Swiss universities' pavilion of honour and the "Physics and Medicine" and "Art History of Switzerland" sections of the 1939 Swiss national exhibition. 1939–1945 active service as a lieutenant in the Swiss army. 1943 married the violinist Verena Brockmann. J. M. subsequently known as Müller-Brockmann; 1944 birth of son, Andreas.
After the end of the war, continued design work, with focus on exhibition design and illustration. Worked as set designer for various theatres in Switzerland, Munich and Copenhagen. From 1950 continuous move away from illustration towards constructivist design. First poster series for the Tonhalle-Gesellschaft Zürich. Acquaintance with Samuel Hirschi, secretary of the Tonhalle-Gesellschaft Zürich, resulted in a cooperation lasting many years (till 1972). Member of the Alliance Graphique Internationale (1951). 1952/53 end of theatrical work and concentration on graphic design work; expansion of studio. Succesful in posters competitions for the Automobil-Club der Schweiz (1953 "Schützt das Kind!", 1954 "das freundliche Handzeichen", 1955 "Überholen? Im Zweifel nie!", 1958 "Radfahrer–Achtung, Achtung–Radfahrer") and the Schweizer Komitee für Lärmbekämpfung (1960 first prize for poster "weniger Lärm").
1956 speaker at the International Design Conference in Aspen/Colorado. Journey to Mexico, stay in New York. 1957 appointment as lecturer to the graphics class at the Kunstgewerbeschule Zürich, as successor to Ernst Keller. 1958 initiator and co-founder of the magazine "Neue Grafik," together with Richard Paul Lohse, Hans Neuburg and Carlo Vivarelli (tri-lingual, 18 issues published till 1965 by Verlag Otto Walter, Olten).
Award for his photographic posters at the International Photokina in Cologne.
1960 ceased teaching at the Kunstgewerbeschule Zürich. Speaker at the World Design Conference in Tokyo. Returned to Europe by sea.
1961 publication of "Gestaltungsprobleme des Grafikers." Guest lecturer at the Osaka Art University and the Nippon Design College in Tokyo.
1962 designer and adviser to the Rosenthal porcelain factor, Selb, Germany, and designer and adviser to Max Weishaupt GmbH, Schwendi, Germany.
1962/63 Guest lecturer at the Hochschule für Gestaltung in Ulm.
1964 death in an accident of Verena Brockmann. In her honour, Müller-Brockmann commissioned several contemporary music compositions (to Luigi Nono, Ivo Malek, Johannes Fritsch, Giacomo Manzoni a. o.).
Design of the "Erziehung, Wissenschaft und Forschung" section at the 1964 Swiss national exhibition.
1965 foundation of "Galerie 58" in Rapperswil, together with Eugen and Kurt Federer (1974 renamed "galerie seestrasse", sole management of the gallery till 1990).
1967 appointment as design adviser to IBM Europe (till 1988). Foundation of advertising agency Müller-Brockmann & Co. with three other partners. Advertising and design commissions for industry, public and cultural institutions. Married the artist Shizuko Yoshikawa.
Speziale Prize at the International Poster Biennale in Warsaw.
1970 Guest lecturer at the Osaka Art University.
1971 publication of "Geschichte der visuellen Kommunikation" and "Geschichte des Plakates" (co-author Shizuko Yoshikawa).
1972 Honorable Consultant at Carlton University, Ottawa.
1974 execution of sculpture for the Interkantonale Technikum Rapperswil. Guest lecturer at the Osaka Art University.
1976 break-up of Müller Brockmann & Co. partnership. Müller-Brockmann continued to manage the agency till 1984. Advertising and design commissions for Olivetti, Swiss Federal Railways (SBB), the magazine "Transatlantik," the Schweizerisches Institut für Kunstwissenschaft and the Kunsthaus Zürich, among others.
1978–83 member of the jury for the German Federal award "Gute Form", Darmstadt.
1981 publication of "Rastersysteme für die visuelle Gestaltung." Collaboration on the exhibition "Sprache der Geometrie heute – Suprematismus, De Stijl und Umkreis" at the Kunstmuseum Bern.
1985/87/94 presentation of the Brunel Award for the CI of SBB, London/Vienna/Washington D.C.
1986–93 travelling exhibition of posters in North, Central and South America.
1987 award of gold medal of Canton of Zurich
1988 Nomination as Honorary Royal Designer for Industry of the Royal Academy of Art, London.
1989 publication of "Fotoplakate – Von den Anfängen bis zur Gegenwart" (co-author Karl Wobmann). Guest lecturer at the University of Arizona, Tucson.
1990 presentation of the Middleton Award of the American Center for Design, Chicago.
1990/91 lecture trip through the USA and Columbia. Guest lecturer at the Universidad Nacional de Colombia, Bogotà.
1993 death of Andreas.
SBB project awarded the Design-Preis Schweiz. Travel to Japan and Israel.
1994 autobiography: "Mein Leben – spielerischer Ernst und ernsthaftes Spiel." Travelling exhibition of posters through the former East Germany, together with works by Shikuzo Yoshikawa. Euro Design Award, Ostend, Belgium.
1995 travel along the Silk Road. Lecture at the Design Congress in Cancun, Mexico, followed by travel in Mexico. Publication of "Pioneer of Swiss Graphic Design."
1996 lecture at the Royal Institute for British Architecture, London. Honorary Fellow of the STD, London. Honorary Membership of the Brno Biennale, Honorary Member of the Russian Academy of Graphic Design, Moscow.
Death of Josef Müller-Brockmann on 30 August 1996, in Zurich.
Exhibition: "Josef Müller-Brockmann, ein Pionier des Graphic Design" in the Haus für konstruktive und konkrete Kunst, Zurich.

Josef Müller-Brockmann

Né le 9 mai 1914 à Rapperswil. Il grandit à Rapperswil, Schmerikon et Uznach. En 1930, il commence un apprentissage de graphisme à Zurich. Deux ans plus tard, il interrompt prématurément ses études et effectue son stage auprès des professeurs Ernst Keller et Alfred Willimann à l'Ecole d'arts appliqués (Kunstgewerbeschule) de Zurich. A partir de 1934, il travaille en tant que designer et illustrateur indépendant à Zurich. Il adhère en 1937 au Schweizerischer Werkbund, et en 1938 à l'Union Suisse des Graphistes.

En 1939, il conçoit le pavillon d'honneur des universités suisses ainsi que les sections «Physique et Médecine» et «Histoire de l'art suisse» à l'exposition nationale de 1939. De 1939 à 1945, il officie en tant que lieutenant dans l'armée suisse. En 1943, il se marie avec la violoniste Verena Brockmann. J. M. se fait désormais appeler Müller-Brockmann; en 1944, son fils Andreas vient au monde.

A la fin de la guerre, il poursuit ses activités de design en se concentrant sur le design d'exposition et l'illustration. Il travaille également en tant que scénographe pour différents théâtres en Suisse, à Munich et à Copenhague.

A partir de 1950, il se détache de l'illustration pour se tourner vers un design de type réaliste-constructiviste. Première série de posters pour la Tonhalle-Gesellschaft de Zurich. Sa rencontre avec Samuel Hirschi, secrétaire de la Tonhalle-Gesellschaft de Zurich, débouche sur une longue collaboration (jusqu'en 1972). Il devient membre de l'Alliance Graphique Internationale en 1951. En 1952/53, il dit adieu au théâtre et se concentre sur son activité de graphiste; il met sur pied le studio. Premiers succes aux concours de posters pour l'Automobile Club de Suisse (1953 «schützt das Kind!», 1954 «das freundliche Handzeichen», 1955 «Überholen ...? Im Zweifel nie!», 1958 Radfahrer – Achtung, Achtung – Radfahrer) et pour le comité Suisse contre le bruit (1960 premier prix avec «weniger Lärm»).

En 1956, il est conférencier à l'International Design Conference d'Aspen, dans le Colorado. Il voyage au Mexique, séjourne à New York. En 1957, il est nommé professeur technique chargé du cours de graphisme à l'Ecole d'arts appliqués de Zurich, poste précédemment occupé par Ernst Keller. En 1958, il participe à la création et à la fondation de la revue «Neue Grafik», avec Richard Paul Lohse, Hans Neuburg et Carlo Vivarelli (au total, 18 numéros paraissent jusqu'en 1965, en trois langues, aux éditions Otto Walter, Olten). Ses posters photographique sont récompensés à la Photokina à Cologne.

En 1960, ses activités de professeur à l'Ecole d'arts appliqués de Zurich prennent fin. Il participe en tant que conférencier à la World Design Conference de Tokyo. Retourne en Europe par bateau.

En 1961, il publie le livre Gestaltungsprobleme des Grafikers. Il est enseignant invité à l'Université de l'art à Osaka et au Nippon Design College à Tokyo.

En 1962, il travaille en tant que consultant et designer pour Rosenthal-Porzellanwerke, Selb/Allemagne et pour Max Weishaupt GmbH, Schwendi/Allemagne.

En 1963, il est enseignant invité à la Haute-Ecole de Design (Hochschule für Gestaltung) d'Ulm et à l'école de design à Osaka.

En 1964, Verena Brockmann meurt dans un accident. En son honneur, Müller-Brockmann passe commande de plusieurs compositions de nouvelle musique (à Luigi Nono, Ivo Malek, Johannes Fritsch, Giacomo Manzoni). Conçoit le design de la section «Education, science et recherche» à l'exposition nationale suisse de 1964.

En 1965, il fonde la «Galerie 58» à Rapperswil, avec Eugen et Kurt Federer (il la renomme «galerie seestrasse» en 1974, et dirige seul la galerie jusqu'en 1990).

En 1967, il est nommé consultant en design pour IBM Europe (jusqu'en 1988). Fondation de l'agence de publicité Müller-Brockmann & Co avec trois autres partenaires. Contrats de publicité et de design dans les domaines de l'industrie, l'administration et la culture. Mariage avec l'artiste Shizuko Yoshikawa. Prix special à la deuxième Biennale internationale en Varsovie.

En 1970, il est enseignant invité à Université de l'art à Osaka.

En 1971, il publie les livres «Geschichte der visuellen Kommunikation» et «Geschichte des Plakates» (co-auteure: Shizuko Yoshikawa).

En, 1972 il est Honorable Consultant à Carlton University, Ottawa.

En 1974, il réalise une sculpture pour l'Interkantonale Technikum Rapperswil. Il est enseignant invité à l'Université de l'art à Osaka.

En 1976, les partenaires de Müller Brockmann & Co se séparent. Müller-Brockmann continue à diriger l'agence jusqu'en 1984. Il travaille en tant que consultant et designer, entre autres pour Olivetti, les Chemins de fer fédéraux suisses (CFF), la revue Transatlantik, l'Institut suisse pour l'etude de l'art, le Kunsthaus de Zurich.

De 1978 à 1983, il fait partie du jury du prix allemand «Gute Form» à Darmstadt.

En 1981, il publie le livre «Rastersysteme für die visuelle Gestaltung» et collabore à l'exposition «Sprache der Geometrie heute – Suprematismus, De Stijl und Umkreis» au Musée des Beaux-Arts de Berne.

En 1985, 1987 et 1994, il reçoit le Brunel Award pour la création de l'identité graphique des CFF, à Londres, Vienne et Washington D.C.

De 1986 à 1993, exposition itinérante de ses posters en Amérique du Nord et du Sud, ainsi qu'en Amérique centrale.

En 1987, il reçoit la médaille d'or du Canton de Zurich.

En 1988, nomination en tant que «Honourable Royal Designer for Industry» à la Royal Academy of Art de Londres.

En 1989, publication du livre «Fotoplakate – Von den Anfängen bis zur Gegenwart» (co-auteur: Karl Wobmann).

En 1990, il reçoit le Middleton Award de l'American Center for Design de Chicago. Il est enseignant invité à l'université de Arizona, Tucson.

En 1990/91, voyage et donne cours dans des universités aux Etats-Unis et en Colombie. Il est enseignant invité à l'université nationale de Colombie, Bogotà

En 1993, mort de son fils Andreas.

Le projet CFF est récompensé par le Prix du Design Suisse (Design Preis Schweiz). Voyages au Japon et en Israël.

En 1994 paraît son autobiographie «Mein Leben – spielerischer Ernst und ernsthaftes Spiel».

Exposition itinérante de ses posters, avec des oeuvres de Shikuzo Yoshikawa, dans les nouveaux Länder allemands. Euro-Design-Award à Ostende, en Belgique.

En 1995, parcourt la Route de la Soie. Conférence au Design Congress de Cancun au Mexique, suivi d'un voyage au Mexique. Publication de la monographie «Pioneer of Swiss Graphic Design».

En 1996, conférence au Royal Institute for British Architecture, à Londres. «Honorary Fellow of the STD», à Londres. «Honorary Membership of the Brno Biennale», «Honorary Member of the Russian Academy of Graphic Design», à Moscou.

Josef Müller-Brockmann s'éteint le 30 août 1996 à Zurich.

Exposition «Josef Müller-Brockmann, ein Pionier des Graphic Design» à la Haus für konstruktive und konkrete Kunst, Zurich.

Bibliografie/Bibliography/ Bibliographie

Veröffentlichungen
von Josef Müller-Brockmann
Publications
by Josef Müller-Brockmann
Publications
de Josef Müller-Brockmann

Bücher/Books/Livres

Gestaltungsprobleme des Grafikers. Niederteufen: Arthur Niggli Verlag, 1961/1968/1983/2003.
Geschichte der visuellen Kommunikation. Niederteufen: Arthur Niggli Verlag, 1971/2002.
Geschichte des Plakates (Co-Autorin Shizuko Yoshikawa). Zürich: ABC Verlag, 1971.
Rastersysteme für die visuelle Gestaltung. Niederteufen: Niggli Verlag, 1981/1985/1988/1996.
Graphic Design in IBM, Typography, Photography, Illustration. Paris: 1988.
Fotoplakate – Von den Anfängen bis zur Gegenwart (Co-Autor Karl Wobmann). Aarau: 1989.
Sistemas de retículas. Mexico: Ediciones Gustavo Gili, 1992.
Sistemas de grelhas. Mexico: Ediciones Gustavo Gili, 1992.
Mein Leben: Spielerischer Ernst und ernsthaftes Spiel. Baden: Lars Müller Verlag, 1994.

Aufsätze/Essays/Essais

«Systematische Grafikerausbildung» in: Neue Grafik. Zürich: 1960, No. 7.
«Today's design education» in: idea. Tokio: 1961, No. 42.
«International Signs (or Symbols)» in: Vision 65, World Congress on New Challenges to Human Communications, Carbondale/Illinois 1965 (ed.).
«Japanese Graphic Design» in: Neue Grafik. Zürich: 1965.
International Center for the Typographic Arts Inc.: 1966.
«Graphik für die Wissenschaft» in: M.R. Schulz (ed.): Polygraphisches Jahrbuch 1966, Frankfurt a/M: 1966.
O.T.«Inspired Typography», Type Directors Club of New York. New York: 1966.
«Simboli Internazionali» in: Marcatré. Rivista di cultura contemporanea. Milano: 1967, No. 30.
«Chemie, Werbung und Graphik» in: Hans Neuburg. Zürich: ABC Verlag, 1967.
«The IBM 72 Composer – the most astonishing aid for the designer»in: Interface, Graphic Newsletter. London: 1969.
«Dritte internationale Plakat-Biennale in Warschau» in: Graphis. Zürich: Graphis Verlag, 1970, No. 149.
«Das Werk von E. Reinhard für die IBM Schweiz» in Gebrauchsgraphik Novum. München: 1972, No. 9.
«Advertising design» in: Encyclopaedia Britannica. Chicago: 1973.
«Grid system and its function and developement» in: art 2. Osaka: Art University, 1973.
«Das kulturelle Plakat: Wesen und Funktion» in: Kunstgewerbemuseum der Stadt Zürich (ed.): Kulturelle Plakate der Schweiz. Zürich: 1974.
«Culture and Typography» in: Typos 2. London: o.J.
«Professional Ethics of Designers» in: Typos 5. London: 1982.
«Vom Berufsethos des Designers» in: Balthasar Staehelin, Silvio Jenny und Stephanos Geroulanos (ed.): Wahrheit und Wirklichkeit. Schaffhausen: 1982.
«Das unverbesserliche ‹A›. Ein Credo für den typografischen Fundamentalismus» in: Transatlantik. München: 1989, No. 2.
«Das Plakat in Japan» in: Kirei-Plakate aus Japan 1978–1993. Zürich: Edition Stemmle/Museum für Gestaltung, 1993.
«Typografie und Plakate» in: 1950s–60s Transition of modern Typography, Europe & America. Tokio: Trans art inc., 1996/2002.
«Grid and text design philosophy» in: Steven Heller/Philip B.Meggs (ed.): Text on type. Critical writings on typography. New York: Allworth Press, 2001.
«Die gestaltlichen Gesetze des Plakates» in: Bauhaus to Swiss Style, Constructive Posters. Tokio: Tama Art University/Chuo-koronsha, 2001.

Veröffentlichungen
über Josef Müller-Brockmann
Publications
about Josef Müller-Brockmann
Publications
relatives à Josef Müller-Brockmann

Bücher/Books/Livres

Willi Rotzler: Josef Müller-Brockmann. Ausstellungspublikation. Bern: 1982.
Josef Müller-Brockmann, affiches, Katalog zur gleichnamigen Ausstellung im Museo de Arte La Riconada. Caracas: 1986
Josef Müller-Brockmann, posters 1948–1981. Katalog zur gleichnamigen Wanderausstellung. Zürich: Pro Helvetia arts council of Switzerland (ed.), 1987.
Josef Müller-Brockmann, cartels 1948–1981. Katalog zur gleichnamigen Ausstellung für Mexico und Kolumbien. Zürich: Pro Helvetia arts council of Switzerland (ed.), 1990/1991.
Lars Müller (ed.): Josef Müller-Brockmann, Gestalter. Baden: Lars Müller Verlag, 1994.
Lars Müller (ed.): Josef Müller-Brockmann, pioneer of Swiss graphic design. Baden: Lars Muller Publishers, 1995/2000.
Josef Müller-Brockmann, Gestalter. Tokio: Ginza Graphic Gallery (ed.), 1996.
Hommage an Josef Müller-Brockmann. Zürich: Haus für konkrete und konstruktive Kunst, 1997.
Lars Müller (ed.): Josef Müller-Brockmann, ein Pionier der Schweizer Grafik. Baden: Lars Müller Verlag, 2001.

Aufsätze/Essays/Essais

«Der Touristikpavillon an der Muba 1948» in: Schweiz. Zürich: 1948, No. 5.
Willy Rotzler: «Ausstellungsgraphik von Josef Müller-Brockmann» in: WERK. Winterthur: 1949, no. 11.
Eberhard Hölscher: «Deine Wohnung, dein Nachbar, deine Heimat» in: Gebrauchsgraphik. München: 1950, No. 2.
O.Timm: «Die Hermes Schreibmaschinen AG Zürich» in: Graphik. Stuttgart: 1951, No. 5.
Eberhard Hölscher: «Ein Theaterprospekt» in: Gebrauchsgraphik. München: 1951.
Willy Rotzler: «Konzertplakate von Josef Müller-Brockmann» in: Gebrauchsgraphik. München: 1951, No. 9.
Ernst Stüssi: «Von spielerischem Ernst und ernsthaftem Spiel. Zur Ausstellungsgraphik von Josef Müller-Brockmann, Zürich» in: Gebrauchsgraphik. München: 1951.
Eberhard Hölscher: «Eine Zürcher Polizeiaktion» in: Gebrauchsgraphik. München: 1952, No. 8.
«Josef Müller-Brockmann» in: Posters. New York: 1952.
Eberhard Hölscher: «Kleine Theater-Anzeigen» in: Gebrauchsgraphik. München: 1952, No. 2.
«Eine ungewöhnliche Plakataktion» in: Gebrauchsgraphik. München: 1952, No. 4.
Eugen Mattes: «Künstler, Tram und Publikum» in: Gebrauchsgraphik. München: 1952, No. 6.
Eberhard Hölscher: «Werbung eines Zeitschriftenverlages» in: Gebrauchsgraphik. München: 1952, No. 8.
«Josef Müller-Brockmann» in: Posters. New York: 1952.
Maria Netter: «Josef Müller-Brockmann» in: Graphis. New York: 1954, Vol. 10, No. 5.
«Dialogs on Graphic Design» in: Industrial Design. New York: 1956, Vol. 3, No. 2.
Paul Schuster: «das moderne typografische plakat» in: Der Druckspiegel. Stuttgart: 1958, Folge 6.
G.Pintori und G.Honegger: «Designs by Josef Müller-Brockmann» in: idea. Tokio: 1958, Vol. 5, No. 27.
Hans Fischli, Willy Rotzler (ed.): «Meister der Plakatkunst», Katalog. Zürich: 1959.
Fujiko Hashimoto: «Exhibition of Müller-Brockmann» in: idea. Tokio: 1961, Vol. 8, No. 48.
Katsumie Masaru: «Selected work of Josef Müller-Brockmann» in: Graphic Design. Tokio: 1961, No. 5.